柴榮是個好皇帝

姜狼◎著

被湮滅的後周和五代十國往事

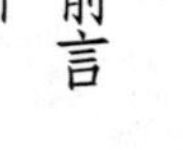

目錄

第三章 志在天下

第四章 拉開統一的序幕

第五章 艱苦作戰

前言

說到中國歷史上的千古一帝，我們會想到誰？

秦始皇嬴政、漢武帝劉徹、唐太宗李世民、元太祖孛兒只斤・鐵木真、明太祖朱元璋、明成祖朱棣、清聖祖愛新覺羅・玄燁。還有嗎？論及千古一帝，基本上就是他們幾個，他們出現的頻率最高。有時，漢高祖劉邦、漢光武帝劉秀、魏武帝曹操、隋文帝楊堅、女皇帝武則天、元世祖孛兒只斤・忽必烈也會擠進來湊個熱鬧。

以各自帝國的功業來論，他們都是偉大的開拓者，都極深刻地影響了歷史的進程。直到現在，依然能感受到他們對歷史的影響，他們都是天之驕子。千古一帝有許多標準，但他們都至少符合其中的某一項。

除了以上這些開基立業的帝王之外，還有沒有人可以擠進「千古一帝」的行列，與秦皇漢武、唐宗宋祖們一較短長？當打開已經落滿灰塵的史書時，從泛黃的歷史記憶中，還是找到了這樣一位帝王。他的偉大功業、他敢於與舊世界決裂的魄力、他的人格魅力、他先進的治政理念、他憐憫眾生的仁善，都深深感動了歷史。

只是由於他在位時間太短，還沒有來得及伸展自己的雄圖抱負，就帶著深深的遺憾離開了人世。他死後僅僅半年，他的帝國就被部下奪去，從而取代了他，成為歷史的主人。而他，卻被有意無意地隱藏在歷史的背後，離歷史越來越遠，漸漸不為人所熟知。

這個夭折的千古一帝，就是五代十國時期的後周世宗柴榮。

五代十國時期是歷史上著名的大亂世，戰亂所造成的社會大動盪和社會生產力的大倒退，甚至要超過三國時期和南北朝時期，與十六國時期相比，有過之而無不及。五代從九〇七年開始，至九六〇年結束，期間換了五個王朝，十三位皇帝。最短的後漢政權，僅僅存在了四年，就消失得無影無蹤。

這段黑暗的歷史，是中國歷史上難以啟齒的傷痛，人性的光輝、道德的力量，已經成為傳說。到處充滿了血腥和殺戮，民生凋敝，百業俱廢，讓人看不到一點恢復盛世的希望。

但由於柴榮的橫空出世，改變了這段黑暗而醜惡的歷史。當時的人們驚喜地發現，這位出身貧寒的帝王，極有可能就是他們苦苦等待了近百年的、結束亂世的「救世主」。雖然，他並不是歷史最終的選擇。

柴榮的人生很短暫，他在位只有五年半，去世時也只有三十九歲。但就是在位的這短短五年半時間，柴榮卻深深震撼了歷史。他以養子的身分入繼大統，時人對他並不了解，以為他不過是朱友貞、石重貴之流的人物。

即位之初，他養父的仇人——北漢皇帝劉崇率兵大舉南下，風雲變色，人們都用懷疑的眼光看著柴榮。血氣方剛的柴榮忍受不了別人對他的輕視，親自帶領軍隊與劉崇決戰。在極為不利的局面下，扭轉戰局，反敗為勝，從而開始了一部不可複製的、偉大的人生傳奇。

在五年半時間內，柴榮三次親征南唐，艱難地佔領了戰略地位非常重要的淮南地區，為日後北宋的統一江東打下了堅實的基礎。西征後蜀，奪去秦、鳳四州，扭轉了中原政權相對於後蜀的不利局面。

在內政方面，柴榮同樣做得非常出色。大膽起用新人，打破了官場因循守舊的積習。他非常謙虛地請大臣們指出他的缺點，他從來不認為自己是完美的化身，人總是會犯錯誤的。他出臺各項政策，鼓勵農民開墾荒田，恢復農業生產。同時減輕百姓賦稅，提高百姓生活水準。

他還對佛教進行極具爭議的整改，把寺院佔有的大量土地和財富收歸國有。柴榮因此背上了千古罵名，但他的初衷卻不是為了貪圖個人享受，而是為了濟天下蒼生。他說過，只要能造福天下蒼生，他願意付出一切，包括生命。這是何等偉大的胸懷！

同時，柴榮擴建了國都開封城區，北宋時的東京汴梁城繁華甲天下，柴榮有一半的功勞。疏通河道，改變了交通落後的面貌，從而節省了大量的運輸成本，提高了商業流通的效率。

五代時期的刑法非常繁雜混亂，柴榮注意到了這一點。他修改了法律，讓法律變得簡單而有效，執行起來比較方便。柴榮還要求監獄更好地服務於犯人，尊重犯人的完整人格。

柴榮愛民如子，每當聽到百姓受苦受難的消息時，他都非常的難過。老百姓沒飯吃了，柴榮立刻調撥糧食，免費發放給饑民。他愛民如斯，並不求什麼回報，只是圖一個心安。在柴榮的治理之下，周朝欣欣向榮，百姓安居樂業，盛世即將到來，這是當時絕大多數人的共識。

要想成為一個偉大的帝王，有一個標準非常重要，就是敢於向當時最強大的勢力發起挑戰。在十世紀的中華大地上，最強大的政權，除了周朝，就是契丹人建立的遼朝。二十多年前，石敬瑭出賣了自己的靈魂，將戰略地位極為重要的燕雲十六州送給契丹人，從此，中原農耕民族失去了抵禦游牧民族的天然地理屏障。

柴榮是一個漢民族主義者，他無法容忍漢人的傳統領土被契丹人佔領。在他生命中的最後半年，他親自率領一支漢族北伐軍，浩浩蕩蕩地殺向幽燕。但遺憾的是，在柴榮兵不血刃收復三州十七縣，準備向幽州發起最後的總攻時，他卻毫無徵兆地突然病倒了。柴榮無奈之下，只好撤回本土。

一個月後，柴榮於東京開封的萬歲殿含恨而死。

半年後，趙匡胤發動了著名的陳橋兵變，奪取了天下。

一個偉大的帝國，一個偉大的千古一帝，就這麼在歷史的無情安排下，夭折了。

歷史長河在九五九年，突然拐了一個大彎，朝著另一個方向流去。

柴榮的故事已經過去了一千多年，滄海桑田，換了幾度人間。

雖然歷史沒有選擇柴榮，但卻沒有忘記他，歷史的大門還是艱難地打開了一條門縫，讓人們看到一個偉岸而落寞的身影。

那，就是柴榮。

引

唐天祐四年（九〇七）四月十八日，控制中原地區的大軍閥朱溫廢掉了戰慄觳觫的唐朝末代皇帝李柷，建立了梁朝，史稱後梁。千古一帝李世民窮盡一生熱血打造的大唐帝國，被一陣呼嘯而來的歷史陰風吹得灰飛煙滅，片骨不存。

雖然之後相繼出現了後唐政權和南唐政權，但後唐李存勗是沙陀人，本姓朱邪，而南唐開國皇帝李昪還不知道是不是姓李呢。這兩個盜版傍名牌的「李唐宗室」不過出於政治考慮，打著唐朝的旗號在江湖上招搖撞騙，和李唐帝國沒有半毛錢的關係。

其實大唐帝國的千古神話早在一百多年前，也就是安史之亂時，被安祿山的鐵拳砸了個稀巴爛，成為一尊在風中搖擺的泥菩薩。此後一百多年，唐朝對外制不住藩鎮割據，吐蕃趁機強勢北進；對內管不了宦官干政，皇帝被太監們當成豬羊一樣任意宰割。忠良被逐，貪吏橫行，百姓受苦受難。

國已不國，民更不民，歷史需要變革，可歷史等來的，卻是一場空前的大災難。流氓成性的一代梟雄朱溫，獰笑著拉開了比藩鎮割據時代更加血腥的軍閥混戰大幕，這就是歷史上臭名昭著的五代十國時期。十世紀初的中國，不但沒有抵達光明的彼岸，反而在歷史的泥潭中愈陷愈深……

先介紹一下當時的割據形勢：

梁——河南、山東、江淮北部、山西南部、陝西東中部

河東——山西北部

燕——京津唐、遼西走廊

義武軍——河北定縣、易縣

趙——河北石家莊附近

定難軍——陝北

岐——陝西西部

吳——江淮之間地區、蘇南、皖南、江西北部

吳越——浙江、蘇州

閩——福建

虔州——江西贛州

嶺南——廣東、廣西南部、越南北部

楚——湖南、貴州東部、廣西北部

前蜀——四川盆地、漢中、貴州西部

以上這些割據軍閥都是從唐末藩鎮脫胎出來的，另外還有出自非唐末藩鎮系統的割據勢力，如下：

契丹——內蒙古中部
大長和——雲南、緬甸東北部、泰國北部
歸義軍——河西走廊
甘州回鶻——與歸義軍控制區基本重疊
渤海國——東北地區東部、俄羅斯濱海邊疆區

自從唐朝中央政府權威完全喪失後，這些大大小小的軍閥成天抱成團地廝殺，吞併地盤，掠奪人口，都在盤算如何發家致富。至於什麼禮義廉恥，在赤裸裸的利益面前，道德價值不堪一擊。不是誰不遵守的問題，而是大家都不遵守道德約束，在這種情況下，誰學宋襄公玩仁義，就等著被人剁成餡下鍋吧。

如果我們能穿越歷史，可以乘一架飛機在空中進行空拍。從南海之濱，掠過兩湖閩浙之地、穿過長江黃河，鏡頭裡記錄下來的，除了刀光劍影，還有累累白骨，血流成河，遍地狼煙，哀聲盈野。

然後，讓我們進入河北—這片偉大而神奇的土地的上空。自古燕趙多奇士，豪傑輩出，僅一個荊卿易水悲歌，就已經感動了歷史。讓我們將空拍鏡頭拉近一些，對準河北南部的邢州（今河北邢台市）隆堯縣，看看能從中發現什麼。

五代十國

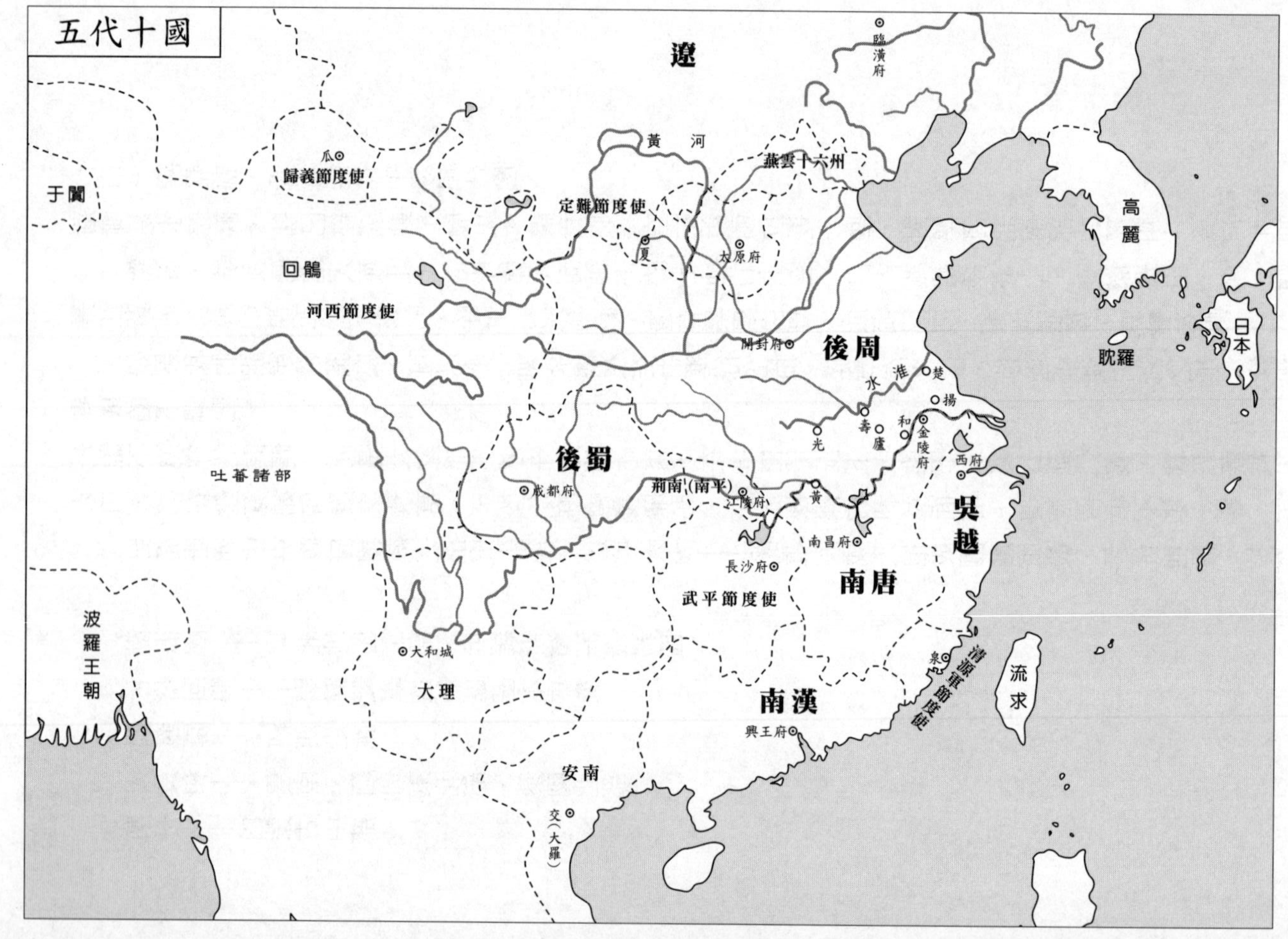

遼
臨潢府
黃河
燕雲十六州
瓜
歸義節度使
于闐
定難節度使
夏
太原府
高麗
回鶻
河西節度使
開封府
後周
日本
耽羅
水
淮
楚
揚
和
金陵府
壽
廬
光
西府
後蜀
吐蕃諸部
成都府
荊南（南平）
江陵府
黃
吳越
南昌府
長沙府
南唐
武平節度使
波羅王朝
大和城
泉
清源軍節度使
流求
大理
南漢
興王府
安南
交（大羅）

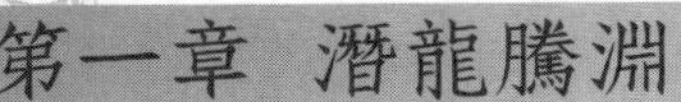

第一章　潛龍騰淵

一、柴榮的家世

後梁貞明七年（九二一）九月二十四日，邢州隆堯縣的破落地主柴守禮的家裡，隨著一陣嬰兒哇哇的啼哭聲，柴守禮的妻子給丈夫生下了一個大胖兒子。二十七歲的柴守禮在屋子外邊的空地上興奮得直搓手，他終於有後了！

激動的柴守禮給來到人世的兒子起名叫柴榮，也許柴守禮並沒有想到，這個看似普通的嬰兒，會在日後對中國千年歷史產生極為重大的影響。人生很奇妙，因為，你永遠不知道明天會發生什麼。

因為當時的邢州還在河東軍閥、晉王李存勖的統治之下，李存勖以唐朝忠臣自居，唐朝最後一個皇帝被朱溫廢掉之後，他依然沿用唐朝的天祐年號，所以《舊五代史》稱柴榮生於唐天祐十八年。

唐朝滅亡之後，朱溫的後梁政權和李存勖的河東政權是當時軍事實力最強的兩大對立藩鎮，朱溫當年在上原驛想暗算李存勖的父親李克用未果，所以梁晉遂成世仇。李克用臨死前，曾經給李存勖三支箭，象徵著河東的三個世仇死敵，其中最大的仇人，就是朱溫。

不過早在九一二年，喜歡睡兒媳婦的朱溫就被分贓不均的兒子朱友珪殺掉了，隨後朱溫嫡子、均王朱友貞除掉朱友珪，繼位為後梁皇帝。朱友貞為人溫和，沒父親那麼狠毒，但朱友貞的軍事應變能力遠遠不如李存勖。

在梁晉混戰中原的過程中，朱友貞被李存勖打得滿地找牙。朱溫時代後梁對河東的壓倒性優勢不復存在，現在反而是李存勖騎在朱友貞頭上作威作福，朱友貞已經沒幾天活頭了。

當然無論外面的世界如何變化，都與柴守禮無關，他關心的不是誰成王誰敗寇，而是今天掙的三串子銅錢夠不夠一家人買米吃。就算李存勖統一了天下，也不會給柴守禮一文錢。

邢州柴家本來是當地有名的富戶，不知道是什麼原因，到了柴守禮這一輩，家道中落了。據稱柴守禮是唐朝開國元勳——霍國公柴紹的後人，柴紹是唐太宗李世民的妹夫（或姐夫），他的老婆就是大名鼎鼎的一代女傑平陽公主。

只要是傳到自己這一代家道衰落了，祖上再光鮮也是沒用的。漢朝的中山靖王劉勝享盡人間富貴，他的後人劉備卻擺地攤賣草席，被出身清流貴族的袁術好一陣辱罵：「汝這個織席販履的匹夫！」

有句老話說得好，龍生九種，種種有別，人生可以有許多選擇，但唯獨不能選擇自己的出身。況且出身並不能證明什麼，秦朝那個著名的泥腿子陳勝在傾盆大雨中，站在歷史的拐彎處，舉臂高呼：「王侯將相，寧有種乎！」（《史記・陳涉世家》卷四十八）出身低微不是放棄人生奮鬥的藉口，否則，明太祖朱元璋豈不是白活了。

柴榮的出身其實並不算太低微，至少他還不像朱元璋那樣生於赤貧底層，柴榮和劉邦差不多都屬於小市民階層。但讓人困惑的是，無論是《舊五代史》還是《新五代史》，都沒有記載柴榮是否有兄弟姐妹。不知道柴榮究竟是柴家獨子，還是有過兄弟姐妹，但都因故早逝。

柴家沒有成年男子，這也是柴榮死後，趙匡胤可以輕鬆翻盤的主要原因之一。趙匡胤的母親杜太后臨死前就直截了當地告訴兒子：「如果柴家有長君，哪輪得到你做皇帝？」

按古代忽悠人的那些迷信說法，能當上開國皇帝的，都是真龍化身。歷代皇帝出生時，史官們都會諂媚地拍上幾巴掌廉價的馬屁，不是紅光滿室，就是瑞獸下凡。宋朝史官在記載趙匡胤出生的時候，就玩過這個花招，什麼「赤光繞室，異香經宿不散，體有金色，三日不變」。（《宋史．太祖紀》卷一）這明擺著拿人當傻子忽悠。

柴榮做人實在，他當皇帝後，沒有授意史官替他吹噓，或者有想拍他馬屁的史官寫了這些不三不四的玩意，都被柴榮給壓住了。還有一種可能，就是宋朝史官故意不給柴榮寫美言，不然趙匡胤就會被柴榮比下去。可歷史評價人物的標準，不是這些封建糟粕，而是實實在在的歷史貢獻。

就算開國皇帝是真龍轉世，破繭成蝶也需要一個過程，誰也不是天生就當皇帝的。孟子說過：「天將降大任於是人也，必先苦其心志，勞其筋骨，餓其體膚，空乏其身，行拂亂其所為，所以動心忍性，曾益其所不能。」（《孟子．告子下》）不吃過人間百般苦，如何能夠做得人上人？柴榮的青年時代，就是這麼走過來的。

因為家庭經濟條件不是很好，柴守禮無法給柴榮鋪出一條金光大道，一切全要靠他自己的努力。柴家在官府中也沒什麼人脈關係，柴榮顯然走不通這條路，擺在柴榮面前的生存選擇只有一個，就是做生意。

不知道是通過什麼管道，柴榮結識了北方一位著名的大商人頡跌氏。這位頡跌先生長年在江湖上走動，見多識廣，柴榮跟著他混，即使賺不到錢，見見世面也是好的。

頡跌先生是做商貿流通的，就是批發貨物販到外地銷售，賺取差價。他主營業務是茶葉，唐朝以來，茶就是人們必備的飲用品。後梁朱溫之所以和淮南的楊行密成為死敵，起因就是朱溫私吞了楊行密準備在北方銷售的一萬多斤茶磚，可見做茶生意是有暴利可圖的，否則朱溫也不會做這等得罪人的買賣。

不過也有種說法，柴榮是個傘販子，做些雨傘在街市上叫賣。賣傘是個薄利買賣，肯定沒有販茶賺錢，很可能是柴榮賣傘在前，販茶在後。關於柴榮青年時代的生存環境，史書並沒有多少記載，不清楚柴榮跟著頡跌先生販茶，賺了多少錢。但對柴榮來說，這段從商經歷可以讓他貼近民間，了解百姓疾苦，對他日後進行全面改革起到非常重要的影響。

二、養父郭威

柴榮在年輕時跟著頡跌氏走南闖北做生意，除了積累人生經歷這個冠冕堂皇的理由之外，最直白的理由就是養家糊口。不過柴榮賣傘販茶葉賺來的錢，要養活的卻不僅是自己的父親柴守禮，還有一個親戚。這個親戚，就是柴榮的姑父郭威。

柴榮有一個姑姑（生卒年不詳），因為長得非常美麗，在豆蔻年華時被唐莊宗李存勖看上，入宮做了嬪御。嬪御是皇帝身邊品級較低的侍妾，相當於地主家七姨太八姨太之類的。柴姑娘在宮中沒混出什麼名分，等唐明宗李嗣源兵變繼位後，將宮中閒雜人等盡行遣散回家，其中就包括柴姑娘。

柴姑娘還在回邢台的路上，柴榮的爺爺奶奶聽說了女兒要回來的消息，在黃河邊上接她回家。不巧有一天在路過鴻溝的時候，突逢下雨，一家人只好在旅店裡休息幾天，等天晴再上路。柴姑娘正窮極無聊，坐在房裡發呆的時候，門前突然走過一個衣著破爛，卻身強體壯的男人。

柴姑娘立刻被這個男人吸引，不顧禮儀，問店主這個壯漢是誰，店主略帶嘲諷地回答：「你說他啊？他叫郭雀兒，現在是馬步軍使。」柴姑娘一眼就相中了這個郭雀兒，覺得這個男人儀表堂堂，氣質非凡，正是自己此生苦苦尋找的那個人。

柴姑娘當即就把自己的意思告訴了父母，柴太公一聽就急了，自己的女兒好歹也是侍奉過皇帝的人，要改嫁，至少也要嫁給節度使這樣的高官。女兒居然看上了這個邋遢漢子，什麼眼光？

柴太公夫婦不同意女兒自降身分胡亂嫁人，但柴姑娘是鐵了心要嫁郭雀兒，甚至以分家威脅，柴太公拗不過女兒，只好在旅店裡舉行了簡易的婚禮，把女兒白送給了郭雀兒。這個窮酸落魄的郭雀兒，就是後來建立後周王朝的開國皇帝太祖郭威。

《宋史．張永德傳》對此事的記載略有不同，《宋史》說柴姑娘出宮後，身邊帶有價值千萬的財產，在鴻溝遇雨，她拿出五百萬給父母，讓他們先回家。柴翁問女兒為什麼，柴姑娘說：「兒見溝旁郵舍隊長，項黵黑為雀形者，極貴人也，願事之。」（《宋史．張永德傳》卷二百五十五）這個落魄漢子，就是郭威。柴姑娘嫁給郭威後，把五百萬錢給了郭威，所以郭威才能上下打點，當上了軍司。

難以理解的是，如果郭威真有了五百萬，還用得著柴榮每天風裡雨裡地做小生意賺錢養他？在當時，五百萬可是個天文數字，一輩子都花不完。雖然郭威好賭，但除了打點上司，也不至於把這麼多的錢都賭完吧？

郭威和柴姑娘有許多相似之處，首先他們是同鄉，郭威是邢州堯山人。其次，他們的家世差不多，祖上都曾經闊過，郭威父親郭簡是河東的順州（今北京順義）刺史，但幽州軍閥劉仁恭後來攻破順州，郭簡被殺，再加上郭簡妻子韓氏早逝，五六歲的郭威從此成了孤兒，由姨母撫養長人。

和許多草根出身的英雄一樣，郭威長大後，不喜歡從事農業生產，成天在鄉野遊蕩，和王建、朱溫、楊行密一樣，如果他們生在太平盛世，永遠不可能出人頭地，只能在村市上收點保護費混日子。不過他們都有幸生在亂世，天崩地裂的時代，才是他們的天堂。

郭威雖然是個懶漢，卻喜歡和閒漢們談論天下兵事。更重要的是，郭威「形神魁壯」（《舊五代史・周太祖紀一》卷一百一十），有一把好力氣，在亂世中有力氣，可以投戎做個丘八爺，不愁沒飯吃。九二一年，十八歲的郭威聽說潞州留後李繼韜招兵買馬，就投在了李繼韜門下吃軍餉。郭威性情強悍，好勇鬥狠，李繼韜很欣賞他。

像郭威這樣的無賴人物，一旦「小人得志」，往往就會橫行街市，成為地頭惡霸。他聽說潞州市場中有個殺豬賣肉的夥計長得很壯實，眾人都怕他。郭威的驢脾氣上來了，有爺在，你憑什麼牛氣哄哄？

郭威一日喝醉了酒，邁著螃蟹步子，來到屠夫的肉攤前。郭威醉醺醺地說：「給爺割二斤好肉下酒！」其實郭威根本不是來買肉的，純粹是想找事。屠夫割肉稍不合他意，郭威就指著屠夫的鼻子大罵。

這屠夫也是驢脾氣，見郭威對他指手畫腳，大怒。屠夫將肉丟在一邊餵狗，用手撕開衣服，露出胸膛，挑釁郭威：「你有種，刺爺一刀！沒種，滾一邊去。」屠夫平時也牛慣了，沒把郭威放在眼裡，以為嚇唬一下郭威，這小子能老實點。

沒想到郭威夠狠，二話不說，操起案上的殺豬刀，白刀子進，紅刀子出，屠夫慘叫一聲，命喪當場。這段傳奇故事，很可能就是《水滸傳》中魯提轄拳打鎮關西的原型出處。光天化日之下殺人，那還了得，市場管理人員立刻拿住郭威去官府報案。好在李繼韜憐惜郭威是條漢子，沒捨得殺他，繼續留在軍中效力。

三年後，因為李繼韜謀反被李存勖誅滅，潞州牙兵悉數被分配到從馬直，也就是騎兵衛隊，郭威也在其中。之前潞州軍只是地方軍，而進了從馬直，就算是中央軍了。從這一刻起，郭威的命運悄然改變了，從此飛黃騰達，一路斬關奪隘，爬到了人生的最高峰。

郭威這個人萬般都好，就有個壞毛病，喜歡喝酒賭博。他在軍中掙的那些補貼根本不夠他花的，頭天領的餉錢，第二天就讓他喝光賭沒了，柴夫人沒少數落丈夫。柴夫人性情溫婉，再加上她認定郭威必成大事，所以也沒在這方面計較太多。

柴夫人雖然嫁給了郭威，但和自己的娘家還保持著聯繫，她很喜歡侄子柴榮。因為自己一直沒有生育，總感覺對不住郭威，再加上郭威也挺喜歡性格穩重、模樣憨厚的柴榮，柴夫人乾脆就撮合丈夫收下了柴榮做養子。從此，柴榮多了一個頑劣的養父，也多了一個慈祥的養母，這叫親上加親。

柴榮知道養父平時亂花錢，家裡經濟情況非常不好，所以就起早貪黑地拼命做生意賺錢，養活這個不爭氣的爹。郭威之所以能在軍中靜下心來學習文化知識，柴榮應該被記上首功。如果連飯都吃不上，郭威哪還有閒心去讀書？另外郭威在軍中和李瓊等人拜了把兄弟，平時迎來送往都需要使銀子，沒錢，真的寸步難行。

郭威雖然讀書很晚，但他的悟性好，很快就能將書上的內容活學活用。不能為了讀書而讀書，否則就成了掉書袋的呆子，百無一用。當然先有伯樂，然後才有千里馬，郭威運氣也好，他遇上了生命中第一個貴人。這位貴人在歷史上大名鼎鼎——出賣燕雲十六州、亂認小乾爹的晉高祖石敬瑭。

石敬瑭人品很臭，但能力卻很強，加之他是唐明宗李嗣源的女婿，在軍界的地位很高。在江湖上做老大的，手下哪能沒幾個貼心的小弟？石敬瑭發現郭威「長於書計」（《舊五代史・周太祖紀一》卷一百一十），頭腦靈活，就把郭威拉下了水，「令掌軍籍」（《舊五代史・周太祖紀一》卷一百一十），替他打理事務。由於郭威在軍中沒什麼名望和地位，石敬瑭也只是拿郭威當小嘍囉使喚，並沒有過於重用，這時石敬瑭手下的頭號大嘍囉是後來的後漢高祖劉知遠。

說來有意思，五代十國時期的幾個開國皇帝除了朱溫，其他的都是前朝開國皇帝的部下，比如李嗣源（實際上他也是開國皇帝）之於李克用、石敬瑭之於李嗣源、劉知遠之於石敬瑭、郭威之於劉知遠、趙匡胤之於郭威。後蜀的孟知祥也算是李克用的部下（侄女婿）。

劉知遠和後唐李氏一樣，都是沙陀人。劉知遠的長相很特別，「面紫色，目睛多白」（《舊五代史・漢高祖紀一》卷九十九）。當然劉知遠能成大事，不是靠所謂的異相，而是靠在腥風血雨中拼出來的軍功。不過劉知遠能成為石敬瑭的頭號心腹，除了因為他本人立下的軍功之外，還因為他曾經在戰場和官場上兩次救過石敬瑭的命，石敬瑭知恩圖報，對他予以重用。

從派系上來說，其實郭威算是劉知遠的嫡系，真正讓郭威從軍界下層竄升至高層的伯樂，是劉知遠。九三六年，時任河東節度使的石敬瑭勾結契丹皇帝耶律德光，用燕雲十六州的代價，換取契丹人的支持，消滅了後唐的李從珂政權，建立了後晉王朝。

由於劉知遠的能力非常強，所以石敬瑭對他還是敬鬼神而遠之，劉知遠在晉朝早期的仕途並不順暢。但無論劉知遠宦海如何沉浮，郭威始終默默地跟在劉知遠身邊，不離不棄，贏得了劉知遠的好感。劉知遠對郭威「尤深待遇，出入帷幄，受腹心之寄」（《舊五代史・周太祖紀一》卷一百一十）。郭威和楊玢、史弘肇等人都成為劉知遠真正的嫡系心腹。

晉天福六年（九四一），劉知遠調任河東節度使。河東是唐末五代的天下第一重鎮，劉知遠坐鎮河東，直接催生了後來的後漢王朝。第二年，石敬瑭去世，由侄子石重貴繼位。石重貴比起他那無恥成性的叔父來，倒還有點血性，他上臺後，廢除了和契丹的不平等關係。

石重貴此舉直接得罪了契丹皇帝耶律德光，耶律德光率軍進攻中原，雙方在中原苦戰兩年，互有勝負。但因為叛徒杜重威、李守貞、張彥澤等人的出賣，天福十一年（九四六）十二月，契丹軍殺進汴梁，石重貴屈辱投降。

太原城中的劉知遠苦苦等待的機會，終於來了，次年（九四七）二月，在郭威等人的勸說下，劉知遠在太原稱帝，國號漢，史稱後漢。郭威勸進的理由很簡單：到嘴的肥肉你不吃，如果別人搶先下嘴，到時可沒後悔藥吃。郭威做事果斷，不拖泥帶水。猶豫不決，往往會耽誤時機，致使大事盡毀。

耶律德光沒有控制住中原局勢，沒多久就被中原此起彼伏的反抗活動所震驚，沒幾個月，耶律德光就逃出汴梁，不久病死，契丹勢力漸漸淡出中原。汴梁無主，對劉知遠來說，這是千載難逢的機會，但對於走哪條路進汴梁，河東高層產生了分歧。

河東將領們打算走東路，即出井陘口，先取河北，然後再南下汴梁。而劉知遠本人的意思卻是取石會關、過上黨，取直線進汴梁。還是郭威看得遠，他指出耶律德光雖死，但河北的契丹殘部實力非常強，我們一戰未必取勝。萬一陷入亂戰泥沼，汴梁不定被誰搶先下了手。對於劉知遠的南下路線，郭威也認為不妥，首先上黨地處太行山脈，地形艱險，不利行軍。

隨後，郭威給劉知遠指了一條通天大道：沿汾河谷地南下，然後再調頭東進汴梁。雖然這條路要比走上黨遠一些，但這條路線上沒有契丹軍隊，只有一些散兵游勇，行軍時間會大大減少，這就是孫武所說的「以迂為直」。劉知遠大喜，認為這果然是條捷徑。

劉知遠一面命大將史弘肇率兵走上黨，掃清汴梁周邊，自己率本部穿越汾河谷地。果然只用了一個月的時間，天福十二年（九四七）六月，劉知遠就來到了汴梁。聽說劉知遠入主汴梁，各地藩鎮紛紛易幟，投靠了後漢，後漢在中原的統治正式開始。至於老巢太原，劉知遠留下了弟弟劉崇鎮守，劉知遠這個舉動直接催生了五代十國唯一一個在北方立國的政權——北漢。

在劉知遠稱帝和南下汴梁的過程中，郭威厥功至偉，可以說郭威是半個後漢王朝的建立者。劉知遠很欣賞郭威，他定都汴梁後，封郭威為樞密副使，與樞密使楊邠共同主掌軍權。估計劉知遠留了個心眼，郭威功勞再大，畢竟是武將，用他來掌管軍隊，不如用楊邠這個文官更合適，至少不會對朝廷構成威脅。

這時的郭威，已經成為後漢核心統治集團的成員，算得上是人中龍鳳。當時的後漢權力格局一月五星：皇帝劉知遠，樞密使楊邠、樞密副使郭威、三司使王章、侍衛親軍都指揮使史弘肇、左僕射蘇逢吉。這五個人在名義上都是「同平章事」，即宰相，在政治級別都是差不多的。

也許郭威沒有想到，僅僅三年後，歷史就要進入真正屬於他的時代。

三、被逼出來的王朝

波譎雲詭的九四七年，在一片混亂中，被歷史老人輕輕地翻了過去。

九四八年的正月，劉知遠在汴梁宮中改元乾祐，正式拋棄了之前沿用的後晉天福年號。這一年，劉知遠五十四歲。因為劉知遠最疼愛的長子、魏王劉承訓（九二二—九四七）在去年的十二月突然病故，老年喪子的劉知遠痛不欲生，大病一場，終於撐不住了。

剛過完新年，劉知遠就病入膏肓，他知道自己的大限就要到了，強打精神安排帝國後事。十八歲的皇次子劉承祐被確定為帝國繼承人，由蘇逢吉、楊邠、史弘肇、郭威四人組成顧命班子，輔佐劉承祐接班。二月，劉知遠駕崩，劉承祐入承大統，就是漢隱帝。

由於劉承祐少不更事，所以後漢的軍政大權實際上掌握在蘇逢吉等四人手裡，外加一個管經濟的「財政大臣」王章。從派系上來看，這五個人都是劉知遠的嫡系，政治上非常可靠，劉知遠對他們知根知底，所以能放心讓他們執政。

這五大臣之間的關係比較複雜，楊邠和王章、史弘肇三人關係最好，史弘肇和蘇逢吉關係最差，而蘇逢吉和郭威關係也一般。出於權力角度的考慮，蘇逢吉時刻想將楊邠和郭威踢出顧命班子。蘇逢吉指使戶部尚書李濤上書，請罷二位樞密，放到外鎮做官。雖然此事最終沒有成功，但說明了蘇逢吉是非常忌憚武人專權的，和宋初的趙普是一個路數。

楊、王、史三人穿一條褲子，蘇逢吉拉山頭單幹，倒是郭威有些坐山觀虎鬥的意思。郭威和楊邠他們交情不錯，但沒有蹚他們那個渾水，而是左右逢源，都不得罪。

這五位大臣中，楊邠、王章、蘇逢吉是文官，郭威和史弘肇是武將，所以漢隱帝要想坐穩江山，主要還是依靠郭威和史弘肇。在亂世中武將要想出人頭地，那就必須多打仗，沒仗可打，還立什麼軍功？亂世中缺少人性和道德，但卻從來不缺少戰爭。在軍閥唱主角的五代時期，藩鎮叛亂多如牛毛，按下了葫蘆浮起了瓢，歲無寧日。

郭威運氣不錯，想什麼就來什麼，乾祐元年（九四八）三月，駐守河中（今山西永濟）的護國軍節度使李守貞扯旗造反，自稱秦王。隨後，永興牙將趙思綰在長安，鳳翔巡檢使王景崇在鳳翔，和李守貞遙相呼應，一起做反賊。

三鎮叛亂的消息傳到汴梁，震驚了朝廷，如果後漢不剿滅這些叛軍，極有可能引發多米諾骨牌效應，必須盡早剿滅這夥反賊。後漢五大臣中，郭威和史弘肇主管軍事，但兩個人不可能同時派出討逆，必須留一個看家，漢隱帝決定由郭威掛帥征討叛軍。

乾祐元年（九四八）八月，劉承祐封時任樞密使的郭威為西面軍前招慰安撫使，諸軍皆由郭威節制。之前的郭威雖然也執掌兵權，但這是第一次以主帥的身分帶兵出征。

得到了至高無上的兵權，郭威心裡開始有了想法。不過郭威不會在這個時候搞出什麼動靜，在人望未隆之時，這樣做無異是玩火自焚。郭威現在最需要的是多立軍功，在軍界確立老大地位，然後再找機會對劉承祐下手。

郭威臨行前，專門拜訪了官場老油條——太師馮道，問他滅賊方略。老奸巨猾的馮道給郭威指點了一條明路：「守貞自謂舊將，為士卒所附，願公勿愛官物，以賜士卒，則奪其所恃矣。」（《資治通鑑》卷二百八十八）

馮道的意思很明白，亂世中的丘八爺只認銀子不認人，只要郭威肯慷國家之慨，花公款收買人心，一能瓦解叛軍鬥志，二能在軍中培養自己的威信。郭威大喜，果然是個參透世事的人精子。郭威西征期間，一邊和叛軍作戰，一邊做散財童子，果然收到奇效。

李守貞的部隊聽說郭威四處散財，很多人都背叛了李守貞，投降郭威。官軍也被郭威用銀子餵飽了，勢力此消彼長，形勢對郭威越來越有利。乾祐二年（九四九）七月，被官軍圍困數月的李守貞再也堅持不下去了，舉族自焚。趙思綰和王景崇也分別被郭威給收拾掉了，三鎮叛亂最終被郭威平定。

八月底，郭威班師回汴梁，受到了劉承祐高規格的接見，郭威在官場上的地位急驟上升，實際上已經超過了「首輔」楊邠。不過還沒有等郭威來得及洗掉征塵的時候，九月，朝廷突然接到急報，說北邊的契丹人大舉入寇，已經殺到了河北腹地，距京師汴梁只有一河之遙。劉承祐又命郭威緊急北上，抵禦契丹。

雖然這場戰爭沒有打起來，契丹人在郭威趕到邢州之前就已經撤退了，這次契丹人是退了，但下次不知道什麼時候又會回來了。必須留下一位重臣坐鎮河北，防禦契丹南下，捍衛京師安全。劉承祐再次想到了郭威，乾祐三年（九五〇）四月二十五，劉承祐任命郭威為鄴都留守，仍兼樞密使。郭威的養子柴榮為天雄軍牙內指揮使，領貴州刺史（虛職）。

郭威的權力非常大，「河北諸州，凡事一稟帝（郭威）節度」（《舊五代史・周太祖紀一》卷一百一十）。郭威早就厭倦了楊邠等人和蘇逢吉的蹩腳雞毛劇，不如到外邊透透氣。郭威陛辭了劉承祐，帶著養子柴榮去魏州上任去了。按當時制度，官員外放時，家眷必須留在京師，實際上是充當人質。

雖然郭威「久有異志」，但這個時候的郭威顯然並沒有改朝換代的想法。別的不說，一家老小的性命都攥在劉承祐的手裡，郭威哪敢放肆胡來？不僅是郭威的家眷，柴榮的家眷也悉數留在京師，包括夫人劉氏和三個兒子。

讓郭威和柴榮萬萬沒有想到的是，此次和親人的暫別竟是永訣。

鄴都（今河北大名）位於河北省南部，是座歷史名城，在魏晉南北朝時期，鄴都佔有舉足輕重的地位。唐末五代，這裡再次成為北方軍政中心，《水滸傳》裡著名的北京大名府，就是這裡。鄴都在五代時期的行政區劃是魏州，也稱為天雄軍，郭威除了被任命為鄴都留守外，還兼任天雄軍節度使。

郭威有別於那些獐頭鼠目的亂世軍閥，有些人在地方上吃民肉，喝民血，壞事做盡，民怨沸騰。郭威沒有這樣，他到任後，「盡去煩弊之事」（《舊五代史．周太祖紀一》卷一百一十），只有與民為便，才能百姓安，才能天下安。郭威剷除積弊的效果很好，「不數月，闔政有序，一方晏然」。（《舊五代史．周太祖紀一》卷一百一十）

正當郭威在河北厲行新政的時候，距離鄴都四百多里的汴梁城，卻突然發起了一場可怕的政變，這場政變手段之殘忍，後果之嚴重，影響之廣泛，是五代十國史絕無僅有的。

這場政變的起因其實很簡單，就是以楊邠、史弘肇、王章為核心的相權集團與以劉承祐為首的君權集團，在權力分配上產生矛盾，最終激化。乾祐三年（九五〇）時，皇帝劉承祐已經二十歲了，按理說早就該親政了。但楊、史、王等人戀棧貪權，死不鬆手。甚至劉承祐要對國家大事發表自己的意見，也被楊邠冷冷地拒絕：「陛下但禁聲，有臣等在。」（《資治通鑒》卷二百八十九）

楊邠等人不僅對劉承祐不放權，對於劉承祐身邊的體己人，比如樞密承旨聶文進、飛龍使後匡贊、茶酒使郭允明等人，也是死死壓住，堅決不給升官。劉承祐有個小舅李業，李業此時「掌內帑，四方進貢二宮費委之出納」。（《舊五代史．李業傳》卷一百零七）算是肥缺，但政治級別太低，李業也嘗試過讓楊邠他們分點權，但都給楊邠三人拒絕了。

這些人撈不到大官做，自然恨透了楊邠等人，沒日沒夜地在劉承祐耳朵邊煽陰風點鬼火，說楊邠、史弘肇、王章專橫跋扈，久必謀亂，劉承祐「信之」。再加上那個搗亂大王蘇逢吉，他和史弘肇私怨甚深，正愁沒機會報復。蘇逢吉聽說李業等人恨楊、史、王，伸過頭來湊熱鬧，「屢以言激之」（《資治通鑒》卷二百八十九），火上澆油。

朝廷的軍政財大權都掌握在楊、史、王手裡，如果用正常的手段奪權，顯然是不現實的。對劉承祐等人來說，奪權的辦法只有一個：發動武裝政變，用武力奪回權力。

劉承祐這時已經沒有退路了，他只有走這著險棋，他這麼做，完全是被楊邠等人逼出來的。不過劉承祐的母親李太后聽說兒子要發動政變，立刻投了反對票，但劉承祐決心已定，根本不聽老娘的苦心相勸，動手的日子都定好了，乾祐三年（九五〇）十一月十三日。

這一天早上，楊邠三人照例上朝議事。還沒等他們看清楚是怎麼回事，幾十個帶刀武士突然從殿後殺出來，不由分說，將三人按倒在地，一人一刀，都送上西天。隨後，劉承祐出來告訴群臣，說楊、史、王三人謀反，依法伏誅。後漢帝國的最高權力，第一次落在了皇帝劉承祐的手裡。

楊邠、史弘肇、王章雖然死了，但他們的家眷都還在。在古代的官場上混，是要拎著家族性命下注的，賭贏了還好說，一旦賭輸了，就要賠上九族性命。劉承祐下詔，盡數捕誅楊、史、王的家眷黨羽，僕從，一個都沒逃掉，全部被殺。王章無子，只有一個女兒，長年抱病在床。父親犯了事，女兒也跑不了，王章的女兒被人從榻上拖下來，「扶病就戮」。（《舊五代史．王章傳》卷一百零七）

至於天雄軍節度使郭威，雖然他和楊邠等人保持著一定距離，但在劉承祐看來，郭威也是楊邠的死黨。郭威本人在鄴都，可以僥倖逃過這場災難，但郭威的所有家眷全都在汴梁，劉承祐索性一不做，二不休，命代理開封府尹劉銖去執行這項血腥的任務。

郭威的原配夫人柴氏早逝，後來郭威娶了真定人張氏為妻，雖然郭威還有個繼室董氏，但董氏此時應該不在汴梁，也逃過一劫。張夫人和郭威的三個兒子青哥、意哥，郭威的侄子守筠、奉超、定哥，還有柴榮的夫人劉氏和三個兒子，全部被劉銖殘忍地殺死。郭威在京師的繁華府邸，變成了一座人間地獄。同時陪郭威家眷上路的，還是郭威的親信王峻的家人。

殺死這些無辜的家眷並不是劉承祐真正的目的，他最想除掉的還是手握河北軍權的郭威。劉承祐密旨傳給護聖左廂都指揮使郭崇威（九〇八—九六五），讓他就地殺掉郭威。同時又讓舅舅、澶州節度使李洪威，讓他尋機殺掉郭威的另一個親信王殷（？—九五四）。

李洪威、郭崇威和郭威的關係不錯，並沒有聽劉承祐的密旨，而是直接向郭威告變。第二天，也就是十一月十四日，郭威得到了楊邠、史弘肇、王章以及自己家眷被殺的噩耗。郭威和柴榮差點當場暈厥，這都是自己的至親啊，說沒就沒了，他們有什麼罪！

如果不是這場突如其來的政變導致郭威家眷被殺，郭威並沒有和劉承祐翻臉的打算。現在是劉承祐理虧在先，那就不要怪郭威不講君臣大義了。郭威立刻把樞密使魏仁浦找來，把詔書遞給魏仁浦看，問魏仁浦該怎麼辦？「朝廷將殺我，我死不懼，獨不念麾下將士乎？」（《宋史・魏仁浦傳》卷二百四十九）這當然是假話。

魏仁浦是郭威的心腹，自然不會站在郭威的對立面。他勸郭威：「侍中握強兵臨重鎮，有功朝廷，君上信讒，圖害忠良，雖欲割心自明，奚可得也，事將奈何。今詔始下，外無知者，莫若易詔以盡誅將士為名，激其怒心，非徒自免，亦可為楊、史雪冤。」（《宋史·魏仁浦傳》卷二百四十九）郭威要的就是魏仁浦這句話，點頭稱是。

隨後，郭威召集僚屬議事，他先是添油加醋講了這場政變的經過，然後郭威裝可憐，說既然皇帝有詔要殺我，那就請諸公取我的人頭，撈富貴去吧。在座的這些人全是郭威的心腹，更何況他們和郭威都坐在一條船上，郭威要是掉下水，他們還有活路嗎？所以他們不會背叛郭威。

翰林天文趙修己勸郭威道：「釁發蕭牆，禍難斯作。公擁全師，臨巨屏，臣節方立，忠誠見疑。今幼主信讒，大臣受戮，公位極將相，居功高不賞之地，雖欲殺身成仁，何益於事？不如引兵南渡，詣闕自訴，則明公之命，是天所與也。天與不取，悔何可追！」（《宋史·趙修己傳》卷四百六十一）趙修己說出了郭威的心裡話，他就是想這麼做的，但這話犯忌，應該由別人先說出來，他再接這個話口。

雖然郭威恨透了劉承祐，但畢竟劉承祐是合法的皇帝，郭威不能在名義上直接反對劉承祐。所以郭威出兵的理由是「清君側」。郭威的話非常動聽：「此事必非聖意，即是左右小人誣罔竊發，假令此輩握重柄，國得安乎！宜得投論，以判忠佞，何事信單車之使而自棄，千載之下，空受惡名。崇等願從明公入朝，面自洗雪，除君側之惡，共安天下。」（《舊五代史·周太祖紀一》卷一百一十）

事情到了這一步，郭威已經沒有了退路，「君逼臣反，臣不得不反」，郭威在萬般無奈之下，走上了這條充滿艱險的自救道路。郭威在率軍進京找劉承祐「討說法」之前，特意留下了養子柴榮留守鄴都，萬一進京計畫失敗，郭威也好有個退路。柴榮的能力，郭威是再清楚不過的，所以留下柴榮，郭威很放心。

十一月十七日，郭威的部隊來到滑州（今河南滑縣），駐守滑州的義成軍節度使宋偓聽說郭威來了，立刻開門迎降，他犯不著為不相干的劉承祐和郭威結仇。

宋偓雖然在歷史上名氣不算響亮，但他的家世非常具有傳奇色彩。在柴榮之前就差點統一天下的唐莊宗李存勖，就是宋偓的外祖父。宋偓的父親宋廷浩做了李存勖的女婿，宋偓本人又是後漢高祖劉知遠的女婿。而宋偓的女婿更非一般人物——大宋開國皇帝趙匡胤，他的女兒就是小宋后。一門兩帝婿、一帝翁。

郭威非常聰明，他知道部下之所以願意跟他做這筆殺頭的買賣，無非是貪圖富貴。所以郭威甫到滑州，就打開滑州官庫，將財貨等物分給將士們。都到了這個份上，郭威還在裝純潔，他對大家說皇帝已經派侯益率兵迎戰，他不忍與皇帝交戰，請大家殺了他，以成全名節。諸將當然不會吃郭威這一套，勸郭威：「國家負公，公不負國，所以萬人爭奮。如報私仇，侯益輩何能為乎！」（《舊五代史．周太祖紀一》卷一百一十）

本來就是劉承祐負郭威在前，郭威此舉完全是被逼出來的。但郭威最大的失策是，通過王峻向諸將承諾：「我得公處分，俟克京城，聽旬日剽掠。」（《舊五代史．周太祖紀一》卷一百一十）喪失民心，莫過於此。當然，從另一個角度也能理解郭威的「難處」。他不放血，弟兄們就不會跟他玩。

滑州距離汴梁不過百餘里，劉承祐已經感受到了郭威的殺氣，但年輕氣盛的劉承祐並沒有被郭威嚇倒，不知道他哪來的勇氣，在十一月二十日，劉承祐率軍出現在汴梁城北的劉子坡，準備和郭威決戰。

第二天，官軍在兗州節度使慕容彥超的率領下，向郭威的部隊發起了進攻，郭威所部何福進、王彥超、李筠等人率軍迎擊。結果，「慕容彥超退卻（官軍），死者百餘人」。（《舊五代史·周太祖紀一》卷一百一十）慕容彥超見勢不妙，狼狽逃回兗州。官軍本就沒什麼戰鬥力，此戰一敗，士氣大沮，有些官軍乾脆投降了郭威。郭威趁熱打鐵，追殺劉承祐。

明眼人都能看出來，勝利的天平已經明顯向郭威傾斜，茶酒使郭允明見勢不妙，便起了殺心。十一月二十二日清晨，劉承祐被郭威的軍隊追到了趙村，下馬休息時，被郭允明一刀刺死，年僅二十歲。隨後郭允明和宰相蘇逢吉自殺，反正他們活著落到郭威手上，也難逃一死。

劉承祐被殺後，郭威率軍闖進了汴梁，「諸軍大掠」（《資治通鑒》卷二百八十九），京師一片狼藉。郭威現在關心的不是維護京師治安這等「雞毛小事」，而是改朝換代的大事。當然現在對郭威來說，時機還不成熟，畢竟他在政界的威望稍嫌不足。「周太祖之自魏入也，反狀已白，而漢大臣不即推尊之，故未敢即立。」（《新五代史·東漢世家》卷七十）

不過，以郭威的聰明才智，他總會想出對策的。果然，郭威想到了一個好辦法……

郭威先是假模假樣地請出李太后臨朝，然後率百官推立武寧軍節度使劉贇為嗣主，拉劉贇當自己的擋箭牌。劉贇是後漢高祖劉知遠的侄子，父親就是河東節度使劉崇。郭威請出老太師馮道，去武寧軍節度使的駐地徐州，迎接劉贇入朝繼位。

就在朝廷等待劉贇進京的時候，「湊巧」得很，突然從鎮州、定州傳來緊急軍情：契丹人大舉入寇，河北告急！現在朝中唯一有資歷掛帥的也只有郭威了，所以郭威「依依不捨」地離開了汴梁，率軍向北進發，防禦契丹南下。

不過同樣是契丹大軍從鎮、定二州南下入侵中原，《遼史》記載了九五〇年的這一次南下行動，卻沒有記載九六〇年的那一次「南下」。郭威率兵北上防禦契丹，至少有《遼史》作為旁證。至於另外一次，天知道是怎麼回事。

乾祐三年（九五〇）十二月十六日，郭威率軍抵達澶州，然後就地休整。

四天後，十二月二十日，郭威下令諸軍繼續北上。還沒等郭威走出府衙，突然從外面闖進一夥丘八，他們狂呼：「我們進京師時，大掠市中，已經與劉氏為仇。如果武寧繼位，我等還有活路嗎？不如今天尊奉郭侍中為天子，共取富貴。」

郭威見狀「大駭」，立刻喝罵這些人胡鬧。丘八當然不會聽郭威的，人越聚越多，牆上都蹲滿了士兵。他們闖到郭威面前，幾個人強行拽住郭威，另有人撕下軍中的黃旗，披在郭威身上，諸軍三呼萬歲，聲震天地。

如果把這場鬧劇的地點由澶州換成陳橋驛，男一號由郭威換成趙匡胤，我們會驚奇地發現，所謂陳橋兵變不過是千古文章一大抄。趙匡胤並不是個合格的導演，他沒有自己的絲毫創意，完全是照搬郭威的舊劇本，從過程到結果，絲毫不差。在這兩場兵變中，契丹人南下進犯都成了郭、趙二人率軍出汴梁的藉口，真有這麼巧？

郭威親手導演的大戲，終於達到高潮，天下，已經成為郭威的囊中物。

不過這場鬧劇還沒有結束，如果劉贇搶先入京，那郭威的劇本就要演砸了。其實郭威早有準備，心腹郭崇威率兵東進，在宋州（今河南商丘）迎到了劉贇。郭崇威打著保護嗣皇帝的旗號，將劉贇軟禁起來，聽候郭威發落。

隨後，這支奇怪的軍隊渡河返回開封。這時天寒地凍，河面上已經結出了厚厚的冰層，同時北風呼嘯，郭威不懼嚴寒，率領軍隊悲壯而狼狽地踩著冰層抵達河南岸。大軍剛過，冰層就陷了進去，時人異之。其實這沒什麼好奇怪的，成千上萬人在冰面上踩，再厚的冰層，也會被踩塌。

十二月二十五日，郭威來到開封城北郊的七里店，「（後漢）群臣謁見」（《舊五代史・周太祖紀一》卷一百一十），實際上是提前來拜碼頭的。

聽說郭威在澶州發動兵變，汴梁城中的李太后心裡明白，她夫君劉知遠創建的大漢江山，僅僅過了不到四年，就要謝幕了。李太后也是個聰明人，她現在對郭威來說還有利用價值，如果她不合作，郭威有的是辦法對付她這個無權無勢的老太婆的。

李太后已經給郭威準備好了三件禮物，第一件禮物：廢嗣皇帝劉贇為湘陰公，摘掉了劉贇的政治帽子，郭威就可以放心地當皇帝了；第二件禮物：以侍中郭威為監國，然後由百官勸進，郭威到了這個時候，就沒必要再裝下去了；第三件禮物：漢乾祐四年（九五一）正月初五，李太后正式下達詔令，將已經名存實亡的漢朝天下以「禪讓」的形式傳給監國郭威。隨後，郭威身穿袞冕，滿面春風地臨御崇元殿，在百官山呼「萬歲」聲中，正式建立了五代最後一個王朝——後周，改元廣順。

郭威之所以將國號定為「周」，是因為郭威自稱是姬周王朝宗室的後人，其實這種鬼話是騙不了人的。關於這點，郭威不如朱元璋實在，朱元璋稱帝後，有人勸朱元璋尊南宋大儒朱熹為先祖。朱皇帝不稀罕什麼朱熹，直言朕本淮右布衣，祖上八輩貧農……

郭威雖然達到了自己的目的，但「遜帝」劉贇還活著，對郭威來說始終是個威脅。這事好辦，不久後，消息傳來：湘陰公劉贇在宋州暴病而亡。傻子都知道劉贇是怎麼死的，這種事情只可意會，不可言傳，說出來就沒意思了。

四、郭威的治國之道

從郭威打天下的過程來看，實際上還是沒有走出五代十國「天子寧有種邪？兵強馬壯者為之爾」的規律（《新五代史・安重榮傳》卷五十一），五代十國基本上都是大軍閥建立的，郭威就是其中一個。當然，歷代王朝的建立，都是靠武力打出來的，沒有誰可以用三寸不爛之舌征服天下。蘇秦？他從來沒有得到過天下。

雖然是劉承祐有負郭威在前，但郭威在奪權過程的一些手段也確實見不得光。比如為了拉攏軍心，縱容軍隊在汴梁城中洗劫公私財物，導致城中大亂，再有就是殺害了手無寸鐵的劉贇。

郭威不是什麼聖人，他和五代其他軍閥沒什麼兩樣。但有一點，是朱溫、李存勖比不了的，那就是郭威不濫殺人。郭威只背著劉贇這一條人命，甚至屠戮郭家滿門的劉銖，郭威也只是斬劉銖一人，放過了劉銖家眷。

其實郭威入汴後，是打算殺掉劉銖、蘇逢吉等人滿門的，家眷被殺的刻骨仇恨幾乎讓郭威失去了理智。大批武士圍在了蘇逢吉和劉銖的府宅外，只等郭威一聲令下，幾十顆人頭就要落地，郭威也算是替家人報了仇。

這時的郭威，正在和私交極好的判司天監事王處訥聊天，話題是後漢政權為什麼僅僅存在了四年就滅亡？王處訥對此感慨無限，他答道：「人君未得位，嘗務寬大；既得位，即思復仇。漢氏據中土，承正統，以歷數推之，其大祀猶永。第以高祖得位之後，多報仇殺人及夷人之族，結怨天下，所以運祚不長。」（《宋史・王處訥傳》卷四百六十一）

郭威聽完後，深表贊同，他長歎數聲，也明白了王處訥這番話的另外一層意思：不要走後漢以暴制暴的老路，凡事當以仁善為本，不要再濫殺無辜了。郭威立刻下令，不准濫殺蘇逢吉、劉銖的家眷，只殺劉銖一人，「餘悉全活」。（《宋史・王處訥傳》卷四百六十一）王處訥的勸諫起到了作用，但最關鍵的還是郭威為人較為忠厚，否則他不聽王處訥的，王處訥也沒有辦法阻止郭威殺人。

如果僅僅是不濫殺，郭威還算不上是好皇帝。是否能為成為好皇帝，最重要的有兩條標準：治軍、治國，特別是第二個標準。郭威的軍事能力不用多說了，李守貞可以替郭威證明。至於郭威的治國，其實也是有兩把刷子的。

綜合起來講，郭威的善政有以下幾個方面：

一、勤儉節約。郭威即位之初，就下詔停罷地方藩鎮向朝廷進貢奇珍異味，他用不著這些玩意。郭威有句話說得非常感人：「朕起於寒微，備嘗艱苦，遭時喪亂，一旦為帝王，豈敢厚自奉養以病下民乎！」（《資治通鑒》卷二百九十）郭威富貴至極，卻仍然掛念在戰亂中飽受痛苦的底層百姓，難能可貴。

苛刻一些說，節約和愛民並不是同一個概念，梁武帝終生布衣菜蔬，卻縱容王公貴族們欺壓百姓，喪盡民心，最終釀成慘禍。郭威是從民間走出來的皇帝，他了解民間疾苦，他知道老百姓最需要他做什麼。

二、允許境內商人和外國人（蕃人）進行商品貿易，郭威不搞「閉關鎖國」那一套，只有開放貿易，國家才有活力。不然死水一潭，談何發展？

三、同意遭受旱災的南唐百姓沿淮（河）進入周朝統治區購糧，郭威並沒有因為他們是敵國百姓而對他們抱有戒心，國家有罪，百姓何辜！雖然郭威此舉有收買人心的嫌疑，但至少郭威敢這麼做，說明他心中還是有百姓的。有些渾蛋皇帝連表面文章都懶得做了，直接搶百姓的救命糧。

四、將被官府籍沒的罪犯名下的地產，還給他們的家眷。一人有罪，九族無辜，此舉極有人情味，千載之下，仍讓人感動不已。

五、恢復農業生產。對於那些無家可歸的流浪者，官府給他們劃撥無主土地，讓他們耕種。同時官府減免各種賦稅，讓他們安心生產。郭威是個明白人，只有百姓富裕了，國家才能實現真正的富裕，他說過「苟利於民，與資國何異」。（《舊五代史．周太祖紀三》卷一百一十二）

特別讓人感動的是，郭威還下令，如果流亡百姓想離開周朝去敵國生活，朝廷不但不橫加阻攔，而且撥付路費。在生產力不發達的古代，勞動力是最重要的社會資源，歷朝政府都在挖空心思增長勞動力，甚至不惜動用暴力手段。郭威卻反其道而行之，不是郭威不懂勞動力的重要性，而是他認為應該以德留人，如果暴力截留，這樣只能喪失民心。

六、改革鹽曲法。鹽業是絕對壟斷性的行業，歷朝都嚴厲打擊私製食鹽的行為，但後漢法律最為嚴酷。規定只要發現有私造鹽者，哪怕只查出一克，也要砍頭。郭威對此進行了改革，周朝政府規定，只有私製食鹽超過五斤者才論死。郭威這麼做，主要是考慮到有些人製私鹽並不是為了賺取暴利，僅僅是養家糊口。

七、改革牛皮徵收制度。牛皮是冷兵器時代稀缺的戰爭物資，歷代官府都在民間強行徵收牛皮，說白了就是搶，一文錢不給，百姓怨聲載道。郭威對此進行有力的整改，他規定在民間按土地佔有量進行牛皮徵收，以每五十畝地為一張牛皮的徵收標準，百姓深受其利。當然郭威也有一個附加條件，不許百姓將牛皮賣給敵對國家，但可以在境內自由交易。畢竟郭威也要考慮到國家的軍事安全。

另外，郭威還廢除了所謂的牛租。六十年前，朱溫在和楊行密的作戰中，從淮南掠奪來幾十萬頭耕牛。這些牛被分配給了有地農戶，農戶只需每年向朝廷交點牛租即可。可朱梁亡國後，唐、晉、漢三朝官府不顧當年的耕牛們早已不存在的事實，強行向百姓徵收牛租。李存勖、石敬瑭等人只顧自己享受，哪管百姓死活？但郭威最見不得百姓受苦，下詔取消了牛租，他不缺這點錢，他最缺的是民心。

八、重用人才。郭威是個半文盲，他知道自己知識有限，從不裝大尾巴狼，不恥下問才是君子。郭威對人謙虛地說自己「不親學問，未知治天下之道」。（《資治通鑑》卷二百九十）後周北宋許多名臣名將都是被郭威提拔重用的，比如文官王朴、鄭仁誨、范質、魏仁浦、王溥、李穀，武將郭崇、韓令坤、石守信、王審琦、甚至，還有趙匡胤……

郭威這些改革舉措尚顯粗略，而且規模也不大，但歷史意義非同一般。之後柴榮進行大刀闊斧的改革，其實就是建立在郭威改革的基礎上的。至少，郭威給柴榮指明了發展的方向，讓柴榮有現成的改革經驗可用，不必再走彎路。

改革對原有的社會發展模式中不符合時代發展的因素進行革除，使之跟得上時代的發展。換句時髦的話講，就是「與時俱進」。沒有改革，就沒有進步，故步自封是沒有出路的，這是個常識問題。不過改革總是要付出代價的，改革，說得通俗一點，就是各階層對社會資源擁有權的再分配。譬如一塊蛋糕，甲多吃一口，乙就要少吃一口。問題不在於此，而在於是否能讓更多的人吃上蛋糕，哪怕是一小口也好。列強瓜分中國時奉行的原則是「利益均沾」，就是見者有份，誰也別想獨吞。其實改革的目的也是「利益均沾」，各階層都要有蛋糕吃。大家都有蛋糕吃，皆大歡喜，不然，總會有人不滿的。

郭威這點做得很好，他是個封建皇帝，他首先要維護自己和統治集團的利益，這沒有錯。而郭威並沒有因此而忽視百姓的利益，郭威也許沒讀過《荀子·王制篇》，但「水能載舟，水能覆舟」這個淺顯的道理，郭威還是懂的。想讓老百姓當順民，其實非常容易，讓老百姓有飯吃就行了。

經過這幾年倉促而有效的改革，後周國力大增，內部安定，已經有點盛世的模樣。郭威將中原治理得井井有條，只要他自己不學蕭衍那樣胡來，大周朝的天下，是穩如泰山的。

但是，郭威現在面臨的最緊迫的一個問題是：等他死後，江山傳給誰？

五、柴榮的皇子生涯

柴榮的機會來了。

在家天下時代，統治者「有子傳子，無子傳弟」，要確保江山的萬世一姓。郭威本來是有兒子的，但在那場血腥的乾祐慘禍中，郭威的三個兒子被喪心病狂的劉銖殺了個精光！不要說兒子，就是幾個像樣的晚輩親戚，郭威都沒幾個。歷史上有記載的郭威晚輩親戚只有四個人：養子（內侄）

柴榮、外甥李重進、女婿張永德、前妻張氏的外甥曹彬。另外還有一個妹夫楊廷璋。

郭威稱帝這年四十八歲，即使現在納幾個嬪妃生兒子，等兒子們長大，那時郭威可能已經不在人世了。現在對郭威來說最緊要的任務不是生兒子，而是盡早確定帝國的接班人。

至於人選，自然只能在柴榮、李重進、張永德、曹彬四人中選擇。雖然這四個年輕後生都是人中龍鳳，但郭威確定繼承人，不僅是看他們的能力，也要看和他們的親疏程度。

首先可以將曹彬和楊廷璋排除出去，因為曹彬、楊廷璋和郭威的親戚關係最遠，也沒什麼感情，不可能選擇曹彬、楊廷璋。至於張永德，雖然是自己的女婿，但嫁出的女兒潑出去的水，翁婿關係雖然不錯，但張永德畢竟是外人，也可以排除張永德。最有可能繼承皇位的，不是柴榮，就是李重進。

在四個人選中，李重進是唯一和郭威有直接血緣關係的，這個優勢是柴榮比不了的。但柴榮有一個優勢，卻是李重進遠遠不及的，那就是和郭威的感情。郭威之所以比較傾向於柴榮，一是柴榮姑母柴夫人的原因，郭威和柴夫人感情極深，這是患難夫妻才有的感情；二是因為郭威當年窮酸落魄，是柴榮用他稚嫩的雙肩，挑著貨物走南闖北，賺錢養活自己。這兩種感情因素交織在一起，柴榮在爭奪儲君位置的競爭中領先了李重進不止一個身位。

好在郭威現在還不算太老，他還有足夠的時間選擇儲君，他暫時並沒有公開儲君人選，一是維護政權穩定，二是他還想再多觀察柴榮一段時間，看看柴榮是不是真有繼承大統的能力。

郭威稱帝後，也在不斷地給柴榮壓擔子，廣順初年，柴榮在四人中的地位最高——鎮寧節度使、校檢太保、太原郡侯。按諸鎮的實際地位來看，澶州不如天雄軍重要，但鎮寧軍的駐地澶州是郭威的發跡之地，郭威將柴榮安排在澶州，是大有深意的。

柴榮也確實給郭威爭氣，他在澶州期間，「為政清肅」。（《舊五代史・周世宗紀一》卷一百一十四）將原來遍地盜賊的澶州打造成夜不閉戶的平安社區，史稱「盜不犯境」。（《舊五代史・周世宗紀一》卷一百一十四）柴榮對澶州的城市建設也做出了很大貢獻，之前的澶州城市破敗，街道狹小。柴榮「廣其街肆，增其廨宇，吏民賴之」。（《舊五代史・周世宗紀一》卷一百一十四）發展城建是不是面子工程，關鍵要看當地百姓是否從中受益。

當然，柴榮以上這些政績屬於內政範疇，在亂世中混飯吃，最重要的是軍事能力。柴榮的軍事能力並不弱，當初郭威率軍南下汴梁，就留下柴榮鎮守鄴都。柴榮要是沒有兩把刷子，郭威也不敢用他。

就在柴榮在宦海中春風得意的時候，有個人橫豎看柴榮不順眼，隔三差五地扯柴榮後腿，沒少搗亂。這個敢給當今皇子上眼藥的大爺，就是後周的開國重臣、宰相王峻。

王峻和郭威是患難兄弟，對後周建國立下過汗馬功勞，因為他比郭威大兩歲，所以郭威尊稱他為兄長。王峻的治政能力還是不錯的，但他最大的問題是器量太小，容不得人，過於貪權。郭威想提拔守藩鎮時的舊部心腹鄭仁誨、向訓、李重進等人，王峻都妒忌得不得了。郭威擔心王峻吃醋，派人來解釋，沒想到王峻破口大罵，絲毫不給郭威面子。

鄭仁誨等人官銜太低，暫時還威脅不到王峻，最讓王峻無法容忍的是，郭威的養子柴榮在後周官場的地位不斷提升，讓王峻感受到了威脅，所以他要給柴榮找點麻煩。

在廣順二年（九五二）的正月，兗州刺史慕容彥超起兵造反，官軍一直打到夏天，都沒有拿下慕容彥超。郭威打算親征，但馮道說天氣炎熱，車駕不宜輕出。郭威覺得也有道理，準備調柴榮東進討逆。王峻不希望柴榮在軍界打出威望，就極力反對，郭威沒辦法，只好親自出馬，擺平了慕容彥超。

因為王峻處處打擊柴榮，柴榮心裡非常委屈，一肚子的怨氣無處發洩。後來郭威平定慕容彥超準備回京，柴榮抓住機會，上表請養父路過澶州，父子小聚。郭威當然同意了，在澶淵，柴榮見到了養父。柴榮跪在養父面前痛哭流涕，哭訴王峻對他的種種不道德行為。郭威心裡明白，王峻不倒，柴榮就沒有機會接班。

柴榮也知道王峻在排擠他，但柴榮為人處世比較穩重，喜怒不形於色，既然王峻在暗中給柴榮小鞋穿，柴榮也不會把他和王峻的矛盾公開化，至少他要考慮到養父郭威的處境。關於柴榮和王峻的官場鬥爭，史料記載很少，但除上面這件事外，還記載了柴榮和王峻的一次間接交鋒。

廣順三年（九五三）初，柴榮已經在澶州任職三年了，雖然澶州和汴梁距離很近，但非詔不許入朝，柴榮也不敢隨便離鎮，平白讓政敵抓住自己的把柄。柴榮在鎮期間，「屢求入朝」（《資治通鑑》卷二百九十一），目的有兩個，一是看望養父，二是藉機聯絡一下朝中各派勢力，為自己日後上位打好基礎。

其實郭威也是非常想念養子的，但由於父子之間橫著一個討人嫌的王峻，郭威也要顧及一下王峻的感受，所以在王峻屢次阻撓下，柴榮一直沒機會進京。正好不久前黃河水患嚴重，郭威打發王峻去視察河務。柴榮在汴梁有自己的情報系統，聽說王峻離京，他立刻上表求入朝，郭威心領神會，立刻詔柴榮進京。

正月十五日，父子相見。正史上並沒有記載他們之間到底說了些什麼，估計也沒有特別緊急的事情。但正在黃河上喝西北風的王峻聽說柴榮突然竄進了汴梁，大為驚惶，他擔心柴榮此次進京會對自己不利，立刻扔下河務，連夜趕回汴梁，打聽柴榮在京城都幹了什麼。

王峻之所以如此忌憚柴榮，原因就在於柴榮「聰明英果」。（《舊五代史·王峻傳》卷一百三十）王峻有自己的小算盤，郭威一旦駕崩，最有可能繼位的就是柴榮，可柴榮能力太強了，到時王峻根本鎮不住他。王峻當然希望能扳倒柴榮，換一個劉承祐似的渾蛋主子，自己好當顧命首輔，甚至是改朝換代。

不過王峻已經沒有機會扳倒柴榮了，他自己在柴榮剛回澶州沒幾天，也就是廣順三年（九五三）二月十三日，就被忍無可忍的郭威給廢掉了，貶為商州司馬。未幾，王峻羞病交加，病死於商州。郭威對王峻下手，原因有三個：

一、王峻在朝中手伸得太長，連人事大權都要搶，換了哪個皇帝都無法容忍。

二、王峻屢次破壞郭威和柴榮的父子感情。郭威在召見大臣時就痛哭流涕地說：「朕就這麼一個兒子，可惜王峻專意阻隔。」（《舊五代史·王峻傳》卷一百三十）郭威脾氣算是好的，如果換成朱溫這樣的，早把王峻腦袋給摘了。

三、王峻膽子極大，他居然敢私下與藩鎮聯絡，圖謀不軌，這是犯大忌諱的。好在各藩鎮都聽郭威的，他們把王峻的書信都交給了郭威。郭威的臉色極為難看，「驚駭久之」。（《資治通鑒》卷二百九十）

雖然王峻與郭威曾經血雨腥風一起闖蕩過，但得志後，王峻變得幾乎讓郭威認不出來了。如果不是王峻把郭威逼到了牆角，以郭威的脾氣，他斷不會出此重手。如此巨奸大蠹，不趁早除掉，將來必然貽害無窮。

王峻的倒臺，受益最大的，自然就是柴榮。郭威早就有意將江山傳給柴榮，但由於王峻搗亂，差點壞了郭威的大事。現在王峻死了，郭威也就沒什麼顧忌了。廣順三年（九五二）三月初五，郭威下詔，調柴榮為開封尹，並封為晉王，實際上公開承認了柴榮的儲君地位。

五代宋初的官場有個慣例——不立太子，近七十年間，五代宋初居然沒有出現過一位皇太子。但凡是宗室封親王兼開封府尹者，基本上都是帝位繼承人，比如朱友貞、石重貴、劉承訓，再加上柴榮和日後的趙光義。

其實郭威最危險的敵人，除了王峻，還有一個，就是鄴都留後、天雄軍節度使王殷。王殷自恃有開國之功，得志之後，非常的蠻橫霸道，連郭威都不放在眼裡。王殷在鄴都私斂民財，被成德軍節度使何福進給告發了。

郭威開始懷疑王殷有不軌之圖，但沒有確鑿的證據，所以暫時沒有動王殷。見郭威讓著他，王殷越來越放肆了，甚至連上朝的時候，身邊都帶有幾百個甲兵，郭威每次見王殷，都提心吊膽，生怕王殷當場對他下手。

郭威終於忍不住了，一是為了自己的安全，二是為將來柴榮即位後掃清障礙。廣順三年（九五三）十二月二十六日，趁王殷上朝的機會，郭威設下埋伏，一舉拿下王殷。郭威將王殷流放至登州，但王殷剛出城，就被郭威派出的殺手給做掉了。

這時的郭威，身體狀況已經大不如前，在九月的時候，五十歲的郭威就病倒了。郭威得的是「風痹疾」，在醫學上講，就是得了因風寒引發的肢體酸痛症狀。由於這場疾病來得太突然，郭威的情況非常不妙。病情嚴重時，郭威已經無法走路了，甚至連祭祖廟這樣的大事，都要由柴榮代勞。

郭威也自知大限將到，加快了讓柴榮接班的步伐，顯德元年（九五四）新年剛過，郭威就讓柴榮「判內外兵馬事」（《舊五代史・周世宗紀一》卷一百一十四），這個職務就相當於魏晉時代的「都督中外諸軍事」，是軍隊的最高指揮官。

現在皇帝病危，內外恟懼，人情不穩，郭威在這個時候把軍權交給柴榮，主要是為了穩定政治局面。朝中大臣聽說柴榮拿到了軍中的指揮權，他們都知道柴榮的本事，有柴榮坐鎮中樞，這天是塌不下來的，「時太祖寢疾彌留，士庶憂沮，及聞帝總內外兵柄，咸以為愜」。（《舊五代史・周世宗紀一》卷一百一十四）

柴榮的能力自不用多說，智商沒問題，但情商有待提高。他主政開封期間，每天就在府衙辦事，很少入宮去看望病重的養父。柴榮在澶州時的親信曹翰比柴榮更精通於這些人情世故，他私自從澶州溜到開封，當面勸說柴榮：「大王，國之儲嗣，今主上寢疾，大王當入侍醫藥，奈何猶決事於外邪！」（《資治通鑑》卷二百九十一）

曹翰的言外之意是柴榮在外辦事，宮中情況不明，萬一有變，會對柴榮不利。柴榮被曹翰這麼一點，自然明白其中深意。柴榮立刻扔下府衙事務，坐鎮宮中，名義上是為養父熬藥侍奉，實際上是防止宮中發生對他不利的意外情況。

這時的郭威已經完全沒救了，正在等死。在他還有最後一口氣的時候，他把柴榮叫到身邊，算是臨終遺言。郭威和柴榮談的卻不是國家大事，而是自己的死後喪葬安排。

郭威當初西征叛臣趙思綰時，曾經路過長安，親眼看到唐朝帝陵被盜掘的情況十分嚴重。盜墓賊之所以光顧唐朝帝陵，自然是因為陵墓裡有無數的金銀珠寶。

郭威不希望自己死後還被盜賊惦記著，就叮囑柴榮：「我死，當衣以紙衣，斂以瓦棺；速營葬，勿久留宮中。一切從簡。否則，我在地下也不原諒你。」（《資治通鑒》卷二百九十一）柴榮此時已經淚流滿面，哽咽著答應了養父最後一個心願。

大肆鋪張地給逝者搞什麼豪華葬，其實都是做給活人看的，無論生前貧富貴賤，死後皆是一具枯骨，沒有誰可以例外。郭威雖然是怕死後有人盜墓才下令簡葬，但客觀上還是對制止當時社會鋪張浪費的風氣，產生了一定的正面影響。

郭威在他人生的最終時刻，又做了一件事。顯德元年（九五四）正月十七日，郭威緊急將外甥李重進召進宮中，命令比柴榮還大兩歲的李重進向柴榮行君臣大禮。郭威一直擔心李重進不服柴榮，所以讓李重進在他面前立誓。李重進知道柴榮現在的地位牢不可破，沒來由和舅舅翻臉，乖乖地向柴榮下拜。

看著柴榮和李重進的君臣大禮已定，郭威終於可以放心去了。當天夜裡，油盡燈枯的郭威病逝於大內滋德殿，時年五十一歲。

三天後，晉王柴榮在群臣的擁戴下，在滋德殿郭威的靈柩前繼位，就是五代史上有名的周世宗。三個月後的四月十二日，柴榮正式將養父郭威的遺柩下葬於河南新鄭的嵩陵。郭威得到的諡號是聖神恭肅文武孝皇帝，廟號太祖，史稱周太祖。有時為了區別北周太祖宇文泰，也稱郭威為後周太祖。

一部偉大的傳奇結束了，繼之而起的，是另一部偉大的傳奇。

第二章　初露鋒芒

一、危機四伏

屬於柴榮的時代開始了。

年號顯德。

在進入柴榮的時代之前，我們有個問題需要先講一下，就是，柴榮到底姓什麼？

從血緣關係上講，柴榮是柴守禮的親生兒子，自然姓柴。但柴榮已經正式過繼給了郭威，算郭威名下的兒子，當然要改姓。雖然石敬瑭認比自己還小十一歲的耶律德光做乾爹，而他們這種苟合並沒有涉及繼承撫養關係，是胡亂認的乾親，和郭威收養柴榮不是一個性質。

所以，在官方場合中，柴榮真正的名字叫「郭榮」。《舊五代史·世宗本紀》和《新五代史·世宗本紀》開篇就說柴榮「本姓柴氏」，這就說明柴榮是確實改姓郭了，如果沒改姓，又何必多此一舉？

關於五代皇帝的姓氏，還有個說法是「五代八姓十三帝」，五代共有十三個皇帝，卻有八個姓。除了朱、李（本姓朱邪）、石、劉、郭五姓之外，還有李嗣源（不知姓氏，但不姓朱邪）、李從珂（本姓王），再加上柴榮，共八個姓。古人都有表字，柴榮的字又是什麼？通常有種說法，認為柴榮字君貴。但《歷代佛祖通載》卻說柴榮字茂先，未知孰是。（《歷代佛祖通載》卷十七）

姓只是一個人的社會符號，沒必要過於深究，現在天下人最關注的是，不是柴榮姓什麼，而是在密切注視著，柴榮究竟會把郭威傳承給他的大周帝國，帶向何方。柴榮現在成為當時歷史舞臺的主角，他深知自己肩上的擔子有多重。當他離世謝幕時，他留給歷史的，究竟是部傳奇，還是個笑話。柴榮當然希望是前者。

錢鍾書先生的《圍城》裡面有這麼一句經典名言：「結婚就像是圍城，裡面的人想出去，外面的人想進來。」皇帝也是一樣，外人都覺得皇帝可以享受無盡的榮華富貴，其實並不盡然。做皇帝固然風光，可誰又能知道做皇帝的難處。如果在盛世當皇帝還好些，就像是戲文裡說的：「有本早奏，無事退朝」，然後溜回後宮花天酒地去了。亂世中當皇帝，可沒這般享福，一旦失了勢，欲為富家翁而不可得，除非是那夥沒心沒肺的敗家子。

柴榮雖然如願做了皇帝，但這時所謂的大周帝國其實不過是天下藩鎮中實力最強的一個，對周邊各割據政權遠遠沒達到壓倒性的優勢。一旦柴榮大腦短路，不排除周朝成為第二個短命後漢的可能。

此時的中華大地，依然處在大分裂的狀態，周朝的統治區並不大，大致來說是這樣：南以淮河——秦嶺為界，西以陝甘交界處為界，正北以海河——太行山為界，西北以延安為界。當時的周朝疆域，在五代中，僅比後梁稍大一些，小於後唐、後晉、後漢。

此時和周朝對立的政權有：契丹（耶律璟）、後蜀（孟昶）、南唐（李璟）、北漢（劉崇）。向周朝稱臣的政權有：定難軍（李彝殷）、吳越（錢弘俶）、荊南（高保融）、湖南（周行逢）。

五代後期的分裂形勢和前期相比最大的變化是：九四五年，閩國被南唐滅亡，地盤被南唐和吳越瓜分。九五一年，楚國被南唐滅亡，但湖南地盤不久後就落到了周行逢的手裡。

閩、楚兩國都不和後周接壤，兩國的滅亡沒有對周朝的邊境安全產生什麼威脅。對周朝最致命的是北方燕雲十六州被契丹佔據。眾所周知，北方的長城是農耕文明和游牧文明的天然屏障，以農耕為主的漢族政權憑藉著長城的防禦優勢，可以很輕鬆地禦強敵於長城之外。

但自從石敬瑭向契丹割讓十六州後，北方的安全形勢驟然惡化，以騎兵為主的契丹軍隊佔據了擁有海拔優勢的十六州之後，可以隨心所欲地進入華北平原，後晉就是這樣被契丹滅掉的。周朝面對的壓力要遠遠大於後晉和後漢，在晉、漢時期，形勢險要的河東還在中原政權手上。但郭威廢掉後漢建立周朝後，原河東節度使、劉知遠之弟劉崇在太原稱帝，建立北漢，和後周遂成世仇。劉崇為了自保，向契丹稱臣納貢，甚至認比自己小三十多歲的契丹皇帝耶律璟為叔父。

本來契丹只能從北邊向中原進攻，但河東投靠契丹之後，契丹軍隊隨時可以進入太行山脈，在後周最柔軟的腹部插上一刀。北漢最南邊的沁州（今山西沁原）距離周朝國都汴梁也不過四百多里，一旦北漢和契丹聯合南下，柴榮能有必勝的把握嗎？

想必柴榮在心中已經有了初步的統一藍圖，但現在談這些還是太早，柴榮剛剛繼位，人情不穩，他現在最需要做的是，盡早鞏固自己的統治。至於周邊那夥強人，暫時不理他們，等條件成熟了，再一個個收拾他們。

還沒等柴榮在死水一潭的官場上投石頭的時候，突然發現，有人拎著砍刀，上門尋仇來了。柴榮的仇家，就是北漢皇帝劉崇。

二、山雨欲來風滿樓

嚴格來說，劉崇的仇人並不是柴榮，而是柴榮的養父郭威。但此時郭威已經去世了，常言道：父債子還，郭威欠劉崇的血債，當然要由柴榮來償還。劉崇和郭威有什麼仇？說得直白一些，就是奪國之恨，殺子之仇。

劉崇是後漢近親宗室，劉知遠的弟弟，如果不是郭威進京滅掉了後漢，現在中原還是他劉家的天下。雖然以劉崇的年齡和身分，已經沒有可能按正常繼位程序成為後漢皇帝，但劉崇卻本有機會成為皇帝他爹的。因為被郭威廢掉的「遜帝」劉贇，就是劉崇的親生兒子。

如果一定要較真的話，劉承祐對不起郭威，郭威對不起劉贇。郭威把劉贇趕下臺也就算了，何必要殺劉贇？當然，郭威執意要殺劉贇，自有他的道理。劉贇雖然沒有正式繼位，但卻是嗣皇帝，一旦把劉贇送還河東，劉崇立劉贇為帝，那郭威在法統上就要吃虧了。所以郭威絕不可能放走劉贇。劉崇本來還派人去汴梁，求郭威將劉贇放回河東，可為時已晚。自己的兒子被郭威給殺了，劉崇如果不恨郭威，那簡直就沒天理了。

不過早在劉承祐被殺時，劉崇就有機會率兵殺進汴梁，如果運氣好的話，劉崇可以坐在汴梁城中號令天下。郭威當然知道劉崇想幹什麼，當初選擇劉贇做後漢皇帝，一個最重要的原因就是穩住劉崇。自己的兒子在汴梁做皇帝，劉崇自然也就沒有必要殺進汴梁了。

郭威又寫信給劉崇，說自己出身下賤，不配做皇帝請劉公放心。郭威指著黥在自己脖子上的麻雀，對劉崇的來使說：「自古豈有雕青天子？幸公無以我為疑。」（《新五代史．東漢世家》卷七十）劉崇這個傻子，居然真的信了。

郭威的如意算盤，騙倒了大腦缺根筋的劉崇，卻沒能瞞過太原少尹李驤。李驤就告訴劉崇：「這是郭威的沮兵之計，明公不如發兵出太行山，用武力震懾郭威，使其不敢有異心。等武寧（即劉贇）即位之後，明公再撤兵不遲。」

劉崇已經被郭威用迷魂湯給灌倒了，再說他也沒有勇氣出兵威懾郭威，畢竟兒子的性命在郭威手上攥著。劉崇不識好歹，殺掉了李驤，氣得李驤臨死前大罵：「吾為愚人畫計，死誠宜矣！」（《新五代史．東漢世家》卷七十）

李驤的擔心果然變成了現實：劉贇被殺，郭威建立了新王朝。劉崇被郭威騙得很慘：國家沒了，兒子也沒了。晉陽宮中，五十七歲的劉崇望著汴梁的方向，號啕痛哭，老淚縱橫。他恨自己太單純，怎麼就相信了郭威這個騙子的花言巧語！

劉崇和郭威成了不共戴天的死敵，劉崇無時無刻不想殺進汴梁，滅掉無恥的郭威，替兒子報仇。周廣順元年（九五一）正月，郭威即位不久，劉崇就大發雄兵，由世子劉承鈞率領，聯合契丹人，南下進攻晉州（今山西臨汾）。

由於周朝的建雄軍節度使王晏禦城有方，北漢軍佔不到什麼便宜，就轉攻隰州（今山西隰縣），狂攻幾天不克，北漢軍死傷慘重，劉崇只好下令撤軍。經過這場慘敗，劉崇對郭威產生了畏懼感，此後一直不敢輕舉妄動。但劉崇怕的是郭威，卻不是柴榮。

周顯德元年（九五四）正月，劉崇聽說郭威病死，他認為自己的機會來了。

因為沒有摸清周軍的底細，劉崇為了穩妥起見，還是去契丹請來了援兵。契丹皇帝耶律璟見有送上門來的無本生意，當然要接活了，二月初，耶律璟派北院宣徽使耶律敵祿（漢名楊袞）帶著六七萬各族騎兵來到北漢，與劉崇的三萬大軍聯合南下。

此次劉崇所選擇的路線，是當初劉知遠南下時放棄的東線。即出團柏（今山西太谷），直取潞州（今山西長治），然後渡過黃河進逼汴梁。如果從地理角度，在太原和汴梁之間取一條直線的話，那這條直線的中間點就是潞州。也就是說潞州是後周防禦北漢的第一重鎮，只要北漢軍能拿下潞州，汴梁城就在眼前。

劉崇聯合契丹入寇的緊急軍情，在第一時間就送到了汴梁宮中，柴榮的御案上。柴榮知道周朝和劉崇的血海深仇，劉崇早晚是要來尋仇的，只是柴榮沒想到這個老傢伙動作會這麼快。自己剛登基沒幾天，劉崇就殺過來了，劉崇此舉無異於當眾給柴榮難堪，讓年輕氣盛的柴榮如何能嚥下這口氣！

既然劉崇上門送死，柴榮那就成全他。隨後柴榮召集群臣會議，這時柴榮已經有了親征的打算。柴榮之所以準備親征，一是他擔心守潞州的李筠扛不住劉崇的攻擊；二是他想在天下人面前露幾手絕活，讓那些心懷叵測的強人們看看，朕這個傘販子不是好惹的。

沒想到，雄心勃勃的柴榮剛向群臣透露了這個意思，就迎頭挨了一記悶棍。敢在公開場合給柴榮難堪的，是五代史上的傳奇人物——馮道。

馮道，字可道，瀛州景城（今河北滄州西）人，世代務農。馮道之所以能成為傳奇，並不是他做了什麼轟轟烈烈的大事，而是他的仕途生涯。在馮道的仕途生涯中，他侍奉過劉守光、李存勖、李嗣源、李從厚、李從珂、石敬瑭、石重貴、耶律德光、劉知遠、劉承祐、郭威、柴榮，共十二位帝王，馮道幾乎就是五代官場上的活化石。

其實在五代，還有一個官場活化石，就是鄭韜光。鄭韜光是唐憲宗時宰相鄭絪的曾孫、唐宣宗李忱的外孫，家世顯貴。鄭韜光為官數十年，和馮道一樣，「所仕無官謗，無私過。士無賢不肖，皆恭己接納。平生交友之中無怨隙，親族之間無愛憎，恬和自如」。（《舊五代史・鄭韜光傳》卷九十二）

不算鄭韜光出生時在位的唐懿宗，鄭韜光共侍奉過唐僖宗李儇、唐昭宗李曄、唐哀帝李柷、朱溫、朱友貞、李存勖、李嗣源、李從厚、李從珂、石敬瑭，共十帝。如果算上梁廢帝朱友珪，十一個。但鄭韜光在後世的知名度遠不如馮道，馮道幾乎就是五代官場最具代表性的人物。

「長樂老」馮道能在充滿血腥的五代官場混得有滋有味，原因就在於他處世原則的油滑：誰當皇帝，他就跟誰混，黃鶴樓上笑看翻船，從不做忠君殉國的傻事。他曾經寫過一首詩，其中有這麼兩句：「但教方寸無諸惡，虎狼叢中也立身。」（馮道《偶作》）這就是馮道的生存原則。

雖然馮道這種「人盡可夫」的官場生存原則屢受後人詬病，尤其是歐陽修和司馬光這兩個封建衛道士，將馮道罵得狗血淋頭。但客觀來說，馮道絕不是什麼奸臣或漢奸，實際上馮道做了許多有益於當時社會發展的善舉，比如給李嗣源講愛民之道、刻印《九經》、勸耶律德光不要亂殺人。

馮道在五代時的江湖地位遠沒有後世那麼不堪，無論誰當皇帝，都要恭恭敬敬地把馮道當成財神爺一樣供著，不敢有少許慢待。郭威即位後，特別尊敬馮道，封為太師中書令，從不直呼其名。

這次柴榮準備親征，群臣普遍反對，理由是「陛下新即位，山陵有日，人心易搖，不宜輕動，宜命將禦之」。（《資治通鑒》卷二百九十一）但馮道反對的特別激烈，「固諍之」。其實從馮道的私利來講，如果柴榮被劉崇滅掉了，劉崇也不敢拿自己怎麼著，照樣做他的長樂老。

他勸柴榮，主要還是覺得沒必要親征，派個大將去就行了。當然馮道還有另外一層意思沒說出來：就憑你柴榮，能打過劉崇？雖然他沒說，不過柴榮還是從馮道的眼神和語氣中，感受到了馮道對他的輕視。

柴榮這一年三十三歲，精力旺盛，血氣方剛，自尊心很強，他決定和馮道好好談一談。《舊五代史》記載了柴榮和馮道之間這場精彩的對話：

帝曰：「劉崇幸我大喪，聞我新立，自謂良便，必發狂謀，謂天下可取，謂神器可圖，此際必來，斷無疑耳！」

馮道等以帝銳於親征，因固諍之。

帝曰：「昔唐太宗之創業，靡不親征，朕何憚焉！」

道曰：「陛下未可便學太宗。」

帝又曰：「劉崇烏合之眾，苟遇王師，必如山壓卵耳。」

道曰：「不知陛下做得山否？」

帝不悅而罷。（《舊五代史．周世宗紀一》卷一百一十四）

在柴榮之前的歷史人物中，柴榮最崇拜唐太宗李世民，他希望自己能成為第二個李世民。李世民經常率軍親征，成了柴榮為自己親征辯護的理由，但馮道更絕，直接說陛下你不如李世民。男人都要個面子，何況柴榮脾氣向來有點急躁，馮道連挖苦帶諷刺，柴榮臉上掛不住了，準備發作。

中書侍郎王溥見柴榮和馮道當場吵得臉紅脖子粗，有點不成體統，忙出來打圓場。另外，王溥是支持柴榮親征的，而且是群臣中唯一一個柴榮的支持者，柴榮很感動。柴榮覺得沒必要和這夥人再糾纏下去了，他是皇帝，擁有至高無上的權力。他決定親征，誰也攔不住，親征的計畫就定下來了。

三、高平之戰

皇帝親征不是小事，需要對全域進行籌畫，不是說親征，就撂了挑子，拎刀砍人的。正在柴榮準備親征的時候，駐守潞州的昭義軍節度使李筠已經和北漢軍打起來了。有趣的是，李筠是太原人。不過他現在和劉崇沒什麼瓜葛，他早期出道跟著後唐秦王李從榮混的時候，那時的劉崇還只是個在賭場上混飯吃的閒漢。

李筠聽說劉崇找上門了，自然要盡地主之誼，先派部將穆令均帶著兩千步騎兵前去迎戰，自己率主力坐鎮太平驛（今山西襄垣西北）。沒想到穆令均有頭無腦，中了北漢軍的詐敗計，被漢軍大將張元徽一戰擊斬，周軍大敗，「（被北漢軍）俘斬千餘人」。李筠逃回潞州，閉關自守，同時向柴榮彙報前線軍情。

時間不等人，一旦潞州失守，汴梁就將直接暴露在北漢軍的攻擊範圍之內。柴榮開始和時間賽跑，顯德元年（九五四）二月初九，柴榮正式下詔親征。詔如下：

> 朕自遘閔凶，再經晦朔，山陵已卜，日月有期，未忘荼蓼之情，豈願干戈之役？而河東劉崇，幸災樂禍，安忍阻兵？乘我大喪，犯予邊境，勾引蕃寇，抽率鄉兵，殺害生靈，覬覦州縣。朕為萬姓之父母，守先帝之基扃，聞此侵陵，難以啟處。所宜順天地不容之意，從驍雄共憤之心，親御甲兵，往寧邊鄙。務清患難，敢避驅馳？凡在眾我，當體茲意。取此月十一日親率大軍，取河陽路親征。貯平妖孽，永泰寰區。應沿路排當，並不得差遣百姓，科配州縣，及於人戶處借索劫掠。遠近節度刺史，並不得輒離治所，求赴朝覲。應諸司各宜應奉公事者，即仰從駕。諸無事者，不在扈隨。務從省要，免至勞煩。故茲札示，想宜知悉。（《全唐文》卷一百二十六）

兩天後，二月十一日，柴榮率軍離開汴梁北上。柴榮任命樞密使鄭仁誨為東京留守，替柴榮看家。至於那個礙事的馮道，柴榮已經把他打發掉了，安排馮道給養父郭威下葬去了。

柴榮不會讓劉崇舒舒服服地南下搗亂，他要給劉崇的後院放幾把火。柴榮連續下了兩道命令：

一、駐鎮河中的護國軍節度使王彥超會同駐鎮陝州（今河南三門峽）的保義軍節度使韓通，取晉州路東進，騷擾北漢西部邊境。

二、駐鎮魏州的天雄軍節度使符彥卿會同駐鎮澶州（今河南濮陽）的鎮寧軍節度使郭崇，取磁州（今河北磁縣）路，進入北漢境內，直進晉陽。不過柴榮並沒對符彥卿下達作戰命令，只是讓這路周軍在北漢境內機動作戰，對劉崇進行戰略恐嚇。柴榮這兩步棋下得極為高明，通過左右兩路給劉崇施加壓力，減輕前線的軍事壓力。

另外，為了早點給李筠送救兵，宣徽南院使向訓、馬軍都指揮使樊愛能、步軍都指揮使何徽、義成軍節度使白重贊等人奉柴榮之命，率軍先趕往汴梁的下一站澤州（今山西晉城），柴榮率中軍隨後趕到。

柴榮的行軍路線是：出汴梁向東沿黃河東進，至懷州（今河南沁陽）再折頭北上。二月十六日，柴榮抵達懷州。懷州距離澤州不算很遠，柴榮打算加快行軍速度，後周王朝承受不起潞州失陷的後果。偏偏在這個時候，有人跳出來反對急行軍。控鶴都指揮使趙晁私下告訴通事舍人鄭好謙說：「賊勢方盛，未易敵也，宜持重以挫其銳。」（《宋史・趙晁傳》卷二百五十四）鄭好謙轉頭就把這話告訴了柴榮。柴榮非常惱火，如果「賊勢方盛」要傳到軍中，會引發軍心不穩，弄不好就有可能崩盤。

不過柴榮覺得鄭好謙不太可能說出這種話，就以殺頭相威脅，逼鄭好謙把說這話的趙晁供了出來。柴榮決定要給趙晁點顏色看看，連同鄭好謙「械於州獄」。當然不是要殺他們，只是做給軍隊將士看的。在大戰的節骨眼中，穩定軍心比什麼都重要。

柴榮有自己的主見，他決定了的事情，沒有誰可以輕易改變。二月十八日，周軍主力迅速抵達澤州。柴榮沒有留在澤州城中，而是將大營紮在了澤州東北十五里外的高平。

有意思的是，周朝皇帝親自率軍親征的消息，劉崇居然一點也不知情，看來北漢軍隊的情報工作做得並不好。劉崇雖然之前將李筠打跑了，但他卻沒有圍攻潞州，而是「過潞州不攻，引兵而南」。（《資治通鑒》卷二百九十一）劉崇的目的可能是直接攻取洛陽。洛陽是天下中樞，如果劉崇能拿下洛陽，汴梁危矣！

就在柴榮到達澤州的同一天晚上，北漢軍隊也來到了高平下營，當劉崇看到對面周軍營中飄揚的那面斗大的繡有「柴」字的大旗時，這才知道柴榮居然來了！

但劉崇一直不把柴榮放在眼裡，來了更好，就在高平解決掉柴榮。柴榮聽說劉崇就在他對面下營，也略感意外，他沒想到劉崇會捨潞州南下。柴榮已經意識到了，決定兩國命運的大決戰，即將開始。

第二天，也就是二月十九日，柴榮率周軍主力出營。周軍的先頭部隊和北漢軍在一片高地上試探性地進行了交鋒，「擊之，北漢兵卻」。北漢軍沒佔什麼便宜，往後撤了一段距離。

柴榮不想放過生擒劉崇的好機會，「趣諸軍亟進」，緊追北漢軍不放。劉崇其實也沒打算逃走，他把軍隊紮在了巴公原，調頭南向，迎接周軍的攻擊。劉崇將北漢軍分成兩部分，自己帶中軍，大將張元徽坐鎮左路，另外耶律敵祿率領的契丹軍坐鎮右路。

北漢軍的軍律不錯，「眾頗嚴整」，說明劉崇治軍還是有兩把刷子的。周軍陣中多是一些打仗多年的老兵油子，「出工不出力」，能不打盡量不打，他們看北漢軍陣形嚴整，就有些打怵。再加上河陽節度使劉詞的援軍還沒有趕到巴公原，周軍「眾心危懼」。（《資治通鑒》卷二百九十一）

其實也不怪這些老兵油子犯怵，周軍的人數本來就不多。雖然不知道柴榮帶了多少軍隊北上，但《資治通鑒》記載：「北漢主見周軍少」，劉崇帶了三萬人，說明周軍的人數不到三萬，但應該不會少於兩萬。「兵在精，不在眾」，沒有鬥志的軍隊，雖有百萬又何足懼，比如前秦苻堅百萬之眾在淝水之敗。

周軍在距離北漢軍的不遠處也擺出了「山」字陣：

左軍：義成節度使白重贊、侍衛馬步都虞侯李重進等部。

右軍：馬軍都指揮使樊愛能、步軍都指揮使何徽等部。

中軍：宣徽南院使向訓、鄭州防御使史彥超等部。

柴榮騎著馬，身披盔甲，手執大劍，處在「山」字陣形的最前面，他的安全由殿前都指揮使張永德率禁軍保護。

由於距離很近，劉崇看清了周軍的人數並不多，遠沒有他想像中千軍萬馬的陣勢。劉崇見耶律敵祿在西線壓陣，就告訴北漢諸將：「吾觀周師易與耳，契丹之眾宜勿用，但以本軍攻戰，自當萬全。如此則不惟破敵，亦足使契丹見而心服，一舉而有兩利，兵之機也。」（《五代史補》卷五）諸將皆以為然。早知道周軍這麼少，當初又何必花大價錢請來契丹人分功，劉崇有些後悔。

但坐鎮右路的耶律敵祿看出了周軍的門道，柴榮並不是個不懂兵法布陣的飯桶。耶律敵祿騎馬來到劉崇面前，告訴劉崇：「不要小看柴榮，我們不能大意，還是以穩為上。」

劉崇這時已經飄飄欲仙了，根本聽不進勸，他懷疑耶律敵祿不想讓自己立功。劉崇拂著花白的鬍鬚對耶律敵祿說：「時不可失，無妄言也。」（《新五代史·東漢世家》卷七十）意思是說你一邊待著去，看朕給你露幾手絕活。耶律敵祿很不高興：好心勸你，你倒蹬鼻子上臉了，讓柴榮教訓這個狂妄的老傢伙也好。

在兩軍對陣的時候，巴公原一直在颳著東北風，風勢很大，本來對劉崇很有利。但還沒等劉崇下達攻擊命令，風向突然轉成了南風。在冷兵器時代逆風作戰是兵家大忌，這是再簡單不過的軍事常識，但北漢樞密副使王延嗣是個二百五，他居然派司天監李義勸劉崇「動手的機會到了，請陛下下令吧」。

北漢樞密直學士王得中還算是個明白人，選擇逆風作戰完全是自殺，他拉著劉崇的馬頭苦諫，說李義誤國，可斬！現在風勢對我不利，不如等南風過去再戰。劉崇見到了柴榮，自然就勾起了心中的國仇家恨，怒火熊熊燃燒，已經失去了理智。他大罵王得中：「老措大！毋妄沮吾軍！」（《新五代史·東漢世家》卷七十）隨後，劉崇下令：張元徽率東路軍進擊與其對應的周軍樊愛能、何徽等部。

北漢軍呼嘯著殺進周軍的右軍陣中，張元徽已經做好和周軍拼命的準備。可就在這個時候，樊愛能和何徽做出了一個讓所有人都震驚異常的舉動：他們丟下了右路周軍，率親衛騎兵撥馬南逃。

主將臨陣脫逃，這仗沒法打了。周軍右陣中的老兵油子個個都是「久經考驗」，他們盤算著，跟著柴榮是吃肉，跟著劉崇也是吃肉，再說看現在這局面，北漢軍必勝。史稱「（周）步兵千餘人解甲呼萬歲」（《資治通鑑》卷二百九十一）轉眼間，周軍的右路就完全垮掉了，柴榮看完了這一幕陣前倒戈的醜劇，氣得臉都綠了。

右軍陣前降敵，對整個周軍的士氣造成了極為沉重的打擊。現在所有人都在看著柴榮，如果柴榮這時流露出哪怕是細微的懦弱，都有可能導致士氣的徹底崩潰，甚至有可能誘發大規模的陣前降敵。一旦出現這種極端情況，柴榮將死無葬身之地。

柴榮也知道在現在這種不利的情況下，他應該怎麼做，除了身先士卒，穩定軍心，他沒有第二條路可走。兵法云：「置之死地而後生」，拼一下或許還能博得一線生機，柴榮也許缺少軍事實踐經驗，但他絕不缺少男人最應該有的血性。男人如果沒有血性，會讓人鄙夷的。

柴榮不顧北漢軍射來的箭矢和石塊，高舉大劍，指揮禁軍向前殺敵，橫豎是個死，作為男人，死也要死得轟轟烈烈。柴榮的血性果然感動了周軍的將士們，軍心逐漸穩定下來。周朝的一些高級將領也都是血性男人，皇帝都不要命了，他們自然也沒什麼好怕的。

根據《資治通鑑》的記載，第一個衝上陣的周軍大將，就是後來發動陳橋兵變建立宋朝的趙匡胤。這段記載如下：

「太祖皇帝時為宿衛將，謂同列曰：『主危如此，吾屬何得不致死！』又謂張永德曰：『賊氣驕，力戰可破也！公麾下多能左射者，請引兵乘高西出為左翼，我引兵為右翼以擊之。國家安危，在此一舉！』永德從之，各將二千人進戰。太祖皇帝身先士卒，馳犯其鋒，士卒死戰，無不一當百，北漢兵披靡。」（《資治通鑑》卷二百九十一）

作為宋朝臣子的司馬光在這場高平之戰的記載中，極力美化趙匡胤的英雄形象。其實趙匡胤確實配得上英雄之名，但真正第一個殺上陣前的卻並不是趙匡胤，而是內殿直馬仁瑀。在此危急時刻，他是這麼說的：「主辱臣死，安用我輩！」然後「控弦躍馬，挺身出陣射賊。斃者數十人，士氣益振」。（《宋史・馬仁瑀傳》卷二百七十三）

雖然司馬光也記載了馬仁瑀英勇殺敵，但卻把馬仁瑀的英雄事蹟放在了趙匡胤大破北漢軍之後，成了錦上添花。因為趙匡胤和馬仁瑀當時都隸屬於禁軍系統，所以當時可能是二人同時向前衝殺，只不過後來趙匡胤當了皇帝，史官便把趙匡胤列在了前面。

樊、何臨陣逃亡後，周軍中憤怒的將校遠不只有趙匡胤和馬仁瑀，還有狗肉販子出身的唐景思。唐景思當時還是個無名小卒，他在柴榮馬前來回跳躍，求柴榮給他上陣殺敵立功的機會，「願賜臣堅甲一聯，以觀臣之效用」。（《新五代史・唐景思傳》卷四十九）還有「先登陷陣」的先鋒都指揮使史彥超、高懷德的外甥董遵誨等人，不是哪一個人的功勞，當然也不是柴榮一個人的功勞。

周軍的這次觸底反彈，效果非常好，瀕臨崩潰的士氣又重新振作了起來。形勢本來是有利於劉崇的，可現在雙方又成了均勢。柴榮知道趁熱打鐵的道理，本來柴榮打算親自上陣，但殿前右番行首馬全乂卻認為這樣太危險，刀槍無眼，一旦柴榮有個閃失，大家都得跟著完蛋。馬全乂告訴柴榮：「此等小賊，不勞陛下親出，請陛下壓後觀戰，看臣等破賊。」馬全乂帶著幾百騎兵奮不顧身地衝進了北漢軍中。

此時南風越颳越猛，狂風夾雜著塵土碎石，劈頭蓋臉地朝北漢軍颳來。劉崇這時才品嘗到了逆風作戰是什麼滋味，但現在即使想後悔，也已經來不及了。張元徽在和周軍作戰時不幸馬倒撲地，沒等張元徽爬起來，人頭就已經落地了。

張元徽是北漢頭牌名將，北漢軍的主心骨，他的死，沉重打擊了北漢軍的士氣。行軍打仗全憑一口氣，這口氣沒了，離完蛋也不遠了。果然，周軍士氣大振，對北漢軍形成了壓倒性的優勢。

是役，北漢軍慘敗。在西路壓陣的耶律敵祿，見劉崇不聽良言導致慘敗，幸災樂禍地率契丹兵溜了。現在周軍都殺紅了眼，契丹人沒必要替劉崇捅這個馬蜂窩。這時劉崇已經完全控制不住局面了，他氣急敗壞地扛著紅旗，收攏敗兵，可北漢軍被周軍四處追殺，根本顧不上劉崇，逃命要緊。

劉崇好不容易收攏了一萬多殘兵，「阻澗而陣」，利用險要地勢企圖死守，再尋找機會翻盤。柴榮是不會給劉崇翻盤機會的，傍晚時分，河陽節度使劉詞的援軍趕到了巴公原，與稍事休整的周軍主力向北漢軍發起了第二次攻擊。

劉崇完全不會用兵，兵家最忌諱的是置於險地，被動作戰。一萬多北漢軍擠在狹小的山澗谷地裡動彈不得，幾乎就是周軍現成的活靶子。鬥志高昂的周軍殺進了山澗，這是一場沒有懸念的戰役，「北漢兵又敗」。劉崇驚惶失措地逃出了山澗，卻丟下了無數的屍體、大量軍資器械、遍地的牛馬驢豬，「僵屍棄甲填滿山谷。所獲輜重、兵器、駝馬、偽乘輿器服等不可勝紀」（《舊五代史・僭偽傳》卷一百三十五）

在這場戰役之前，劉崇還信心滿滿地要活捉柴榮，可現在自己隨時有可能成為柴榮的階下囚。劉崇不敢想像，他如果落在柴榮手裡，將是何等的難堪。為了活命，劉崇也顧不得皇帝尊嚴了。他換上粗衣，戴上斗笠，扮成百姓，騎著契丹皇帝送給他的那匹黃騮馬，帶著一百多親衛騎兵，連夜逃回太原。但由於天太黑，不小心迷了路，分不清東西南北。

劉崇抓了一個村民給他帶路，結果這位村民居然帶錯了路，帶著劉崇朝西邊的晉州方向逃竄。跑了一百多里路，劉崇才發現方向不對，一怒之下殺了村民，改道向北。這一帶是周漢的邊境地區，劉崇不敢保證周軍不會追過來，可憐白髮蒼蒼的劉崇，像驚弓之鳥一樣，稍有風吹草動，就嚇得失魂落魄。

好在劉崇命不該絕，黃騮馬風馳電掣，將已經虛脫的劉崇馱回了太原城。大難不死的劉崇非常感激黃騮馬，封它為「自在將軍」，享受三品俸祿。劉崇做夢也不會想到，為北漢立下頭等功勞的，居然是一匹馬，真不知道歷史在諷刺誰。

這場五代史上最具決定性的高平之戰，以柴榮的勝利而結束。柴榮之所以能在不利的情況下笑到最後，《舊五代史》的評價很有代表性：「是日，危急之勢頃刻莫保，賴帝英武果敢，親臨寇敵，不然則社稷幾若綴旒矣。」（《舊五代史．周世宗紀一》卷一百一十四）

這場戰役的轉捩點，就是右軍投降北漢，柴榮臨危不懼，親上戰場，鼓舞了士氣。否則，士氣崩盤，只有死路一條。另外，高平之戰的歷史意義還在於，柴榮正式拉開了統一天下的大幕，歐陽修就持這個觀點，「世宗取淮南，定三關，威武之振自高平始」。（《新五代史．馮道傳》卷五十四）

驚心動魄的顯德元年三月十九日，輕飄飄地被歷史老人翻過去了。三月二十三日，帶著勝利的喜悅，柴榮率軍來到高平，就地休整。軍人也不是鐵打的，戰鬥力再強悍的軍隊，也需要休息。

利用短暫的休息時間，柴榮在考慮一件事情，就是如何處理樊愛能、何徽臨陣脫逃的問題。二人食君之祿，卻在陣上賣主，險些讓柴榮遭受到滅頂之災。樊、何二人的所作所為，已經嚴重違反了軍紀，處死他們以明軍紀，並不過分。

柴榮向來與人為善，本來他給過二人改過自新的機會，可二人沒有抓住。高平之戰，二人潰逃後，帶著幾千騎兵倉皇南走，一路上「剽掠輜重，役徒驚走，失亡甚多」。（《資治通鑒》卷二百九十一）這哪裡是官軍？分明就是土匪下山。

柴榮也知道了他們做的醜事，派親信去勸止他們不要胡鬧，趕快回隊。樊愛能、何徽不但不聽勸，反而殺害了使者。更過分的是，二人四處宣傳虛假軍情，說周軍已經被北漢軍打敗，全軍被俘，嚴重擾亂了地方的政治穩定。二人的所為，還有一點讓柴榮無法容忍，就是劉詞北上救援的時候，二人居然勸劉詞不要北上送死，好在劉詞沒聽他們的胡扯。

種種荒唐行徑，讓柴榮陷入了長久的沉思，由這樣的人帶兵，軍隊會有什麼戰鬥力？如果不嚴懲他們，軍紀就形同虛設，以後還拿什麼管理軍隊？保持軍隊的戰鬥力，一個很重要的原則就是賞罰分明。留下二人性命，卻以犧牲軍紀為代價，柴榮覺得不值。可他們畢竟是百戰老將，如果殺了他們，柴榮又有些於心不忍。

殺，還是不殺，柴榮始終沒有拿定主意。正好此時張永德在他身邊，柴榮就問「小舅子」，此事應該怎麼處理。沒想到張永德倒是很乾脆，主張處死二人。張永德的理由是：「愛能等素無大功，忝冒節鉞，望敵先逃，死未塞責。且陛下方欲削平四海，茍軍法不立，雖有熊羆之士，百萬之眾，安得而用之！」（《資治通鑒》卷二百九十一）

張永德所說的，其實也是柴榮考慮過的，但最吸引柴榮的是張永德那句「陛下要統一天下，沒有軍法，是辦不到的」。柴榮久有統一四海之志，為了這兩個罪人，就放棄這個偉大的理想，柴榮顯然不會做這個賠本買賣。側臥在榻上的柴榮終於想通了，激動地把枕頭扔在地上，大呼：卿言甚善！

柴榮發兵拿下以樊愛能、何徽為首的軍使職務以上七十多人，先開了一個批判會，公布他們的罪行，讓他們死得心服口服。隨後，「悉斬之」，以正軍紀。之前，柴榮已經殺掉了在高平之戰中潰逃的右軍士兵。

不過《冊府元龜》則說樊、何手下的逃兵，其中有三千人被河陽節度使劉詞押住雒州服役，因為「上（柴榮）以既誅其主將，不欲加罪於眾也」。（《冊府元龜・帝王部・寬恕》卷四十一）柴榮殺了一部分逃兵，但留下了那些認罪態度較好的士兵。人非聖賢，要允許人犯錯誤，但前提是知錯能改。如果犯錯者不反省，寬恕就是毫無意義的。

柴榮似乎有些濫殺，據《舊五代史・周世宗本紀》記載，高平之戰後「殺降軍兩千餘人」，這兩千餘人可能指的北漢降軍。但同時還要看到，並不是所有的北漢降軍都被處死。另有數千北漢降軍被柴榮編為「效順軍」，由唐景思率領，發往淮河北岸戍守。

此外，還有兩千北漢降軍被柴榮每人各發兩匹絹後，送回北漢境內。他們回河東之前，柴榮給每人「各賜絹二疋並給衣裝。受賜者無不歡呼感泣」。（《冊府元龜・帝王部・招懷五》卷一百六十七）如果被殺的這兩千降軍確係指北漢軍，也不能說明什麼，否則就解釋不通柴榮為什麼不殺另外的北漢降軍。最大的可能是這些被殺的降軍觸犯了柴榮某些利益，這個世界上沒有無緣無故的愛和恨，柴榮這麼做，自然有他的道理。

這次柴榮對高平之戰叛軍的嚴厲懲處，震動了整個軍界，誰都沒想到這個小販出身的皇帝下手居然這麼狠！之前軍界中有許多人輕視柴榮，因為柴榮之前的五代皇帝為了打天下，絕不敢對軍隊下手整治，結果培養出了許多兵油子。現在柴榮痛下殺手，效果非常明顯，「自是驕將惰卒始知所懼，不行姑息之政矣」。（《資治通鑑》卷二百九十一）現在柴榮還沒有精力去進行軍隊改革，但此舉為日後軍改埋下了伏筆。

現在，可以理解柴榮為什麼執意要親征，而不是派大將前往禦敵了。王夫之對此有段精彩的評論，可以解釋柴榮親征的深層次用意。

「朱友貞、李存勖、李從珂、石重貴、劉承祐之亡，皆非外寇之亡之也。驕帥挾不定之心，利人之亡，而因讎其不軌之志；其戰不力，一敗而潰，反戈內向，殪故主以迎仇讎，因以居功，擅兵擁土，尸位將相，立不拔之基以圖度非分；樊愛能等猶是心也，馮道亦猶是心也。況周主者，尤非郭氏之苗裔，未有大功於國，王峻輩忌而思奪之夙矣。峻雖死，其懷峻之邪心者實繁有徒。使此一役也，不以身先而坐守汴都，仰諸軍以禦患，小戰不勝，崩潰而南，郭從謙、朱守殷之於李存勖，康義誠之於李從厚，趙德鈞之於李從珂，杜重威、張彥澤之於石重貴，侯益、劉銖之於劉承祐，皆秉鉞而出，倒戈而反，寇未入而孤立之君殪，周主亦如是而已矣。」（《讀通鑑論・五代史下》卷三十）

王夫之的意思很明白，如果柴榮派大將出征，軍權就要旁落，一旦大將有異心，就像杜重威、張彥澤那樣，柴榮手上無兵，坐守京城，只有坐以待斃。馮道這些人是絕對不會幫他的，再說他們也幫不上忙。所以柴榮必須親征，將軍權牢牢抓在手上。高平之戰的危局也證明了柴榮的先見之明，親征雖然很危險，但至少還能抓住軍權。否則，石重貴、劉承祐就是柴榮的前車之鑒。

柴榮處事，向來是賞罰分明，有罪必罰，有功必賞。成大事者必懂賞罰之術，《冊府元龜》說得很好：「夫賞，國之典也。所以褒有功，勸有功，為國之大柄。藏在盟府，而不可廢焉。歷代而下，致治之後，曷嘗不旌勞顯庸，錄勤聳善。」（《冊府元龜・帝王部・明賞》第一百二十七）用現在的話說，就是兩手都要抓，兩手都要硬。三月二十六日，柴榮下詔重賞了高平之戰的有功將士，特別是趙匡胤。

經此一戰，趙匡胤徹底走紅，再加上他的上級張永德在柴榮面前極力稱讚趙匡胤智勇雙全，柴榮特意提拔趙匡胤為殿前都虞侯。從此，趙匡胤飛黃騰達。不過《宋史・太祖本紀》卻說封趙匡胤為殿前都虞侯是在隨後的晉陽之戰後，未知孰是。

四、圍攻太原

高平之戰結束了，柴榮也享受完了勝利者的喜悅，但並沒有撤軍的意思，他還有下一步動作，就是進攻太原。本來柴榮並沒有打算攻打太原，只想打敗劉崇的北漢軍主力，先保住半壁江山。柴榮之所以改變想法，是因為他從天雄軍節度使符彥卿那裡得到了一個重要情報。

當初符彥卿奉柴榮的命令，率軍進入北漢境內後，突然有大批北漢百姓圍住周軍，向符彥卿哭訴劉崇的暴政，「泣訴劉氏賦役之重」。（《資治通鑒》卷二百九十）北漢百姓表示，只要周軍願意進攻晉陽，他們願意竭盡所能的提供軍需。此外，北漢盂縣、遼州等地皆向周軍投誠。

這次意外的收穫，讓柴榮非常驚喜，他之前對北漢的內政情況並不清楚。通過符彥卿的彙報，他對北漢內政有了一個基本的了解，原來劉崇在河東如此的不得人心！柴榮這才臨時改變主意，決定向北漢發起全面的進攻，爭取一戰消滅劉崇，除掉這個心腹大患。

劉崇不是傻子，他當然知道把老百姓逼急了是什麼後果，可劉崇的苦衷，又有誰知道呢？劉崇之所以刮老百姓的地皮，主要有以下幾個原因：

一、北漢地盤太小，只有十二個州，多為山地，糧食產量一般。

二、北漢人口太少，據史料記載，北漢有四萬多戶，人口只有三十萬。人口少，政府徵收的稅賦自然也就少，北漢的政府財政異常吃緊。

三、劉崇需要養活北漢的官僚系統，因為政府沒錢，北漢的宰相每月只有一百貫錢的工資，節度使也不過三十貫，外加要養活軍隊。

四、劉崇為了得到契丹的軍事支援，每年向契丹進貢大量財物。

因為一、二、三條的原因，所以導致北漢財政空前緊張。北漢的官僚系統也需要大量錢財來養家，政府給不起工資，他們只好自己想「辦法」解決經濟問題了。所謂辦法，說白了，就是搜刮百姓。

北漢的老百姓日子過得本來就苦，哪經得起這夥貪官的搜刮？一時間，民怨沸騰，北漢政府的威信降到最低點。這些情況，劉崇都是知道的，可他也「理解」官僚們的難處，就睜一隻眼閉一隻眼，隨便他們搶劫百姓，只要別造反就行。老百姓實在活不下去了，正好周軍入境，百姓們認為這是他們擺脫劉崇的最佳時機，所以請求周朝王師救河東黎庶於水火之中。

不過柴榮的計畫並沒得到高層將領的支持，他們認為「芻糧不足，請且班師以俟再舉」。（《資治通鑑》卷二百九十一）周軍剛剛經歷過高平大戰，體力消耗嚴重，需要休養一段時間，而且隨軍糧草也不夠吃的。柴榮對此很不滿，他有點被高平之戰的勝利沖昏了頭腦。柴榮拿出皇帝的權威，強行要求諸路軍向太原進發，會師太原城下。

兵家大忌之一就是疲勞行軍，二十多年後，宋太宗趙炅滅北漢之後，緊接著又進攻契丹，結果大敗，也是因為這個原因。但周軍現在最大的問題並不是體力，而是紀律。

幾十萬周軍很快就聚集在太原城外，因為暫時還沒有作戰任務，所以這些丘八的手就癢癢了，四處剽掠百姓財物。北漢百姓眼巴巴盼來的大周王師，居然是一夥強盜！人們異常的失望，也不再提供什麼軍需，「保山谷自固」。

柴榮聽說後，覺得事態嚴重，立刻下詔，嚴禁各軍侵犯河東百姓的利益。同時柴榮派人做河東百姓的思想工作，並向他們保證，以後不會再發生類似的事件。

征服敵國軍隊只是軍事上的勝利，征服敵國民心，才是真正意義上的勝利。

打贏一場戰役，靠的是純軍事力量，但要打贏一場戰爭，那就必須考慮政治的因素。孫子兵法云：「不戰而屈人之兵」，主要指的就是對敵方的政治瓦解攻勢。柴榮顯然懂得這個道理，為了爭取河東人心的向背，他特意下一道詔書：

> 昨者劉崇縱肆毒螫，勾引蕃戎，困我生民，深入澤潞。朕所以泣辭神御，親總甲兵，抑荼蓼之哀懷，殄豺狼之凶黨，誠賴元穹垂佑，將士輸忠，大翦寇讎，尋清原野。覽賊寇經繇之地，深切憫傷，當城池圍閉之時，良資捍禦，適因駐蹕，宜示特恩。應潞州諸縣，取今月（即四月）二十七日已前見禁罪人，除死罪外，並宜與釋放。當州數縣，昨經賊軍傷殘處，人戶所徵今年夏稅斛斗錢帛，三分與放一分。內有村坊，元不遭賊寇殘傷者，不在蠲放之限。潞州昨經圍閉，將校職員，同力守禦，兼以大駕駐蹕，迎奉無闕，應在城將校官吏職員，宜令本州具名銜以聞，各加恩澤。昨殺戮賊軍之處，及四面山谷間，屍首絕多，宜令逐處官吏，差人收斂埋瘞，勿令暴

露。逐處墳墓，曾被賊軍發掘者，指揮掩閉。河東及契丹敗散兵士，其中有潛竄山谷間者，並令召喚，不得輒有傷害。如是義軍百姓，便可放歸本家。若是軍人及諸色人，並監送至駕前，各與穩便安排。遼沁二州，新屬潞州，久陷賊境，深可憫傷，委本道節度使倍加安撫，所有劉崇煩苛事件，並與蠲放。（《冊府元龜·帝王部·赦宥》卷九十六）

將敵對的國家政權和普通百姓加以區別，是一個成熟而聰明的統治者所為，還是那句話，國家有罪，百姓何辜。柴榮出身底層，和普通百姓有一種天然的血肉聯繫，即使不是為了瓦解北漢統治，他也會這麼做的。柴榮心中有百姓，這和其他一些帝王是不同的。

柴榮和河東百姓做了一個交易：河東只需向周軍交納本年度的賦稅，絕不亂收費。另外，只要河東人肯向周軍提供糧草，他可以按獻糧的數量授予官職。比如獻千斛糧、千圍草者，就能在州縣裡當官。但僅靠河東人的捐糧，遠遠不足以支持周軍龐大的軍需消耗，柴榮又下詔，讓與河東接鄰的州縣迅速發糧至前線。

解決了糧食問題，周軍沒有了後顧之憂，可以專心對付劉崇。經過高平一戰，周軍的信心大幅提升，而此時的北漢已經是窮途末路，兵員減少，士氣低落。雖然劉崇再次向契丹求救兵，耶律璟也答應了，但遠水一時難救近火。

周軍連戰連捷，喜報頻傳：

四月十八日，符彥卿報稱，北漢憲州（今山西樓煩）刺史韓光願、嵐州（今山西嵐縣）刺史郭言皆降。此二州在太原西北，所以周師暫時還沒有過去接收。

四月十九日，西路的王彥超、韓通等部攻克石州（今山西離石），俘北漢刺史安彥進。四月二十日，北漢沁州（今山西沁源）刺史李廷誨投降。四月三十日，北漢忻州（今山西忻縣）監軍李勍殺刺史趙臯，舉城降。忻州也在太原北。好消息不斷傳來，柴榮也是心情大好，他覺得總攻太原的時機到了。四月二十七日，柴榮就動身離開潞州，向太原進發，經過六天的跋涉，五月初三，柴榮大駕來到太原城下。

就在柴榮剛到太原之時，又傳來了一個好消息：北漢代州防禦使鄭處謙舉城降周，因為駐守代州的契丹大將耶律敵祿之前懷疑鄭處謙有通周傾向，準備殺掉鄭處謙。沒想到鄭處謙非常警覺，發現了耶律敵祿的意圖，將耶律敵祿轟出代州。代州也在太原的北面。

北漢本來有十二個州，可現在被周軍來回掃蕩，州縣盡失，劉崇手上只有一座太原城了。更加要命的是，憲州、嵐州、忻州、代州地處太原與契丹的結合部，四州降周，等於切斷了劉崇與契丹的聯繫，這幾乎要了劉崇的老命。形勢對柴榮極為有利，柴榮可以「關門打狗」，劉崇已經在劫難逃。

北漢局勢危如累卵，劉崇還在做最後的掙扎。北漢的「宗主國」契丹也不希望柴榮滅北漢，北漢的存在對契丹的價值在於：一、北漢可以做為契丹南下的跳板；二、北漢可以做防止周軍北上的防火牆。不過現在劉崇朝不保夕，契丹現在能做的，就是盡量做到第二點。

耶律璟立刻派了數千騎兵直插忻州和代州之間，意圖很明顯：能救劉崇更好，如果不能，就阻止周軍北上。柴榮雖然以攻太原為主，但也沒忘記契丹人。顯德元年（九五四）五月初七，「遣符彥卿等（郭從義、向訓、白重贇、史彥超）將步騎萬餘擊之（這股契丹騎兵）」。（《資治通鑒》卷

二百九十二卷）

契丹軍見周軍來了，退守忻口。但很快契丹騎兵又折回來，進逼忻州城。五月二十日，符彥卿率軍在城外做好戰鬥準備，周軍先鋒、新近晉升的華州節度使史彥超率先出戰。

史彥超，雲州（今山西大同）人，「性驍獷，有膽氣」（《新五代史・死節傳》卷三十三）是五代後期的名將，很受柴榮器重，欽點他為先鋒。不過在這場與契丹騎兵的交鋒中，《資治通鑒》說史彥超只帶了二十個騎兵上陣，史彥超有這麼厲害？符彥卿有一萬多部隊，怎麼才給史彥超二十人？有一種可能，「二十人」當是「二千人」之誤。

不論史彥超帶了多少人馬，實際上作戰的並不只是史彥超部，還有隨後趕來的李筠所部三千人。是役，周軍大勝，「殺契丹二千人」。但這場戰鬥並沒有因此結束，契丹騎兵後撤，史彥超緊追不捨。不知不覺間，史彥超離大部隊越來越遠，此時，史彥超身邊可能只帶了二十人。契丹人突然回過頭來，很快就吃掉了史彥超。史彥超的戰死，造成了周軍大亂，又被契丹人一通追殺，周軍大敗，死傷慘重。符彥卿見已經無法吃掉這股契丹騎兵，只好撤軍回太原。

符彥卿這一路遭到了挫敗，柴榮的主力部隊也沒佔到什麼便宜。幾十萬周軍屯兵太原城下，糧草沒有問題，周邊各州縣大發民力數萬，運來了足夠的軍需。但太原可不是一般的城池，「城方四十里」（《十國春秋・北漢世祖紀一》卷一百零四）有足夠的防禦縱深。周軍「去城三百步圍之匝，百計攻之不能克」（《十國春秋・北漢世祖紀一》卷一百零四）柴榮性子有些急躁，「旦夕之間，期於必取」。結果柴榮啃了好幾天，也沒啃動劉崇的那把老骨頭。

天公也不作美，周軍攻城的時候，天降大雨，日夜不息。冷兵器時代的野外作戰，受天氣的制約很大。大雨瓢潑，城裡的人還好辦，城外的人就苦了。周軍一邊辛苦攻城，一邊又要受大雨的浸泡，還出現了大面積的疫情，君臣上下苦不堪言。

隨著這場大雨持續不斷，柴榮的信心被一點點地浸濕了，他還能堅持多久？糧草足夠吃的，但士氣低落，再這樣耗下去，不知道何時才能殺進太原，夜長夢多。這時的柴榮已經有了撤軍的初步想法，但當史彥超戰死的消息傳來，柴榮再也沉不住氣了。一番痛苦的考慮後，柴榮狠下心來，決定撤軍。

六月初二，柴榮下詔班師。留得青山在，不怕沒柴燒。他相信自己不久以後還會回到太原的。只是誰都沒想到，下一次兵臨太原城下的中原皇帝卻是趙匡胤。因為這次撤退得比較匆忙，導致周軍大營亂成了一鍋粥，一些亂七八糟的事情不斷發生。

撤軍令下達之後，周軍內部立刻亂成一團，胡說什麼的都有。結果三人成虎，軍中「訛言相驚」，周軍被柴榮撐起來的凝聚力完全垮掉了，老毛病又犯了。撤軍途中，一些丘八到處剽掠財物，有些人還趁混亂之際偷拿軍隊物資，「軍需亡失不可勝計」。（《資治通鑑》卷二百九十二卷）

看到周軍匆忙撤退，在人間和地獄門口徘徊多日的劉崇喜極而泣，該死的柴榮終於滾蛋了，他的堅持感動了上蒼。劉崇想趁機攆柴榮一道，派軍隊出城追殺周軍。好在周匡國軍節度使藥元福提前做好了應對準備，北漢軍剛幻想撈筆外快，就被藥元福給踢回城了。

周軍的撤退，原北漢境內已經投降周朝的州郡長官們全都傻眼了，他們沒想到會是這個結局。他們知道自己背叛了劉崇，劉崇是絕不會放過他們，一溜煙地全逃了。北漢軍不費吹灰之力，就全部收復之前失陷的地盤。

柴榮歎息著離開了河東，六月二十二日，御駕抵達鄭州。因為太祖皇帝郭威的陵墓就在鄭州境內，柴榮順便去拜祭養父。可能這次親征讓柴榮有太多的感慨和辛酸，柴榮再也忍不住，跪在養父的陵前痛哭流涕。六月二十八日，柴榮回到了汴梁。

這次奉太祖皇帝靈柩下葬嵩陵的山陵使馮道，在兩個多月之前，也就是顯德元年（九五四）的四月十七日，就已經病逝了，享年七十三歲。馮道是五代史上的傳奇人物，他最大的爭議就是「以宰相事四姓九君」（蘇轍《欒城後集》卷十一《馮道論》），毫無「臣節」可言。

幾乎所有的議者都對馮道事君過多頗有微詞，《舊五代史》對馮道基本持肯定態度，但也指責馮道「事四朝，相六帝，可得為忠乎？一女二夫，人之不幸，況於再三者哉！」（《舊五代史．馮道傳》卷一百二十六）歐陽修、司馬光都指責馮道這一「污點」，王夫之乾脆說馮道就是個「老奸」。

其實馮道圓滑則有之，要說馮道是個奸臣，則對馮道有些苛刻了。馮道不是哪一家的私臣，也不算哪個政權的嫡系，他並不需要對某個政權「忠貞不貳」來向歷史證明自己的存在。孟子說過，民為貴，社稷次之，君為輕。忠君未必就是對的，但忠於自己的良知，才是真正的忠。

馮道進入官場以來，沒有行過惡，也沒有向誰搖尾諂媚來換取功名富貴。馮道靠自己的真本事在亂世中混飯吃，這沒什麼不對的。宋人對馮道大加撻伐，但有一個事實卻是：宋初許多文臣武將都侍奉過多個政權，比如范質侍奉過後唐、晉、漢、周、宋；符彥卿侍奉過後唐、晉、遼、漢、周、宋；張昭侍奉過後唐、晉、漢、周、宋；甚至宋人文彥博說趙匡胤也是周世宗的忠臣。

如果按歐陽修、司馬光對馮道的標準，絕大多數的宋初名臣名將都要被否定，豈非笑談？「良臣擇主而侍，良禽擇木而棲」本不足道。倒是宋朝大文學家蘇轍替馮道說了幾句公道話：「士生於五代，立於暴君驕將之間，日與虎兕為伍，棄之而去，食薇蕨，友麋鹿，易耳，而與自經於溝瀆何異。不幸而仕於朝，如馮道猶無以自免，議者誠少恕哉。」（蘇轍《欒城後集》卷十一《馮道論》）

宋人吳處厚也為馮道鳴不平，他認為正因為馮道「未嘗依阿詭隨。其所以免於亂世」。（《青箱雜記》卷二）這句評語極有見地，如果馮道攀附帝王，自然是手到擒來的易事。但五代國祚短促，馮道要是被後代君主認為是前朝遺臣，自然難免一死。正因為馮道誰都不巴結，所以才有倖存活於亂世。吳處厚曾經和宋仁宗朝名臣富弼談及馮道，富弼對馮道的評語是：「此孟子所謂大人（仁）也。」（《青箱雜記》卷二）

馮道所侍奉過的皇帝，未必都對馮道以國士待之，馮道又憑什麼為他們殉難？豫讓之所以為智伯報仇，是因為智伯待豫讓為國士。再說馮道人品不錯，在維護社會穩定上做出了相當大的貢獻，人貴取其大節，不必在這種細枝末節上糾纏不休。

馮道的官場生涯幾乎貫穿了整個五代史，柴榮有幸成為馮道傳奇人生中的最後一位皇帝，而且柴榮雖然不滿馮道阻撓他親征，但柴榮對馮道還是非常客氣的。畢竟馮道在當時的名望極高，郭威都對馮道禮敬有加，何況柴榮。馮道的死，象徵著唐末五代官場一個時代的結束，柴榮需要開創一個新的時代。

至於太原城中的劉崇，自高平一戰後，也許柴榮不再把他當成真正的對手。再說劉崇已成老朽，也沒幾天活頭了。而劉崇靠天氣的幫助，僥倖地保住了自己的「帝國」，羞病交加，勉強支撐了近半年。顯德元年（九五四）十一月，劉崇病死，時年六十歲。劉崇死後，次子劉承鈞繼位。

第三章　志在天下

這場轟轟烈烈的北伐以虎頭蛇尾的方式草草結束，留下了滿地的雞毛，在風中尷尬著起舞。在這場奇怪的戰爭中，柴榮不算是失敗者，劉崇也不算是勝利者，契丹人只能算是個旁觀者。

對柴榮來說，這次北伐最大的意義有兩點：一是在高平之戰中打出來了自己的威名，以後江湖上也知道有柴榮這號人物；二是通過這場戰爭，柴榮發現了軍中許多積弊，尤其是驕兵之弊。這應該是柴榮最大的收穫。

一、整頓軍隊

五代驕兵之弊，最早可追溯到唐朝安史之亂後的藩鎮割據。當時天下大亂，內外殺伐不斷，軍隊的重要性相對於太平盛世驟然提升。軍隊是軍閥割據的基礎，沒有軍隊何來割據？軍閥們為了保住對軍隊的指揮權，放鬆了對軍紀的管理，任由兵爺禍害民間。

這種不正常的情況，到了五代更加嚴重。唐末五代的戰亂遠甚於唐朝中期間的藩鎮割據，所以軍隊的重要性再次得到了提升。軍閥們全指望軍隊替他們賣命，更加不敢得罪軍隊中的丘八大爺。亂世軍閥只抓軍心，不抓民心，造成了軍隊利益凌駕於國法和百姓利益之上。

《舊五代史》記載了河東軍閥李克用和幕僚的一段對話，很能說明當時驕兵問題的實際情況：

是時，親軍萬眾皆邊部人，動違紀律，人甚苦之，左右或以為言。武皇（李克用）曰：「此輩膽略過人，數十年從吾征伐，比年以來，國藏空竭，諸軍之家賣馬自給。今四方諸侯皆懸重賞以募勇士，吾若束之以法，急則棄吾，吾安能獨保此乎！俟時開運泰，吾固自能處置矣」。（《舊五代史・唐武皇記》卷二十六）

大道理誰都懂，真要狠抓軍紀，肯定能達到目的，但問題是軍閥們承受不起這樣的高昂代價。在這種情況下，沒有誰會傻到為了整肅軍紀，而得罪整個軍隊。李克用所說的，也是當時所有軍閥共同的心聲。

李克用這段話也說明了一點，任何一個皇帝，只要統一天下，都會收回兵權。解除藩鎮兵權，自唐末以來，就是當時社會的共識，並不是誰的天才發明。另外，用文官取代武將管理地方州縣，也非自宋始，早在南漢高祖劉龑時代，劉龑就開始了用文官主政地方州縣的制度。

宋朝的知州制度，即「權知某軍州事」，在南唐先主李昪時代就已經出現了。在南唐早期，用文官代理節度使事，稱為「知節度使事」，在南唐後期，變成了「知軍州事」。南唐的「知節度使事」，也並非由文官長期專掌，而是在武將節度使離鎮期間代理。這樣做最大的好處，就是在文官不知兵、武將易專權之間尋找到了一個平衡點，即不專文廢武，也不廢武專文。

在唐末五代宋初，軍隊被縱容慣了，就會習以為常，認為他們就該得到更多的利益。一旦個人或小集團利益受損，或他們提出的苛刻要求得不到滿足，他們就要大吵大鬧，甚至公然造反。

有這麼一個例子，就在顯德元年（九五四）春，周朝軍隊就對自己的待遇感到不滿，「郊賞薄於唐明宗時」。（《文獻通考・兵制》卷一百五十二）當時郭威還在，他把軍隊的高級將領叫過來，指責他們說：「朕自即位以來，惡衣菲食，專以贍軍為念，府庫蓄積，四方貢獻，贍軍之外，鮮有贏餘，汝輩豈不知之？今乃縱凶徒騰口，不顧人主之勤儉，察國之貧乏，又不思已有何功而受賞，惟知怨望，於汝輩安乎！」（《文獻通考・兵制》卷一百五十二）

郭威說得很明白：我給你們的待遇已經夠高了，幾乎把國庫掏空了來養你們，你們不要貪得無厭。盛怒之下的郭威下令殺掉那些帶頭鬧事的兵油子。由於郭威在軍界的威望很高，諸將也忌憚他，所以郭威能鎮住這些兵油子。

另外，驕兵問題的背後，還存在著另外一個問題，就是冗兵問題。所謂冗兵，就是沒有凝聚力和戰鬥力的軍隊。

五代時期之所以出現冗兵，原因是許多老兵到了退役年限，卻繼續賴在軍中吃官餉，打都打不走。唐末五代以來，老兵不退役已經成了家常便飯，在軍中好歹有個鐵飯碗，他們又沒什麼特長，到了地方上只能餓肚子。而軍閥們為了軍隊的穩定，得罪誰都不好，所以從來不在軍隊中優勝劣汰，這就造成了大量的冗兵。

如果這些老兵能打仗的話，留在軍中倒也罷了，可他們不但不替統治者賣命，反而更加的驕橫狂妄。打硬仗的時候，根本找不到他們，等到分功行賞的時候，全都冒出來伸手了。「每遇大敵，不走即降。其所以失國，亦多由此。」（《資治通鑒》卷二百九十二）五代的亡國，實際上是這些兵油子廉價賣掉的。

兵驕將惰的問題，已經嚴重影響到了柴榮統一天下的戰略。軍隊尊卑不分，軍紀渙散，兵將不思報國，一門心思撈錢。宋人羅大經對此的評論非常精彩，引如下：「士卒畏將者勝，畏敵者敗；愛將者勝，愛身者敗、畏將則不畏敵，畏敵則不畏將。愛將則不愛身，愛身則不愛將。畏將在將之威，愛將在將之恩。」（《鶴林玉露》卷五）

這次高平之戰，樊愛能、何徽等人就當著柴榮的面，上演了這一幕荒誕滑稽的醜劇。柴榮對兵驕將惰的問題也是略有了解，但他沒想到後果會這麼嚴重，他本人差點就被這些兵油子賣給了劉崇。

柴榮不同於之前的李從珂、石敬瑭、劉知遠等人，他們只想做一方草頭王，趁亂世之際，多享幾年富貴日子。柴榮不是這樣，他稱帝之初，就有統一天下的大志。

要統一天下，就必須有一支作風強悍、紀律嚴明的軍隊，可柴榮手上的這叫什麼軍隊？要錢一流，打仗不入流，把他們逼急了還會反咬你一口。指揮這樣的軍隊去完成統一？別開玩笑了。柴榮經過一番深思熟慮之後，決定對軍隊進行大刀闊斧的改革。

顯德元年（九五四）十月二十二日，柴榮把幾個親信大臣召進宮，專門開了一個軍隊改革會議。柴榮是這麼說的：「凡兵務精不務多，今以農夫百未能養甲士一，奈何浚民之膏澤，養此無用之物乎！且健懦不分，眾何所勸！」（《資治通鑒》卷二百九十二）柴榮的思想很明確：一是要精兵不要冗兵；二是國家財力有限，養不起這麼多閒人。

柴榮的軍改戰略是分三步驟的：第一步，就是淘汰掉那些吃空額的老弱殘兵，把兵員的位子空出來；第二步，招募身強體壯、有特長的農民入伍；第三步是緊跟第二步走的，就是牢牢控制中央政府的募兵權，也就是說只有朝廷才有資格募兵，地方藩鎮不能參與此事。

淘汰冗兵，並不是說要將現有的軍隊全部裁撤掉。柴榮首先在現有軍隊中優勝劣汰，「精銳者升之上軍，羸者斥去之」。（《資治通鑒》卷二百九十二）柴榮考慮得很周全，新兵素質再好，畢竟沒有作戰經驗，不如這些精銳的老兵現成就能用。誰知道什麼時候發生戰爭？也許就在明天。

而那些被淘汰掉的羸弱冗兵所佔有的名額，由新募來的精壯漢子填充。但如果是沒有經過軍事訓練的人，即使當了兵，也未必好使，柴榮把主意打在了地方軍的身上。

地方軍中有許多精銳兵，把這些精銳兵調到中央軍來，一來加強中央軍的實力，二來削弱地方兵權。五代的藩鎮叛亂多如牛毛，原因就在藩鎮兵權過重。削弱藩鎮兵權的政治意義，甚至要大於招募新兵。趙匡胤建國後，加強中央集權，削弱地方藩鎮兵權，比如著名的「杯酒釋兵權」，其實趙匡胤只是在做柴榮沒有做完的作業而已。

柴榮下令，把地方藩軍中的精銳之兵全部調到汴梁，由殿前都虞侯趙匡胤來負責挑選精銳中的精銳。有時柴榮也親自檢閱地方來的精兵，和趙匡胤雙重把關，盡量嚴把品質關，不要漏過劣質品。這些經嚴格篩選出來的精銳，組成殿前諸班，也就是柴榮的貼身禁軍。除了禁軍之外，還有騎兵、步兵各兵種，柴榮也派其他將領進行揀選。

經過一系列眼花撩亂的軍事整改，周軍中已經沒有了兵油子的立足之地，留下來或新選進來的，都是戰鬥力極強的悍兵。軍隊戰鬥力強悍與否，不在於人數，而在於品質。

「由是士卒精強，近代無比，征伐四方，所向皆捷，選練之力也。」（《資治通鑒》卷二百九十二）有了這樣一支強悍的軍隊，柴榮才能橫掃千軍，後來趙匡胤之所以能掃平諸國，也是靠柴榮打造的班底。

清人趙翼對柴榮整軍進行了高度評價：「五代自石敬瑭姑息太過，軍律久弛，喪師蹙地，一切不問。周世宗鑒其失，高平之戰，斬先逃之樊愛能、何徽及將校七十餘人，於是驕將惰兵，無不知懼。所以南取江淮，北定三關，所至必勝也。」（《廿二史札記．宋史》卷二十五）

後周的軍制在承襲唐末四代舊制的基礎上稍有變化。

首先說禁軍，後周的禁軍分為「兩司三衙」，兩司即殿前司、侍衛親軍司。其中侍衛親軍司又分為侍衛親軍馬軍司、侍衛親軍步軍司，合稱三衙。三衙的統軍將領按級別大小分別是：都指揮使、副都指揮使、都虞侯。

柴榮簡選禁軍後，殿前司的實際地位明顯要高於另外兩司。柴榮又設置了殿前都點檢，成為殿前司的最高長官，掌握最精銳的皇帝禁軍。殿前司也有馬步軍，只是實力要強於另外兩司。趙匡胤就是靠這個職務起家，兵變奪位，建立宋朝的。

後周除了禁軍之外，還有廂兵。廂兵也稱為「鄉兵」，就是藩鎮所領的地方軍。柴榮整軍後，廂兵實際上成了禁軍兵員的來源地，只要廂兵有精銳者，就抽調至禁軍。後周時的廂兵在職能上，介於正規軍和民兵預備役之間。禁軍只管打仗，而廂兵則要服務於地方建設，甚至充當建築工人。到了宋朝，依然如此。

三衙長官都是武職，而三衙之外，還有一個文職系統的軍事最高長官，就是樞密使。樞密使的職能，就相當於現在的文職國防部長。樞密使「軍國機務、兵防、邊備、戎馬之政令，出納密命，以佐邦治。凡侍衛諸班直、內外禁兵招募、閱試、遷補、屯戍、賞罰之事，皆掌之。以升揀、廢置揭帖兵籍；有調發更戍，則遣使給降兵符」。（《宋史・職官志》卷一百六十二）權力非常大，但實際上卻不掌握兵權。

軍隊改革暫時告一段落，接下來，柴榮把改革的目標定在了比軍隊情況更加複雜的官場。

二、內修政治

帝王掌管天下，治理萬民，不可能由他一個人來處理複雜的事務，人的精力是有限的。必須有一群能力出眾的人才代替他去做具體的工作，這就有了官場。官場，是國家機器執行其統治意志的權力機構。

國家權力機構是一個政權的存在核心，沒有人來做官辦事，也就不存在政權了。從政治角度上講，古代的階級社會是一個金字塔結構，最頂層的是帝王，最底層的是百姓，而處在中間層的就是官吏。帝王基本上是不會和百姓發生直接接觸的，而官僚階層則可以上傳下達。

一個國家，與其說是帝王統治，不如說是官僚統治。帝王如果想治理好國家，他需要做的只是治吏，自古治國便是治吏。吏治的好壞，決定著國家的安危存亡。如果皇帝無能，只要官僚體制健康地運轉，帝國就會平安無事。但如果是整個官僚體制出了問題，後果就非常的嚴重。

官僚制度出現問題的時代，基本上都集中在盛世的後期和亂世。自唐安史之亂後，官場更是以驚人的速度墮落。特別是五代時期，出現了許多寡廉鮮恥的官吏，他們瞞上欺下，四處伸手撈外快。

當然更多的官吏並沒有這麼不堪，但他們處事圓滑，只務虛不務實，不求有功，但求無過，每天尸位素餐，備員而已。柴榮準備親征劉崇，群臣集體投了反對票，就很能說明問題。柴榮意識到，如果不對官場進行改革，換一些能幹的官吏上來，他什麼事都做不了。

顯德二年（九五五）的春天剛剛來到，柴榮就在官場投下了一顆炸彈，他下了一道詔書：「令錄之官，政理之本，親民總務，在幹與廉，雖銓衡舊規，每常慎擇，而縉紳多士，難以具知。爰開舉善之門，以廣用才之道。應在朝文資官翰林學士兩省官內，有曾歷藩郡賓職州縣官者，宜令各舉堪為令錄者一人，務在強明清慎，公平勤恪。其中有已曾任令錄，亦許稱舉，並當擢用。不拘選限資敘，雖姻族近親，亦無妨嫌，只須舉狀內具言。除官之日，仍署舉主姓名。若在官貪濁不公，懦弱不理，或職務廢闕，或處斷乖違，並量事狀重輕，連坐舉主。」（《全唐文》卷一百二十五）

從這道求賢詔書中，我們看到了柴榮勵精圖治的決心和敢於向官僚系統宣戰的勇氣。柴榮並不是歷史上第一個提出來官員舉薦非人要承擔連坐責任的，但他提出必須舉薦「在朝文資官翰林學士兩省官內，有曾歷藩郡賓職州縣官者」，卻是非常值得稱道的。

並不是說沒有從政經驗的人就一定做不好官，但這卻是最節約成本和最穩妥的辦法。用人和用兵一樣，用熟手最好，至於新人，可以慢慢培養，揠苗助長的效果如何，歷史已經無數次地證明過了。

柴榮是個認真做事的人，他不像有些皇帝只搞些花架子，熱鬧過後，自己說過什麼全都忘了。柴榮有很多缺點，比如他性子有些急躁，但至少他為人誠實，他甚至公開承認自己能力有限，有時也會犯錯誤，請大臣們給他挑刺。他不怕被人說到痛處，只求聽到大家的真心話。

二月二十三日，柴榮下過一道《求言詔》，這道詔書內容很長，但寫得很真誠感人，而且是用一種朋友之間交心的方式和群臣交流。內容如下（略有刪減）：

善操理者不能有全功，善處身者不能無過失。朕承先帝之靈，居至尊之位，涉道猶淺，經事未深，常懼昏蒙，不克負荷。至於刑政取捨之間，國家措置之事，豈能盡是，須有未周，朕猶自知，人豈不察。而在位者未有一人指朕躬之過失，食祿者曾無一言論時政之是非，豈朕之寡昧不足與言耶？豈人之循默未肯盡心耶？豈左右前後有所畏忌耶？豈高卑疏近自生間別耶？

得不求骨鯁之辭，詢正直之議，共申裨益，庶洽治平。朕於卿大夫才不能盡知，面不能盡識，若不採其言而觀其行，審其意而察其忠，則何以見器量之深淺，知任用之當否？若言之不入，罪實在予；苟求之不言，咎將誰執！

應內外文武臣僚，今後或有所見所聞，並許上章論諫。若朕躬之有闕失，得以盡言；時政之有瑕疵，勿宜有隱。方求名實，豈尚虛華，苟或素不工文，但可直書其事。辭有謬誤者，固當捨短，言涉傷忤者，必與留中，所冀盡情，免至多慮。諸有司局公事者，各宜舉職，事有不便者，革之可也，理有可行者，舉之可也，勿務因循，漸成訛謬。臣僚有出使在外回者，苟或知黎庶之利病，聞官吏之優劣，當具敷奏，以廣聽聞。班行職位之中，遷除改轉之際，即當考陳力之輕重，較言事之否臧，奉公切直者當議甄升，臨事蓄縮者須期抑退。（《舊五代史・周世宗紀二》卷一百一十五）

人非聖賢，孰能無過？是人就會犯錯誤。但有些皇帝卻總以為自己完美無瑕，無所不能，對指摘自己缺點錯誤的言論極為反感。他們不願承認自己的錯誤，認為這樣會損害自己的形象。什麼是真正的好形象？至少要有一個標準，那就是實事求是，事物的客觀存在並不會因為你不去面對而消失。柴榮就認識到了這一點，他需要聽真話，而不是拍馬屁者自己都不相信的奉承話。真話有時很難聽很刺耳，但「家有諍子，不敗其家。國有諍臣，不亡其國」。對一個人如此，對一個國家也是如此。

據《宋史・張昭傳》記載，柴榮「好拔奇俊，有自布衣及下位上書言事者，多不次進用」。這可能和柴榮的出身有關，柴榮喜歡提拔出身低微的士人和下層官員。用人不問出身，這本來是個優點。時任兵部尚書的張昭卻提出了自己的觀點，張昭認為人的實際能力和出身是沒有絕對關係的。同樣是出身低微，唐太宗用劉洎、馬周而興，唐昭宗用柳璨、朱樸而亡。柳璨阿附朱溫，朱樸是個

書呆子。用人不難，難在知人。張昭希望柴榮了解對方的人品能力，再給予擢用。（《宋史・張昭傳》卷二百六十三）

柴榮聽罷，點頭稱是，自己確實是有些性急了。柴榮並沒有因為張昭指責他做事浮躁而記恨張昭，反而更加重用張昭，經常向張昭請教兵法上的問題，並賜張昭財物，以示對人才的尊重，這就是柴榮的氣度。

柴榮用人，有時急於求成，鬧過笑話。有個村民叫趙守微，因為讀過幾本書，喝了點墨水，自以為很有才學。他從家鄉步行到開封，上書皇帝言事。柴榮用人心切，也不仔細考察趙守微的具體情況，就加以重用，授右拾遺。熟悉趙守微為人的人聽說他平步青雲，都非常的吃驚，此人品行惡劣，怎麼能當官呢？

果然，不久後，趙守微的父親和妻子就將趙守微告上了公堂，「彰其醜行」。（《舊五代史・周世宗紀三》卷一百一十六）雖然不知道趙守微幹過什麼醜事，被父親和妻子告了，肯定不是什麼好事。柴榮大怒，立刻免掉趙守微的職務，杖責一百，發配沙門島。雖然柴榮做事有時太過急躁，但初衷還是好的，知錯能改，善莫大焉。

柴榮愛人才是出了名的，柴榮的用人之道，其實也無外乎「賞罰」二道。但如圍棋一樣，圍棋看起來很簡單，無非就是黑白二子，但運用起來，上下縱橫，詭變莫測，又須兼通兵法百家，是一門博大的學問。

顯德二年（九五五）十一月十三日，柴榮與近臣議事，主題是論刑賞，柴榮告訴大家：「朕必不因怒刑人，因喜賞人。」（《資治通鑑》卷二百九十二）從現有史料上看，柴榮並沒有很好地實現這個承諾，至少「因怒刑人」這一點，他做得不好，柴榮暴怒時欲殺人的例子並不少見。但在「因喜賞人」上，柴榮做得倒不錯。

柴榮用人還有一個特點，就是推己及人，籠絡人心。顯德四年時，宰相范質等人屢次催請柴榮封幾個王子，如給柴宗訓、柴宗誨等人封王。柴榮堅決不答應，他的理由是：「諸子皆幼，且功臣之子皆未加恩，而獨先朕子，皆自安乎！」（《資治通鑑》卷二百九十三）

人都是自私的，大家都有兒子，我們為你出生入死，我們的兒子都還沒加封，你的兒子倒先封王了，大家心裡肯定有想法。雖然柴榮是皇帝，即使他封自己的兒子為王，別人也不敢說什麼，但柴榮依然不同意這麼做。柴榮得人心，並不是浪得虛名。

有一次，柴榮與群臣閒談，柴榮問大家：「近代君臣，多不能保其終始，何也？」（《冊府元龜・帝王部・智識》卷四十六）這是一個很大的題目，自唐末以來，中原連續出現了四個短命政權，最長的後梁不過十六年（不包括後唐的河東時期），四代旋興旋亡，「置君猶易吏，變國若傳舍」。（《新五代史・序》）許多大臣也隨勢俯仰，朝為梁臣，午為唐臣，暮為晉臣。所以歐陽修說：「春秋無義戰，五代無全臣。」（《新五代史・梁臣傳第九》卷二十一）

對於柴榮提出來的問題，侍臣是這樣回答的：「為臣者，不得事君之道，或恃寵以矜功，或縱欲以敗度。故雖得其位，旋失其身。」（《冊府元龜・帝王部・智識》卷四十六）這是從群臣的角度來講的，有些大臣確實是這樣，「恃寵矜功，縱欲敗度」。不止五代，歷代亂世皆是如此，諸葛亮就對此評論過：「居安而不思危，寇至不知懼，此謂燕巢於幕，魚游於鼎，亡不俟夕矣。」（《諸葛亮集・將苑・戒備》卷四）有些人只圖眼前富貴，不慮及身後，所以前朝亡，自身死。

柴榮在肯定侍臣的回答後，還有一點補充意見，就是認為侍臣「違君之失」，而只談大臣的過失，不談皇帝的過失。柴榮也理解他們，畢竟自己是皇帝，有些話大臣們不敢直說。柴榮替他們回答了：「儻君能駕御保惜不置於顛危之地，則臣下必能保守其富貴，自然君臣保其終始也。」（《冊府元龜・帝王部・智識》卷四十六）

大臣們「恃寵矜功，縱欲敗度」，其實都是帝王縱容出來的，有什麼樣的皇帝，就有什麼樣的大臣，反之也一樣。所以柴榮認為皇帝縱容大臣，實際上是對他們的不愛惜，真正的愛人，是使其不置於顛危之地。樹皆有根，枝葉敗爛，原因出在根上。

這也是柴榮用人的態度，不苛刻，不縱容，有過必罰，有功必賞。有些帝王做不到這一點，為了維護自己的統治，縱容大臣武將禍害民間。這些帝王所謂「得人心」，不過是結成利益共同體，共進共退而已。

君臣共存之道，在於互相尊重，而不是互相縱容。侍臣和柴榮從各自的角度解釋了如何才能實現君臣和諧共存，周朝群臣對柴榮的觀點非常贊同，認為皇帝說出了他們想說、但不敢說的話。「群臣大稱美之。」（《冊府元龜・帝王部・智識》卷四十六）

五代雖然是亂世，但有一點卻做得非常好，就是基本沒有停過科舉制度。五代五十三年，除了後梁和後晉各停了兩年科舉取士外，其他無論戰亂與否，從不廢科舉取士之道。統治者可以從中遴選人才，為本政權服務。倒是文化興盛的南唐，基本沒有實行科舉制度，旋起旋廢。

五代科舉取士，與國有益，但也弊竇叢生，最大的問題是考試制度不嚴格，容易出現走後門的現象，或者是士人參加的次數多了，屢考不第，考官於心不忍，就行了方便。諸種弊端導致政府選用的人才品質出現下降，柴榮對這個問題非常關心。

顯德二年（九五五）三月，禮部侍郎劉溫叟主持科考，取以李覃為首的進士十六人。但有落榜的士子對此不服，向朝廷告發，說此次考試有舞弊行為，對其他落榜士子不公，請求朝廷嚴查此事。柴榮就此下詔：

國家設貢舉之司，求英俊之士，務詢文行，方中科名。比聞近年以來，多有濫進，或以年勞而得第，或因媒勢以出身。今歲所放舉人，試令看驗，果見紕繆，須至去留。其李覃、何曰嚴、楊徽之、趙鄰幾等四人，宜放及第。其嚴說、武允成、王汾、閻邱舜卿、任惟吉、周度、張慎徽、王翥、馬文、劉選、程浩然、李震（李震，《文獻通考》記為李進）等一十二人，藝學未精，並宜勾落，且令苦學，以俟再來。禮部侍郎劉溫叟失於選士，頗屬因循，據其過尤，合行譴謫，尚視寬恕，特與矜容，劉溫叟放罪，其將來貢舉公事，仍令所司別具條理以聞。

（《舊五代史．周世宗二》卷一百一十五）

柴榮對這十六名舉子進行調查，他認為只有李覃等四人合格，嚴說、武允成等十二人暫時還不具備中舉的資格，悉數黜落，「藝學未精，並宜勾落，且令苦學，以俟再來」。柴榮並沒有對這些黜落的士子關上入仕的大門。幾年後，嚴說等人又重新靠自己的能力登科，「後數年，其被黜者相繼登第」。（《宋史．劉溫叟傳》卷二百六十二）

人才難得，這個道理再淺顯不過，政權建設，實際上就是人才的素質、數量的累積。盛世的標準之一就是大量優秀人才的井噴，初唐、盛唐、北宋皆是如此。人才素質的重要性要大於其數量的重要性，如果沒有合適的人選，寧可空缺不用。柴榮需要人才，但不會以犧牲原則為代價。當然，在柴榮晚期，他有時就以個人喜好濫封官職，比如臨終前要封酒鬼王著入中樞，這是柴榮的缺點。

柴榮勵精圖治，旰食之勞，也激發了大臣們參與政治的熱情。有些大臣其實並非是濫竽充數的南郭先生，只是近代多昏暴之君，不求至治，與其說真話得罪人，不如閉嘴。但柴榮一番真誠的表白之後，他們感覺到柴榮確實是做實事的皇帝，自然就踴躍發言。

集賢殿學士竇儼給柴榮上了一道奏疏，這道奏疏系統地闡明了竇儼對內政外交的整體思維，「歷代致理，六綱為首」。所謂六綱，即：

一、明禮，建立正確的社會倫理道德觀。
二、崇樂，盛世修樂，以示正統，收人心。
三、熙政，行政要精簡有當，只有政治清明，才能完成具體的施政綱領。
四、正刑，國家權力機構必須明細法律，威懾不法。
五、勸農，農業是國家穩定的根本和政府財政的主要來源，要大力發展農業。
六、經武，整肅軍紀，打造一支作風強硬、訓練有素的軍隊，否則就不能完成統一。

（《宋史・竇儼傳》卷二百六十三）

竇儼把「明禮」放在了第一位，是很有道理的。從社會學角度看，人的社會性要遠遠大於人的動物性，沒有統一的道德標準，人心就會浮動，社會就會動盪。衡量盛世的標準有兩個，一是發達的經濟體系，二是正確的道德價值觀，二者缺一不可。

其他五條也切中時弊，特別是後四條，如果歷代帝王都能做到這四條，何憂天下不治？柴榮看了竇儼此疏後，「多見聽納」。事實證明，柴榮也確實是這麼做的，當然柴榮本人也會想到這些治國之道。求治之術，在於求言。要多聽聽別人的意見，廣開言路，這樣才不會造成決策封閉，頭腦一熱，亂開藥方。

內政清明，是盛世根本。社會盛衰與否，其實都是政府決策優劣的外在體現。柴榮所處的五代十國是個天崩地裂的大亂世，但柴榮卻有條不紊地做開創盛世的努力，柴榮不甘心做一個守成之君，為了改變渾渾噩噩的社會生存狀態，他必須繼續有一些大動作。一味守成遷就，是不可能開創盛世的。

但柴榮接下來要做的，卻是一件非常棘手的事情。

三、佛教改革

漢明帝時，佛教傳入中國，開始在中華大地上生根發芽。經過幾百年的發展，到了南北朝隋唐時期，佛教發展成中國的第一大宗教，信徒無數，上至帝王大臣，下至黎民百姓，多對佛祖頂禮膜拜。佛教雖然也有「麻痹」人的反抗意識、使其消極面對人生的副作用，但整體來說，佛教是勸人向善的，佛家的基本教義也是符合主流道德標準的。

在南北朝隋唐時期，佛教已經不再是簡單的宗教信仰，而是深深紮入了中國的政治土壤中，形成了一股強大的政治勢力，即「僧侶集團」。當然，佛教介入政治，並不是謀求政治利益，而是謀求經濟利益。很多寺院都圈佔耕地，禁錮勞力，用銅器建佛像，聚斂錢財，在相當程度上造成了國家財政的緊張。

只要進入政治領域，就必然會產生敵人。雖然信佛的人很多，但反佛的人也不少。不僅有些知識份子反佛，比如范縝、韓愈，有些皇帝也反佛，甚至製造出許多著名的反佛運動。

歷史上有四個著名的反佛皇帝：北魏太武帝拓跋燾、北周武帝宇文邕、唐武宗李炎，以及本篇要講的後周世宗柴榮。他們四個人製造的反佛運動，在佛教史上被稱為「三武一宗法難」。

拓跋燾、宇文邕、李炎反對佛教，雖然也有一定的經濟目的，比如熔毀銅佛像鑄錢、收寺院勞力為編戶，但他們更主要的是從政治角度反佛。這三個皇帝都信奉道教，自古佛、道不兩立，作為道教的信奉者，他們自然要反對佛教。拓跋燾和李炎廢佛毀寺，卻興建天宮道場。宇文邕和李炎手段還算好的，只廢佛不殺僧尼，而生性暴戾的拓跋燾乾脆把境內的和尚都殺光了。

而柴榮反佛，卻和另外三人的目的不同，柴榮之所以發起廢佛運動，和政治的關聯不大，更主要的是經濟目的。說得通俗一點，因為柴榮手上缺錢，政府沒錢，就無法進行正常的權力運轉，更不用說發軍餉了。發不起軍餉，誰都知道後果是什麼。

另外，柴榮發現了佛教發展過程中的許多弊病，發生於顯德二年（九五五）五月的這場反佛運動中，柴榮的所作所為還起到了一個正面作用，就是對中原佛教進行改革，讓佛教更加適應社會的發展，而不是站在社會發展潮流的對立面。

當時中原地區的寺院非常多，據《資治通鑒》記載，地盤並不算大的後周境內居然有三萬三千零五十四座寺廟！此時後周只有近九十個州（不包括秦鳳四州和淮南十四州），平均每州有三百多座寺廟，這個數字是非常驚人的。

這麼多寺院的存在，必然導致耕地和勞動力的大量流失，僧人可以不向政府交納賦稅，國家一個銅錢也收不上來。還有就是寺院裡鑄造了大量銅佛像，銅是古代貨幣的支柱來源，沒有了銅料，政府就無法鑄幣，必然造成物價上漲，進而影響到社會穩定。史載後周「久不鑄錢」，不是不想鑄錢，而是沒有銅料。

柴榮有志於統一，對外發動戰爭時，內部必然要求社會穩定、財力充足，否則就會留有很大的隱患。而這兩點，寺院恰恰站在了柴榮的對立面，所以柴榮不可能容忍下去，必須下手進行整治。

柴榮的佛教改革分為四步驟：

(1) 削減寺院的數量。柴榮下令，只保留「敕額」的寺院，凡是沒有「敕額」的寺院，統統取締。所謂敕額，就是朝廷官方頒賜的寺院匾額，這是官方承認的合法寺院。「退寺還耕」，同時收回的自然還有這些「非法」寺院所圈佔的耕地。

柴榮考慮得很周全，畢竟寺院裡有和尚，也有尼姑，取消那些無敕額的寺院後，原有寺院可以暫時保留僧尼的住所，當然是分成男生宿舍和女生宿舍。如果寺裡沒尼姑，就只保留男生宿舍。

整治後的寺院和僧尼在籍數為：寺院二千六百九十四座，僧尼六萬一千二百人。

(2) 對寺院度籍的行為加以整頓，禁止寺院在沒有官方的許可下私度僧尼，把大量勞動力用在社會生產上。同時政府還對那些想出家當和尚、尼姑的社會青年做出嚴格的入門考試。

想出家不是不可以，但首先必須有直系家屬同意其出家的書面證明。如果父母不在人世，則由祖父母簽名，如果祖父母也不在了，就由同宗近親出具證明。在得到家屬的證明後，還要過理論考試關。柴榮的邏輯很清晰：你既然想出家，就必須懂得佛教義理。

官方規定：

男青年欲入寺為僧，必須「念得經文一百紙，或讀得經文五百紙」。（《舊五代史・周世宗紀二》卷一百一十五）

女青年欲入寺為尼，必須「念得經文七十紙，或讀得經文三百紙者」。（《舊五代史・周世宗紀二》卷一百一十五）

如果做不到，就說明你暫時還不具備出家的資格。

如果官府發現有人不經考試就私自受戒者，相關人員都要受到連坐處罰。另外，寺院不得私自容留「棄背父母、逃亡奴婢、奸人細作、惡逆徒黨、山林亡命、未獲賊徒、負罪潛竄人等」。（《舊五代史・周世宗紀二》卷一百一十五）否則也要嚴懲。寺院是佛家清靜修心之地，不是社會閒雜人員的避難所。

官方對寺院僧民都要造冊登記，分為兩本，朝廷留一本，祠部（屬禮部）留一本，每年四月都要進行核查。凡是發現沒有登記在籍的僧民，一律勒令還俗。

(3) 官府規定，五十天之內，寺院民間所有「非法存在」的銅鑄佛像器物都要上交官府，熔化鑄錢。當然官府不會白拿你的東西，會按同等價值給你一定的經濟補償。如果到期不交者，就按量論罪，藏有銅五斤以上者，殺頭；藏銅五斤以下，雖不論死，也要受到嚴懲。

(4) 禁止僧尼在社會上進行一些涉及迷信的街頭表演，比如「妄稱變現還魂坐化、聖水聖燈妖幻」。表面上柴榮是斷了這些僧尼的財路，其實柴榮這是在愛護他們。許多僧尼在表演時都要進行自殘，譬如「捨身、燒臂、煉指、釘截手足、帶鈴掛燈」，柴榮也進行了禁止。

經過一系列強有力的改革之後，大量寺院土地被官府收回，大量僧民還俗參加農業生產，大量銅像熔化鑄錢。後周的經濟實力得到了顯著的提升，社會也逐漸穩定下來。

當然，對於柴榮大規模改革佛教，有些大臣對此有不同意見，「好心」勸柴榮不要和佛祖作對，會遭報應的。柴榮心底無私天地寬，他感慨地說：「卿等勿以毀佛興利，而有難色。夫佛聖人也。廣其善道，以化人心，心能奉道，佛則不遠。存其像也，非重佛之至也。行其道乃奉佛之深也。今興利所以濟人也。濟人即佛道也。況聞大聖捨頭目之喻。若朕身可濟民亦將不惜也。」（《冊府元龜．邦計部．錢幣三》卷五百零一）

柴榮如此作為，才是真正的愛佛，心中有善便能成佛。有些皇帝雖然表面上信佛，天天竄到寺廟裡拜佛講法，實際上他們只相信自己，最典型的例子就是梁武帝蕭衍。佛祖天國有靈，也會對那些打著他的幌子行欺民誤國之舉的假信徒嗤之以鼻的。

司馬光對柴榮的愛佛愛民之舉，大加稱讚：「若周世宗，可謂仁矣，不愛其身而愛民；若周世宗，可謂明矣，不以無益廢有益。」（《資治通鑒》卷二百九十二）

民間有一個說法，說「滅佛」的四個皇帝北魏太武帝拓跋燾、北周武帝宇文邕、唐武宗李炎、後周世宗柴榮皆短壽或被殺。這只是一種唯心主義的臆測，不足徵信。

《歷代佛祖通載》記載了這麼一個故事，在柴榮下詔收繳的銅佛像中，其中就包括一尊鎮州（今河北正定）的大悲銅佛像。據說這尊佛像非常靈應，許多人對大悲銅佛像頂禮膜拜。為了破除「封建迷信」，柴榮親自拿起大斧頭，「面目猙獰」地將大悲銅佛像的胸部砸出一個大洞。「毀大悲佛像鑄錢，世宗親秉鉞洞其膺。」有許多官員在圍觀，他們見柴榮居然敢砸佛像，都嚇得哆哆嗦嗦。最離奇的是，柴榮砸佛像的時候，日後的宋太祖趙匡胤和宋太宗趙炅居然都在身邊，「目擊其事」。（《歷代佛祖通載》卷十八）

從《通載》記載「不四年，癰潰於膺」。（《歷代佛祖通載》卷十八）來看，這件事發生在柴榮「毀」佛的當年，即顯德二年（九五五）。這一年，柴榮並沒有去鎮州。應該是地方官員將大悲銅佛像運到汴梁，柴榮砸的佛像。《佛祖統紀》則說柴榮是親自去鎮州寺裡砸佛像的，當誤。

趙匡胤因高平之戰有功，被柴榮提拔為殿前司都虞侯，有可能侍駕於前。十七歲的趙光義也來湊這個熱鬧？他當時什麼都不是。如果這則記載屬實，那說明柴榮和趙匡胤的關係非常好，否則不會讓趙光義過去看他砸佛像。

趙匡胤兄弟對佛教非常推崇，趙匡胤建立宋朝後，大興佛寺，並出錢三萬資助僧人行勤等一百五十人去西域講學。在開寶四年（九七一），又印刻佛教典籍大藏經《開寶藏》。趙匡胤對佛教事業的發展，是做出過重大貢獻的。

而趙炅崇佛，比其兄有過之而無不及，「上素崇尚釋教」。（《續資治通鑑長編》卷二十三）在他治下，僅泉州一地，就有僧人一萬多，還有準備剃度的僧尼四千多，趙炅聽說後，嚇了一大跳，怎麼會有這麼多。在九七六—九八二年的七年間，宋朝共新度僧人十七萬人。

據《通載》說，趙匡胤兄弟對佛教如此禮敬有加，是因為他們目睹了柴榮砸佛像後，有個神僧麻衣告訴趙匡胤兄弟「三武廢教之禍」（《歷代佛祖通載》卷十八）幾年後柴榮又突然得病早逝，所以出於對佛教的敬畏，才大興佛法的。

《佛祖統紀》也記載了這個故事，卻加了一句，趙匡胤對麻衣說：「今毀佛法，大非社稷之福。」（《佛祖統紀》卷四十三）如果這話是趙匡胤在柴榮治下說的，必須是私下場合交流的，不可能讓柴榮知道。

至於《統紀》著者志磐所說：「有道之君必隆佛教」（《佛祖統紀》卷四十三），則有些絕對化了。信佛的未必都是明君，比如陳後主陳叔寶、南唐後主李煜、遼道宗耶律洪基、元泰定帝也孫鐵木兒等。不信佛的未必都是昏君，比如唐太宗李世民在貞觀時期，佛教發展迅速，特別是玄奘西行，對佛教的貢獻尤為巨大。但李世民對佛教的態度是消極和排斥的。他在《貶蕭瑀手詔》中闡述了他對佛教的態度：「朕以無明於元首，期陶德於股肱，思欲去偽歸真，除澆反樸。至於佛教，非意所遵，雖有國之常經，固弊俗之虛術。」李世民不喜歡佛教的原因，是梁武帝蕭衍信佛而國亡，李世民不想重蹈覆轍。（《全唐文》卷八）唐玄宗李隆基，明太祖朱元璋對佛教的態度也是敬而遠之，不崇不抑。還有打擊佛教的「三武一宗」，哪個也不是無道之君。

即使柴榮砸佛像是真的，也不能證明柴榮的死和「毀」佛有關。否則就難以解釋蕭衍為什麼信佛而亡。齊武帝蕭賾崇佛，他死後，兒孫盡為堂弟蕭鸞所殺。梁武帝蕭衍愛佛之深、捨身為奴，結果卻國破家亡。陳武帝陳霸先學習蕭衍有模有樣，結果死後，兒子陳昌被侄子陳蒨殺死。

隋文帝楊堅說：「我興由佛法，而好食麻豆，前身似從道（僧）人中來。」（《集古今佛道論衡實錄》卷二）結果他死得不明不白，他創建的大隋帝國在十幾年後就滅亡了。武則天也信佛，最終天下還是回到李唐手上。趙匡胤崇佛，非常蹊蹺地死後，帝位為弟弟所奪，兒子趙德昭自殺，幼子趙德芳幾年後也莫名其妙地去世。

有種觀點認為，柴榮之所以「毀」佛，是因為柴榮對佛教有偏見，這是非常大的誤解。柴榮所謂的「毀」佛，只是從政治、經濟、社會等層面對佛教進行的有益改革。而柴榮本人對佛教非常的尊崇，卻是鮮為人知的。

顯德元年（九五四）三月，柴榮討伐北漢的時候，在團柏谷的寺院裡拜謁了佛像，並賜主寺僧人紫衣，以示禮敬之意。九月，柴榮將潛龍宮改造成皇建禪院。還是在九月，齊州（今山東濟南）僧人義楚向柴榮進獻了佛教書籍六帖三十卷。柴榮在百忙之中，仔細拜讀了這些書籍，「覽而嘉之」（《冊府元龜・帝王部・崇釋氏第二》卷五十二），賞賜了義楚，並將書籍付藏於史館，以備時用。從這段記載上來看，柴榮對佛教典籍有很深的了解，至少能看懂佛家經文。

顯德四年（九五七）的十月，柴榮親自給京城汴梁新建的四座寺院題寫了匾額，四座新建寺院分別是：天清寺、顯靜寺、顯寧寺、聖壽寺。

顯德五年（九五八）的四月，柴榮從淮南前線回京，路過泗州時，遊覽了普光王寺，並賞賜給僧人帛絹若干。六月，柴榮從內府倉庫中拿出衣服六百件，以及四十萬錢，交給京城兩街的僧人，讓他們修建寺院。

最值得注意的是，柴榮「毀」佛，當時許多僧人居然不憎恨他。在柴榮生命中的最後一年，也就是顯德六年（九五九）的四月，柴榮率軍北伐契丹，不戰而克乾寧軍。城中有兩座寺院，柴榮分別賜給敕額，一座名為迎鑾寺，一座名為順聖寺。這不是柴榮心血來潮，胡亂題字，而是寺院的住持僧人請求柴榮題寫的。「從寺僧之請也。」（《冊府元龜・帝王部・崇釋氏第二》卷五十二）

無論是毀佛，還是崇佛，其實都是帝王進行統治的需要，佛法本身是勸人向善的，正如柴榮所說：濟人即佛道也。

可以用八個字來總結柴榮對佛教的態度：抑而不毀、愛而不佞。

四、王朴和《平邊策》

鼎盛時期的唐朝的疆域面積非常遼闊，唐高宗時，唐朝疆域東起大海，西至鹹海，北抵北貝加爾湖，南達交趾。到了開元年間，唐朝北方疆域收縮至今內蒙古北部邊線，但東北方向卻有重大突破，包括了整個除朝鮮半島之外的東北亞地區。這時的唐朝國力強盛，是當之無愧的東方第一大國。

但安史之亂後，唐朝內外交困，國勢衰弱，青藏高原上的吐蕃王國趁機吃掉了唐朝自天水以西的所有領土。唐朝在東北地區的統治也名存實亡，大唐帝國威風掃地，唐朝疆域急劇縮水。

唐朝滅亡後，五代十國繼之而起。五代雖然號稱正統，但疆域並不大。自從石敬瑭出賣燕雲十六州後，周朝被局限在北起海河、南至淮河、西至天水的狹小地域裡。四面全是勁敵，北有契丹、北漢，西南有後蜀、東南有南唐，發展空間非常有限。

柴榮久有削平天下之志，對他現在控制的疆域面積並不滿意，他渴望有朝一日，能收復唐朝失去的土地。高平之戰後，胸懷四海的柴榮看到了武力統一天下的希望。「帝常憤廣明以來中國日蹙，及高平既捷，慨然有削平天下之志。」（《資治通鑑》卷二百九十二）但柴榮不可能同時進攻這契丹、北漢、後蜀、南唐，先打哪個好呢？

柴榮想必這時已經有了初步的作戰計畫，但他還是決定先聽聽群臣的意見。

顯德二年（九五五）四月裡的一天，柴榮召集諸大臣入殿，他把自己對天下大勢、內政外交的理解先說了出來：

「朕聽政之餘，思政教未化敷，區宇未混，中宵輟寐，若納於隍。竊觀歷代君臣治國家，臨事上之道，深為不易。又念自唐晉失德之後，亂臣黠虜，僭竊暴慢者多今。中夏雖漸小康，吳蜀幽並，尚未平蕩。聲教有限，朕實疚懷。宜諭臣僚，各述論策。宜遵經濟之略，副予求賢致理之志也。」（《冊府元龜．帝王部．訪問》卷一百零四）

隨後，柴榮給了朝中近臣文學之士，翰林承旨徐台符等二十多人一項任務，讓大家每人寫兩道條陳，一道是《為君難為臣不易論》，一道是《平邊策》，然後上交，柴榮要一一過目檢查。第一道是涉及內政的，第二道才是柴榮現在最需要的。

很快，柴榮就收到了一大摞條陳，柴榮重點是看《平邊策》，可有些人寫的辭藻華麗，但卻空洞無物，無非是「修文德，來遠人」，（《冊府元龜．帝王部．訪問》卷一百零四）這套老掉牙的東西，讓柴榮非常失望。只有翰林學士陶穀、御史中丞楊昭儉、給事中竇儀和比部郎中王朴四人的《平邊策》最合柴榮之意。

四人的觀點都一樣，就是都認為應該先拿南唐開刀，先取江淮，次第殲滅諸侯。其餘三人的

《平邊策》今已不存，唯獨王朴的那篇保留了下來。

王朴，東平（今山東東平）人。王朴「幼警慧，好學善屬文」，漢隱帝劉承祐時中進士，當了一名校書郎，每天和筆墨紙硯打交道。按朝中派系，王朴是前漢宰相楊邠的門生，但王朴看到楊邠、史弘肇等人和劉承祐交惡，預感他們肯定要出大事，就提前溜了。果然楊邠死後，他的門生故舊全都處死，只有王朴無恙。

柴榮在做鎮寧軍節度使的時候，就認識了王朴，讓王朴做了自己的記室參軍。柴榮繼位後，王朴任比部郎中（刑部屬官），級別不算高，從六品。不過是金子總會發光的，更何況他所侍奉的君主是柴榮。

王朴的《平邊策》如下：

唐失道而失吳、蜀，晉失道而失幽、并，觀所以失之由，知所以平之術。當失之時，莫不君暗政亂，兵驕民困，近者奸於內，遠者叛於外，小不制而至於大，大不制而至於僭。天下離心，人不用命，吳、蜀乘其亂而竊其號，幽、並乘其間而據其地。平之之術，在乎反唐、晉之失而已。必先進賢退不肖以清其時，用能去不能以審其材，恩信號令以結其心，賞功罰罪以盡其力，恭儉節用以豐其財，徭役以時以阜其民。俟其倉廩實、器用備、人可用而舉之。彼方之民，知我政化大行、上下同心、力強財足、人和將和、有必取之勢，則知彼情狀者願為之間諜，知彼山川者願為之先導。彼民與此民之心同，是與天意同，與天意同則無不成之功。

攻取之道，從易者始，當今吳國，東至海，南至江，可撓之地二千里。從少備處先撓之，備東則撓西，備西則撓東，必奔走以救其弊，奔走之間，可以知彼之虛實、眾之強弱，攻虛擊弱，則所向無前矣。勿大舉但以輕兵撓之。彼人怯，知我師入其地，必大發以來應，數大發則必民困而國竭，一不大發則我獲其利，彼竭我利，則江北諸州，乃國家之所有也。既得江北，則用彼之民，揚我之兵，江之南亦不難而平之也。如此，則用力少而收功多。得吳，則桂、廣皆為內臣，岷、蜀可飛書而召之，如不至，則四面並進，席捲而蜀平矣。吳、蜀平，幽可望風而至。惟並必死之寇，不可以恩信誘，必須以強兵攻之，然其力已喪，不足以為邊患，可為後圖，候其便則一削以平之。

方今兵力精練，器用具備，群下知法，諸將用命。一稔之後，可以平邊，此歲夏秋，便可於沿邊貯納。臣書生也，不足以講大事，至於不達大體，不合機變，望陛下寬之。（《舊五代史・王朴傳》卷一百二十八）

王朴首先分析了唐末以來諸朝旋興旋亡的原因，因為皇帝無道，寵用奸臣，縱容官員欺壓百姓，結果「天下離心，人不用命」。南方軍閥割據自立，也是由於這個原因。王朴認為對付這些割據諸侯辦法很簡單：進賢去不肖，賞罰分明，汰奢行儉，團結各階層，厚待敵國軍民，天道有變，可取之。

不過這些都是戰略層面上的，具體到戰術，王朴認為應該奉行「先易後難」的方針。但王朴主張先攻打的南唐卻是十國中實力最強大的，南唐並不是最弱的。其實王朴所說的「先易後難」，不是對敵國實力，而是地勢或時機。

周朝四個對手中，以地勢論，契丹、北漢、後蜀都雄據山川之險，對地處平原的周軍來說，攻取之道，有如逆風行舟。而南唐與後周接壤的江淮地區卻是千里平原，沒有什麼險要地勢，只有一條不算太寬的淮河橫斷南北。只要周軍渡過淮河，淮南十四州覆手可取。

淮南沃野千里，人口百萬，周軍拿下淮南後，就可以「務食於敵」《孫子兵法・作戰篇二》，節省戰爭成本。南唐如果丟掉了淮南，其統治核心地區——江東，就直接暴露在周軍的兵鋒之下。南唐滅亡之後，湖南、兩廣、浙江、福建諸侯皆不戰可下。

南方諸國中，最後一個要對付的是後蜀孟昶，但此時周朝已經控制了湖廣，對後蜀三面合圍，孟昶插翅難逃，只好束手就擒。南方平定之後，周軍兵鋒北上河東，北漢和周朝是不共戴天的血仇，和劉承鈞沒什麼道理好講，就是用武力強攻。

王朴在他的《平邊策》中並沒有提到契丹，但實際上已經包括了契丹，就是在契丹控制下的燕雲十六州。至於契丹，柴榮和王朴並沒有一舉消滅契丹的計畫，這是不現實的。

對中原政權來說，最重要的是先收復燕雲十六州。在這個目標沒有實現之前，去消滅契丹完全是癡人說夢。在沒有取得對南方諸國壓倒性的優勢之前，沒有必要去考慮契丹。契丹對中原政權的軍事威脅，王朴不可能不知道。

王夫之對王朴的《平邊策》是比較推崇的，他認為後來宋朝捨幽燕，而先攻北漢的戰略是錯誤的，得不償失的。「晚收河東，而置幽、燕於不復，與樸說異。折中理勢以為定論，互有得失，而樸之失小，宋之失大也。」（《讀通鑑論・五代下》卷三十）

但王夫之卻以他的理解，指出《平邊策》中的一個瑕疵。就是「既得江北，則用彼之民，揚我之兵，江之南亦不難而平之也。如此，則用力少而收功多。得吳，則桂、廣皆為內臣，岷、蜀可飛書而召之」。

王夫之把這段話理解成：先取江北淮南之地，然後再消滅南唐的江東本部。等滅掉南唐後，再逆向取湖南、兩廣、兩川。王夫之援引之前歷代中原政權消滅江東政權的例子，如（取蜀之後）秦滅楚、（取蜀之後）晉滅吳、（北周取蜀）隋滅陳，說凡統一天下者，必順向先取兩川，得長江之利，然後順江東下，一舉平定江東。

王夫之認為南唐的國力雖不如中原，李璟治國無方，但此時南唐尚有賢臣能將。後周如果先攻吳、後攻蜀，則犯了先難後易的戰略錯誤，得不償失。「先吳後蜀，理勢之兩詘者也。此宋之用兵，賢於王朴之策也。若夫河東之與幽、燕，則樸之策善矣。」（《讀通鑑論．五代下》卷三十）

其實王朴真正的戰略意圖並非如王夫之所說的「先吳後蜀」，上面講了，王朴所謂的先易後難，主要是指地勢。但還有一點，所謂「先易後難」，還有一層含義，就是指機會。

王朴雖然說「既得江北，則用彼之民，揚我之兵，江之南亦不難而平之也」。但這也是初步的戰略構想，並非一定要先取吳後取蜀，戰略是要根據現時的形勢變化而有所調整的。

再者，正因為南唐在失江北之後國勢依然尚強，所以如能先滅吳，則南漢、吳越、清源軍、湖南不戰可降。如果後周先取淮南，國威必顯於華夏，威震諸國。等後周大舉過江、直取金陵時，吳越必然幫助後周，在背後捅李璟一刀，這從日後的淮南之戰中可以得到印證。

清源軍的留從效一直想巴結柴榮，正愁沒機會呢。反正留從效也清楚天下早晚是中原政權的，他早晚也要北上汴梁做富家翁。至於南漢，後來柴榮取淮南，劉晟已經嚇破了膽，準備向柴榮稱臣納貢。

即使這四國不願看到柴榮過江，願意幫助李璟抗周，也沒有太大的戰略空間。因為吳越、南漢、清源軍都和後周沒有領土接壤。要幫李璟，四國軍隊就必須進入南唐領土。在這種情況下，四國不是在幫李璟，而是在給李璟製造麻煩，李璟能信得過他們？四國軍隊入南唐境內後的軍需如何解決？所以他們唯一能做的，就是向李璟提供軍需，而不是提供軍隊。他們會為了李璟掏空自己的家底？可能性不大。還有就是，如果吳越願意幫助南唐，吳越就不會幾十年如一日地向中原政權稱臣納貢了。

吳越的立國戰略是：寧亡於中原，不亡於江東。雖然湖南倒是與後周有一段短距離的邊境接壤，但周行逢絕對沒有膽量向柴榮發起進攻。再說，後周還有荊南這個地勢險要的小國做緩衝屏障，足以應付周行逢。

退一萬步講，柴榮真的對江東發起總攻，他會選擇哪裡做突破點。金陵？就是通常所說的擒賊先擒王，這恰恰是最大的失招。因為喪失淮南後，金陵與後周只有一江之隔，在這種情況下，李璟必然屯重兵於金陵周邊。二十年後，宋滅南唐時，李煜就在金陵周邊屯兵十餘萬，背城而陣。

這麼講，同樣是硬骨頭，在統一順序上，周朝會先啃最大的一塊硬骨頭南唐，以達到威震諸國，使其不戰而降的目的，這是從戰略角度說的。從戰術角度講，在滅南唐的戰爭中，未必就一定先啃硬的，打掉對手的生存空間才是最重要的。

南唐兵力再強，如果南唐的國土只剩下金陵，再強又能強到哪裡？就算是先佔金陵擒李璟，周軍的戰鬥力也基本耗盡，而南唐的江西地區未必就會降周。二十年後宋軍攻克南唐國都金陵，江西地區照樣頑抗到底。

先取哪裡？就是江州（今江西九江），後周取得淮南十四州後，唐周的沿江邊境上，最容易突破的正是江州。江州雖然扼守長江南岸，但由於其上游更重要的軍事重鎮武昌已為周軍所佔，周朝水軍可以順江東下，江州的地緣戰略優勢已經蕩然無存。

周軍取江州後，南下取洪州（今江西南昌）。隨後次第平定袁、吉、撫、虔各州。南唐失淮南後，最重要的領土就是江西，一旦周取江西，則李璟就真正成為甕中之鼈，插翅難逃。即使他想乘船出海外逃，長江口停著幾百艘吳越水軍的戰艦……

另外就是，周軍取江西，兵鋒直接威脅到湖南、南漢、清源軍、吳越。這正是王朴所說的「得吳，則桂、廣皆為內臣」。王朴雖然主張先滅南唐的江東本部，但並沒有說一定要先取金陵。相比於先取金陵，先取江西，堵死李璟的後院，同時威脅到桂、廣、閩、越，才是上策。

「皆為內臣」，可以有兩種解讀：

一、湖南、南漢、清源軍、吳越等國向周稱臣。實際上除了南漢，另三國一直向周軍稱臣，只不過滅吳後，這四國會進一步地向周臣服。

二、四國如二十五年後吳越向北宋納土一樣，不用戰爭，而是用戰爭威懾，逼迫四國納土，南方遂致統一。

無論王朴指的是哪一種情況，周軍都會在南方建立絕對的控制優勢。

至於後蜀，周朝平定江東後，對後蜀形成了兩面全圍。更重要的是，長江天險已為周、蜀所共有。可以參見三國時期劉備從荊州取蜀的戰役，當時劉備實力太弱，只有沿長江一線入蜀的路線。而柴榮要滅蜀，則就相當於劉備和曹操合力滅蜀，一路走秦川、漢中從陸路入蜀；一路沿長江入蜀。兩路夾擊，孟昶能逃到哪裡？去大理做寄人籬下的天子？劉禪都沒這麼做。

後來柴榮取得淮南十四州後，荊南節度使高保融給孟昶寫信，勸他向周稱臣。孟昶就已經動了心，當時蜀中諸將反對的理由是「江山險固」。（《資治通鑒》卷二百九十四）但如果周朝先平定了江東，蜀中大門洞開，哪裡還有什麼險固可言？東晉時桓溫、劉裕在沒有關中側翼的情況下，從長江單線入蜀，猶能滅蜀，何況柴榮兩路夾擊？

最為重要的一點是，柴榮並沒有放棄「先取蜀、再取吳」的傳統統一路線。柴榮後來北伐契丹，因突然生病，被迫撤軍。柴榮準備在病癒後的第一場戰爭，就是西征後蜀。據《宋史》記載：「周世宗平淮甸，克關南，即議討蜀而未果。」（《宋史・西蜀世家》卷四百七十九）《宋史》在《荊南世家傳》中也提到了此事，「世宗將議伐蜀」。（《宋史・荊南世家》卷四百八十三）對於柴榮準備伐蜀之事，《宋朝事實》也有記載：「始周世宗平淮甸、克關南，議討（蜀）而未果，至太祖乃平之。」（《宋朝事實・削平》卷十七）

只是由於柴榮不久後病逝，這個西征計畫隨之夭折。如果柴榮病癒，以後周的軍事實力和柴榮的能力，滅蜀不是問題。孟昶的運氣很好，多當了六年逍遙皇帝，直到宋兵入蜀，孟昶的好日子才到了頭。

《平邊策》是王朴生前制定的，王夫之對王朴先吳後蜀的統一計畫不太認同，但柴榮並沒有完全依照王朴的《平邊策》來制定統一路線。形勢是在不斷變化的，老話常說：「計畫趕不上變化。」柴榮不會泥古不化，一根筋地去做事。即使柴榮先吳後蜀的完成統一，也不是沒有實現的可能。

王朴的統一戰略，表面上都是在啃硬骨頭，但實際上完美地闡述了他的「先易後難」戰略。先啃硬骨頭，恰恰是很好地執行先易後難戰略，具體的原因，會在後來柴榮北伐契丹時的分析中講到。

王朴遠比後來對契丹畏首畏尾的宋朝開國名相趙普更有戰略遠見，趙普的「先易後難」，完全是在做表面文章。趙普一直反對用兵於幽燕，他沒有弄明白，王朴的「先易後難」，到底是指什麼。還有一種可能，就是趙普看出來了先攻契丹的優勢，但他對強攻契丹沒有信心，所以一直阻撓。

後世許多宋人，都看懂了王朴「先易後難」的真實用意，比如薛居正、秦觀、朱熹。他們都認為應該先攻幽燕，次攻北漢。北漢自高平之戰後，對中原已經構不成威脅。只要先強攻下幽燕，北漢失去契丹的後援，一戰可下之。

比如薛居正談到這個問題，說北漢是弱，但其弱在「勢」，即戰爭發動能力，而非弱在「力」，即有效的反抗能力。關於先取北漢還是先取幽燕的問題，以後會在柴榮北伐契丹的篇幅上詳細講解。

柴榮看完了王朴的《平邊策》，大喜，王朴等人所論和他的想法不謀而合。「及覽其策，欣然聽納，繇是圖南之意益堅矣」。（《冊府元龜・帝王部・訪問》卷一百零四）至於王朴，柴榮「愈重其器識」（《舊五代史・王朴傳》卷一百二十八），這個「愈」字，說明柴榮一直就非常欣賞王朴。「未幾，遷左諫議大夫，知開封府事。」（《舊五代史・王朴傳》卷一百二十八）

是人才，就一定要重用。

周軍的戰略主攻方向，就這樣定了下來。

五、小試牛刀

周朝君臣已經達成共識：先拿南唐開刀，攻取淮南，次第兼圖天下。

但周朝軍隊進攻的方向卻是後蜀。

在五代十國時期，有兩個蜀國，依次是王建建立的前蜀，孟知祥建立的後蜀。

孟知祥，字保胤，生於唐懿宗咸通十五年（八七四）四月二十一日，邢州龍岡人，和郭威、柴榮是老鄉。邢台在五代十國的歷史上有著特殊的地位，這座歷史悠久的城市，出了五個皇帝，兩位開國帝王，對五代十國的歷史影響非常大。尤其是柴榮，他差一點改變了歷史。

與五代十國時期許多出身草根的開國皇帝不同，孟知祥出身於藩帥世家，政治起點比朱溫、王建、馬殷、郭威高出了許多。孟知祥的祖父孟方立在唐末亂世時，割據邢州、洺州、磁州，自號昭義軍節度使。孟方立一直依附於中原大軍閥朱溫，和河東軍閥李克用打來打去。

因和河東的軍事差距太大，龍紀元年（八八九），孟方立被河東大將李存孝打敗，孟方立自殺。孟方立死後，邢州軍擁立孟方立的侄子孟遷主政昭義軍，但不久後也被河東吞掉。（關於孟遷和孟方立的關係，各史記載不一。《舊唐書》《新五代史》《資治通鑑》說孟遷是孟方立的弟弟。而《舊五代史》則說孟遷是孟方立之侄，《新唐書》卻說孟遷是孟方立之子。今從《舊五代史》。）

孟知祥的父親孟道留在河東，但孟道沒在官場混出什麼名聲。河東雖然和邢州孟氏有仇，但李克用似乎比較喜歡孟知祥，將弟弟李克讓的女兒嫁給了孟知祥。從此，孟知祥成為後唐的外戚，對日後他創業起到了非常重要的作用。

後唐同光三年（九二五），唐莊宗李存勖出兵消滅了前蜀王衍。在後唐樞密使郭崇韜的推薦下，李存勖任命堂姐夫孟知祥為成都尹、西川節度副使。孟知祥曾經在官場上拉過郭崇韜，所以郭崇韜知恩圖報，將這塊肥肉送給了孟知祥。

郭崇韜是後唐名將，但他的政治能力比較差，因為得罪的人太多，滅前蜀之後，郭崇韜就在一片咒罵聲中，被西征軍主帥、魏王李繼岌殺害。隨後蜀中大亂。僅僅一年後，李存勖因政治上的失敗，軍隊譁變，他本人在這場叛亂中被殺。他的乾兄長、成德軍節度使李嗣源在軍隊的擁戴下即位，就是唐明宗。

李嗣源繼位時，他就已經失去了對兩川的控制力，此時的孟知祥已經「陰有王蜀之志」，東川節度使董璋也有同樣的野心。李嗣源曾經嘗試著對兩川用兵，消滅掉這兩個不聽話的藩鎮，但由於孟知祥和董璋結成戰略聯盟，打退了以石敬瑭掛帥的後唐中央軍的進攻。名義上，兩川還是後唐的領土，但實際上是兩個獨立王國。

外敵被打退，接下來，孟知祥和董璋大打出手，他們兩人之中，將會有一個稱雄兩川的勝利者。最終，智謀更高一籌的孟知祥笑到了最後，後唐長興三年（九三二），孟知祥滅董璋，吞併東川。

孟知祥控制兩川後，唐明宗李嗣源知道拿這個乾妹夫一點辦法也沒有，只好順水推舟，承認孟知祥對兩川的統治。兩年後，孟知祥在成都稱帝，國號也稱大蜀，史稱後蜀。

不過孟知祥只當了半年的皇帝，就突然得病去世了，由十七歲的兒子孟昶繼位。孟知祥為兒子打下了不錯的基礎，蜀土富饒，又有山川地勢之險，孟知祥的心腹重臣趙季良、趙廷隱、王處回都效忠於孟蜀，所以孟昶能在天府之國快樂地享受人生。

後蜀的疆域和前蜀基本雷同，北方以秦嶺和中原王朝為界。後蜀廣政十一年（九四七），後晉被契丹滅亡，晉雄武節度使何重建為了自保，舉秦州、成州、階州投降後蜀。不久後蜀又攻下鳳州。後蜀控制了隴西一帶，距關中很近，對中原王朝的潼關以西防禦體系造成了非常大的威脅。一旦蜀軍出秦嶺，進攻關中，再沿黃河東進，洛陽、汴梁會非常的危險。

柴榮確實是準備先進攻南唐，但在發起對南唐的攻勢之前，首先要解決掉蜀軍的東進據點，即秦、成等州。秦州就是現在的甘肅天水，天水在秦嶺以北，渭河北岸，這裡地勢平坦，行軍比較容易。

柴榮不確定在他進攻淮南期間，孟昶會不會出兵沿渭河東進，威脅關中。與其將希望寄託在別人身上，不如依靠自己。柴榮決定先拔掉秦州，解決了這個心腹之患，再攻南唐。再加上秦鳳等州的百姓「怨蜀之苛政，相次詣闕」（《舊五代史・周世宗紀二》卷一百一十五），請求周軍收復四州。柴榮正好落了個順水人情，答應做這筆買賣。

柴榮的精力有限，他不可能親征關西，因為他的進攻重點始終是淮南，所以柴榮需要簡選大將代他西征。在王溥的推薦下，柴榮調駐守陳州的鎮安軍節度使向訓率軍西征。柴榮同時詔諭距秦鳳等州最近的鳳翔節度使王景，配合向訓作戰。

在向訓沒有來到西線戰場之前，王景的鳳翔軍才是與蜀軍作戰的主力。顯德二年（九五五）五月一日，王景率軍越過散關，向南進攻鳳州（今陝西鳳縣）。對關中地區威脅最大的是秦州，但鳳州正好處在秦州與西川的中間，只要拿下鳳州，就能切斷秦州和後蜀的聯繫。雖然史料沒說這是誰的主意，但如果沒有柴榮的指示，王景也不敢擅自改變作戰方向。

聽說柴榮要大舉伐蜀，孟昶有些驚慌失措，他不清楚柴榮此次西征，是只想奪州佔郡，還是直搗成都，請他到汴梁喝茶。蜀客省使趙季札在秦、鳳等州轉了一圈，回到成都，告訴孟昶：「雄武節度使韓繼勳、鳳州刺史王萬迪非將帥才，不足以禦大敵。」孟昶問他：「誰可往者？」（《資治通鑒》卷二百九十二）趙季札自信滿滿，推薦自己可勝大任。孟昶大喜，就派趙季札為雄武監軍使，調精兵千人配與趙季札，火速北上防禦周軍。

孟昶自以為選將得人，哪知道趙季札是個有膽無量的飯桶，出盡了洋相。趙季札率軍慢悠悠地北上，在行進到德陽的時候，聽說周軍已經進入了蜀境。趙季札再也沒膽量北上了，他居然好意思上書給孟昶，請求皇帝調他回成都。

在還沒有得到孟昶的同意時，趙季札先把隨軍的輜重和姬妾打發回成都，隨後自己光棍一般地逃回了成都，蜀軍大亂。孟昶半信半疑地問趙季札，前線戰況如何？趙季札根本就沒到前線，「季札惶懼不能道一言」（《新五代史後蜀世家》）。孟昶這才知道自己被騙了，怒氣沖天的孟昶立刻殺掉了趙季札。

就在趙季札惡搞孟昶的時候，周軍王景等部已經浩浩蕩蕩開進了西川繁華之地。

為了保護鳳州的軍事安全，後蜀在鳳州周邊設置了黃牛寨、木門寨等八個軍事據點。不過王景沒費什麼力氣，就拔掉了黃牛等八寨。孟昶被驚出了一身冷汗，五月十一日，孟昶派保寧軍節度使李廷珪、左衛聖步軍都指揮使高彥儔等人率軍北上救援鳳州。

六月初五，周軍和蜀軍在威武城展開了一場激戰，沒想到周軍居然打了敗仗，濮州刺史胡立也被蜀軍俘虜。春風得意的孟昶展開了外交攻勢，他派使者分赴北漢和南唐，約請二國出兵攻周，以分解周之兵力。劉承鈞和李璟都答應了，但卻沒什麼具體的動作。

鳳州地處秦嶺腹地，多奇峻山脈，蜀軍並沒有繼續和周軍作戰，而是憑險固守。蜀軍居高臨下的防守，讓王景一籌莫展，攻不上去，又不能撤，只好在山溝裡待著。一直拖到了七月，還是沒什麼進展。

在山地作戰，最困難的是糧食運輸，周軍的糧食供應出現了問題。此時，汴梁城中的周朝君臣也對這場戰爭是否還有必要進行下去，展開了討論。大臣們認為事貴從權，現在很難吃掉鳳州，與其這樣耗下去，不如先撤軍，以後伺機再舉。

柴榮起初不同意撤軍，他告訴群臣：「吾欲一天下以為家，而聲教不及秦、鳳，今兵已出，無功而返，吾有慚焉。」（《新五代史・王環傳》卷五十）後來柴榮被大臣們說動了，但他還是不甘心，他派殿前都虞侯趙匡胤火速前往鳳州實地考察，看是否真的有必要撤軍。趙匡胤在關西前線進行考察，回來後稟告柴榮：沒必要撤軍，秦鳳州立等可取。柴榮大喜，「從之」，他本來就不想撤。

兩軍還在鳳州互耗著，雙方各有小勝，但均勢一直沒有打破。蜀軍主帥李廷珪有些沉不住氣了，他準備和周軍打一場大仗。李廷珪先派兩股部隊分別駐守馬嶺寨和白澗，另外派梁院使王巒帶兵繞到周軍後面，駐守堂倉和黃花谷一帶，斷掉周軍的糧道。

後路被蜀軍斷掉了，王景當然不甘心坐以待斃，他還要再做最後一搏。周軍裨將張建雄帶著兩千士兵出黃花谷，與蜀軍決戰。在黃花谷，張建雄遇到了王巒，兩軍在黃花谷大戰一場。結果蜀軍敗績，王巒只好率殘兵向堂倉逃竄。結果在堂倉又遇到一股不知從哪冒出來的周軍，又是一場慘敗。蜀軍三千餘人被俘。

馬嶺寨和白澗的蜀軍聽說王巒在黃花谷慘敗，嚇得全都逃了。蜀軍主帥李廷珪和高彥儔無奈之下，只好退守青泥，鳳州隨即被周軍拿下。鳳州的失陷，對秦州、成州、階州的蜀軍守將造成了極大的恐慌。駐守秦州的蜀雄武節度使韓繼勳棄城逃回成都，秦州觀察判官趙玭舉城降周，成、階二州也被劃進周朝的版圖。

經過四個多月的艱苦作戰，周軍終於完成了柴榮的既定目標。收復秦、成、階三州後，雖然鳳州是在兩個月之後才拿下來的，但已經能夠確保關中的軍事安全。後院新砌一堵牆防盜，柴榮就可以放心了。柴榮非常高興，在宮中設宴招待聯翩入賀的朝臣。這次推薦將帥的人是王溥，所以柴榮特意給王溥敬酒，說「為吾擇帥成邊功者，卿也」。（《宋史・王溥傳》卷二百四十九）

一家歡喜一家愁，蜀軍的慘敗震驚了成都，「蜀人振恐」。（《資治通鑒》卷二百九十二）李廷珪、高彥儔等人灰溜溜地逃回成都，上表請罪。孟昶為人還算寬厚，皆赦之不問。再說蜀中名將就這幾個人，一次戰敗就殺頭，以後誰還敢為孟昶賣命。這點心思，孟昶還是能拎得清的。

孟昶是五代十國時有名的文學家，他的文學功底相當好，能寫一手漂亮的花間詞。但孟昶在豪府深宮裡長大，養出了驕嬌二氣，經常做出一些常人不可理喻的糗事。有這樣一個小故事，是孟昶和柴榮之間的趣事。

當孟昶聽說柴榮發兵攻蜀時，非常不爽。為了「報復」柴榮，孟昶臨時拼湊了一支軍隊，號稱「破柴都」。五代十國的軍隊都在士兵臉上刺字，因為柴榮本姓柴，所以孟昶下令在這些士兵的面部都刺了一柄小斧頭。斧頭是專門砍柴的，所以孟昶希望這支「破柴都」能打敗柴榮，結果孟昶自己悲劇了。

柴榮的主要目標是攻取淮南，所以在得到關西四州後，柴榮打算和後蜀修復關係。柴榮將願意回鄉的被虜蜀軍厚賜路費，放回西川。孟昶很樂意接柴榮拋過來的橄欖枝，因為孟昶和柴榮都是河北邢台人，算是同鄉，所以孟昶打算和柴榮「敦鄉里之分」。（《宋史．西蜀世家》卷四百七十九）

孟昶很會拉關係，但他卻在信中自稱「大蜀皇帝」，讓柴榮非常的憤怒。五代政權向來不承認蜀國的正統地位，也不能承認。如果承認了孟昶，柴榮的正統地位就保不住了，他當然有理由憤怒。見孟昶這麼不識抬舉，也就懶得理他了，專門對付南唐。

孟昶得知內情後，跳腳大罵柴榮：「給臉不要臉！想當初朕在成都郊祀天地的時候，你這廝還不知道在哪鼠竊做賊！」

見柴榮不理他，孟昶一方面加緊備戰，在與後周接壤的劍門等地囤積糧草，增加軍隊人數，防止柴榮再來搗亂；另一方面，孟昶陶醉在錦官城銷魂的世界中去了，因為他得到了一個絕代美女，就是著名的花蕊夫人費氏。

君王城上豎降旗，妾在深宮哪得知。
十四萬人齊解甲，寧無一個是男兒！

據傳就是花蕊夫人在後蜀亡國後，隨孟昶入汴。趙匡胤請她作詩，她寫下了這首著名的《述亡國詩》。

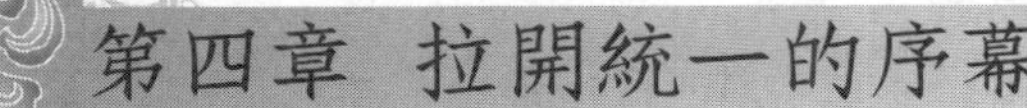

第四章　拉開統一的序幕

一、南唐的前世今生

如果讓一千年後的人們選擇十國中最有知名度和認可度的政權，這個政權一定是南唐。

幾度東風吹世換，千年往事隨潮去，滄桑洗盡鉛華，像後周這樣偉大的王朝都湮沒在滾滾風塵中，但與後周同時代的南唐，其受追捧的程度絲毫不遜於漢、唐、宋、元、明、清幾個大朝代。南唐熱之所以經久不息，原因只有一個——南唐的末代皇帝是李煜。

在詞史上，李煜享有開山鼻祖般的崇高地位，有些類似《三國演義》之於小說史的地位。在李煜之前，著名詞人輩出，比如豔詞天王溫庭筠、韋莊、牛嶠，李煜的父親李璟，李璟的重臣馮延巳。

但正如王國維所說：「詞至李後主而眼界始大，感慨遂深，遂變伶工之詞而為士大夫之詞。」王國維《人間詞話》說李煜的人生是一場華麗的悲劇，正因為如此，所以李煜才感動了歷史，雖然在政治史上，李煜是個不折不扣的昏君。

本篇不講李煜，因為他和柴榮相隔了整整一個時代，李煜的對手是趙匡胤。而柴榮的對手，正是李煜的父親李璟。

南唐共有三個皇帝：烈祖李昪、元宗李璟（宋人也稱為玄宗）、後主李煜。李璟和李煜都是著名的風流公子，能文不能武，他們之所以能在亂世中坐享富貴，是因為李昪開創了南唐的半壁天下。

李昪（八八九—九四三），字正倫，徐州人，生於唐僖宗文德四年（八八八）十二月二日（西曆已是八八九年）。關於李昪的出身，一直籠罩在神祕之中，幾部涉及南唐的史書對此說法不一。

宋人龍衮《江南野史》、馬令《南唐書》、陸游《南唐書》說李昪是唐憲宗第八子建王李恪的玄孫。《舊五代史》說李昪自稱唐玄宗第六子李璘的後人，《新五代史》則乾脆說李昪「世本微賤」（《新五代史・南唐世家》卷六十二），和劉備差不多。

宋人鄭文寶《江表志》說李昪是唐高祖李淵第十三子、鄭王李元懿之後。作為南唐敵國的吳越史臣所著的《吳越備史》卻說李昪根本就不姓李，而是姓潘，湖州安吉縣人。

其實出身高低並不能證明什麼，前面已經舉過明太祖朱元璋的例子了。英雄不問出處，出身和能力沒有直接或必然的關係，一切都要靠自己的後天努力。李昪能在亂世江湖上拼出一片天下，沒有兩把刷子是絕對不行的。袁術倒是出身高貴，下場又如何？

關於李昪的少年經歷，有一種著名的說法：李昪六歲就成了孤兒，浪跡江湖。兩年後，也就是唐乾寧二年（八九五），淮南軍閥楊行密攻克濠州，見到了八歲的李昪。楊行密特別喜歡這個聰明伶俐的孩子，打算收他做養子。可楊行密的幾個寶貝兒子都吃了醋，反對收養李昪。楊行密無奈之下，只好讓親信徐溫（八六二—九二七）收李昪為養子，起名徐知誥。

徐溫雖然也有兒子，比如徐知訓、徐知詢、徐知諤，但徐溫也特別喜歡李昪。李昪天賦很好，長大後，讀書習武，出落得一表人才。楊行密經常和徐溫聊起李昪，大加稱讚：「知誥俊傑，諸將子皆不及也。」（《資治通鑒》卷二百六十）

唐天祐二年（九〇五），楊行密病死，南唐的前身吳國，就是楊行密從一堆強人手中硬拼出來的。楊行密的幾個兒子都不成器，繼位的楊渥只會花天酒地，猜忌功臣，兩年後被徐溫和張顥聯手除掉。隨後在徐溫和張顥的火拼中，徐溫笑到了最後，楊行密百戰才得來的天下，就這麼輕易地落在了徐溫手上。

徐溫取得政權後，繼承人的問題立刻提上了議事日程。按親疏長幼順序，徐溫的繼承人應該是他的親生長子徐知訓。但由於徐知訓為人輕薄驕狂，待人如僕隸一般，九一八年六月，徐知訓被大將朱瑾憤怒地殺掉，隨後朱瑾自殺。

徐知訓之後，有資格入選的是徐知詢。徐溫知道徐知詢的能力不如李昪，能幫助他治理好江東的，也只有李昪。可李昪不是他的親生兒子，徐溫非常的糾結，他對李昪的態度非常矛盾。

徐溫兩個貼身信臣嚴可求和陳彥謙並不喜歡李昪，經常勸徐溫立徐知詢。即使是李昪和嚴可求攀親，把自己的女兒嫁給了嚴可求的兒子嚴續，嚴可求也不支持李昪上位，經常在徐溫面前說李昪的壞話。

徐溫的另一心腹陳彥謙病重時，李昪擔心陳彥謙勸徐溫立親子為嗣，拼命巴結陳彥謙，派醫生，送好藥，但陳彥謙依然「密留書與溫，卒勸所生子為嗣」。（《十國春秋．陳彥謙傳》卷十）

徐溫確實動了心，準備拋開李昪，立徐知詢為嗣。具體做法是派親生子徐知詢去揚州勸吳王楊溥稱帝，然後徐知詢就留在揚州輔政，廢掉李昪。「遣知詢奉表勸進，因留代知誥執政。」（《資治通鑒》卷二百七十六）本來徐溫是想親自去收拾李昪的，但無奈行前突然得病，只好由徐知詢代勞。以徐溫的勢力，他下的命令，李昪不敢不聽。

李昪機關算盡，奈何事與願違，準備推盤認輸。上書徐溫，求解兵權，出外就任駐洪州的鎮南節度使。就在李昪準備認輸的前一天晚上，楊吳順義七年（九二七）十月二十三日夜，吳國大丞相徐溫突然病死。

李昪得知噩耗，心中悲喜交加。一方面，幾十年的風風雨雨，李昪和養父建立了深厚的父子感情；但另一方面，徐溫是李昪出人頭地最大的絆腳石，徐溫多活一天，李昪的勝算就低一成。現在徐溫死得非常是時候，再晚死一個月，李昪也就沒什麼機會了。徐溫一死，宣告著李昪的政治生命起死回生。

徐知詢暫時承襲了徐溫的權力，可他並不是李昪的對手。李昪誘徐知詢從金陵來到西都揚州，「悉奪其兵」（《十國春秋．南唐烈祖紀》卷十五）從此吳國軍政大權成為李昪的囊中物。經過十年苦心經營，李昪已經徹底征服了吳國軍政民心，在吳國境內，已經沒有任何一個可以與李昪相抗衡的人物了。

楊吳天祚三年（九三七）十月初五，已經受封為齊王的李昪正式廢掉了已經名存實亡三十年的楊吳王朝，建立了齊國，改元昇元。

雖然此時徐溫已死十年，但他的政治影響還在，李昪還不敢貿然改姓。另外，徐溫收養李昪成人，對李昪恩同再造，「先主尤懷徐氏鞠養之惠，不忍改之」。（《江南野史》卷一）這事一直拖了兩年。

直到南唐昇元三年（九三九）正月二十三日，在文武百官的再三勸請下，這位南唐開國皇帝正式拋棄「徐知誥」這個名字，「復姓李氏」（《江南野史》卷一），改稱李昪。國號也從齊國變成了唐朝，史稱南唐。同時，李昪將養父徐溫的廟號由太祖改為義祖。

李昪為自己改名字，曾經考慮用「昂」、「晃」、「坦」，但昂字犯了唐文宗李昂的名諱，晃字是朱溫曾經用過的，而坦字又犯了唐睿宗李旦的偏諱，所以最終定了「昪」，意為光明。李昪希望自己積三十年之功打拼出來的王朝如日中天。

李昪雖然自稱是唐朝宗室後裔，實際上他也不知道自己到底是誰的子孫，或者他根本就不姓李。即位後，李昪開始在唐朝宗室中尋找有名望的親王，作為遠祖。按《資治通鑑》的說法，李昪想認唐太宗李世民第三子、吳王李恪為遠祖。

有大臣說李恪被殺，不祥，不如認鄭王李元懿，但大臣們一商議，覺得李恪的後人位顯望隆，遂定為吳王李恪後人。但陸游《南唐書》則說李昪認唐憲宗李純第十子、建王李恪為遠祖，追尊建王李恪為定宗靜皇帝。天花亂墜地胡鬧一通後，李昪自稱是唐朝後裔的說法反而破綻百出，成為歷史笑柄。

李昪雖然得位不正，兼有冒稱唐朝宗室之嫌，而且對楊吳宗室的手段極為狠毒，但從治政能力和效果來說，李昪是五代十國時期少有的賢君，至少他對百姓還是很寬厚的。李昪開國後，他實施了許多有益於南唐政權發展的政策，大致來說有以下幾點：

一、減免百姓賦稅，提高農民的生產積極性，不數年間，國貲豐饒。

二、制定《昪元格》，健全法律體系。

三、嚴禁外戚宦官干政，他的寵妃種氏勸他立自己所生的小兒子李景逷為太子，李昪大怒，立刻廢掉種氏。

四、與鄰國為善，不妄動兵戈。李昪不求統一天下，只要能守好江東就非常滿足了。李昪保守的對外政策對久經戰禍洗劫的江東百姓來說，未始不是件好事。

由於李昪出身寒微，他從小就在民間最底層苦苦掙扎，所以他對戰爭時代底層百姓所遭受到的苦難感同身受。「少遭迍難，長罹兵革。民間疾苦無細不知。」（《江南野史》卷一）

李昪執政後，制定出許多讓利於民的好政策。一方面，社會經濟得到快速的恢復和發展；另一方面，社會漸趨於穩定，百姓安居樂業。稱李昪時代的南唐是小盛世，一點也不為過。

經過楊行密、徐溫、李昪五十年的經營，江東成為當之無愧的南方第一大國。地盤最多、人口最多、經濟最富庶、兵力最強。「其地東暨衢、婺，南及五嶺，西至湖湘，北據長淮，凡三十餘州，廣袤數千里，盡為其所有，近代僭竊之地，最為強盛。」（《舊五代史・僭偽列傳一》卷一百三十四）

在南方九國中，就地勢而言，進可取中原、退可守本土的，只有前後蜀、楊吳、南唐四國。其他五國要麼國力極弱，如荊南；要麼被吳蜀隔在最南端，根本無力向北發展。

李昪主政江南的十五年間，是南唐的極盛時代，即使是徐溫時代與之相比，也較為遜色。「是時江淮無事，累歲豐稔，兵食盈積。而梁宋屢亂。群臣咸言土運中興，宜復先代疆宇之請。」（《江南野史》卷一）

李昪確定了內守外和的立國政策，不會輕易做出改變，無論大臣們在他面前如何搖唇鼓舌，他都不為所動。雖然南唐和並無陸地領土接壤的契丹經常泛海往來，也只是互通有無而已，並沒有結成戰略聯盟，共同進取中原的打算。

對於李昪的保守型發展戰略，好言兵事的馮延巳諷刺李昪是個目光短淺的田舍翁，「譏笑烈祖李昪死後，諡為光文肅武孝高皇帝，廟號烈祖。有時也稱李昪為南唐先主，李璟為中主，李煜為後主。戢兵，以為齷齪無大略。此田舍翁，安能成天下事」。（《南唐書・馮延巳》傳卷十一）

不是說李昪天生保守，沒有統一天下的雄圖抱負，而是他身邊的幾個鄰居，都無釁可取。此時北有石敬瑭的後晉、東有錢元瓘的吳越、南有劉龑的南漢、西有馬希範的楚，他們的能力都非常強，誰也不好啃。

雖然東南的閩國此時正陷入兄弟內亂，但閩國地形險峻複雜，非一朝一夕能戰而勝之。一旦陷入苦戰，勝負亦未可知。南唐西邊有個荊南倒是個小國，但國主高從誨為人賢明，亦非易取之輩。而且荊南是中原政權的南線戰略屏障，後晉絕不會坐視不管。在戰略上，先取荊南，逼後晉和楚國同時進攻南唐，這無異於自殺，李昪不會做這等蠢事。所以李昪對外守和，是顧及南唐國力的明智之舉，不能視為膽怯。

不知道是不是巧合，江東三位開國君主楊行密、徐溫、李昪，其本人固然神武賢明，但他們的子嗣卻沒有一個成器的。楊行密的一窩兒子如此，徐溫的一窩兒子如此，李昪的一窩寶貝兒子還是如此。

李昪共有五個兒子：李景通（即李璟）、李景遷、李景遂、李景達、李景逷。由於李璟是嫡長子，所以他沒有懸念地被李昪選為繼承人。但李璟性格文弱，特別喜歡文學，「風度高秀，幼工屬文」。（《南唐書．元宗紀》卷二）李璟的文學水準在五代十國時期可以擠進前三。但在亂世中生存，靠的不是筆桿子，而是槍桿子，這恰恰是李璟的致命弱點。

昪元七年（九四三）二月，李昪為追求長生，服鉛丹中毒。李昪在臨死前特意叮囑李璟：「汝守成業，宜善交鄰國以保社稷。」（《南唐書．烈祖紀》卷一）李昪自知南唐國力有限，經不起折騰，他希望兒子繼位後，不要到處惹是生非。李璟含糊地答應了。

李昪只知道兒子文質彬彬，但他可能沒有發現李璟還有另外一種性格，就是「志大意逸」。

（《陳書・宣帝紀》卷五）喜歡盲目追求一些不切實際的東西。陳宣帝陳頊和李璟非常相似，他們都是兩大亂世（南北朝、五代十國）中江東政權倒數第二個皇帝；都被中原周政權奪去淮南；他們的繼承人陳叔寶、李煜都是著名才子，都亡於代周而興的政權隋、宋；建都都在金陵。最奇特的是，他們失去淮南時的對手北周武帝宇文邕和後周世宗柴榮又極為相似。同樣是英年早逝，不久後，政權為部下所奪。

但李璟有一點不如陳頊，陳頊在位時，身邊沒有佞臣，江總、施文慶、沈客卿等人都是陳叔寶即位後才擠進官場一線的。李璟即位時，身邊擠滿了佞臣，他們的性格和李璟極為接近，比如著名的南唐五鬼：馮延巳、陳覺、馮延魯、查文徽、魏岑，外加一個只會說假大空話的宋齊丘，以及李徵古等人。

宋齊丘不是李璟的嫡系，但五鬼卻是李璟的心腹人，這五個人個個都是飽學之士，但是有浮華之才，無治政之能。這夥人喜歡談論天下兵事，今天消滅這個，明天征服那個。在這夥人的煽動下，本來就有些輕浮的李璟終於坐不住了。

李璟改變了李昪「和睦四鄰」的外交政策，開始積極尋求對外擴張，「性格文弱」的南唐政權開始變得攻擊性十足。其實亂世只是向盛世轉化的一個歷史過程，只要有能力，能統一天下，於國於民都是有益的。

可是由一群不懂軍事的浮華之士來實現統一，無異於緣木求魚，純屬癡心妄想。不過歷史還是給了李璟嘗試的機會，看看他到底具不具備統一的能力和雄心，而且是兩次機會，可惜全讓李璟和五鬼給搞砸了。

南唐東南方向的閩國，發生了一場兄弟奪權的醜劇，閩王王曦和弟弟、建州刺史王延政為了爭奪對福建的統治權，大打出手。南唐保大二年（九四四）五月，福建形勢突變，控鶴都將連重遇、拱宸都將朱文進殺死王曦，朱文進自稱閩王。

李璟覺得這是個好機會，十二月，李璟派樞密使查文徽出兵進攻盤據在建州的王延政。王延政只有建州一塊地盤，根本抵抗不住南唐的進攻。保大三年八月，南唐軍攻入建州，王延政做了俘虜。

福州此時已經被軍頭李仁達控制，李璟於保大四年十月，發諸路大軍，由五鬼帶隊，圍攻福州。李仁達為了保命，請來了吳越軍隊，經過幾場混亂，南唐軍大敗。福州幾經轉手，最終落在了吳越國的手上，李璟徹底賠了買賣。

過了五年，南唐西南方向的楚國，居然又發生了兄弟奪權的醜劇。保大八年（九五〇）十二月，楚武平節度使馬希萼自朗州（今湖南常德）出兵，攻陷長沙，殺楚王馬希廣，自立為楚王。馬希萼狂妄自大，不賞有功將士，引發徐威等人兵變，廢掉馬希萼，迎立馬希崇為楚王。

沒想到馬希崇也是個飯桶，諸事不通，部下徐威等人想廢掉馬希崇。馬希崇大懼，也不考慮後果，派人去金陵，找李璟求救。李璟當然不會錯過這個千載難逢的機會，任命名將邊鎬為湖南安撫使，出兵進入湖南。

馬希崇面臨和王延政一樣的困境，實力相對南唐，過於弱小。走投無路的馬希崇於保大九年（九五一）十月，向南唐投降。南唐不費什麼力氣就得到了湖南，按道理來說，李璟應該優先穩定湖南局勢，消化勝利果實。

李璟卻反其道而行之，恩信未立之際，就大肆掠奪湖南財物。甚至連瓜果樹木都不放過，悉數運到江東，引發了楚人的憤怒，民心盡喪，這是宰相馮延巳出的絕世妙招。馮延巳認為南唐國庫空虛，承擔不起對湖南的統治成本，乾脆把成本轉嫁到楚人頭上。此等蠢人當宰相，卻好妄談兵事，實在可悲可笑。

楚人對李璟已經失望透頂，湖南各路軍閥趁亂攪局，南唐已經控制不住湖南局勢。保大十年（九五二）十月，朗州靜江指揮使王逵等人率軍分道攻長沙，打跑了「昏懦無斷」（《資治通鑑》卷二百九十一）的邊鎬。李璟消滅楚國僅僅一年，湖南全境喪失。經過幾場混亂，湖南最終被王逵、周行逢控制。李璟辛苦一場，又替別人做了嫁衣裳。

南唐之所以連續兩次以同樣的方式失敗，並不是偶然。對於李璟性格上的缺陷，南唐左僕射李建勳看得非常透徹，他在私下場合評價李璟：「主上寬仁大度，優於先帝；但性習未定，苟旁無正人，但恐不能守先帝之業耳。」（《資治通鑑》卷二百八十三）及南唐滅楚，朝野一片歡呼，彷彿大唐中興指日可待。李建勳又歎道：「禍始於此矣。」（《南唐書・李建勳傳》卷九）

對於李建勳的預見，從保大十年初，湖南奉節指揮使孫朗和王逵的一次談話中可以得到印證。孫朗告訴王逵：「朗在金陵數年，備見其政事，朝無賢臣，軍無良將，忠佞無別，賞罰不當，如此，得國存幸矣，何暇兼人！」（《資治通鑑》卷二百九十）

當局者迷，旁邊者清，孫朗從局外人的角度，看透了南唐外強中乾的虛弱本質，就是一隻紙老虎。紙老虎的外表很嚇人，但由於是紙糊的，用一根木棍就能捅破。李璟能力一般，胃口不小，胸無定見，用人不明。

南唐已經病入膏肓，李璟沒看出來，孫朗看出來了，還有一個人也看出來了，他就是隔岸觀火的柴榮。

二、《伐淮南詔》

柴榮在南唐境內應該有自己的祕密情報機構，後周的情報人員盡一切可能搜集有關南唐的一切信息，以便給柴榮提供相關決策依據。雖然李璟攻閩滅楚時，柴榮還不是皇帝，但南唐內外政策的種種亂象，柴榮想必看得一清二楚，也堅定了他先拿李璟開刀的決心。

其實柴榮並非和李璟沒有接觸，王景等人攻蜀四州的時候，孟昶派人請求李璟發兵攻周，牽制周軍。雖然李璟最終沒出兵，但這事被柴榮知道了，寫了一封問罪信給李璟，卻沒有得到李璟的回應。

在進攻南唐之前，柴榮召集重臣議事，討論對南唐的軍事計畫。柴榮用凝重的語氣告訴群臣：「淮南獨據一方，多歷年所。外則結連北境，與我為讎。稔惡既深，朕不敢赦！今將命將討除，與卿等籌之。」（《冊府元龜・帝王部・征討第三》卷一百二十三）雖然柴榮說是「命將討除」，實際上他是準備親征的，只不過要選派得力人選充當開路先鋒而已。

顯德二年（九五五）十一月初一，柴榮正式下達了對南唐的攻擊令。這次南征的先鋒是門下侍郎、宰相之一的李穀，柴榮任命他為淮南道行營行軍都部署，忠武軍節度使王彥超為副，侍衛馬軍都指揮使韓令坤以下十二將，各率本部兵，隨李穀出征。

柴榮做事有個最大的特點，就是「事必躬親」，無論內政還是軍事，都是這樣。柴榮知道此次與南唐作戰，事關重大，他怕別人辦砸了差事，還是自己親征比較穩妥。當然，他是萬方之重的皇帝，有些打雜的事情，只能由手下人來做。李穀是柴榮信得過的人，這次南征，柴榮選擇了李穀打前站。

李穀字惟珍，潁州汝陰人。李穀是五代宋初的著名宰相，但他卻不是純粹的文人宰相，李穀「少勇力善射，以任俠為事」（《宋史・李穀傳》卷二百六十二）不像是個讀書人，倒像是個江湖俠客。有件關於李穀的軼事，是他和南唐名臣韓熙載之間的對話。

韓熙載是北海人，他少有雄心壯志，但後唐時期內政混亂，他看不到在中原實現抱負的希望，準備南下投靠徐溫。在臨行前，他特意請來了好朋友李穀，二人在淮河岸邊醉酒告別。韓熙載自負才幹無雙，乘酒告訴李穀：「吳若用吾為相，當長驅以定中原。」（《資治通鑑》卷二百七十五）李穀也不客氣，答道：「中原若用吾為相，取吳如囊中物耳。」（《資治通鑑》卷二百七十五）

韓熙載確實有戰略眼光，後晉滅亡之際，中原無主，韓熙載勸李璟出兵北伐中原，一戰可下。可李璟沒聽他的，按兵不動。李穀比韓熙載要幸運，郭威、柴榮都是識才愛才之人，他們視李穀如心腹，迭加重用，做了宰相。

柴榮相信李穀能交上一份漂亮的答卷，但前面講過，打贏一場戰役靠的是純軍事手段，打贏一場戰爭，則要軍事和政治手段並用。所謂戰爭中的政治手段，主要就是公布敵對方的罪行，宣傳自己的政策，以期瓦解敵軍鬥志。兩軍作戰，發起戰爭的那一方往往都會寫一篇討敵檄文，柴榮也沒有例外。

也是在十一月初一這天，柴榮下了一道討伐南唐的詔書，這就是五代十國史上著名的《伐淮南詔》，如下：

朕自纘承基構，統御寰瀛，方當恭己臨朝，誕修文德，豈欲興兵動眾，專耀武功！顧茲昏亂之邦，須舉吊伐之義。蠢爾淮甸，敢拒大邦，因唐室之陵遲，接黃寇之紛亂，飛揚跋扈，垂六十年，盜據一方，僭稱偽號。

幸數朝之多事，與北境以交通，厚啟兵端，誘為邊患。晉、漢之代，寰海未寧，而乃招納叛亡，朋助凶慝，李金全之據安陸，李守貞之叛河中，大起師徒，來為應援，攻侵高密，殺掠吏民，迫奪閩、越之封疆，塗炭湘、潭之士庶。以至我朝啟運，東魯不庭，發兵而應接叛臣，觀釁而憑凌徐部。沭陽之役，曲直可知，尚示包荒，猶稽問罪。邇後維揚一境，連歲阻饑，我國家念彼災荒，大許糴易。前後擒獲將士，皆遣放還，自來禁戢邊兵，不令侵擾。我無所負，彼實多奸，勾誘契丹至今未已，結連並寇與我為讎，罪惡難名，人神共憤。

今則推輪命將，鳴鼓出師，征浙右之樓船，下朗陵之戈甲，東西合勢，水陸齊攻。吳孫皓之計窮，自當歸命；陳叔寶之數盡，何處偷生！應淮南將士軍人百姓等，久隔朝廷，莫聞聲教，雖從偽俗，應樂華風，必須善擇安危，早圖去就。如能投戈獻款，舉郡來降，具牛酒以犒師，納圭符而請命，車服玉帛豈吝旌酬，土地山河誠無愛惜。刑賞之令，信若丹青，苟或執迷，寧免後悔。王師所至，軍政甚明，不犯秋毫，有如時雨，百姓父老各務安居，剽擄焚燒必令禁止云。（《舊五代史．周世宗紀二》卷一百一十五）

在這篇聲討李璟的詔書中，柴榮著重講了以下幾點：

一、南唐是偽朝，在政治上不合法。

二、李璟勾結契丹、北漢，企圖南北夾擊周朝，這是柴榮最不能容忍的。

三、周朝憐憫淮南百姓生計艱難，准許過境進行糧食交易，但李璟卻將淮南百姓的救命糧據為己有。周不負唐，唐實負周。

四、李璟氣數已盡，江東軍民士人等速來歸順。否則一旦刀兵俱下，難免禍及自身。

五、向江東各界做出承諾，周軍只打李璟，不打百姓人等。江東各界可安居舊業，不要驚慌。

戰爭之前的政治攻勢非常重要，有時可以通過政治攻勢，得到在戰場上難以實現的戰略利益。這道詔書是專門寫給江東各界看的，具有很強的針對性，而且柴榮並沒有捏造罪名，他指責李璟的都是事實。

三、御駕親征

後周和南唐，本是兩個不相干的世界，卻因為隔著一條淮河，能輕易地嗅到對方存在的氣息。

在地理學上，淮河和秦嶺是中國南北的天然分界線。有趣的是，五代十國時期，秦嶺是後周與後蜀的邊界，淮河是後周與南唐的界河。淮河發源於河南與湖北交界處的桐柏山，呈直線狀向東流經洪澤湖注入東海。

淮河南岸是著名的江淮平原，北岸是華北平原南部，從軍事角度來看，淮河兩岸無險可守。每當南北大分裂的時候，淮河南岸地區往往是被南方政權所控制，所以淮河的防禦體系對南方政權意義更大。

淮河兩岸有許多重要的軍事據點，其中最重要的，無疑是壽春（今安徽淮南）。壽春自古以來就是兵家必爭之地，而且正好處在淮河的中間，軍事意義特別重要。一旦北方軍隊攻陷壽春，就可以長驅直入，飲馬長江。

南唐和後周的邊界走向是這樣：從江蘇連雲港開始向西延伸，至江蘇新沂往偏東南延伸，至江蘇淮陰的淮河口，然後向西沿淮河為界。一直至河南息縣，不再以淮河為界，而是在陸地上劃界，往南至武昌。

自楊行密割據淮南以來，淮河就是楊吳——南唐政權與五代政權的界河。楊行密、徐溫、李昪異常重視淮河的軍防，在各軍事據點都有重兵把守。而每年冬天，淮河水位下降，為防北軍偷襲，在淮河南岸常設戍兵，稱之為「把淺」。正因為有了「把淺軍」，北方政權輕易不敢南下，江東保持了近六十年的和平。

也因為有「把淺軍」的存在，反而讓李璟放鬆了對北朝的警惕，他天真地認為北方政權沒有南下，是因為顧忌南唐的實力，而非「把淺軍」。壽州監軍吳廷紹覺得「把淺軍」已經沒有存在的必要了，就上書李璟，請撤「把淺軍」，能省下不少軍糧。這種愚蠢至極的自殺之舉，李璟居然同意了。

柴榮之所以選擇在冬季進攻淮南，主要原因就是冬季淮河水位下降，方便渡河。不過淮河在冬季雖然水位下降，但並不是河床見底。周軍有的是辦法，李穀率軍來到淮河北岸後，立刻打造浮橋，周軍踩著浮橋，從正陽（今安徽壽縣西南）渡過淮河。

關於柴榮率軍渡江，還有另外一種有意思的說法，就是周朝的軍隊是打扮成商人，騙過了南唐守軍，混過淮河的。據宋人著撰的《五代故事》記載，「偽侍中周宗既阜於家財，而販易，每自灘上通商，以市中國羊馬。及世宗將謀渡淮，乃使軍中人蒙一羊皮，人執一馬，偽為商旅，以渡浮橋而守，繼以兵甲，遂入臨淮。」

周宗是南唐重臣，也就是後主李煜的岳父，大周后和小周后的父親。周宗和中原進行羊馬貿易，柴榮正是利用這個機會，派出大隊精幹軍人，偽裝成過河進行羊馬貿易的商人，混過南唐方面的安檢點，進入淮南。所謂的羊，實際上都是周朝軍人披著羊皮，趴在馬上，場面確實很有趣。

經過柴榮的軍事改革，周軍的戰鬥力非常強悍，但卻是以陸軍為主，不擅水戰。現在過了淮河，進入淮南腹地，他們的優勢就顯現出來了。十二月初，周忠武節度使王彥超率本部在壽州城下大敗南唐軍兩千餘人，不知道這股南唐軍是不是劉仁贍指揮的，應該不是。幾天後，周軍先鋒都指揮使白延遇又在山口鎮打敗一支千餘人的南唐軍隊。

好消息不斷傳來，但此時的柴榮並不開心。因為在十二月二十二日，周朝肱股重臣、樞密使鄭仁誨病故。鄭仁誨是柴榮的左膀右臂，柴榮極信得過他。柴榮北討劉崇期間，鄭仁誨留守東京，「調發軍需，供億無闕」。（《舊五代史・鄭仁誨傳》卷一百二十三）

可惜鄭仁誨命數已盡，未幾而終。柴榮悲傷難忍，數次來鄭府哭喪，以示惜才之意。料理完鄭仁誨的喪事後，柴榮平復了悲痛的情緒，投入到對南唐的這場決定雙方國運的戰爭中來。

至於留守汴梁的人選，柴榮任命鎮安軍節度使向訓為東京留守，開封府尹王朴為副，另外由彰信軍節度使韓通負責汴梁防務，共同看好後院。一切準備就緒，顯德三年（九五六）正月初八，柴榮率軍離開汴梁南下，邁出了征服天下的第一步。

此次南下，柴榮的戰略目的就是不惜一切代價拿下江東的門戶壽州。柴榮又下了一步棋，歸德節度使李重進率兵直趨正陽，河陽節度使白重贊率兵屯守潁上。正陽和潁上分別在壽州西邊的淮河兩岸，柴榮的打算縮小對壽州的包圍圈，慢慢吃掉壽州。

周軍大舉南下，在南唐官場引發了極大的震動，特別是對李璟來說。想必李璟肯定後悔聽信了吳廷紹的連篇鬼話，撤了「把淺軍」，讓周軍輕易渡河。現在不是吃後悔藥的時候，必須保住壽州，否則將會在淮南引發多米諾骨牌效應，弄不好整個淮南都要喪失。

北上救援壽陽的人選，李璟出人意料地選擇了神武統軍劉彥貞。劉彥貞是南唐著名的飯桶將軍，他最大的本事就是能把好差事給辦砸了。此公曾經做過一件特別無恥的勾當，他在主政壽州期間，打著修建護城河的旗號，將壽州附近的安豐塘水引到了護城河。

安豐塘是周邊農田水利灌溉的最大水源。安豐塘乾涸後，附近耕地沒水可用，糧食產量大幅下降。而此時南唐朝廷又逼著百姓交糧。百姓被逼上了絕路，只好忍痛賣地。

劉彥貞手上有錢，但卻以跳樓價收購農田，反正劉彥貞算準了百姓急需用錢，坐地起價，狠發了一筆橫財。劉彥貞隨後又把護城河的水放回安豐塘，李璟那邊也好交代。劉彥貞做人如此無恥，李璟不聞不問。用此人為將，南唐不敗，實在是沒天理了。

李璟任命劉彥貞為北面行營都部署，帶領三萬南唐軍，火速北上救援壽州。同時，奉化軍節度使皇甫暉、常州團練使姚鳳也率軍三萬，屯守定遠，以為壽州犄援。為了確保長江防線的安全，李璟又派皇六子、安定郡公李從嘉為沿江巡撫使。這個李從嘉，就是後來的南唐後主李煜。

劉彥貞很快就率軍來到正陽，他下令在淮河上打造數百艘戰艦，目的是準備沖壞周軍的浮橋，阻止周軍過河。這招確實夠狠毒，號稱良相的周軍前線主將李穀有些犯怵了，他可能已經忘記了，三十年前他對好友韓熙載說的那句大話：「中原若用吾為相，取吳如囊中物耳。」遇到一點困難就畏首畏尾，實在不是良相所為。

李穀最擔心的是南唐戰艦撞壞浮橋之後，淮河南岸的周軍進退失據，很有可能被南唐軍就地全殲。李穀知道柴榮已經親征南下，不如將軍隊撤回北岸，等待皇帝到來後，再隨柴榮南下。

這時的柴榮正在趕赴壽州的路上，他已經聽說了李穀要將軍隊撤到淮河北岸的消息，大為震驚，他沒想到李穀膽子這麼小，而且缺乏遠見。如果南唐軍在周軍撤到北岸後，固守南岸，等到來年淮水暴漲，周軍再無機會渡河，柴榮的淮南戰略將就此破滅。

柴榮立刻派太監快馬趕到李穀大營，制止李穀的荒唐行為。可等來人到淮河岸邊時，發現李穀已經燒掉了糧草，退守正陽。更加可氣的是，李穀倉促撤軍，丟下了幾百名民工，這些民工全都成了南唐人的俘虜。柴榮聞之大怒。

李穀自己是個膽小鬼也就算了，好笑的是，他還想拉柴榮下水。

李穀給已經抵達陳州（今河南淮陽）的柴榮上了一道奏疏，他在疏中極力誇大南唐戰艦的作用，說：「賊艦中流而進，弩炮所不能及，若浮梁不守，則眾心動搖，須至退軍。今賊艦日進，淮水日漲，若車駕親臨，萬一糧道阻絕，其危不測。願陛下且駐蹕陳、潁，俟李重進至，臣與之共度賊艦可禦，浮梁可完，立具奏聞。但若厲兵秣馬，春去冬來，足使賊中疲弊，取之未晚。」（《資治通鑒》卷二百九十二）

李穀所說，並非沒有一點道理，周軍強在步騎兵，而在水上作戰，則是南唐軍的強項。現在的周軍戰艦，無論是從品質，還是從數量上來說，都不如南唐軍。李穀勸柴榮不要拿國家大事開玩笑，還是留在陳州保命吧，臣自會和李重進等人商議，如何打掉劉彥貞。

柴榮看完李穀的這道奏疏後，差點氣暈過去，李穀怎麼能這樣！也太小看朕了。其實李穀勸柴榮不要去前線，也是一番好意，但是如果臨陣退縮，只顧保命的話，那就不是柴榮了。高平之戰，形勢那麼危險，柴榮都能挺過來，劉彥貞又算得了什麼。

柴榮已經指望不上李穀這一路了，好在他還有別的選擇，就是李重進。柴榮給李重進下命令，讓他趁南唐軍還沒有趕到正陽之前，率本部直插正陽，要不惜一切代價保住浮橋。

李穀的不戰而退，極大鼓舞了南唐軍的士氣，劉彥貞見李穀膽小怕事，以為周朝文武不過如此。劉彥貞急於立功，他下令：各部立刻渡河，追擊李穀。為了著急趕路，劉彥貞不許將士們吃飯。軍人不是鋼鑄鐵打的，不吃飯就沒力氣，還打什麼仗？劉彥貞根本不懂軍事常識，他滿腦袋想的都是活捉李穀，立下奇功。

劉彥貞出身將家，雖然他根本不懂兵法，但卻非常的自負。因為他喜歡射箭，江湖上人稱「劉一箭」。其實要比射箭，柴榮都比他強，柴榮曾經在郊外射中幾隻奔跑時速六十里的兔子。

劉彥貞追到壽州，就在壽州就地休整一下，清淮軍節度使劉仁贍對劉彥貞輕敵冒進，有不同的意見。劉仁贍勸劉彥貞不要中了周軍的奸計，「仁贍以為周師奸謀，恐其設伏。不如養銳以俟其隙」。（《江南野史．嗣主傳》卷二）

眼前的誘惑，已經讓劉彥貞失去了正常的軍事判斷能力，或者說他根本就沒有這種能力。劉彥貞反駁劉仁贍：「敵知吾至，則先遁之。不追何待。」（《江南野史．嗣主傳》卷二）再加上同行的裨將咸師朗等人在旁邊鼓譟不已，擼袖大嚷要活捉李穀，劉彥貞沒有聽劉仁贍的勸告，率軍繼續追擊北撤的周軍。（關於這個裨將的名字，《資治通鑑》、《舊五代史》、兩部《南唐書》作「咸師朗」，《江南野史》作「臧師朗」，《宋史》作「盛師朗」，今取「咸師朗」之名。）

餓著肚子的南唐軍一路抱怨，等到正陽的時候，唐軍將士已經餓得不行了。偏偏就在這個時候，遇到了李重進率領的周軍。劉彥貞眼睛長在腦門上，也沒瞧得起李重進，以為李重進和李穀一樣，都是飯桶。

劉彥貞下達了作戰布置，不過劉彥貞擺的陣形卻聞所未聞。劉彥貞此行帶來了一萬多馬軍，他不知道出於什麼考慮，下令用鐵索鏈將戰馬都拴在一起，橫成一個大陣，號稱「揵馬脾」。

同時，劉彥貞派人在陣前撒下了無數的皮袋子，裡面裝的都是鐵蒺藜。最為荒唐可笑的是，劉彥貞惡作劇一般地找來許多木塊，刻成老虎獅子的形狀，放在陣前，可能是想嚇唬周軍。

周軍將士也都是經歷過大風大浪的，誰怕你這個？無不大笑，搞笑將軍見得多了，但從沒見過劉彥貞這個活寶。驕兵必敗，周軍三位主將李重進、韓令坤、侍衛馬軍副都指揮使趙弘殷不會放過這個立功的好機會，下令向南唐軍發起攻擊。趙弘殷，就是宋太祖趙匡胤的父親。

周軍的糧食供應沒問題，大家都有足夠的體力，再加上訓練有素，立功情緒高漲，所以士氣旺盛。李重進冷笑著一聲令下，周軍如猛虎下山一般，呼嘯著殺進了南唐軍的陣中。

南唐軍的戰馬都被愚蠢的劉彥貞鎖在一起，無法動彈。南唐的步兵也都餓得連武器都拿不動了，這樣的軍隊只有等死而已。是役，周軍大勝，「斬首萬餘級，追奔二十餘里，殺大將劉彥貞，擒裨將咸師朗數十人，降三千人，獲戈甲三十萬」。（《宋史·李重進傳》卷四百八十四）同行的南唐池州刺史張全約勉強收攏殘兵，退回壽州。駐守定遠的另外一路南唐軍，也就是皇甫暉、姚鳳這一部，見劉彥貞慘敗喪命，自知定遠不保，率軍回撤至清流關（今安徽滁州西）。

正陽之戰的慘敗，對南唐來說，幾乎是災難性的。南唐在閩、楚用兵失敗，士氣民心已經降到冰點，本來李璟還指望通過打敗柴榮來恢復一下久疲不振的國勢，結果敗得比前兩次更慘，嚴重挫傷了南唐人的信心。「時江淮寧久，民不知兵，大軍既敗，莫不惶怖」。（《江南野史·嗣主傳》卷二）陸游對此評論說：「唐喪地千里，國幾亡，其敗自彥貞始。」（《南唐書·劉彥貞傳》卷九）

而柴榮得知正陽大捷後，非常的興奮，他立刻下詔，褒獎有功將士。

在本節最後，還要講一個問題，就是南唐軍投降後的遭遇。據《宋史·趙晁傳》記載，正陽之戰後，李重進把被俘的三千名南唐降卒交給了前軍行營步軍都指揮使趙晁。不清楚李重進此舉的用意是什麼，應該是交給趙晁管理整訓。但生性殘暴的趙晁卻在一夜之間，將三千名降卒全部殺掉。「李重進敗吳人於正陽，以降卒三千人付晁，晁一夕盡殺之。」（《宋史·趙晁傳》卷二百五十四）

趙晁這次殺降卒，應該是擅殺，而且李重進和柴榮事先都不知情。從柴榮對趙晁的態度上來看，「（趙晁殺降卒後）世宗不之罪」（《宋史·趙晁傳》卷二百五十四），如果柴榮授意趙晁殺降卒，就不存在趙晁有罪可問的問題了。

殺降不祥，濫殺降卒，無論從哪個角度來講，都是不能容忍的、違背戰爭道德的犯罪行為。就算柴榮沒有下令殺降卒，他也要負有間接的責任，更何況趙晁有濫殺數千人，柴榮也不問罪，連象徵性的懲罰都沒有。

趙晁為人凶暴，即使在柴榮親征淮南期間，他都沒有老實過，經常縱軍暴掠。周軍在淮南期間，軍紀不是特別好，惡性擾民事件時有發生，這些都和柴榮一定程度上的縱容武將有關係。這確實是柴榮的一大失誤，有時柴榮所說的，與其所做的，並非完全一致。

柴榮不是聖人，永遠都不是。

四、兩個男人之間的戰爭

劉彥貞的這三萬唐軍是壽州城的最後一道屏障，周軍滅掉這支唐軍之後，壽州城就直接暴露在周軍的攻擊範圍之內。而壽州，正是柴榮此次南征的頭號目標，柴榮對壽州志在必得。鎮守壽州的南唐將領，名叫劉仁贍。

劉仁贍，字守惠，歐陽修說他是徐州人，陸游說他是淮陰人，未詳孰是？劉氏是江東政權的顯赫豪門，劉仁贍的父親劉金曾任濠州團練使，他的哥哥劉仁規，是吳王楊行密的女婿。當然劉仁贍能為一代名將，靠的不是家世，而是靠自己的能力。

陸游說劉仁贍「略通儒術，好兵書，有名於國中」。（《南唐書・劉仁贍傳》卷十四）李昪很欣賞劉仁贍的才能，封他為武昌節度使，駐守鄂州（今湖北武漢）。劉仁贍最早顯示過人才幹的，是在李璟伐楚的時候。邊鎬率陸軍攻長沙，劉仁贍率水軍沿長江進攻岳陽。攻克岳陽後，劉仁贍安撫楚人情緒，甚得楚人之心。

可以說，在李璟時代，劉仁贍是南唐首屈一指的名將。「性淳謹，器度偉重，喜怒不形於色。

總令兵士嚴而不殘，有良將之才。出典郡符，鄣治無滯，有政績能名，軍民樂其仁信。」（《江南野史・劉仁贍傳》卷五）

名將的標準有很多，但《江南野史》對劉仁贍的這段評語，可以看成為名將的首要標準。歷代成就大事業的名將，最多也就能做到劉仁贍這個份上了。如果當初李璟派劉仁贍為主帥入楚，而不是邊鎬，湖南局勢不至於讓邊菩薩搞得不可收拾，最終狼狽撤出。

南唐名將不多，好不容易冒出來一個劉仁贍，李璟當然要重用。由於壽州重要的戰略地位，在柴榮即將進攻南唐的這一年（九五五）夏天，李璟改任劉仁贍為清淮軍節度使。劉仁贍為人忠義，受君重用，自然竭力報主厚遇。

劉仁贍不同於飯桶將軍劉彥貞，他很有戰略眼光，李璟聽了御醫出身的吳廷紹的鬼話，撤掉了「把淺軍」，剛到任不久的劉仁贍對此極力反對。但李璟鬼迷心竅，劉仁贍難違君令，只好眼睜睜看著李璟自毀水上長城，劉仁贍欲哭無淚。

雖然對李璟用劉彥貞非常不滿，但他還是盡力幫助劉彥貞。劉彥貞火燒屁股般地竄到正陽，準備追擊李穀。劉仁贍就看出了餓著肚子行軍的問題，他勸劉彥貞處事穩重，不要急於求成。劉彥貞自以為是韓信、彭越再世（魏覺等人的吹捧），把劉仁贍的勸告當成耳邊風，結果兵敗身死，成為歷史的笑柄。

劉彥貞大搖大擺地離開壽州，去追擊「膽小鬼」李穀，劉仁贍就知道劉彥貞驕兵必敗。他更知道劉彥貞完蛋後，周軍主力肯定會進逼壽州。劉仁贍未雨綢繆，提前做好了死守壽州的軍事準備，「仁贍獨按兵城守」（《新五代史・劉仁贍傳》卷三十二），沒有陪著劉彥貞送死。劉仁贍已經有所預感，他的對手很可能就是親征南下的大周皇帝柴榮。

在李重進等人與劉彥貞作戰的時候，柴榮還在路上。正月二十日，風塵僕僕的柴榮終於趕到了正陽。稍事休整之後，二十二日，柴榮率軍抵達壽州，把大營紮在了城北的淝水北岸。柴榮指揮各部，準備強攻壽州。

壽州在淮河南岸，周軍要渡河，就必須有交通工具。之前李穀打造的浮橋正好能派上用場，柴榮下令將正陽的浮橋全都拉到壽州城下，方便渡河之用。正月二十六日，大批周軍渡過淮河，在壽州城外耀武揚威。柴榮想通過這個辦法來威懾劉仁贍和守城唐軍，瓦解他們的鬥志。

柴榮應該知道，像劉仁贍這樣的忠義名將，不可能因為他耀兵城下，就會屈膝投降。柴榮要想拿下壽州，除了用武力解決問題，別無他法。正月二十三日，被柴榮徵調來的江淮諸州幾十萬民工，與周朝的正規軍一起，對壽州發起了總攻。民工沒經過訓練，當然不會打仗，但他們可以做一些純體力的勞動，比如搬運作戰工具，等等。

這次柴榮對攻克壽州勢在必得，柴榮下令把石炮拉在戰艦上，遊弋在淝河上，對準壽州城牆猛烈開砲。無數塊石頭像流星雨一樣，夾雜著刺耳的風聲，射向壽州，戰爭場面非常的殘酷悲壯。

為了能早日拿下劉仁贍，柴榮無所不用其極。「又束巨竹數十萬竿，上施版屋，號為『竹龍』，載甲士以攻之，又決其水砦入於淝河。攻之百端。」（《新五代史・劉仁贍傳》卷三十二）雖然周軍士氣高昂，武器充足，但奈何劉仁贍禦城有方，柴榮距劉仁贍近在咫尺，卻拿劉仁贍一點辦法也沒有。「自正月至於四月不能下。」（《新五代史・劉仁贍傳》卷三十二）《舊五代史》也記載「世宗駐蹕於其壘北，數道齊攻，填塹陷壁，晝夜不息，如是者累月」。（《舊五代史・劉仁贍傳》

卷一百二十九）

這是一場真正意義上的決戰，或者從另外一個角度來說，這是兩個強硬的男人之間的決戰。柴榮不會撤軍，他吃定了劉仁贍，他的性格就是這樣。而劉仁贍也不絕投降，他寧可城破人亡，也不會屈膝，男人的血性和尊嚴，讓劉仁贍沒有退路。

鐵與血，水與火，蒼天與大地……

城下幾十萬周軍殺聲震天，大有滅此朝食的氣勢。城上的劉仁贍堅守不降，也感染了守城將士，在劉仁贍的指揮下，南唐將士打退了周軍無數次的進攻。他們都是有血性的男人，而柴榮最欣賞和敬重的，就是這樣的男人。

柴榮本身就很有血性，而且他有一個很特別的地方，就是他喜歡冒險，和李世民、李存勖一樣。頭腦一熱，拎著砍刀，不管不顧地就衝了上去，柴榮對這一切毫不在乎。柴榮當危險不存在，可他蔑視危險，不代表危險就不存在。客觀的事物是不以人的意志為轉移的，古往今來，皆是如此。

宋人龍袞在《江南野史》就有柴榮在壽州城外冒險的記載，在今天的人們看來，這個故事極富傳奇性，更像是傳說中的故事。因為江湖上有了傳說，所以塵世間才有了傳奇。故事內容大致如下：

有一天，柴榮又親臨城下，坐在一張胡床上，指揮周軍攻城。這一幕正好被城上的劉仁贍看到了，雖然他沒見過柴榮，但看柴榮的這個排場，他斷定這個胡床上的周軍頭目一定是柴榮。

劉仁贍大喜過望，他知道擒賊先擒王的道理，再說劉仁贍的箭術極好，「猿臂善射，發無不中」。（《江南野史．劉仁贍傳》卷五）劉仁贍立刻取來弓箭，對準柴榮的胡床，惡狠狠地射了過來。胡床距城頭很遠，箭的射程有限，這支帶著仇恨和驕傲的箭，不偏不倚，正好落在胡床幾米前的空地上。

劉仁贍突然來這麼一招，嚇壞了周朝文武，柴榮是他們的主心骨，可千萬不能有什麼閃失。大家勸柴榮不要冒險，趕快避一避這個不講道理的劉仁贍。沒想到柴榮並不在乎，反而仰天大笑：「一箭射殺一天子，天下寧復有天子乎！」（《江南野史・劉仁贍傳》卷五）

柴榮這個人最不信邪，他的處境越危險，血性就越強。柴榮相信自己命繫於天，劉仁贍也奈何他不得！柴榮命人將胡床往前搬到那支箭墜落的地方，然後又坐在胡床之上，遠遠看著劉仁贍，似乎是在挑釁：有本事，你再射朕一箭！

劉仁贍也是頭倔驢，射就射，不信射不死你這個傘販子。劉仁贍再次搭箭射向柴榮，也許真的有天意，距離已經夠近了，但這支箭依然在胡床幾米前落了下來。看著柴榮得意的笑容，劉仁贍仰天長歎，把弓扔在地上。

如果能射死柴榮，周軍必倉皇撤軍，壽州無恙。現在這次千載難逢的機會也沒有把握住，柴榮必然會加大攻城力度，看來壽州是在劫難逃。劉仁贍已經為自己的未來做好了打算，他動情地對身邊將士們說：「吾世受國恩，兄弟門列棨戟者數人，然不能治危捍敵，寧靜邊境，貽憂君父，吾且恥之。今雖病猶能奮力執戈，與諸君背城血戰，死於旗鼓之下。乃吾之分。終不以大丈夫之節屈身以事二姓矣。」（《江南野史・劉仁贍傳》卷五）

劉仁贍自出江湖以來，就為南唐李昪父子效力，確實沒事過二姓。其實事沒事過二姓，並不是忠誠的唯一注解。司馬遷說過：「女為悅己者容，士為知己者死！」李璟雖然昏聵，但待劉仁贍確實不薄。如果劉仁贍想謀富貴，只要他投降柴榮，他得到的會遠比從李璟那裡得到的多。

劉仁贍不可能這麼做，不僅因為這樣做有虧臣節。更重要的是，柴榮欣賞硬骨頭的男人，如果劉仁贍對他屈膝媚骨，那他在柴榮心中也就一文不值了。雖說事貴從權，但做人應該有一條尊嚴的邊界。如果能用尊嚴換來更大的尊嚴，是可以做的，比如勾踐。但如果用尊嚴來換取榮華富貴，這永遠不是劉仁贍的選項。

第五章　艱苦作戰

一、清流關

劉仁贍還在孤獨地和命運抗爭。

他不會認輸，柴榮同樣也不會。

不過對柴榮來說，他要得到的不僅僅是一個壽州，而是整個淮南十四州。打個比方，當你口渴難耐的時候，你的面前放了一個鳳梨和一堆梨子，你是先吃鳳梨呢，還是先吃梨子呢？柴榮的選擇，是先吃梨子，因為梨子洗洗就能吃，而鳳梨需要用刀削皮。

王朴在《平邊策》中講道：

當今吳國，東至海，南至江，可撓之地二千里。從少備處先撓之，備東則撓西，備西則撓東，必奔走以救其弊，奔走之間，可以知彼之虛實、眾之強弱，攻虛擊弱，則所向無前矣。勿大舉但以輕兵撓之。彼人怯，知我師入其地，必大發以來應，數大發則必民困而國竭，一不大發則我獲其利，彼竭我利，則江北諸州，乃國家之所有也。（《舊五代史・王朴傳》卷一百二十八）

周朝君臣的淮南戰略，用一句軍事術語來概括，就是：「不計一城一地之得失，集中優勢兵力，殲滅敵軍有生力量。」或者說是「圍點打援」。周軍進入淮南後，一直奉行這個戰略，除了屯兵壽春城下的周軍主力部隊外，其他部隊都是機動作戰，殲敵為上，攻城為下。

如果按正常的軍事邏輯來理解，柴榮不應該把大軍放在壽春城下和劉仁贍互耗，而是應該繞過壽州，奪取其他州郡。等淮南諸州悉數拿下後，壽州孤城一座，立等可取之。

但柴榮之所以沒有按常規套路出牌，恰恰說明了柴榮的大戰略思維。柴榮圍困壽州的真正用意，是圍住壽州這個「點」，吸引大量南唐軍隊北上救援，然後柴榮不停地打「援」，吃掉李璟棋盤上的卒子。

周軍得不到壽州，並沒有損失什麼，但南唐一旦失去壽州，整條淮河防禦體系就將徹底崩潰。所以，只要周軍圍住壽州，李璟就會迫不得已地派出大量軍隊北上，這就給了柴榮熬出南唐主力的機會。

戰略眼光向來比較犀利的宋人歐陽修也對柴榮「把鳳梨放在筐裡，先吃梨子」的軍事戰略非常認同，對此，歐陽修在宋治平二年（一〇六六）給宋英宗上的論兵事奏疏中有非常精彩的解讀：

臣所謂今日可用之謀者，在定出攻之計爾，必用先起制人之術，乃可以取勝也。蓋列兵分地而守，敵得時出而撓於其間，使我處處為備，常如敵至，師老糧匱，我勞彼逸。昔周世宗以此策困李璟於淮南，昨元昊亦用此策以困我之西鄙。夫兵分備寡，兵家之大害也，其害常在我。以逸待勞，兵家之大利也，其利常在彼。所以往年賊常得志也。今誠能反其事，而移我所害者予敵，奪敵所利者在我，則我當先為出攻之計，使彼疲於守禦，則我亦得志矣。凡出攻之兵，勿為大舉。我每一出，彼必呼集而來拒，彼集於東，則別出其西。我歸彼散，則我復出，而彼又集。我以五路之兵番休出入，使其一國之眾，聚散奔走，無時暫停，則無不困之虜矣。此臣所謂方今可用之謀也。（《歐陽修集》卷一百一十四《言西邊事宜第一狀》）

周軍是在南唐領土上作戰，沒有守城禦土之責，機動性非常強，而南唐軍的首要任務是守城，有限的兵力就會分散在各地。兵力分散，必然會暴露出空檔，周軍就有機可乘，專打南唐軍的軟肋。如果一時戰事不利，周軍就會主動進行戰略收縮，這一點，是南唐軍不具備的優勢。

這種戰略，實際上就是打得過就殲滅敵人有生力量，打不過就暫時採取守勢的游擊戰略。周軍的實力不弱於南唐軍，但如果一味圍攻壽州，而放棄對周邊南唐軍隊的襲擾，大量南唐軍就會聚集在壽州城下。戰局一旦發展到這一步，周軍只能在壽州城下與南唐軍進行苦戰，勝負殊難預料。

南唐軍隊在素質和數量上呈大幅下降之勢，才是柴榮用兵於淮南的最主要目的。真正的大戰略家，從來不屑做紙面文章，機械化地去理解紙面上的戰略。柴榮看得非常長遠：打掉南唐的反擊能力！然後調頭北上，進攻契丹，收復燕雲十六州，去完成真正意義上的大一統。

對一個漢族政權來說，沒有收復漢人的傳統領地——燕雲十六州、涼州、遼東，無論如何都算不上大一統，只能算是小一統。柴榮有機會完成大一統，但歷史沒有給他時間。直到四百年後的大明王朝，才由明太祖朱元璋實現了漢族政權的大一統。

所以，柴榮把難啃的鳳梨放在筐子裡，反正鳳梨也沒長翅膀飛不走，現在柴榮重點先吃梨子。

柴榮眼中的鳳梨，就是劉仁贍，而除劉仁贍之外的南唐諸將，是柴榮準備先吃掉解渴的梨子。壽州城外有許多可口的梨子，比如皇甫暉、姚鳳，而離壽州最近的一個梨子，是盤據在渦口（今安徽懷遠縣荊來鎮，渦淮兩河的會合處）的南唐兵馬都監何延錫。

柴榮派殿前都虞侯趙匡胤去替他摘這個梨子。趙匡胤的人生很複雜，但有一點是可以肯定的，柴榮在世的時候，趙匡胤絕對不敢有任何非分之想。他所想所做的，就是用他一身好武藝，謀取功名富貴。「（杜太后對諸子說）陛下自布衣事周室，常以力戰圖功，萬世而遇一生。方致身為節度使」。（《續資治通鑑長編》卷二十二）

何延錫是個無名小輩，他哪裡是趙匡胤的對手？正月二十六日，趙匡胤和兄弟們在渦口大破南唐軍萬餘人，斬何延錫及南唐的靜江軍使李鐸，生擒南唐的天忠指揮使劉崇浦，同時繳獲了五十艘戰艦。劉崇浦，就是南唐清淮軍劉仁贍的侄子。

柴榮吃了這個小梨子，覺得不是很解渴。於是，柴榮又讓趙匡胤給他摘兩個可口的大梨子來。這兩個大梨子，一個叫皇甫暉、一個叫姚鳳。

劉彥貞在正陽全軍覆沒之際，皇甫暉和姚鳳不敢去送死，連夜退回清流關，固險自守。清流關距離南唐國都金陵只有百餘里的路程，是金陵的東北門戶。柴榮突然盯上了清流關，原因有二，一是消滅皇甫暉和姚鳳所率領的數萬南唐軍，二是在李璟的軟肋插上一把刀，牽制各路唐軍不敢越清流關北上救援壽州。

從渦口到清流關的直線距離有三百多里，中間還隔著許多唐軍據點，所以柴榮選擇了偷襲。既然是偷襲，就不能大搖大擺地行軍，而是要乘星夜抄小路前進。趙匡胤接到任務之後，「倍道」前行，很快就殺到了清流關下。

皇甫暉已經得到消息，說有一股來歷不明的軍隊直襲清流關而來。皇甫暉出城布陣，準備迎戰，果然發現了一小股周朝軍隊。還沒到皇甫暉下令出擊，就有人來報：趙匡胤從山後殺出來了。皇甫暉嚇得魂飛魄散，他應該聽說過趙匡胤的大名，連滾帶爬地逃回了滁州城。

趙匡胤既然來了，就不會空手回去，否則沒法向柴榮交差。趙匡胤很有英雄氣概，率軍蹚過了滁州城前的清流水，來到城下叫陣。皇甫暉很有意思，他在城上告訴趙匡胤：「人各為其主，願成列以決勝負。」（《宋史・太祖紀一》卷一）意思是說你趙匡胤要是個君子，就等我出城列好陣後再戰，他擔心趙匡胤偷襲。趙匡胤果然是個君子，他「笑而許之」。

在野史小說中，趙匡胤善使一條鑌鐵大棍，武藝高強，對付一個皇甫暉不算什麼。二人交手後，皇甫暉很快就撐不住了，趙匡胤用手劍擊中其首，周軍隨後生擒皇甫暉。姚鳳也沒溜掉，「並姚鳳擒之」。滁州輕而易舉地被趙匡胤拿下。

趙匡胤攻克滁州後，對金陵造成了極大的生存壓力，這正是柴榮讓趙匡胤此行的主要目的。周軍控制滁州時間越久，打敗劉仁贍的希望就越大。趙匡胤沒有接到柴榮的調令，所以繼續留在滁州。

在守滁州期間，趙匡胤做了一件很了不起的事情，讓宋朝的史官如獲至寶，大加宣揚趙匡胤。事情是這樣的：有一天，趙匡胤的父親，也就是侍衛馬軍副都指揮使趙弘殷，奉柴榮之命，率軍來滁州公幹。

趙弘殷來到滁州城下的時候，已經是三更半夜，人困馬乏。趙弘殷知道是自己的兒子趙匡胤守城，便在城下叫門，想早點進城休息。沒想到趙匡胤當眾拒絕了父親的請求。趙匡胤說：「父子雖至親，城門王事也，不敢奉命！」（《資治通鑑》卷二百九十二）趙弘殷無奈，只好在城外凍了一夜。第二天一早，趙匡胤才打開城門，放父親進城。

不管後來的宋朝史官如何吹捧趙匡胤公私分明，就事論事，趙匡胤做得非常好，為人臣者，就應該這樣。雖然古代的「公」實際上還是帝王一家之私，但歷史是個漸進的過程，不能對古人太苛刻。趙匡胤知道自己的職責所在，不給父親開後門。忠於職守，不以私親而違法度，千年之後，趙匡胤這個故事對我們還是很有借鑒價值的。

滁州不是趙匡胤的發跡之地，但卻是他政治生涯中非常值得懷念的一個地方，因為他在滁州結識了兩個人。這兩個人，日後都成了宋朝的名臣，一個是竇儀，一個是趙普。

時任翰林學士的竇儀是柴榮派到滁州清點府庫財物的。趙匡胤很有趣，頭天晚上他還拒絕父親入城，第二天就想在官庫中揩點油水，被竇儀拒絕了。趙匡胤確實很有肚量，他並沒有因此而記恨竇儀，反而更加看重竇儀。

趙匡胤也確實有容人之量，還有就是日後對曹彬的態度。在柴榮還在任鎮寧軍節度使時，趙匡胤就跟在柴榮身邊做事，而曹彬是柴榮的親吏，專管茶酒。有次趙匡胤想找曹彬要點酒喝，被曹彬拒絕了，說：「此官酒，不敢相與。」（《涑水記聞》卷一）而是用自己的酒請趙匡胤喝。趙匡胤即位後，對曹彬不徇私情大加讚賞，給予重用，這一點做得很好。

趙普和趙匡胤是大老鄉，都是幽州附近人氏，不過趙匡胤本人卻生在洛陽。此前二人並不認識，趙普本是永興節度使劉詞的幕僚，劉詞愛趙普之才，便推薦了趙普任滁州軍事判官。趙普和趙匡胤都沒有想到，幾年後，他們的命運會發生如此重大的逆轉，當然這是後話了。

這時的趙匡胤還算不上是後周官場的一線人物，但自從清流關一戰後，趙匡胤在江湖上聲名鵲起，成為一顆冉冉升起的政治明星。很多人都稱讚趙匡胤，包括趙匡胤的手下敗將皇甫暉。

皇甫暉雖然效力於南唐，但他卻是北方的魏州人，就是鄴都。皇甫暉本來是後唐李存勖屬下的魏州軍卒，後唐同光四年（九二六）二月，魏博指揮使楊仁晸被亂兵劫迫作亂，不從被殺，首謀就是「驍勇無賴」（《新五代史・皇甫暉傳》卷四十九）皇甫暉。

這場兵變的起因是李存勖沒有恪守承諾，戍守瓦橋關的魏州軍不能在期滿時回魏，所以魏州兵發生譁變。效節指揮使趙在禮不敢造反，逃到床下，被皇甫暉給倒拽了出來，拿著兩顆人頭威脅趙在禮，不反就是這個下場。趙在禮懼死，遂反。

因為皇甫暉一門心思想造反，甚至還撕毀了李存勖親筆寫的赦詔，最終惹怒了李存勖，氣得李存勖發狠要全部誅殺皇甫暉這些亂兵。皇甫暉又勾連成德軍節度使李嗣源，最終陰差陽錯，李存勖被殺，李嗣源稱帝。

皇甫暉在莊、明易代中起到了極為重要的作用，「莊宗之禍自暉始」。（《新五代史・皇甫暉傳》卷四十九）十多年後，契丹南下滅後晉，時任密州刺史的皇甫暉和棣州刺史王建率本部人馬投奔南唐的李璟，皇甫暉被李璟任命為奉化軍節度使，駐定江州（今江西九江）。

這次柴榮大舉南征，皇甫暉因為督帥重兵，所以是柴榮重點打擊的對象。皇甫暉為人極為凶暴，喜歡胡亂殺人。但亂世中的強人往往都有一個特點，就是對比自己還要強悍的強人，佩服得五體投地。

皇甫暉被俘了，由周軍押到了柴榮的大帳中。還沒等柴榮開口，皇甫暉就告訴柴榮，他有傷不能跪著，要坐著，柴榮笑著同意了。沒過一會兒，他又提出坐著太累，想趴在地上。還沒等柴榮點頭，皇甫暉就大模大樣地臥著，神色自若，就當柴榮不存在。

柴榮問他為何被俘，皇甫暉歎道：「臣非不盡力國事，南北勇怯不敵，臣在晉屢與契丹戰，安

能如今日大朝兵甲之盛，昨退保滁州城，不意大軍攀堞，如飛而入，臣智力俱殫，故被擒耳。」（《南唐書・皇甫暉傳》卷十）

同時，皇甫暉還對打敗他的趙匡胤極力稱讚，「盛稱太祖皇帝之勇」。趙匡胤的英雄行為，也配得上他的稱讚。因為皇甫暉恥於戰敗被俘，不肯接受治療，數日後傷重而死。

在五代宋初，趙匡胤確實是個了不起的人物，不能因為他的得國方式有爭議，就去否定他。別的不說，單是趙匡胤的魄力，在當時也是數一數二的，從趙匡胤身上能依稀看到柴榮的影子。

趙匡胤用兵有個特點，就是每次列陣迎敵的時候，趙匡胤總是「繁纓飾馬，鎧仗鮮明」。有人勸趙匡胤不要出鋒頭，以免被敵軍認出來。趙匡胤回答得很大氣：「吾固欲其識之耳！」（《資治通鑒》卷二百九十二）

如此有魄力，有自信，確是大丈夫所為！趙匡胤後來的成功，除去柴榮意外去世這個不確定因素之外，並不是偶然的。

二、李璟的特使

滁州的失陷，就像是一塊沉重的石頭，壓在李璟的胸口，喘不過氣來。對李璟而言，他面對的麻煩還不只是失了一個滁州。在表面上，南唐面對的是後周強大的軍事壓力，實際上李璟還有兩個敵人，南唐被三面合圍，生存壓力空前增大。

自從南唐兵敗湖南之後，朗州人王逵逐漸控制了湖南局勢，受封武平節度使，成為名副其實的湖南王。王逵的對外政策是向後周稱臣，藉助柴榮的力量，來擴大湖南的生存空間。

柴榮為了牽制住南唐武昌方向的兵力，下詔封王逵為南面行營都統，讓王逵出兵攻鄂州，王逵立刻接受了詔書。當然王逵出兵不是替柴榮當炮灰，而是藉此機會多從李璟身上揩幾瓶油水下來。即使攻武昌不克，王逵也能用行動向柴榮表忠心，從柴榮那裡撈點好處，也是划算的。

湖南處在南唐的西南部，而南唐東南部的吳越國王錢弘俶早在顯德二年（九五五）底就接到了柴榮的詔書，讓吳越出兵攻南唐的常州、宣州。吳越和楊吳——南唐政權是死敵，吳越被南唐單獨隔在東南沿海，發展空間有限。現在李璟被柴榮打得灰頭土臉，錢弘俶覺得機會來了，基於和王逵同樣的考慮，吳越決定出兵。

在很短的時間內，李璟就陷入了三面受圍的尷尬境地。南唐雖然是南方諸國中實力最強的一個，但相對諸國，南唐並沒有壓倒性的優勢。

再者，經過閩、楚這兩場過程荒謬，結局失敗的戰爭，南唐國力耗盡。「未及十年，國用耗半。」（《釣磯立談》）在南唐與吳越為了控制閩國而大打出手時，南唐的兵部尚書杜昌業在江州巡視庫存，歎道：「未數年，而府庫所耗者半，其能久乎！」（《資治通鑒》卷二百八十五）當年李昪儲貯在德昌宮的七百萬財帛，都被李璟給折騰光了。以李璟現在的實力，他根本沒有三面同時開戰的本錢。

為了不招致滅頂之災，現在李璟唯一能做的就是求和。至於求和的對象，肯定是柴榮。李璟還不算糊塗，王逵和錢弘俶只是跑龍套的，真正的主角是柴榮。只要能擺平柴榮，王逵和錢弘俶是犯不著得罪南唐的。

在此之前，李璟已經嘗試著和柴榮接觸，他寫了一封信，派泗州牙將王知朗赴滁州，請駐守滁州的趙匡胤將這封信轉交給柴榮。信中大致內容是：

願陳兄事，永奉鄰歡。設或俯鑒遠圖，下交小國，悉班卒乘，俾乂蒼黔。慶雞犬之相聞，奉瓊瑤為以好。必當歲陳山澤之利，少助軍旅之須。虔俟報章，以聽高命。道塗朝坦，禮幣夕行。（《舊五代史．周世宗三》卷一百一十六）

李璟的意思是，只要柴榮撤軍，他一方面願意尊柴榮為兄，並向周軍提供「歲幣」，在經濟上厚補後周，但柴榮沒有任何反應。現在形勢對周軍較為有利，柴榮完全沒有必要為了這點蠅頭小利而放棄整個淮南，這不是柴榮做事的風格。

李璟知道茲事體大，特意挑選了兩個能言善辯之士，擔任他的特使，專程赴周軍大營，向柴榮求和。這兩個人，一個是戶部侍郎鍾謨，一個是文理院學士李德明。

這次李璟是出了老本的，他咬緊牙關，在國庫漸空的情況下，拿出了大量財物孝敬柴榮，計有：「茶藥及金器千兩，銀器五千兩，繒錦二千匹，犒軍牛五百頭，酒二千斛。」（《資治通鑒》卷二百九十二）而最為關鍵的有兩點：一是李璟決定向柴榮稱臣；二是割讓壽州。當然條件只有一個：周軍撤出淮南。

鍾謨和李德明，押著給柴榮的貢物，於二月十九日，趕到壽州城下，見到了柴榮。柴榮不是傻子，他知道李璟派他們來是做什麼的，柴榮已經準備好說詞。柴榮「盛陳兵師，排旗幟戈戟，為鹿項道以湊御」。(《五代史補・周二十三條》卷五)在大帳中接見了鍾謨、李德明。

沒有等二人開口,柴榮就替他們說了:「汝江南自以為唐之後,衣冠禮樂無比,何故與寡人隔一帶水,更不發一使奉書相問,惟泛海以通契丹,捨華事夷,禮將安在?今又聞汝以詞說寡人罷兵,是將寡人比六國時一群癡漢,何不知人之甚也!汝慎勿言,當速歸報汝主,令徑來跪寡人兩拜,則無事矣。不然,則寡人須看金陵城,借府庫以犒軍,汝等得無悔乎!」(《五代史補・周二十三條》卷五)

這些話換成其他人講,不會體現出柴榮這種王道霸氣,霸道的氣質是天生的,學是學不來的。而且柴榮指責李璟的都是事實,並沒有構誣李璟。柴榮說得酣暢淋漓,雄渾霸道,跪在下面的鍾謨、李德明卻汗流浹背。

鍾謨、李德明從來沒有見過像柴榮這樣的神武雄主,被柴榮如此數落,嚇得抬不起頭來。柴榮幾乎是聲色俱厲,說得冠冕堂皇,實際上柴榮根本就不想撤軍,李璟貢獻的這點財物,和物產豐饒的淮南十四州相比,不值一提。

形勢對柴榮越來越有利,二月二十二日,周侍衛馬軍都指揮使韓令坤與前軍行營步軍都指揮使、馬軍副都指揮使趙弘殷、先鋒都指揮使白延遇率兵進攻江北重鎮揚州。此時揚州已經沒有多少防守力量,南唐的東都營屯使賈崇放火燒了揚州城,棄城南走。南唐大詞人馮延巳的弟弟、工部侍郎馮延魯走投無路,竄進寺廟裡冒充和尚。周軍發現了馮大人,將其扭送至韓令坤大營。

幾天後,韓令坤又攻陷了泰州,南唐泰州刺史方訥竄回金陵。

揚州是楊吳的故都,與金陵只有一江之隔。同時吳越軍也開始進攻宣州,如果宣州失陷的話,那南唐江東部分和江西部分就會被吳越切斷，而如果周軍在此時從揚州發動渡江戰役的話，李璟將在劫難逃。

走投無路的李璟胡亂抱佛腳，他想到了契丹，派人去契丹求救，結果來人剛出境，就被周軍俘獲。就在李璟不知所措的時候，噩耗接連傳來：

三月初三，周光、黃、舒三州招安巡檢使司超率軍攻陷光州（今河南潢川）。

三月初四，周將郭令圖攻陷舒州（今安徽潛山）。同日，南唐蘄州守將李福殺蘄州刺史王承巂，舉州降周。

光、舒、蘄等州位於淮南地區的西部，處在江東、武昌、江西三地的結合部。其戰略地位和揚州相當，如果周軍選擇從這裡渡過長江，迂迴東向進攻金陵，南唐滅亡只是個時間問題。

李璟被逼得實在沒有辦法，又硬著頭皮派出一位使臣，就是右僕射孫忌（又名孫晟）。李璟忍痛提出了新的議和條件，讓孫忌去和柴榮談判。

孫忌，高密人。在五代十國的歷史上，孫忌是個非常奇怪的人，他性格豪放，不修邊幅，擅寫詩詞。他早期沒有出仕，而是當了道士，以唐朝詩人賈島為偶像。同觀的道士很討厭孫忌，大棍子將孫忌趕出道觀。

後來孫忌以儒家學者的身分浪跡江湖。在唐明宗天成年間，投靠宣武軍節度使朱守殷，辟為判官。不久後，朱守殷造反失敗，孫忌作為朱守殷的同夥，被朝廷追殺。孫忌歷盡千辛萬苦，渡過淮河，投靠了楊吳權臣徐溫的養子李昇。

孫忌為人口吃，但他的奇怪之處在於，一旦他與人辯論，就會口若懸河，滔滔不絕，把人駁倒。這一點和柴榮非常相似，柴榮和人閒聊時，說話柔聲細語，非常的害羞。但當辯論時，柴榮強硬霸道，詞鋒甚厲。孫忌的文采非常好，李昪很器重他。孫忌的性格太剛烈，他瞧不起馮延巳等人，罵馮延巳是堆臭狗屎，在官場中人緣不太好。

這次李璟選派他執行這項基本不可能完成的任務，孫忌也知此去凶多吉少，他抱著必死的決心去見柴榮。就算不幸死在柴榮手上，孫忌也不在乎，至少他報答了李昪當年收留他的厚恩。臨行前，孫忌歎息著告訴副使王崇質：「君家百口，宜自為謀。吾思之熟矣，終不負永陵（李昪陵墓）一坏土，餘無所知。」（《資治通鑑》卷二百九十三）知恩圖報，孫忌是個信人君子。

孫忌與禮部尚書王崇質趕到壽州城下，柴榮的大帳中，向柴榮遞交了李璟的求和信。如下：

伏自上將遠臨，六師尋至，始貢書於間道，旋奉表於行宮。處仰天光，實祈睿旨。伏惟皇帝陛下，受命上玄，門階中立，仗武功而戡亂略，敷文德以化遠臣。伏念天祐之後，率土分摧，或跨據江山，或革遷朝代，皆為司牧，各拯黎元，臣緜是以嗣先基，獲安江表。誠以瞻烏未定，附鳳何從？今則青之候明懸，白水之符斯應，仰祈聲教，俯被遐方。豈可遠動和鑾，上勞薄伐？有拒懷來之德，非誠信順之心。

臣自遣鍾謨、李德明入覲天朝，具陳懇坎，便於水陸皆戢兵師。方冀寬仁下安億兆，旋進歷陽之旌旆，又屯隋苑之車徒緣。臣既寫傾依，悉曾止約，令罷警嚴之備，不為悍禦之謀。其或皇帝陛下未息雷霆，靡矜葵藿，人當積懼，眾必貪生。臣復思東則會稽，南惟湘楚，盡承正朔。俾主封疆。自皇帝陛下允屬天飛，方知海納雖無外之化，徒仰祝於皇風。而事大之儀，闕卑通於疆吏，惟憑玄造，猥念後期。方今八表未同一戎，茲始儻或首於下國，許作外臣。則柔遠之風，其誰不服！無戰之勝，自古獨高。臣幸與黎人共依聖政。蚩蚩之俗，期息於江淮；蕩蕩之風，廣流於華裔。永將菲薄，長奉欽明，白日誓心，皇天可質！虔輸肺腑，上祈冕旒，俟聖言以聽朝命。（《冊府元龜・僭僞部・稱藩》卷二百三十二）

李璟為了自保，已經顧不上臉面了，自降身價，和吳越、湖南一樣，做周朝的藩國。同時獻出金千兩、銀二十萬兩。但他的條件是：周軍撤出淮南地區，南唐將割讓壽、濠、泗、楚、光、海六州之地，並每年向周朝進貢價值百萬的財物。李璟同時含蓄地指責柴榮無端挑起戰爭，拐彎抹角地罵柴榮是戰爭販子。

李璟認為他這次已經做出非常大的讓步了，希望柴榮不要得寸進尺，做人不能太貪。柴榮對李璟提出的條件沒什麼興趣，因為此時周軍已經攻下了淮南近一半的地區，而且各部捷報頻傳，周軍拿下整個淮南只是時間問題。現在為了一棵樹，就讓柴榮放棄整片森林，柴榮還不至於連這樣簡單的數學題都不會做。柴榮沒有答應李璟新的議和條件。

南唐的三位特使鍾謨、李德明、王崇質都比較容易對付，柴榮一瞪眼，他們就軟了。唯獨孫忌是個刺頭，不容易對付，柴榮拿孫忌一點辦法也沒有。孫忌雖然口吃，但只要給他機會，他絕對可以把你批得暈頭轉向，其中就包括柴榮。

宋人龍袞在《江南野史》中記載了孫忌和柴榮之間的一次口水戰，非常的精彩，如下：

世宗問忌江南可取虛實，忌對曰：「臣本國雖能甲兵尚三十萬餘，未易可圖。」世宗讓忌曰：「江南不過十數郡，而師旅太多，何見欺與。」忌曰：「精甲利兵雖即十餘萬，然長江一條飛湍千里，風濤激勇，險過湯池，所謂天塹也。斯可敵十萬之師。國老宋齊丘智謀宏遠，機變如神，指授師徒，坐制之勇，乃王猛、謝安之徒。斯亦可敵十萬。」世宗聞而惡之。（《江南野史・嗣主傳》卷二）

孫忌說南唐軍尚有三十萬，足可以與周軍決戰，這只是孫忌的誇大之辭，目的在於恐嚇柴榮。柴榮根本不吃他這一套，柴榮在江南有自己的情報機構，能夠掌握南唐軍隊第一手的資料，現在南唐只有十幾萬兵力。

孫忌被揭了老底，但他臉不紅、心不跳，繼續和柴榮周旋。孫忌居然把長江天險和宋齊丘的「智謀」各算成十萬兵力，然後再加固有的十萬軍隊，合計三十萬。在國與國之間的外交辯論中，最需要孫忌這種反應奇快的人才，他能變不利為有利，確實是好口才，好機變。

最好笑的是，孫忌為了維護南唐利益，不顧史實，胡亂吹捧宋齊丘，將宋齊丘比作前秦的名相王猛和東晉名相謝安。這就有些荒唐了，「關中良相唯王猛，天下蒼生望謝安」。豈是遊士宋齊丘之流可比的？王猛和謝安地下有知，知道孫忌把他們和宋齊丘放在一起比較，肯定氣歪了鼻子。

後來宋初的石漢卿構陷張瓊時，有可能借鑒了孫忌的代兵演算法。張瓊瞧不起石漢卿，石漢卿就誣陷張瓊欲謀反。趙匡胤問他證據何在，石漢卿說張瓊家私養數百勇士，趙匡胤一時不察，殺了張瓊。後來趙匡胤發現張瓊家裡只有三個僕人，責問石漢卿。石漢卿的回答非常有意思：「瓊所養

者，一敵百耳。」（《宋史・張瓊傳》卷二百五十九）

不過，孫忌口才是好，但在柴榮面前，孫忌的強詞奪理並沒有起到任何作用。畢竟這是一個講實力的世界，說得再好，沒有實力做後盾，一切都是空談。弱國無外交，自古皆然。柴榮達不到自己的目的，絕不會善罷甘休，無論孫忌如何口吐蓮花，一點實際用處也沒有。

南唐的四位特使以為李璟已經做出了非常大的的讓步，柴榮應該能夠接受。沒想到在冷硬似鐵的柴榮面前，接連碰上釘子，四人顯得非常尷尬，他們不知道空手回到金陵，如何向李璟交差。

在李德明看來，「周軍急攻壽州，旦暮且下」。（《南唐書・李德明傳》卷七）雖然此行沒完成任務，但李德明和其他人比起來，還算是比較務實，能拎得清形勢。柴榮拿下壽州，氣焰會更加囂張，如果周軍一鼓作氣全盤吃掉淮南後，極有可能過江直取金陵，到時南唐君臣都要完蛋。現在他唯一能做的，就是勸李璟放棄幻想，割讓淮南十四州，以換取周軍不渡江。

李德明告訴柴榮：「寡君未能知大國兵力乃爾，願寬臣數日之誅，歸國取表，盡獻江北郡縣。」（《南唐書・李德明傳》卷七）柴榮現在也沒有考慮渡江的問題，他現在只考慮得到淮南十四州，就滿意了。但南唐四位特使並沒有全部被放歸，李德明和王崇質回金陵，鍾謨和孫忌暫時留下來，特別是孫忌，柴榮有事需要他幫忙。

回到金陵見到李璟之後，李德明交給了柴榮寫給李璟的一封信，如下：

朕今躬統戎師，龔行討伐，告於郊廟社稷，詢於將相公卿，天誘其衷，國無異論。苟不能恢復內地，申畫邊疆，便議班旋，真同戲劇，則何以光祖宗之烈，厭士庶之心，匪獨違天，兼且咈眾。但以淮南部內，已定六州，盧、壽、濠、黃，大軍悉集，指期克日，拉朽焚枯，其餘數城，非足介意。必若盡淮甸之土地，為大國之提封，猶是遠圖，豈同迷復。如此則江南吏卒悉遣放還，江北軍民並當留住，免違物類之性，俾安鄉土之情。至於削去尊稱，願輸臣禮，非無故事，實有前規。蕭察奉周，不失附庸之道；孫權事魏，自同藩國之儀。古也雖然，今則不取，但存常號，何爽歲寒。儻堅事大之心，終不迫人於險，事資真愨，辭匪枝游，俟諸郡之悉來，即大軍之立罷。質於天地，信若丹青，我無彼欺，爾無我詐，言盡於此，更不繁云，苟曰未然，請自茲絕。《舊五代史·周世宗紀三》卷一百一十六）

柴榮暫時還沒有攻克淮南後隨即渡江的打算，畢竟「強弩之末，勢不能穿於魯縞」的道理，柴榮還是懂的。再說渡江需要大型戰艦，周朝的水軍實力還有待提高。所以柴榮希望李璟能識時務，早點交出淮南十四州，雙方罷兵休和。如果李璟頑抗到底，周軍就有可能在攻克淮南後，不顧一切地直撲金陵。

李璟能忍痛割讓六州，已經到了他所能承受的極限了。現在柴榮得寸進尺，竟然讓他全部交出淮南，李璟非常的憤怒。兩軍在淮南呈膠著狀態，勝負亦未可知，李璟不可能在這種情況下滿足柴榮的要求。

李德明看到李璟突然變得強硬起來，他擔心周軍渡江，極力勸說李璟認清形勢，不要做螳臂擋車的蠢事，盡早交割淮南十四州。李德明為了嚇唬李璟，極言周軍威武雄壯，「攘袂大言周師必克」。（《南唐書·李德明傳》卷九）李璟對李德明吃裡扒外之舉極為不滿。本來李璟派李德明去遊說柴榮的，結果這廝回來後，倒成了柴榮的說客，豈非荒謬。

朝中宋齊丘、陳覺等人和李德明是官場上的死對頭，平時沒機會扳倒李德明，現在機會來了。宋齊丘當面指責李德明：「輕佻，言多過實。」（《資治通鑑》卷二百九十三）陳覺做起構陷人的勾當來，顯然要比宋齊丘更老到。宋齊丘並沒有去前線，他對李德明的指責缺乏一定的說服力。陳覺有辦法，他暗中指使與李德明同回金陵的副使王崇質出面作偽證，「使王崇質異其言」。王崇質根本不敢得罪宋齊丘、陳覺這夥人，在陳覺的脅迫下，王崇質昧著良心，在李璟面前「揭露」李德明的「賣國行為」，說「李德明賣國求利」（《資治通鑑》卷二百九十三），出賣國家利益，是個賣國賊。

李璟本就對李德明窩著一肚子的無名火，李德明卻火上澆油，李璟大怒，下詔斬李德明於市。殺了李德明，意味著李璟不再走議和路線，開始對柴榮進行強硬的反擊，淮南局勢，還是一片混沌。

柴榮不是傻子，他自己也不相信李璟會在走投無路之前向自己屈服，他不指望李德明能給他帶來什麼好處，一切還是要靠自己的實力說話。可現在的問題是，周朝大軍屯兵壽州城下，一直沒有攻下來，劉仁贍還在負隅頑抗，讓柴榮一籌莫展。

這時留在周軍營中的孫忌派上了用場，柴榮派人將孫忌押到攻城的樓車上，讓孫忌勸降劉仁贍，不要再做無謂的抵抗。孫忌根本不可能做此等自毀名節的事，他在樓車上對著劉仁贍大聲說道：「君受國恩，不可開門納寇。」（《資治通鑑》卷二百九十三）

孫忌勸劉仁贍寧死也不能投降，否則一世英名，就要墜地了。劉仁贍身著戎裝，在城頭對著孫忌含淚下拜。劉仁贍從來沒有投降的打算，孫忌這番話更加堅定了劉仁贍以死報主的決心。

柴榮聽說孫忌在樓車上勸劉仁贍死守，非常的惱火，他立刻命人把孫忌押進大帳，大罵孫忌渾蛋。孫忌知道柴榮會責問他，他早有準備，孫忌的回答義正詞嚴：「臣為唐宰相，豈可教節度使外叛邪！」（《資治通鑒》卷二百九十三）孫忌回答的很有藝術，將了柴榮一軍。孫忌的言下之意是如果有敵國勸周朝將吏投降，柴榮會接受嗎？

柴榮果然沒話可說，他還能說什麼。

三、殲滅南唐精銳

周軍和南唐軍在淮南地區的戰爭還在繼續，形勢依然沒有明朗。

壽州攻防戰還在艱苦地進行著。

周朝大軍屯兵壽州城下，已經兩個多月了，無論周軍如何攻城，劉仁贍都有辦法打退周軍的進攻。在周軍的攻城戰術中，石炮對壽州城的威脅最為巨大。雖然那時還沒有火炮，但幾十斤的大石頭，被大弩發射到城中，能砸死不少人，至少能砸壞城牆。

壽州附近有兩座山，即淮河北岸的硤石山，以及淮河南岸著名的八公山，石料應該不是問題。為了起到表率作用，柴榮每次從大營去淝河水寨視察的時候，都要親自抱起一塊石頭，打馬如飛，來到水寨，交給戰艦上的發炮將士。同時，所有隨行官員都要抱著一塊大小不等的石頭，以供軍用。（《冊府元龜・帝王部・親征第三》卷一百一十八）

石炮的作用主要還是砸壞壽州的城牆，以便周軍將士可以攀爬上去。在柴榮的指揮下，殿前都虞侯趙匡胤乘坐皮船，駛入壽州城下的水壕中，準備伺機爬城。皮船是用牛皮做篷，防備敵軍從城上往下射箭。壽州城中的南唐軍對付這樣的皮船很有辦法，就是射箭。這可不是一般的小箭，而是和房椽差不多大的大型箭支，相當於槊，用大車弩發射。

趙匡胤乘皮船入壕溝，城上守軍「車弩遽發，矢大如椽」（《宋史・張瓊傳》卷二百五十九），這種箭矢的射程不算遠，而且居高臨下，速度極快，衝擊力也非常強，射穿了牛皮篷子。趙匡胤猝不及防，眼看著就要中箭。

就在這千鈞一髮的危急時刻，牙將張瓊挺身而出，一個鯉魚打挺，撲在趙匡胤的身上，替趙匡胤挨了這一箭。「矢中瓊股，死而復甦。」（《宋史・張瓊傳》卷二百五十九）當然，此時的張瓊絕對不會想到，他這個下意識的舉動，卻改寫了整整一千年的歷史（前提是柴榮意外早逝）。如果趙匡胤不幸為國捐軀……

三國名將關雲長在攻樊城時不幸中箭，刮骨療毒，成為歷史佳話。張瓊中箭後的英雄氣概，絲毫不遜於關羽。因為「鏃著髀骨，堅不可拔」。（《宋史・張瓊傳》卷二百五十九）箭中得太深，已經深入骨內，用正常辦法很難拔出來。

張瓊讓人遞來一大杯酒，一飲而盡，張瓊咬緊牙關，讓人把箭頭拔了出來。頓時血流如注，但張瓊卻神色自若，彷彿這支箭是從別人身上拔出來的一樣。趙匡胤在旁邊滿懷愧疚地看著，見張瓊拔箭，不禁叫好。

從實力上來看，周軍明顯要強於南唐軍，南唐也基本處於守勢。周軍雖然優勢明顯，但並沒有取得壓倒性的優勢，這時的李璟，未必就沒有翻盤的希望。李璟本來面對的是來自周朝、湖南、吳越的三面夾擊，不過從實力來看，王逵的湘軍純粹是來打醬油的。

王逵進攻的方向是武昌，南唐的武昌節度使何敬洙拒絕了李璟提出的「遷民入城死守」的烏龜戰術，而是積極準備迎戰，並豪言：「敵至，則與兵民俱死於此耳。」（《資治通鑑》卷二百九十二）王逵這一路實際上並沒有打起來，因為湘軍北上路過武昌的時候，王逵和駐守岳陽的岳州團練使潘叔嗣發生了矛盾。

潘叔嗣出兵奇襲朗州，準備端掉王逵的老巢。王逵出兵攻唐本就是三心二意，聽說朗州有難，立刻調頭還師。朗州軍和岳州軍在武陵大戰一場，結果王逵兵敗被殺。湖南本是三足鼎立的局面：王逵據朗州，潘叔嗣據岳州，周行逢據譚州（今湖南長沙）。

王逵和周行逢是一夥的，王逵被殺，周行逢當然不能答應。周行逢假意說請潘叔嗣來譚州主持湖南軍政，等潘叔嗣一到，立刻拔刀砍死了潘叔嗣。從此，湖南軍政大權盡落周行逢之手。

湖南內部自顧不暇，南唐的西線邊境暫時無恙，而李璟最擔心的，除了在淮南橫衝直撞的周軍外，還有吳越軍。吳越軍攻克常州外城，俘南唐的常州團練使趙澤、偏將諸臣以下將校百餘人，常州岌岌可危。一旦吳越軍攻陷常州，他們就會長驅直入，進攻潤州（今江蘇鎮江）。潤州如果再丟了，吳越軍隨時可能殺到金陵城下。

從這個角度來說，吳越軍才是南唐此時最危險的敵人，柴榮再厲害，一時半會兒也打不過長江。現在李璟當務之急是守住常州，阻止吳越軍西進。替李璟分憂解難的這位南唐將領，恰巧也姓柴，就是楊吳名將柴再用的兒子、龍武都虞侯柴克宏。

李璟本來沒打算用柴克宏，但柴克宏卻非常自信，上表請為將。柴克宏的母親相信兒子的能力，也上書李璟，甚至打賭說如果用柴克宏不勝，願滿門受誅。李璟急來抱佛腳，只好試一試了。

沒想到柴克宏果然有兩把刷子，他率軍來到常州，乘小舟偷襲吳越軍的營寨。南唐軍一戰大破吳越軍，斬首萬級，吳越軍主將吳程孤身逃竄回國。此戰大敗，嚴重挫傷了吳越王錢弘俶的信心，不再騷擾南唐，李璟絕境逢生，為自己拼出了一條活路。

三路敵軍，現在退了兩路，驚魂未定的李璟全力對付後周柴榮。李璟最需要做的，就是出兵救援壽州，時間不等人，李璟也不確定劉仁贍還有沒有信心堅持到最後。

這次出征的南唐軍主帥是李璟的四弟、齊王李景達。李景達從來沒有率軍打仗的經歷，不知道李璟為什麼要用他。但這還不是最致命的，真正讓南唐朝野不解的是，李璟居然用了大奸臣陳覺為監軍使。中書舍人韓熙載認為此舉是畫蛇添足：「信莫信於親王，重莫重於元帥，安用監軍使為！」（《資治通鑑》二百九十四）李璟沒聽韓熙載的。

李璟這麼做，自然有他的深意。正因為李景達是親王，而且手握重兵，所以李璟對他不放心，派了陳覺在軍中監視李景達，防止李景達有變。一旦李景達有了歹心，他對李璟的威脅，將遠遠超出柴榮對李璟的威脅。

有了陳覺在軍中坐鎮監視，李景達什麼都做不了，傀儡而已。表面上李景達是元帥，但真正在軍中主事的是陳覺，「軍政皆決覺，景達署牘尾而已」。（《南唐書．李景達傳》卷十六）如果陳覺是個帥才，大權在握，倒也罷了。可陳覺除了「竊弄威福」，無一長之技，李璟派陳覺上前線，拿生死存亡的大事當兒戲，要知道，陳覺的對手，是柴榮。

幾次慘敗，讓南唐軍的數量和素質出現了一定程度上的下降，李璟現在已經輸不起了。他需要為南唐軍隊增加新鮮血液，他派鴻臚卿潘承祐去新征服的原閩國建州、泉州等地，徵募將校。潘承佑這一趟沒有白跑，他給李璟張羅來了許多勇將，其中包括後來成為南唐最有名的將軍林仁肇。

對於李璟的宏觀軍事戰略能力，客觀來說並不算太差，他真正的問題是用人不明。其實在與周軍的艱苦作戰中，李璟的戰略思路一直非常清晰，比如這次北上救援壽州，他不僅派了李景達這一路人馬，還派了另外一路人馬。

李景達和陳覺率領的是南唐軍主力，是專門馳援壽州的。同時還有一路南唐軍，由右衛將軍、袁州刺史陸孟俊率領，渡江北上，去收復揚、泰二州。揚、泰和常、潤，是金陵南北門戶，李璟守住了常、潤，接下來就要收復揚、泰，鞏固金陵的長江防線。這樣的布置，說明李璟在戰略上並不糊塗，他還是能分出輕重緩急的。

自從顯德二年（九五五）十一月，周軍進入淮南作戰以來，到現在，周軍已經在淮南度過了近半年的時間。由於劉仁贍死守壽州，周軍主力被牢牢牽制在淮河南岸，雖然之間偶有勝利，但周軍此時已經明顯出現了疲態。鬥志也沒有以前那樣高昂了，甚至有些部隊還出現了畏難情緒。

當陸孟俊的南唐軍一萬多人突然出現在泰州城下的時候，史上沒有留下姓名的周軍守將棄城逃竄，泰州再次回到南唐的版圖。收復泰州只是第一步，陸孟俊最重要的任務是收復揚州。很快，陸孟俊的部隊就殺到了揚州城外的蜀岡。

駐守揚州的是周侍衛馬軍都指揮使韓令坤。韓令坤是後周名將，但就是這個打仗不要命的猛將，也有害怕的時候。韓令坤聽說南唐軍來了，立刻逃出揚州，準備投奔柴榮的大營。

柴榮的信息很靈通，很快就得到了韓令坤出逃的消息，柴榮大怒，急命張永德率軍去攔截韓令坤，同時救援揚州。韓令坤了解柴榮的脾氣，把柴榮惹急了，他是六親不認的。與其死在柴榮的刀下，不如戰死沙場，倒還能落得了忠勇殉國的美名。韓令坤率軍回到揚州，準備和陸孟俊決一死戰。

揚州對柴榮來說非常重要，雖然柴榮現在顯然沒有條件渡江南下，但只要揚州在周軍手上，就能給長江南岸的金陵造成極大的生存壓力，讓李璟不敢輕舉妄動。韓令坤在揚州固守的同時，張永德和趙匡胤的兩支部隊也急速行軍，在六合駐紮，隨時準備救援韓令坤。

趙匡胤和韓令坤是從小玩到大的好朋友，感情極深，但趙匡胤分得清公事與私交，不會拿軍國大事開玩笑，趙匡胤在這一點上做得非常好。他擔心在大戰即將到來的時候，韓令坤再次逃跑，趙匡胤下了一道軍令：凡是發現抓住向東逃竄的韓令坤部軍卒，當場打斷腿。趙匡胤用這種比較極端的方式，來迫使韓令坤和他的軍隊與南唐軍戰鬥。

雖然這場揚州保衛戰戰前的鋪墊，《資治通鑑》拉拉雜雜講了很多，但真正兩軍作戰的記載只有區區十三個字：「韓令坤敗唐兵於城東，擒陸孟俊。」（《資治通鑑》卷二百九十三）陸孟俊以前曾經是湖南將領，而韓令坤的小妾楊氏滿門百口正是死於陸孟俊之手，所以在楊氏的哭求下，韓令坤殺掉了陸孟俊。

韓令坤知恥而後勇，為國立功，還算沒辱沒猛將的名聲。不久後，他的父親韓倫犯事，依法當斬。韓令坤泣請柴榮免老父一死。柴榮念及韓令坤有功，才免韓倫一死。如果韓令坤在這次戰役中選擇了逃避，他在柴榮心中就一文不值，到時柴榮未必就會買他這個面子，赦韓倫不死。

在趙匡胤的鼓勵和「威脅」下，韓令坤戰勝了膽怯，成功地守住了揚州。接下來，趙匡胤自己就要面臨一場嚴峻的考驗，因為李景達、陳覺率領的唐軍主力，已經從瓜州橫渡長江，上岸後，唐軍第一個目標就是六合。

六合位於長江北岸，對岸就是金陵，對唐軍來說，收復六合，對保護金陵的戰略安全，甚至比揚州更重要。趙匡胤是現在已經成為周軍的著名將領，屢次大敗南唐軍，所以趙匡胤也是李璟的心腹大患，必欲除之而後快。

作為反擊的一方，南唐軍應該在整體戰爭形勢不利的情況下，主動出擊，扭轉敗局。但這支唐軍到了六合之後，卻著重於防守，在六合城二十里停止了前進的腳步，紮下營寨，固守不進。陳覺是個善於內鬥，勇於撈權，怯於兵事的飯桶。他自認為自己的任務只是監視李景達，其他的事統統不管。

這樣一支畏首畏尾、不思進取的軍隊，就算有十萬之眾，也不是趙匡胤的對手。趙匡胤確實會用兵，他的手下只有兩千人，如果此時主動出擊，南唐軍發現周軍人少後，就會壯起膽子和周軍決鬥，反而對周軍不利。趙匡胤的策略是坐等陳覺等人送上門，趁南唐軍立足未穩之際再發動進擊，勝算更大。

「居數日，唐出兵趣六合，太祖皇帝奮擊，大破之，殺獲近五千人，餘眾尚萬，走渡江，爭舟溺死者甚眾，於是唐之精卒盡矣。」（《資治通鑒》卷二百九十三）六合之戰，趙匡胤笑到了最後。司馬光說陳覺的部隊是南唐軍精銳，後來李璟雖然還能組成五萬多人的部隊，不過可能是臨時拼湊的雜牌軍，戰鬥力不如這支被趙匡胤消滅的南唐軍強大。

趙匡胤的馭兵之術非常了得！據《資治通鑑》記載：「是戰也，士卒有不致力者。太祖皇帝陽為督戰，以劍斫其皮笠。明日，遍閱其皮笠，有劍跡者數十人，皆斬之，由是部兵莫敢不盡死。」（《資治通鑑》卷二百九十三）

有些士兵在戰場上偷懶耍滑，出工不出力，這樣的軍隊是絕對沒有戰鬥力的。趙匡胤用人、治兵，恩威並施，人皆畏服。諸將用兵，若皆如趙匡胤這樣，何愁不威霸於天下？趙匡胤在征淮南期間，顯示了卓越的指揮能力和馭軍能力，深得柴榮賞識。

其他各部屢傳捷報，但柴榮最為看重的壽州，卻一直拿不下來。柴榮無法理解劉仁贍究竟是靠什麼，能在內無糧草、外無援兵的極端困境下堅持到現在，這需要何等的智慧和勇氣！

劉仁贍死守孤城，無論柴榮使用什麼手段，都奈何劉仁贍不得。甚至劉仁贍還經常率兵出城，偷襲周軍，取得過一些勝利。比如駐紮在壽州城南的周侍衛步軍都指揮使、彰信節度使李繼勳，就領教過劉仁贍的厲害。「壽州賊軍犯我南洞子，王師死得數百人。先是，帝（柴榮）命繼勳領兵於壽州之南構洞屋，以攻其城。至是，繼勳以怠於守禦，為其所敗，我之洞屋悉為賊所焚。」（《冊府元龜．將帥部．敗衄第三》卷四百四十三）

周軍攻城不利，而且天公也不作美，最近江淮地區下起了大雨，壽州城外的周軍大營被泡在了水裡。因為地勢低窪，周軍營中的積水甚至達到了一米多深，整個軍隊的後勤供需受到了嚴重的影響。時值初春，寒意料峭，淒冷的雨水，下得讓人心煩意亂。

攻城不利，連旬大雨，再加上糧運不濟，讓周軍的士氣幾乎臨近崩潰點。軍中逃亡事件不斷，有些士卒逃走的時候，甚至順手牽羊偷走了作戰工具。士氣是軍隊常勝的根本，士氣如此低落，讓柴榮看不到近期取勝的希望。

這樣的場景，柴榮已經是第二次遇上了，兩年前的那場亂七八糟的太原之戰，和現在的情況一模一樣。柴榮已經有了撤軍的打算，他不是一個知進不知退的人，當暫時達不到自己的目的時，後退一步，調整好狀態，回來再戰。柴榮不相信，以大周幾十萬威武之師，奈何不了一個孤立無援的劉仁贍。

顯德三年（九五六）四月初七，柴榮起駕回京。從壽州到汴梁，有一條直線的路程，也是柴榮南征時的路線。但柴榮返回的路線，卻是沿著淮河向東去了濠州。四月十三日，柴榮抵到濠州。

之所以走這條路線，是因為有人給柴榮出了個主意：「或勸帝東幸濠州，聲言壽州已破。」（《資治通鑑》卷二百九十三）說得通俗一點，就是讓柴榮在淮南東部諸州散布「已經攻克壽州」的謠言，瓦解濠州以東唐軍的鬥志。柴榮覺得這辦法很好，就採納了。但效果如何，史籍上沒有記載。

四月二十四日，柴榮在濠州做了一項人事調整，以宣徽南院使向訓為淮南節度使兼沿江招討使。這時柴榮還沒有拿下淮南，所以向訓這個「淮南節度使」只是掛名職務，相當於遙領，「沿江招討使」才是向訓真正的職務。

從渦口傳來消息，新的渡河浮橋已經打造好了，柴榮又於二十五日來到了渦口視察。不知道出於什麼考慮，柴榮突然改變了回京的想法，他甚至想親自去揚州一趟。好在宰相范質及時勸止，范質說現在軍糧不足，士氣低落，不宜冒險再戰，柴榮聽了進去。

這次撤軍，其實只是柴榮本人回京，各路部隊都還留在淮南繼續執行作戰任務。特別是壽州，柴榮留下了侍衛親軍都指揮使李重進等人陪著劉仁贍玩比拼耐力的遊戲。

六月初七，柴榮下令將渦口升級為鎮淮軍，隨後離開鎮淮軍，北上還京。經過十幾天的車馬顛簸，六月二十四日，柴榮回到了闊別半年的汴梁城。

四、不幸的家事

雖然柴榮撤軍的原因，史籍也多有記載，但我們猜測，可能還有一個原因，是柴榮決心回京的原因，就是柴榮的嫡妻——符皇后病了。

在五代十國的歷史上，出現過許多傳奇式的人物，但基本上都是男人。五代十國的女人中，能稱得上傳奇人物的，大符后算一個。她的傳奇，不僅在於她嫁給了柴榮——五代十國史上的傳奇男人，而且她曾經有過一段在亂兵刀刃下逃生的經歷。她在史書中沒有留下名字，為區別後來柴榮娶的小符后，所以就稱她為大符后。

大符后出身於五代十國著名的傳奇家族——陳州符氏。她的祖父是後唐名將、河東晉王李克用的乾兒子符存審。大符后的父親更加出名，就是柴榮身邊的一代名將符彥卿。

符彥卿至少生有六個女兒，其中三個做了皇后（趙光義之妻是追封）。而現在講的這個大符后，不清楚是符彥卿第幾個女兒。趙光義之妻是符彥卿第六女，而柴榮的兩個符后都是符六姑娘的姐姐。將門出虎女，祖父和父親都是當代名將，大符后也繼承了祖、父的優秀基因，歐陽修稱讚她「為人明果有大志」。（《新五代史・周家人傳下》卷二十）

大符后並不是柴榮第一個妻子，此時柴榮有正妻姓劉，而大符后也已經嫁了人。符彥卿和五代「名」將李守貞私交很好，就把女兒嫁給了李守貞的兒子李崇訓。李守貞是個野心勃勃的軍閥，後漢時期，時任河中節度使的李守貞暗中準備造反。

李守貞比較迷信，他找到一個算命先生，給家中所有女眷測算前程。但男女授受不親，所以李守貞讓女眷們隔著屏風說話，讓術士聽聲音算命。當大符后說話的時候，術士大驚：「此天下之母也！」李守貞大喜，「吾婦尚為皇后，吾可知也」。（《五代史闕文》）自己的兒媳婦是皇后命，那自己這個老公自然能做皇帝了。術士的一番胡言亂語，堅定了李守貞謀反的決心。

但李守貞沒有皇帝命，這場聲勢浩大的三鎮叛亂，被後漢樞密副使郭威鎮壓了下去。在破城前，李崇訓自知大限將近，準備先殺掉所有女眷再自殺。大符后已經知道了李崇訓的用意，藏在了簾帳後面，李崇訓沒找到大符后，絕望之下自殺身亡。

事情到這還沒完，官軍衝進李家，準備捉拿李守貞。不過丘八們沒有發現李守貞，倒發現一個美豔的少婦獨自坐在榻前，就是大符后。大符后怕這夥丘八佔她便宜，聲色俱厲地喝道：「郭公與吾王父有舊，汝輩勿犯我！」（《新五代史・周家人傳下》卷二十）

郭威與符彥卿確實是多年好友，丘八們聽說這個少婦是符彥卿的女兒，自然不敢放肆，否則郭威絕饒不了他們，「軍士見之不敢迫」。（《新五代史・周家人傳下》卷二十）郭威聽說了這件奇聞，對大符后大加稱讚，並將大符后安全護送到符彥卿家中。

就是從這個時候，郭威就對大符后產生了好感，當然不是他自己娶大符后，而是為同樣因家眷被殺而被迫成為光棍的養子柴榮撮合了這門婚事。不過這門婚姻差點被大符后的母親給攪黃了，符老夫人比較迷信，她總認為前女婿李崇訓是女兒給剋死的，不祥。所以老夫人勸大符后出家當尼姑。

大符后還沒有看破紅塵，當然不肯青燈黃卷，坐誤青春，她說：「死生有命，何必妄毀形髮為！」（《新五代史．周家人傳下》卷二十）大符后並不是貪圖富貴，而是想在短暫的人生增加幾抹炫人的色彩。以柴榮這樣的英武俊偉，想必符夫人還是很滿意的。世間奇男子如柴榮者，沒有幾個。一個傳說中的女人，終於嫁給了一個傳說中的男人，沒有比這樣的婚姻更完美的了。

從性格上來說，大符后和柴榮的婚姻也是絕配，柴榮性子急，容易暴怒，而大符后的性格雖然也很剛烈，但和柴榮比，還是非常溫婉的。夫妻雙方性格處在兩個極端，反而更能進行性格互補。

史籍上關於大符后直接參與政事的記載並不多，但大符后對政治的影響卻並不小，而是在幕後施加影響。在柴榮之前，也有這樣兩對著名的夫妻，就是唐太宗李世民和長孫皇后，梁太祖朱溫和張夫人。

長孫皇后和張夫人也都不是直接參政，只是在生活中對脾氣暴躁的丈夫進行規勸，效果很好。特別是張夫人，朱溫尤其喜歡以殺人為樂，張夫人每每勸諫，朱溫天不怕地不怕，唯獨敬重張夫人。大符后也是這樣，「（柴榮）每怒左右，后必從容伺顏色，漸為解說，世宗意亦隨解」。（《新五代史．周家人傳下》卷二十）

有句被引用了無數次的名言：「一個成功的男人背後，總站著一個偉大的女人。」確實很有道理。大符后的勸人藝術也是非常高超的，她並不是在柴榮急躁的時候進行火上澆油式的勸說，這樣只能起到反效果。她是觀察柴榮的臉色，挑選合適的時機，委婉地進行規勸，動之以情，曉之以理，柴榮能夠接受，至少沒有傷害到他的自尊心。大符后尊重柴榮的人格，自然也會贏得柴榮的尊

重，「（柴榮）由是益重之」。（《新五代史．周家人傳下》卷二十）

朱溫和張夫人，柴榮和大符后，確實是很相似的兩對夫妻，當然柴榮沒有朱溫那樣殘暴變態。根據歷史記載，朱溫對張夫人，柴榮對大符后，向來都是敬重有加，言聽計從，他們都有一次拒絕了妻子的勸諫。張夫人勸朱溫不要廢唐稱帝，朱溫沒聽。而柴榮準備親征南唐，大符后也表態反對，「切諫止之」（《新五代史．周家人傳下》卷二十），柴榮也沒有聽。

柴榮從親征到回京，之間有半年的時間。雖然大符后沒有隨夫親征，但前線的戰況，她還是多少了解一些的。而周軍在淮南進展不太順利，加上前不久淮南下了大暴雨，正是大符后突然染病的主要原因，至少《新五代史》是這麼記載的：「師久無功，遭大暑雨，後以憂成疾而崩。」（《資治通鑒》卷二百九十三）

大符后是擔心丈夫，才憂急成病的，說明在柴榮五月二十四日回京之前，大符后就已經病倒了。說柴榮因為妻子生病才回京的，並不為過。柴榮回到宮中時，大符后還在，但估計已經病入膏肓了。

顯德二年（九五五）七月二十一日，大符后在汴梁宮中闔然長逝，時年只有二十六歲。

自從六年前，柴榮的三個兒子被劉銖殺害之後，在這六年間，柴榮又添了四個兒子，分別是：柴宗訓、柴熙讓、柴熙謹、柴熙誨。四子的生母，史上無聞，符皇后應該沒生過孩子。但大符后和柴榮的感情並沒有因為未育而出現裂痕，大符后去世後，柴榮悲痛不能自持，厚葬大符后於懿陵（今河南新鄭境內）。

國不可一日無君，亦不可一日無后，柴榮長年在外征戰，需要有個女人來操持家務。大符后有個妹妹，在姐姐大符后去世之前，她已經成為柴榮的嬪妃，柴宗訓極有可能就是小符所生。雖然柴榮並沒有封小符為皇后，但小符在宮中的地位是沒有人可以動搖，不僅因為她的姐姐是皇后，也因為她的父親是符彥卿。

符彥卿是五代宋初的名將，無論是功業，還是社會地位，在當時都是數一數二的。另一個從年齡、資歷、社會地位上能和符彥卿比高下的，也許只有高行周了。符彥卿出身是比較好，但他之所以能在亂世中混得風生水起，主要還是靠他自己的能力。朱溫、王建、楊行密都是出身最底層的草根，但都能創建一方霸業。出身不是萬能的，後天的努力，加上一點運氣，更為重要。

從派系上來說，高行周是幽州系，原劉守光的人馬。而符彥卿是河東系——五代最為正統的軍閥派系，郭威建立的後周也是從河東系衍生出來的。由於符家和河東李氏的特殊關係，符彥卿出道以來，就跟著晉王李存勖打天下，「事莊宗於太原，以謹願稱，出入臥內」（《宋史・符彥卿傳》卷二百五十一），是李存勖的心腹將領。

在後來的郭從謙之亂時，李存勖被亂軍所殺，當時李存勖身邊有十幾個貼身將校，為保李存勖殊死力戰，不勝而去。其中有兩個人非常著名，一個是符彥卿，另一個就是宋初「名」將王全斌。不過符彥卿在五代時期比較出彩，而王全斌在五代時混得一直不如符彥卿，直到宋朝建立後，王全斌才開始出鋒頭。

在符彥卿的戎馬生涯中，打得最漂亮的戰役，有兩場。一次是解鐵丘之圍，宋史本傳記載：「契丹騎兵數萬圍高行周於鐵丘，諸將莫敢當其鋒，彥卿獨引數百騎擊之，遼人遁去，行周得免。」（《宋史・符彥卿傳》卷二百五十一）另一次更加出名，就是白團衛村之戰。耶律德光指揮契丹軍圍住晉軍，準備殲滅。在形勢異常不利的情況下，符彥卿說服杜重威，率兵逆風出戰，一舉擊潰契丹主力鐵鷂子軍，險些生擒耶律德光。

符彥卿在軍界混了幾十年，人緣極好，郭威就和符彥卿稱兄道弟。宋太祖趙匡胤也和符彥卿扯上了親戚關係，他的弟弟趙光義娶了符彥卿的第六女，私交一直很好。

趙匡胤杯酒釋兵權後，還曾經打算讓符彥卿主掌禁軍，說彥卿必不負我，結果被趙普一句話給頂了回來，說陛下為什麼可以有負周世宗？這事就作罷，但可以從中看出趙匡胤對符彥卿的信任。即使御史因事彈劾符彥卿，趙匡胤也不予以追究。

符彥卿是五朝名將，即使趙光義不是符彥卿的女婿，趙匡胤也要賣給符彥卿一個面子，就像郭威禮敬高行周一樣。對於這樣功勳極高的老將，處事不能太過認真，畢竟這些人在軍界中的人脈太深，處理不當，會對皇權控制兵權造成一定的負面影響。

在柴榮時代，高平之戰後，符彥卿因為年齡和忻口之敗的原因，漸漸退出前線，坐鎮天雄軍。從征淮南的角度來看，這是後方。但從防禦契丹的角度來看，這又是前線，所以柴榮雖然對符彥卿在忻口的表現不太滿意，但還要藉助這位名將的能力，防禦隨時可能南下的契丹人。

有了符彥卿這位百戰老將坐鎮北線，柴榮可以從容地去面對李璟。

五、紫金山下

柴榮在後方處理讓他煩心的家事，淮南前線的局勢卻依舊不見好轉，甚至有前功盡棄的危險。

問題出在哪？答案是周軍失掉了民心。

周軍和南唐軍在淮南地區的這場大戰，如果從政治角度來說，就是一場爭奪民心的戰爭。柴榮之所以大舉南下，一個很重要的原因就是南唐統治者在淮南地區失盡民心。

李璟的禍民之舉有以下幾條：

一、搶奪周朝給淮南百姓的救命糧。

二、縱容劉彥貞這樣的貪官「決水賣田」，掠奪民財。

三、強行將百姓賴以生存的土地變為軍用屯田。

四、強迫百姓修城，搶百姓耕牛。

五、用官府囤積過剩的鹽茶強行和百姓交換糧食。江淮百姓哭訴無門，民怨沸騰。

周軍進入淮南後，當地百姓把柴榮的軍隊當成了救世主，「爭奉牛酒迎勞」。（《資治通鑑》卷二百九十三）不要說百姓不愛國，如果連百姓最基本的生存都不能保障，反而壓榨底層百姓利益，讓他們如何去愛國？老百姓不在乎接受誰的統治，他們首先要考慮有尊嚴地活下來。周軍給了他們這種希望，所以江淮百姓很歡迎周軍的到來。

但讓人們大失所望的是，周軍到淮南不是解救他們於水火的，而是來吃民肉、喝民血的。「將帥不之恤，專事俘掠，視民如土芥。」（《資治通鑑》卷二百九十三）甚至還有劫人妻女姦淫這樣的惡性事件發生。

人們由期望變成失望。失望之後，往往就是憤怒，當百姓的憤怒無法平息的時候，什麼樣的事情都有可能發生。柴榮治軍極嚴，這些事都是瞞著柴榮幹的，而且應該是在柴榮回京之後這段時間發生的。

百姓們被周軍逼上了絕路，心境悲涼的嘯聚山林，組成農民武裝，以圖自保。周軍去「圍剿」這些農民武裝，卻被這些操著鐮刀耙犁的農民打敗，許多州縣得而復失，丟盡了柴榮的臉。

不過有個現象值得注意，經常幹這種事情的，多是行伍出身的將領，他們出身草莽，土匪習氣很重。而文官領兵者，則很少出現這種情況，比如沿江招討使向訓。向訓是柴榮回京後，周軍前線最高軍事長官，他做事是比較穩妥的，這也是柴榮把軍權交給他的原因。

向訓見周軍在淮南各自為戰，戰線拉得太長，兵力分散，反而不易於集中優勢兵力，去消滅敵軍主要目標。向訓給柴榮上書，提出了將揚州兵西撤至壽陽，集中優勢兵力，先拿下壽陽，然後再圖進取。柴榮認為這個戰略非常有遠見，立刻同意。

向訓做了一件很得民心的善舉，揚州駐軍西撤時，他下令整肅軍紀。「戮其不法者數輩，軍中肅然」（《宋史．向拱傳》卷二百五十五），對一些罪大惡極的士兵處以死刑，嚴禁周軍侵犯百姓利益，得到了百姓們的諒解和支持。揚州兵出城時，百姓們依依不捨，並送上軍糧。老百姓是非常純樸的，只要善待他們，他們就會支持你，這個道理再淺顯不過。

周軍向北回撤，引起了南唐方面極大的關注。許多唐軍將領想趁周軍後撤之時，發兵追殺周軍，以解壽州之急。但南唐頭號權臣、太傅宋齊丘卻荒謬地認為冤家宜解不宜結，不如以德感化周人，「擊之怨益深，不如縱其歸以為德」。（《南唐書．宋齊丘傳》卷四）李璟同意了宋齊丘的主張，下詔嚴禁各部擅自追擊。

一個千載難逢的機會就這麼浪費了，南線周軍順利撤到壽州。陸游認為宋齊丘是南唐最終丟掉淮南的最大罪人，「由是周兵皆聚於正陽，而壽州之圍，遂不可解。終失淮南」。（《南唐書・宋齊丘傳》卷四）不過李璟此舉並不意味著他要放棄劉仁贍，相反，他調集了五萬大軍，進據濠州，準備救援壽陽。

想法不錯，但又用錯了人。這次統率南唐軍出征的，還是齊王李景達和樞密使陳覺，陳覺繼續在軍中監視李景達。二人本就不悉兵事，上次在六合的慘敗，李璟依然沒有吸取教訓。隨同李景達出征的南唐將領還有永安節度使許文稹、都軍使邊鎬、西北面行營應援都監朱元等人，以及著名猛將林仁肇。

這支五萬人的南唐軍隊，在陳覺的指揮下，從濠州逆淮西上，抵達了紫金山下。紫金山又名紫荊山，這座山的具體位置，連宋人都說不清楚到底在哪兒，胡三省說紫金山有可能就是著名的八公山。而清人顧祖禹則說紫金山位於壽州城東北十里處，但紫金山離壽春非常的近，這是沒有疑問的。

雖然此時柴榮不在前線，但周軍在向訓的調度下，有條不紊地準備迎戰。殿前都指揮使張永德率兵屯於下蔡（今安徽鳳台），下蔡位於壽州城北的淮河要道上，張永德駐守下蔡，並製造浮橋，阻止南唐水軍救援劉仁贍。

張永德的對手是林仁肇。林仁肇是福建建陽人，本來是閩國裨將，他的兄長林仁翰是前閩王王曦的義子。因為林仁肇在身體上紋上一隻老虎，所以軍中稱他為「林虎子」，與同是建州人的勇士陳誨齊名。林仁肇一直沒有得到重用，直到柴榮攻淮南時，李璟在福建募兵，林仁肇才有了用武之地。

兩國水軍在淮河上相遇，林仁肇的戰術是在船上堆滿柴草，然後點燃，藉助風勢去燒掉周軍的浮橋。可惜天不助他，風向突然變成西風，火苗向唐軍燒過來，林仁肇的計畫失敗。

林仁肇放火燒浮橋的舉動，突然提醒了張永德，他想到了一個好辦法。張永德下令，讓士兵用一千多尺長的大鐵索，拴上大木頭，沉在浮橋前十幾步的地方。這招很厲害，即使唐軍能燒到木頭，大鐵索也將攔住他們的去路。

這還不算狠的，張永德為了擊敗南唐軍，他暗中派遣水性好的一隊士兵，趁夜潛到唐軍戰艦的下面，用鐵索牢牢拴死。隨後周軍向南唐軍發起了進攻，因為戰艦沒法動彈，南唐軍大敗，掉在水裡淹死的南唐士兵無數。

林仁肇騎馬逃去，張永德緊追不捨。張永德的箭術極好，「猿臂善射，癸無不斃，人皆神之」。（《江南野史·林仁肇傳》卷九）向林仁肇射箭，但都被武藝高強的林仁肇用兵器給打掉了，張永德長歎：「此壯士，不可逼也。」（《南唐書·林仁肇傳》卷十四）

周朝的軍界，在柴榮時代，明顯呈一龍二虎的格局。一龍即柴榮，二虎即張永德、李重進。他們是柴榮最為得力、也是最信得過的將領，能力上都沒問題。但有一個問題卻讓柴榮非常頭疼，就是張永德和李重進的私交極差，二人經常鬥氣。

從血緣關係上講，張永德、李重進都遠比柴榮和郭威的關係更近。張永德的妻子是郭威的女兒，李重進的母親是郭威的姐姐，這都是至親。但他們卻互不心服，「不相悅」。（《資治通鑑》卷二百九十三）他們是周軍兩大王牌，「各擁重兵」（《資治通鑑》卷二百九十三），一旦二人矛盾升級，擦槍走火，在前線進行內部火拼，柴榮的淮南戰略有可能就此崩盤。

周軍高級將領也知道他們私交不睦，但他們都是國家貴戚，誰也得罪不起，「眾心憂恐」。

（《資治通鑒》卷二百九十三）張永德在這件事上做得有些理虧，他居然向柴榮誣告李重進欲謀反，「密表重進有二心，帝不之信」。以柴榮對李重進的了解，李重進絕對不會，也不敢做這等大逆不道之事。

張永德算得上是周朝名將，但他年齡較輕，比柴榮都小七歲，此年也只有二十九歲，年輕氣盛。見柴榮不理他，他又想出一個辦法，「一日，永德乘醉，乃大言：『重進潛蓄奸謀』」。（《冊府元龜・將帥部・不和》卷四百五十六）估計張永德是藉著酒醉，有意在軍中散布謠言的，結果導致周軍人心大亂，「將校無不驚駭」。（《冊府元龜・將帥部・不和》卷四百五十六）

還是李重進為人持重，畢竟他比張永德大了近十歲。李重進有一天單人單騎，來到了張永德的大營，讓張永德請他喝酒。在宴上，李重進和張永德推心置腹，半是自辯，半是警告。「吾與公幸以肺腑俱為將帥，奚相疑若此之深邪？」（《資治通鑒》卷二百九十三）張永德認識到了自己荒唐行為所造成的惡劣影響，向李重進認錯，二人握手言歡。周軍聽說兩大將領和好，都鬆了一口氣。

雖然張永德和柴榮存在著一定的競爭關係，但有一件事可以證明柴榮對張永德仁至義盡。張永德的父親張穎本是低級將校，郭威稱帝後，因為張穎是郭威的兒女親家，所以驟得高位，任安州防禦使。

張穎脾氣不好，動輒暴怒，身邊人犯有小過，也加重責罰。「不容人之小過，雖左右親信，亦皆怨之。」（《舊五代史・張穎傳》卷一百二十九）部下曹澄有個女兒，尚未婚嫁，張穎看上了，強迫曹澄把女兒交出來。曹澄懷恨在心，約上幾個人，趁夜謀殺張穎，逃往南唐避難，這件意外事件發生在顯德二年（九五五）十二月。

隨後，柴榮大舉進攻淮南，並沒有忘記曹澄等人，「以永德之故，遣江南李景，令執澄等送行在」。（《舊五代史．張穎傳》卷一百二十九）等曹澄等人被押到後，柴榮把他們交給張永德，張永德把殺父仇人悉數處死。

柴榮並不是一個粗枝大葉型的男人，他做事非常細緻，常常把別人的事情裝在心裡，一有機會，就替別人完成心願。但張永德在誣陷李重進這件事上，做得非常過分，這也是張永德相對清白的人生中最大的一個污點。後來柴榮病危時，將張永德從殿前都點檢的位置上撤下來，未必與此事無關。

當然，並不是柴榮因此事生張永德的氣，而是認為張永德做事有時太過幼稚，遠不如李重進處事成熟。只是無法理解的是，如果柴榮確實是這麼考慮的話，為什麼不用李重進主掌禁軍，卻用了他認為最忠誠可靠的外人趙匡胤，結果一招用錯人，滿盤皆輸。

周軍大勝的消息傳到汴梁，柴榮非常高興。

這時的柴榮已經漸漸從喪妻之痛中走了出來，情緒也慢慢平復了。不知不覺間，柴榮已經在汴梁小住了四個多月，雖然他身在後方，但他時刻關注前線戰事。顯德三年（九五六）十月二十五日，柴榮做出一項人事調整。

為獎勵趙匡胤在六合之戰中的英雄表現，特晉升趙匡胤為匡國軍節度使。（注：匡國軍治所在同州（今陝西大荔），趙匡胤建宋後，爲避自己的名諱，將匡國軍改爲定國軍。）兼殿點都指揮使。成為殿點都指揮使，意味著趙匡胤正式擠進了官場準一線，這對他日後發動兵變奪位，起到了重要作用。

柴榮有了第二次親征淮南的計畫，但在出征之前，他又做了一件事：殺掉了南唐特使孫忌。柴榮回京後，把孫忌和鍾謨一起帶到汴梁軟禁起來。柴榮很欣賞孫忌的硬骨頭，「待之甚厚」（《資治通鑒》卷二百九十三），上朝時，讓孫忌位列中書省官員之後。而且，柴榮經常召孫忌入宮，和孫忌喝酒談心。

柴榮用意很明顯，是想從孫忌嘴裡套出有關南唐的情報，孫忌口風很嚴實，他什麼都不說。柴榮也拿他沒辦法，但有一次，後周的情報機關從孫忌那裡搜出了一封來自金陵的蠟書。雖然蠟書內容不詳，不過肯定與戰事有關。柴榮大怒，當即責問孫忌做人不實誠，孫忌確實很強硬，他「正色抗辭，請死而已」。（《資治通鑒》卷二百九十三）

柴榮本來還想再給孫忌機會，他三番兩次向孫忌詢問南唐的官場內幕，孫忌還是以沉默應對。柴榮的耐心終於用完了，十一月十七日，柴榮殺掉了孫忌，與孫忌同被羈留汴梁的南唐使人二百多人（《通鑒》記為「百餘人」），同時被殺。至於鍾謨，柴榮將他貶為遠官，留著鍾謨，以後還有用處。

孫忌遇害的消息傳到金陵，李璟「聞之流涕」（《南唐書・孫忌傳》卷十一），贈太傅，追封魯國公。至於孫忌的謚號，按太常博士陳致雍所言，「（孫忌）為一介之使，奮不奪之節，見危致命，確乎不拔，豈不謂之忠乎？危身奉上曰忠」。（《全唐文》卷八七五）謚文忠。

柴榮再一次暴露出他性格上的缺陷，就是暴怒之下易殺人，這個缺陷，柴榮一直沒有改過來。孫忌有罪，餘者何辜！除非是這些隨從參與了孫忌暗通李璟的事件。柴榮固然神武雄略，但因怒殺人，有些人實在罪不至死，終是柴榮人生中的一大污點。

不過《江南野史》說柴榮殺孫忌的時間，是在孫忌初次出使周軍大營時，柴榮派孫忌勸降劉仁贍，孫忌反勸劉仁贍為國盡忠。從各史的記載來看，《江南野史》所記當誤，《舊五代史》《新五代史》《資治通鑒》皆記孫忌死於汴梁。

關於孫忌的死，坊間有一個傳言，說孫忌當年在任汴州節度使朱守殷的幕賓時，「擐甲露刃，巡行於市，多所屠害，汴人為之切齒」。（《舊五代史・孫晟傳》卷一百三十一）朱守殷造反事敗，孫忌逃往江東。沒想到二十多年後，孫忌在汴州被斬首。許多人認為這是孫忌的報應，「昔構禍於梁民，令伏法於梁獄，報應之道，豈徒然哉」！（《舊五代史・孫晟傳》卷一百三十一）

處理完這些亂七八糟的事情後，柴榮開始準備第二次親征。不過朝中有一種看法，認為南唐軍的實力還非常強，我軍未必能佔到多少便宜，不如罷兵。就這種悲觀論調，顯德四年（九五七）二月初八，柴榮派宰相范質和王溥專門看望正在養病的李穀，向他徵詢意見。李穀抱病上書：「壽春危困，破在旦夕，若鑾駕親征，則將士爭奮，援兵震恐，城中知亡，必可下矣！」（《資治通鑒》卷二百九十三）柴榮很高興。

其實就算沒有李穀的支持，柴榮決定了的事情，也不會輕易改變。二月十七日，柴榮留下了開封府尹王朴、三司使張美、侍衛都虞侯韓通看守汴梁，開始了第二次親征。

這次親征和上一次明顯不同，因為柴榮帶來了一支數千人的水軍。後周的軍隊以陸戰兵為主，沒有水軍，第一次親征的時候，因為南唐水軍善於在河上作戰，周軍應付起來非常吃力。所以柴榮在汴梁期間，特意在汴梁城西的汴水河中打造了幾百艘戰艦，並讓幾百名投降的南唐水軍負責訓練。

柴榮依然是走陸路南下，由右驍衛將軍王環率水軍沿潁河入淮。南唐軍對付中原軍隊最大

的本錢就是水軍，當這支周朝水軍出現在淮河上的時候，「唐人見之大驚」。（《資治通鑒》卷二百九十三）

二月二十七日，柴榮抵達下蔡。三月初二的晚上，柴榮乘戰艦渡過淮河，來到壽春城下，與前線將士會合，準備對盤據在紫金山下的南唐軍發起總攻。

柴榮對這支南唐軍的情況不是很了解，為了穩妥起見，柴榮派能捷左廂都指揮使高懷德率其本部數十騎兵，前去南唐大營偵察敵情。

五代父子皆稱為名將的不多，高行周、高懷德父子應該是其中最為顯赫的一對父子名將。高懷德字藏用，真定常山人。高懷德出身名將之家，身懷絕技，「忠厚倜儻，有武勇」。（《宋史・高懷德傳》卷二百五十）曾經在戚城單槍匹馬救出被契丹人重重圍困的父親，由是知名。高平之戰，高行周也是立過大功的，柴榮非常欣賞高懷德，這次親征淮南，高懷德就一直跟在柴榮身邊。

高懷德奉柴榮之命前去偵察的時候，已是深夜。高懷德帶著幾十個騎兵，神不知鬼不覺地來到南唐大營周圍，眾人仔細觀察南唐軍的動靜，都默記於心。不覺天已大亮，南唐軍發現了這小股周軍，立刻前來圍剿。高懷德「以少擊眾，擒其裨將以還」。（《宋史・高懷德傳》卷二百五十）回到大營後，高懷德向柴榮彙報了他所了解的敵軍情況，「盡偵知其形勢強弱，以白世宗」。（《宋史・高懷德傳》卷二百五十）柴榮大喜，他很滿意高懷德的表現，給予重賞。

對於一支相對弱勢的軍隊來說，神祕性是其綜合實力的重要組成部分，柴榮不知道南唐軍的底細，自然不敢輕舉妄動。但現在南唐軍的老底都被高懷德給抄了個底朝天，南唐軍神祕感的消失，讓柴榮看到了此戰必勝的希望。

其實南唐軍早在此前就已經開始了對壽州的救援任務，五萬南唐軍分成十幾個大營紮在紫金山下，和被困壽州的南唐軍遙相呼應，場面非常壯觀。此時，壽州城內已經彈盡糧絕，城外南唐軍現在最重要的任務，就是盡快打通與城中的糧食運輸線。

壽州城外有無數的周朝軍隊，通過正常手段，根本不可能將糧食運進城中。南唐軍的戰術是挖甬道，也就是兩旁都有堅固圍牆的通道，通過甬道向城中送糧。可惜在甬道即將挖到壽州城裡的時候，被周軍發現了。侍衛親軍都指揮使李重進在半路劫殺，甬道被破壞掉了，唐軍也戰死五千多人。

對柴榮來說，為了能早日拿下壽州，扭轉淮南戰事的不利局面，就必須解決掉紫金山下的這支南唐軍。三月初三的清晨，柴榮出現在了紫金山南唐軍大營的對面。身披重甲的柴榮看著遠方地平線上緩緩升起的紅日，他對殿前都點檢趙匡胤下達了第一道作戰命令。

趙匡胤的作戰任務是進攻南唐軍前鋒的營寨和紫金山北麓的一處唐軍據點，因為這兩座寨子正處在南唐軍營寨的中間地帶，如果能拿下來，就能切斷南唐軍的聯繫。此次戰役的勝利者，依然是趙匡胤，「皆破之，斬獲三千餘級，斷其甬道」（《資治通鑑》卷二百九十三），順利地完成了柴榮交給他的任務。

雖然陳覺有幸能成為柴榮的對手，但顯然，他是柴榮最不具分量的對手。如果他不懂軍事，倒也沒什麼，把軍權下移給前線將領就行了。可陳覺一無是處，卻冒充軍事行家，胡亂下達軍令。李璟派他去救壽州，可陳覺到了濠州後就不再前進，名為救援，實為觀望怯戰。而唐軍將士都知道陳覺權勢喧天，都不敢惹他，「將吏畏覺，無敢言者」。（《資治通鑑》卷二百九十三）

其實南唐軍中也有懂軍事的將領，比如西北面行營應援都監朱元。朱元本姓舒，潁州沈丘人，

「少個儻好學」（《宋史·南唐世家附舒元傳》卷四百七十八），與道士楊訥一起讀《左傳》，滿腹經綸文章，一腔錦繡抱負。

朱元本來是後漢河中節度使李守貞的門客，郭威率軍進攻河中時，李守貞就派朱元和楊訥去南唐求救兵。李守貞敗後，朱元和楊訥就留在南唐效力，朱元易舒姓為朱姓。而南唐名臣李平，其實就是楊訥。

朱元為人耿直，特別討厭朝中那夥奸佞，所以陳覺非常忌恨朱元，必欲除之而後快。陳覺暗中上書李璟，誣衊朱元有通周嫌疑。李璟也不察真偽，派武昌節度使楊守忠到前線取代朱元的職務。無故臨陣易將是兵家大忌，朱元接到調令，感到人格受了莫大的侮辱，他一怒之下想自殺。好在他的幕僚勸他不要做傻事，李璟昏聵不足事，不如投降柴榮這個識貨的。

朱元同意了。三月初四夜，朱元帶著本部人馬在陣前倒戈，向周軍投誠。柴榮對朱元的倒戈，非常的驚喜，他知道朱元是員良將，「世宗素知元驍果，得之甚喜」（《宋史·南唐世家附舒元傳》卷四百七十八），封為蔡州防禦使。朱元是南唐名將，他善撫士卒，與士兵們同甘共苦，在軍中威望甚高。朱元的倒戈，嚴重打擊了南唐軍本就臨近崩潰的士氣。

柴榮苦苦等待的機會終於來了，三月初五，又是一個充滿希望的清晨，柴榮一聲令下，士氣高昂的周朝將士向紫金山下的南唐軍發起了最後的猛攻。南唐軍已經沒有什麼鬥志了，一觸即潰，許文稹、邊鎬、楊守忠等高級將領被俘，陳覺僥倖逃出生天。

這一仗共擊斃或俘虜南唐軍將士萬餘人，但還有四萬多南唐軍蜂擁沿淮河向東逃竄。柴榮當然不會放過他們，他親自率領數百親衛騎兵沿淮河北岸，諸將從淮河南岸，周朝水軍則駕駛戰艦，在淮河中乘風東下追趕無頭蒼蠅一般的南唐敗軍。

與其說這是一場戰役，不如說這是一場屠殺。雙方的鬥志根本不成比例，周軍狂奔二百餘里，追上了失魂落魄的南唐軍隊。是役，南唐軍除了一部分被擠到淮河裡淹死，剩下的全部投降了周軍，約共四萬人。周軍大獲全勝，同時還得到了無數的敵軍糧草和軍械物資。

六、淮河上的落日

紫金山下，南唐軍狼奔豕突……

壽春城頭，劉仁贍淚流滿面……

這支五萬人的南唐軍隊，是劉仁贍最後一根救命稻草。可這根承載著劉仁贍所有希望的稻草，還是漸漸沉沒在冰冷的淮河水中，劉仁贍發出了幽幽的歎息聲。不要說如果他來指揮這支軍隊會如何，就是讓朱元來指揮，也不可能敗得這麼慘。

劉仁贍悲壯地站在壽春城頭，遙望淮河上的夕陽殘照，那最後一抹血紅的顏色，映滿了整個天空。夕陽一點點地沉下去，劉仁贍的希望也一點點沉下去。

南唐軍幾次救援全部被周軍打敗，柴榮對壽州志在必得，環望四周，柴榮的旗幟迎著河風獵獵作響，幾十萬周朝大軍屯聚城下，連營數百，看不到頭。

戰局發展到現在，劉仁贍已經明白了，他現在所能選擇的只有兩條路：要麼屈膝投降，要麼戰死殉國。以劉仁贍的性格來說，其實他只有後一種選擇：戰鬥到最後一刻，以自己的生命為代價，在青史竹簡上銘刻一個血性男人的驕傲。

顯德四年（九五七）三月十二日，柴榮率軍從渦口進至下蔡，準備對壽州發起總攻，柴榮的耐心已經用完了。第二天，柴榮致信劉仁贍，「使自擇禍福」。（《資治通鑒》卷二百九十三）劉仁贍已經選擇了「禍」，沒有必要再回覆柴榮。

劉仁贍的鬥志沒問題，可堅持了一年多，外面糧草運不進來，壽州城中的糧庫已經空了。南唐軍無食可就，甚至出現了吃人現象。「劉仁贍以死守壽春，人相啖食。而城卒不肯下。」（《釣磯立談》）劉仁贍本來還想再做最後一搏，他給城外的李景達傳遞消息，希望能讓邊鎬進來守城，他率兵和柴榮決戰，被李景達（或陳覺）拒絕。

壽州城危在旦夕，李景達見死不救，金陵城中的李璟有些沉不住氣了。現在的李璟已經完全喪失了對柴榮接受他請和的希望，如今之勢，唯有一戰。性格向來文弱的李璟突然血性勃發，他居然要親征！「唐主議自督諸將拒周。」（《資治通鑒》卷二百九十三）

中書舍人喬匡舜知道，李璟根本不是柴榮的對手，與其上陣前送死，不如在後方待著。他上書勸諫，被李璟以「以沮國動人心」（《南唐書．喬匡舜傳》）為由，流放撫州。隨後，熱血激昂的李璟又問神衛統軍朱匡業，當如何對付柴榮。

朱匡業更不相信李璟有這個本事，直接澆了李璟一盆涼水：「運數之興，天地皆助，大事若去，雖英雄亦無如之何。」（《南唐書．朱匡業傳》卷八）更可氣的是，在場的另一位神武統軍劉存中順著朱匡業的話，陰陽怪氣地大聲附和。李璟見他們長柴榮志氣，滅自己威風，大怒，將二人貶出金陵。

李璟難得一次親征的雄心，也被朱匡業和劉存中給澆涼了，此後，「既而竟不敢自出」。（《資治通鑒》卷二百九十三）說到底，李璟還是外強中乾，他所謂親征，不過是一時心血來潮。如果他真有必死的決心，又何必在意朱匡業的閒話？直接上陣尋柴榮對砍就是了。

戰不能戰，守又守不住，劉仁贍憂勞成疾，病倒了。但即使是病中的劉仁贍，依然是鐵骨錚錚，寧可餓死，也絕不向柴榮低頭。不過，劉仁贍自己可以有必死的決心和勇氣，壽州城中其他人卻未必就有他這樣的硬骨頭。有人選擇了投降，而這個背叛劉仁贍的人，居然是劉仁贍的兒子劉崇諫！

劉崇諫的決心和勇氣，已經被長達一年多的圍困消耗得差不多了，他不想再這樣不死不活地耗下去。劉崇諫趁著天黑，駕著小船企圖過河降周，沒划多遠，就被巡邏的軍人抓獲，送到劉仁贍面前。

劉仁贍是下過軍令的，凡是敢降敵者，必斬！即使是他的親生兒子，也不能例外。劉仁贍下令將劉崇諫腰斬，以儆效尤。許多將士含淚哭勸，劉仁贍不許，他們又去找劉仁贍的妻子薛夫人求情。

面對自己的親生兒子犯軍法處斬，她流著淚，說了一句感動歷史的話：「妾於崇諫非不愛也，然軍法不可私，名節不可虧，若貸之，則劉氏為不忠之門，妾與公何面目見將士乎！」（《資治通鑒》卷二百九十三）劉仁贍夫婦捨小親就大義的壯舉，深深感動了將士們，「遂就促斬之，然後成其喪禮，戰士無不墮淚」。（《南唐近事》）

如果劉仁贍自己率先違反軍令，以後還拿什麼服人？「以身作則」，說起來很容易，卻沒有幾個人能做到。劉崇諫被斬，震撼了守城將士，許多人都堅定了和劉仁贍殉國的決心。

三月十三日，劉仁贍突然收到了柴榮的一封信。柴榮勸劉仁贍要識時務，不要再做無謂的抵抗，因為你現在的抵抗已經毫無意義。劉仁贍寧死不降，真的沒有意義嗎？還是有的，至少劉仁贍向歷史證明了，男人是有尊嚴的。劉仁贍沒有回覆柴榮，也沒有必要回覆，他早已經做出了選擇。

這場戰爭打到現在，勝負已經沒有任何懸念了，柴榮只想知道，他將在哪一天見到劉仁贍。三月十七日，柴榮在壽州城下閱兵，周軍馬步三軍舉著鋥亮的武器，向城中的堅守者示威。

病中的劉仁贍已經看不到柴榮的軍隊在城外耀武揚威了，他此刻躺在官署的榻上，奄奄一息。一年多以來的勞累，再加上饑餓，劉仁贍再也站不起來了。南唐的壽州監軍使周廷構和營田副使孫羽見此情形，他們再也沒有勇氣堅持下去了。

三月十九日，他們以劉仁贍的名義，寫了一份所謂的降表，派人出城交給柴榮。苦戰了一年多，柴榮終於要以勝利者的身分進入壽州了，他的心情非常激動。三月二十一日，柴榮下令馬步三軍盛陣於壽春城外，正式接受南唐守軍的投降。

周廷構派人用擔架，抬著已經奄奄一息的劉仁贍，來到了柴榮的大營，柴榮終於見到了劉仁贍。柴榮從來就沒有恨過劉仁贍，相反，他非常敬重這樣有血性的男人，英雄向來都是敬重英雄的。柴榮好言安慰劉仁贍，實際上劉仁贍什麼也聽不到了。

劉仁贍被抬回城裡，隨後柴榮特意頒布了一道詔書：「劉仁贍盡忠所事，抗節無虧，前代名臣，幾人可比！予之南伐，得爾為多。」（《新五代史．劉仁贍傳》卷三十二）劉仁贍依然沒有機會看到了，就在柴榮進城的當天，五十八歲的劉仁贍病逝於壽州。

柴榮對這樣一位名將的病逝，感覺非常惋惜，得千軍易，得一將難。現在他好不容易得到了劉仁贍，可劉仁贍看也沒他看他一眼，就離開了人世。心情複雜的柴榮下令，追封劉仁贍為彭城郡王。

壽州的軍民聽說他們尊敬的劉將軍病逝了，無不痛哭失聲，哀悼不絕。甚至劉仁贍手下的幾十名將士，聞知此訊，皆痛哭一場，自殺殉國，壽州城中被悲傷的情緒所籠罩，久久不能散去。

不過關於劉仁贍的人生結局，《舊五代史》《冊府元龜》卻給出了另外一種讓人震驚的說法：劉仁贍是主動投降柴榮的，「偽壽州節度使劉仁贍上表乞降」（《冊府元龜．招懷第五》卷一百六十七），甚至還記錄了一篇柴榮的詔書，稱讚劉仁贍「固守誠節，不虧近代封疆之臣卿」（《冊府元龜．招懷第五》卷一百六十七）云云。這句話似乎有些自相矛盾。

二書所說的劉仁贍降周，可能是指周廷構等人盜用劉仁贍的名義投降的。周廷構獻給柴榮的降表是以劉仁贍的名義寫的，所以從官方角度來說，可以算成劉仁贍的行為。持劉仁贍殉國說的是《資治通鑒》《新五代史》，眾所周知，司馬光治史極嚴，如果沒有可靠的史料，他絕不會胡亂寫的。今取《資治通鑒》記載。

金陵城中的李璟也得到了劉仁贍殉國的消息，心情壓抑的李璟再也忍不住情緒，大放悲聲。

李璟雖然有時很昏聵，但他畢竟是著名的文人皇帝，感情特別細膩豐富。劉仁贍的死，觸動了李璟心中最為柔弱的那一根感情之弦，人非草木，孰能無情？而在李璟放聲痛哭的時候，南唐朝野的大臣們，都低下了頭。

是冷漠，還是慚愧？只有他們自己知道。

第六章　欲得天下者，必先得淮南

一、壽州的善後工作

淮南十四州是對南唐統治的淮南地區的籠統說法，實際上有兩個州在淮河北岸，在地理意義上真正屬於淮河南岸地區的有十二州。十四州分布情況下：

淮河南岸十二州：光州（今河南潢川）、黃州（今湖北黃岡）、蘄州（今湖北蘄春）、舒州（今安徽潛山）、壽州（今安徽壽春）、廬州（今安徽合肥）、濠州（今安徽鳳陽）、滁州（今安徽滁州）、和州（今安徽和縣）、揚州（今江蘇揚州）、泰州（今江蘇泰州）、楚州（今江蘇淮安）。

淮河北岸二州：泗州（今江蘇盱眙）、海州（今江蘇連雲港）。

在這十四州之中，基本上以壽州為中心點，將南唐的淮南地區分為東、西兩個部分。所以壽州在歷代南方政權的淮南防禦體系中都是最重要的軍事據點，但如此北方政權控制壽州，則退可守徐州、汴梁，進可取金陵、揚州。

「壽州控扼淮潁，襟帶江沱，為西北之要樞，東南之遮罩。南收衡山，以擊廬江，有尋陽之船，守下雉之城，結九江之浦，絕豫章之口強弩臨江而守，以禁南郡之下，東收江東會稽，南通勁越，猶可屈強江淮間。自魏晉用兵，與江東爭雄，未嘗不先事壽春。及晉遷江左，而壽春之勢益重。」（《讀史方輿紀要・南直三》卷二十一）梁朝初年，壽州就被北魏佔據，對梁朝江東政權造成了極大的生存壓力。

這個規律同樣可以適用於現在後周和南唐的攻守關係，楊吳——南唐控制壽州，北伐中原的主動權就牢牢掌握在他們手上，北方政權倒顯得有些被動，只不過楊吳——南唐的歷代統治者並沒有北伐的意願而已。李璟倒是有志北伐，卻錯過了一個千載難逢的機會（後晉滅亡之際，中原無主）。

站在南朝政權的角度來看，守江必守淮，無淮必無江。失去了淮南防線，金陵就無險可守。淮南地區對於拱衛金陵的重大戰略作用，後人對此看得非常清楚。

南宋紹興五年（一一三五）三月，宋知湖州事朱勝非上言四事，即「進討僭偽，守禦江淮，招撫遺民，審度敵情」。（《宋史全文．高宗八》卷十九中）

南宋初年，許多大臣都勸宋高宗趙構定都建康，北上收復失地，如衛膚敏、張守、吳芾、張紹、李光等人。張守就說：「建康自六朝為帝王都，江流險闊，氣象雄偉，據要會以經理中原，依險阻以捍禦強敵，可為行都，以待恢復。」（《讀史方輿紀要．南直二》卷二十）但他們建議遷都建康的前提，都是必先扼守江淮。沒有淮南，建康自守尚且不能，何暇北圖？

關於守禦江淮，朱勝非認為定都建康（金陵）的優勢不如長安和襄陽，但也並非不可以建都。定都建康的首要前提是守住淮南，為建康之屏藩。「淮南有藩籬形勢之固，然後建康為可都。」（《宋史全文．高宗八》卷十九中）

清人顧祖禹在《讀史方輿紀要》中卻記載上面這段話是南宋名相李綱所說。同時，李綱認為南唐之所以亡國，最大的原因就是被周世宗奪去淮南，失去江北門戶，北方軍隊可以隨時渡江直取金陵。「後唐李氏有淮南，則可以都金陵。其後淮南為周世宗所取，遂以削弱。」（《宋史全文．高宗八》卷十九中）

在柴榮的淮南戰略中，一直是以奪取壽州為核心的，就像是美味蛋糕上最誘人的那顆紅櫻桃。

柴榮可以暫時放棄對其他州的控制，拼盡全力，也要拿下壽州。壽州被柴榮拿下之後，後周和南唐的戰爭均勢被徹底打破，柴榮距離他吞併淮南十四州的目標，顯然又近了一步。

這裡需要講明一個情況，在南唐之前的歷代南方政權，壽州的治所都在淮河南岸，也就是現在的安徽壽縣。宋朝的壽州治所卻在淮河北岸的下蔡（今安徽鳳台），而將壽州治所從南岸遷到北岸的，就是柴榮。

顯德四年（九五七）三月二十三日，柴榮下詔，遷壽州治所於下蔡。四月，柴榮命新任忠正軍節度使楊承信率壽州民夫在下蔡擴建壽春新城。柴榮之所以做出這個舉動，主要是考慮到了兩個重要因素：

一、壽州治所在淮河南岸，對南唐有利，南唐可以以壽州為戰略支撐點，固守淮河防線。而對後周來說，如果將治所還放在壽州，一旦有南唐大舉進攻，壽州就要陷入背水一戰的險境，糧草過河不便。一旦壽州有失，整個奪取淮南的軍事行動都將前功盡棄。

二、壽州其實並不在淮河岸邊，而是在淮河的支流上，北距淮河還有十幾里之遙。下蔡正好卡在淮河的主河道上，南方政權之所以能控制淮南地區，最主要的原因就是依靠淮河天險防守。而現在將治所遷到下蔡，北方軍隊就能打破南方軍隊對淮河的壟斷控制。

第一點原因側重於北方軍隊對南方軍隊的戰略防守，第二個原因則側重於北方軍隊對南方軍隊的戰略進攻。以現在的淮南局勢而言，柴榮顯然更看重第二個因素。由於南唐國都在金陵，從地理位置上來看，南唐更看重淮南東部地區的控制。而淮南的西部地區距離金陵較遠，對金陵產生的軍事威脅也較小。

另外，在南唐統治時期，壽州是清淮軍的治所。柴榮得到壽州後，將清淮軍改成了忠正軍，據說是為了表彰劉仁贍的孤忠丹心。周朝的第一任忠正軍節度使是右羽林統軍楊承信，兼同平章事（即使相，掛名宰相）。

在五代時期，同平章事是名義上的宰相，相權實際上在樞密院。所以後周有許多守牧藩鎮的高級將領都掛了同平章事的虛銜，比如郭崇、扈彥珂、薛懷讓、王彥超、向訓、宋偓等人。

楊承信，《資治通鑒》簡化成了楊信，實際上，除了楊承信之外，宋初還有一個楊信。查《宋史》，楊承信和楊信皆有傳。楊信是趙匡胤的部下將校，在後周官場的活動沒有記載，而楊承信早在後晉時期，就已經是封疆大吏了。後晉末期，楊承信被任命為平盧節度使時，只有二十七歲。楊承信和柴榮是同年生人，都生於九二一年。

當然，這和楊承信的出身有關，因為楊承信的父親，就是五代著名的反王楊光遠，所以在官場上的起點非常高。不清楚《資治通鑒》為何略去「承」字，二人容易弄混淆。楊光遠有稱帝之志，背叛石重貴，投靠了耶律德光，並勾引契丹南犯。說楊光遠是漢奸，似乎有些牽強，因為楊光遠是沙陀人。

石重貴對付耶律德光有些吃力，但對付楊光遠並沒有費太大的周折，三下五除二，「禿頭天子」楊光遠就被另一個後來的著名反王李守貞給搞掉了。楊光遠為人首鼠兩端，但楊承信的人品和楊光遠大不相同。「承信身長八尺，美信表，善持論，且多藝能，雖叛臣之子，然累歷藩鎮，刻勵為政而不苛。」（《宋史・楊承信傳》卷二百五十二），楊光遠「素患禿瘡，其妻又跛，自古豈有禿頭天子、跛腳皇后耶」？人品好，能力強，柴榮自然要重用楊承信。

柴榮把壽州重鎮交給了他所信任的楊承信，接下來，他要親自去征服淮南其他地區。

柴榮下一個目標是沿淮河東下，攻取沿岸的泗州、楚州，擴大戰線。現在南唐精銳喪盡，但還有一定的反擊能力，南唐最大的問題是兵源太少，所以周軍必須拉開戰線，讓南唐軍四處滅火，顧此失彼，千萬不能犯當年苻堅犯的那個極為幼稚的錯誤。

在攻取淮南的緊要關頭，柴榮突然又回京了。這次柴榮回京，不是因為私事，而是要指揮疏通汴河的水利工程，以及制定刑法，同時再處理一些日常政務。雖然柴榮把權力下放給王朴，但王朴畢竟只是臣子，有些事情，王朴是作不了主的。

在回汴梁之前，柴榮還專門針對壽州的穩定發展，實施了幾項有益的政策。壽州是新得州郡，柴榮在這裡還沒有民意基礎，所以他需要讓這裡的老百姓得到實惠，只有這樣，才能得到百姓的支持。打天下需要軍心，治天下需要民心，無論是亂世還是盛世，道理是一樣的。

柴榮重點做了五件事：

一、壽州治下的監獄，除了死囚，其他犯人一律釋放。

二、將之前嘯聚山林為盜的百姓都召回來，政府支援他們恢復產業，安心從事生產。

三、開倉放糧，救賑饑民。

四、允許被俘南唐軍民回鄉，官府贈送路費。

五、將戰死的南唐軍將士屍骨以有尊嚴的方式下葬。

從歷史經驗上來看，凡是新歸附的地區，民心最容易出現反覆，柴榮不是沒吃過教訓。讓新附地區的百姓忘掉前朝的辦法其實非常簡單，讓老百姓的日子過得比在前朝統治時期好。

老百姓心裡都有一桿秤，他們能分得清誰對他們好，誰對他們不好。這個世界上最愚蠢的事情就是把老百姓當傻子糊弄，但凡是糊弄老百姓的，最終無一例外地都被歷史戲弄。欺民者，天必欺之。

三月二十九日，柴榮離開壽州返京。十三天後，也就是四月十二日，柴榮回到汴梁。

留守東京的文武百官聽說皇帝要回京了，都非常的興奮，大家連袂迎駕於高砦鎮。眾人遠遠望見，皇帝騎著一匹健碩的白馬，揮舞著馬鞭，乘風揚塵而來。繫在頸後的錦繡披風，逆著風撲喇作響。

柴榮英姿勃發地來到眾官面前，眾人沒敢等柴榮下馬，都跪在地上，齊聲高呼皇帝陛下萬歲，並祝賀南征大捷。柴榮並沒有露出很興奮的樣子，似乎在找人，四處尋望。

這時，兵部尚書張昭膝行數步，跪在柴榮馬前，恭維著大皇帝：「臣等親奉德音，期以兩月還京。今才五十餘日矣。料敵班師，皆如睿算。臣等不勝慶忭。」（《冊府元龜·帝王部·親征第三》卷一百一十八）隨後，張昭再次揚袖伏拜，山呼皇帝陛下萬歲。

柴榮在馬上仰天大笑……

人都是有虛榮心的，作為一個偉大的征服者，柴榮也不會例外。但張昭的讚美卻是發自內心的，因為柴榮用事實證明了，他有資格享受這樣的「奉迎」。他親手打來的天下，當然有資格享受這一切。

二、沿淮東下，橫掃千軍

和上次差不多，這一次柴榮在汴梁小住了四個多月，直到十月十九，柴榮才離開汴梁，再次奔赴淮南前線。

臨出汴梁前，柴榮下了一道詔書：

向者，以淮甸未平，王師致討。實賴忠貞之力，繼成克捷之功。漸屬嚴凝，念彼征役。況今邊陲無事，軍旅正雄。須議省巡，親躬撫問。將布混同之化，罔辭櫛沐之勞。止期一兩月間，車駕卻還京闕。凡在中外，當體朕懷，今取此月內，暫幸淮上。應往來沿路供頓，務從省略。凡有費用，並以官物供備。所在不得科配。（《冊府元龜．帝王部．親征第三》卷四十五）

柴榮的講話非常明確，有三點：

一、不獨吞戰功。淮南大捷不是他一個人的功勞，所有相關官員都有功勞。

二、確定第三次親征時的時間，兩個月左右。

三、也是最重要的一點，車駕所經之處，所需費用，一律從簡。而且由朝廷官庫支付，地方官府不得打著供應行軍需要的旗號擾民。

柴榮做事非常謹慎，考慮得也非常周全，他知道地方上有些人習慣了吃拿卡要，亂打旗號摟錢。柴榮絕對不會給他們這個擾民自肥的機會，錢落進他們的口袋裡，卻讓柴榮替他們背黑鍋，遭百姓痛罵。

另外，柴榮安排了留守東京的主要官員人選：樞密使王朴充東京留守，負責朝政的日常交易處理。三司使張美任大內都點檢，負責皇城治安。

安排妥當後，柴榮騎著馬，迎著又一個日出，豪情萬丈地踏上了第三次親征淮南的征程。

十一月初四，柴榮來到了鎮淮軍（即渦口），沒有停留，而是連夜乘戰艦渡過淮河，第二天，抵達濠州城西郊。壽州被周軍攻下之後，南唐軍基本上就集中在濠州以東地區，這裡也是柴榮的作戰重點。泗、楚等州的南唐軍還是有相當的戰鬥力，不消滅這些南唐軍，柴榮是睡不踏實的。

在濠州東北十八里處的淮河岸邊不遠處的河道中，有一片灘塗地，這裡駐紮著一支南唐軍隊，具體人數不詳。十八里灘地勢非常重要，「其灘廣袤數里，淮水浸而圜之，乃濠上之咽喉也」。（《冊府元龜・帝王部・親征第三》卷四十五）這裡四面環水，南唐軍已經打造了防禦工事，並把戰艦停泊在十八里灘。南唐軍認為周軍沒有水軍，奈何他們不得，所以高枕無憂。「賊據其地泊舟戢以自固，恃其四面水深，謂我師必不能濟。」（《冊府元龜・帝王部・親征第三》卷四十五）

柴榮是一個不信邪的人，再說柴榮手裡還有一件祕密武器，估計這是南唐軍從來沒有見過的作戰方式，這件祕密武器就是駱駝部隊。後周西部邊境與隴西接壤，通過與西域互市，得到了許多駱駝。柴榮覺得駱駝扛運貨物有些大材小用了，就「悉索行在橐駝以往」（《冊府元龜・帝王部・親征第三》卷四十五）臨時組建了一支駱駝軍。駱駝善於涉水過河，十八里灘與岸邊之間的水不算很深，所以駱駝正好能派上用場。

說到駱駝，想到宋人記載的一則軼事。這事發生在六年後的趙匡胤出兵滅楚之時，本與柴榮無關，但確實有意思，不妨講一講。宋乾德元年（九六三）初，宋軍入湖南，隨軍帶有不少的駱駝。湘楚地處江南，平時很難見到駱駝。所以宋軍的駱駝隊搖搖擺擺地路過村戶門前時，附近村落的村民都跑來看，感覺很稀奇，他們從來沒有見過駱駝，以為天神下凡。甚至還有人把駱駝當成了神獸山王，對著駱駝焚香跪拜，宋軍見狀，無不笑翻。還有一些村民，居然撿起駱駝的糞便，用線穿起來，戴在脖子上，以為驅邪避禍之用，南人相傳以為笑。

其實，這件事不能認為是楚人「愚昧無知」所致。楚人的聰明才智，這是古往今來，舉世共知的。在古代交通不便的情況下，南人不識駱駝，猶北人不識大象。三國時期孫權送給曹操一頭大象，魏國官員都驚為天物，這都是很正常的事情，不必大驚小怪。

十一月初六，柴榮命令駱駝軍過河進攻，他在後壓陣。率領駱駝軍的將領，《舊五代史》說是趙匡胤，《資治通鑒》則說是龍捷指揮使康保裔。這場小小的戰鬥並沒有慘烈的場面出現，《資治通鑒》記載：「內殿直康保裔帥甲士數百，乘橐駝涉水，太祖皇帝帥騎兵繼之，遂拔之。」（《資治通鑒》卷二百九十三）《冊府元龜》記載：「一鼓而盡殪之，虜其戰艦而盡。」（《冊府元龜・帝王部・親征第三》卷四十五）

此時濠州還在南唐的控制之下，駐守濠州的是南唐濠州團練使郭廷謂。郭廷謂倒是有些本事，柴榮剛來，他就給柴榮一個下馬威。他趁周軍初來，立足未穩之際，在夜裡派出一千多人的敢死隊出城偷襲周軍。周軍沒有防備，亂成一團，「蹂躪死者甚眾」。（《宋史・郭廷謂傳》卷二百七十一）

郭廷謂和父親濠州觀察使郭全義相繼駐守濠州，是南唐淮河屏藩。這次偷襲小勝並不是郭廷謂對周軍的第一場勝利，半年之前，郭廷謂就在定遠打敗了周武寧軍節度使武行德，殺傷周軍數百人，將武行德打成了光棍。

郭廷謂雖然作戰勇猛，但濠州孤立無援，根本沒有本錢和柴榮打持久戰。十一月十一日，柴榮不顧來回轉戰的辛勞，督率諸軍向濠州外城發起了猛烈的進攻。南唐軍的戰術是將幾百艘戰艦聚集在城前的淮河水道上，同時用無數根大木頭投進河中，阻止周朝水軍攻城。

自六合、紫金山兩場慘敗後，南唐軍的整體戰鬥力已經下降了好幾個檔次。現在柴榮要做的，也只是找一架梯子，爬到樹上摘果子。這場戰鬥毫無懸念，皇帝一聲令下，殿前都虞侯趙匡胤率本部兵在前衝殺，「今上乘勢麾軍，焚郭門，奪月城」。（《舊五代史．周世宗四》卷一百一十七）趙匡胤英勇殺敵，柴榮也不甘示弱，他親自披掛上陣，一手持劍，一手持盾，冒著南唐軍射來的利箭和石塊，率將士奮勇攻城。「帝親冒矢石以攻其壘」。（《舊五代史．周世宗紀四》卷一百一十七）

皇帝身先士卒，是提升士氣的最有效辦法之一，周朝水軍氣勢如虹，「拔其木，焚戰船七十餘艘，斬首二千餘級」（《資治通鑑》卷二百九十三）。關於這場戰役的周軍指揮官，《舊五代史》說是趙匡胤，結合各種史料來看，趙匡胤在這場戰役中的位置應該是前鋒。隨後，周軍一鼓作氣，又攻下了濠州外郭的羊馬城，「城中震恐」。（《資治通鑑》卷二百九十三）

渾身沾滿血跡和塵土的柴榮，站在月城的空地上，劍扔在腳下，接過侍從遞上來的皮袋，大口喝著水。隨軍官員伏跪在他周圍，恭賀皇帝大捷。

周軍即將攻入濠州前，柴榮又給了郭廷謂一個機會，派人進城勸他投降。郭廷謂還算是識時務，他向柴榮表示願意歸順，但條件是他必須向金陵說明情況，因為他的家小都在金陵做人質。實際上郭廷謂是在拖時間，因為此前他已經派人去金陵求救兵，現在還沒有回音，如果李璟不發救兵，郭廷謂再投降柴榮不遲。

集中優勢兵力消滅敵人的有生力量，不徹底摧毀敵軍的反抗能力，得到再多的地盤也守不住，只能陷入苦戰。遵循這個思路，柴榮繞開濠州，去進攻盤據在濠州東的一支近萬人的南唐軍隊。又是一場大勝，斬首五千人，俘獲兩千人，奪戰艦三百艘。柴榮下一個目標是泗州。

柴榮的作戰方略非常清楚，就是先掃清淮河兩岸的南唐軍，然後再次第南下，攻取淮南各州。不然，南唐軍盤據在淮河兩岸，對深入淮南作戰的周軍會造成很大的威脅。

柴榮率軍東進掃蕩，「鼓行而東，以追奔寇，晝夜不息，沿淮城柵，所至皆下」。（《舊五代史・周世宗紀四》卷一百一十七）柴榮做人做事，向來是非常大氣的。他率領的軍隊，同樣是霸氣十足。有句名言說得非常好：一頭獅子率領一群綿羊，能打敗一隻綿羊率領的一群獅子。柴榮就是那頭鐵血霸道的獅子王！

十一月二十三日，周軍殺到了泗州城下。率領攻城的周軍將領是趙匡胤，很快就攻下了泗州的外郭。柴榮也沒有閒著，他披甲持劍，冒著從城上飛下來的箭矢、木石，奮不顧身地向前衝殺。皇帝如此不要命，將士們又怎麼好意思畏縮不前。領導者的表率作用非常重要，不僅能提升士氣，更能團結人心。

泗州刺史范再遇堅持不下去了，十二月初三，舉軍向周軍投降。

因為柴榮不在淮南期間，周軍屢次發生敗壞軍隊形象的惡性事件，柴榮不能容忍再有這樣的事情發生。他下了一道軍令：「禁軍中芻蕘者毋得犯民田」（《資治通鑒》卷二百九十三），軍隊打草穀，本不算什麼大事，但柴榮只是用這個例子來表達自己治軍愛民的態度。戰爭期間的軍心很重要，但戰爭結束後的民心更重要。百姓聞之，大悅。

柴榮的嚴厲是出了名的，所以周軍都怕被柴榮抓現行，沒有一個人敢觸犯柴榮的軍令。甚至在

沒有得到柴榮的命令前，周軍將士沒有一個人敢擅自進入泗州城。「既克泗州，無一卒敢擅入城者。」（《資治通鑒》卷二百九十三）

一個成功的領導者必須至少具備兩個條件：一是能力強；二是紀律嚴明。只有能力是鎮不住人的，必須狠抓紀律，必要時，可以殺隻雞，給那幫上躥下跳的猴子們看看，猴子們知道該怎麼做的。

泗州雖收入囊中，但泗州附近還有幾股遊弋的南唐軍隊，尤其以水軍居多。江淮地區水網縱橫，特別是淮河東段泗州至楚州一帶，淮河、泗水、汴水、漕渠（即今大運河淮安至揚州段）在此處匯流，泗、楚之間的河道上還有一個面積不算小的白水陂（今洪澤湖東片水域）。

在清河口（今江蘇清江）有一支近萬人的南唐水軍，主將是濠、泗、楚海水陸都應援使陳承昭（同時兼任保義節度使）。柴榮的戰術依然是三路並進：趙匡胤率步騎兵數千人沿淮河南岸急速行軍，水軍順河東下，柴榮本人率親衛騎兵從淮河北岸行進。

一千年前的淮河兩岸，不像現在稻田如織，林木繁茂，風景如畫。那時的淮河岸邊，長滿了密密麻麻的蘆葦，而且地勢坑窪不平，還有許多沼澤地。就是這樣不利的外在條件，也依然沒有阻擋住周軍前進的腳步。

為了劈出一條行軍通道，柴榮揮刀砍掉這些幾近一人多高的蘆葦，馬靴踩在泥濘的坑窪地裡，「吱吱」作響。雖然行軍很辛苦，但皇帝親自帶隊，與士兵們同甘共苦，大家也就沒話可說了。

十二月初八，周軍在經過近百里的急行軍後，終於抵達清河口。周軍立刻向南唐水軍發起進攻，南唐軍人數雖多，但已經沒什麼鬥志了，邊戰邊退。戰鬥持續了一夜，到了次日凌晨，在楚州城西北處，「大破之」，南唐水軍幾乎全軍覆沒。

陳承昭帶著幾艘戰艦，從淮河主河道向東逃竄。其實像這種規模極小的戰鬥，柴榮完全沒有必要事必躬親，但還是和趙匡胤狂追了六十里，在山陽北殲滅南唐水軍殘部，趙匡胤生擒陳承昭，獻於皇帝麾下，柴榮大悅。

關於柴榮和趙匡胤是用什麼交通工具追的，《資治通鑒》語焉不詳，只是說「帝自追之，太祖皇帝為前鋒，行六十里」。（《資治通鑒》卷二百九十三）沒說是乘船。《舊五代史》則說君臣二人是騎馬追的，「帝率驍騎與今上追之數十里」。（《舊五代史．周世宗紀四》卷一百一十七）

陳承昭在淮河的船上，柴榮等人在陸地上，如何能擒下陳承昭？最大的可能，柴榮和趙匡胤在岸上騎馬狂追，周軍戰艦在淮河上緊跟不捨，趙匡胤乘船打敗南唐的幾隻戰艦，這是最合理的解釋。

現在的周朝水軍已經鳥槍換炮了，不僅戰艦品質提高，在數量上，因為屢屢戰勝南唐水軍，也得到了許多南唐戰艦。「舟師大備。至是水陸皆捷，故江南大震。」（《舊五代史．周世宗紀四》卷一百一十七）這次戰果也非常豐厚，獲得南唐戰艦三百多艘。

至此，南唐在淮河上的水軍及戰艦全部覆沒，「唐之戰船在淮上者，於是盡矣」。（《資治通鑒》卷二百九十三）柴榮實現了殲敵有生力量的既定戰略目標。楊吳、南唐政權之所以能和強大的中原政權對抗長達六十年之久，最主要的原因就是江東政權控制了淮河的防守體系。

中原軍隊水軍實力較弱，根本無法殲滅淮河上的江東水軍。現在周軍水軍實力明顯增加，而且全殲了淮河上的江東水軍。南唐的北線——淮河防禦體系徹底崩潰，門戶洞開，周軍大量陸戰部隊輕鬆渡過淮河後，他們的陸戰優勢就顯露出來。打陣地戰，南唐軍明顯不是周軍的對手。

周軍在淮河上的節節勝利，也震撼了濠州城中的郭廷謂，以雙方的實力差距，勝利毫無疑問，將屬於柴榮。此時他的使者從金陵回來，帶來了一個讓郭廷謂沮喪的消息：李璟沒有發兵救濠州的打算。其實就算南唐軍來了也沒有什麼用處，淮河上全是周軍戰艦，根本過不來。如果在陸地上救援，更不是周軍的對手。

十二月十日，郭廷謂出城降周。

在郭廷謂決定向柴榮投降前，還發生了一個意外。郭廷謂讓錄事參軍李延鄒替他草一份降表，沒想到李延鄒忠於李璟，他指責郭廷謂不忠不義，郭廷謂臉紅得像個蘿蔔。但現在周軍兵臨城下，不降就是死路一條。郭廷謂把刀架在李延鄒的脖子上，逼李延鄒寫降表。沒想到李延鄒是個硬骨頭，他憤怒地把筆扔在地上，指著郭廷謂大罵：「大丈夫終不負國，為叛臣作降表！」（《南唐書・郭廷謂傳》卷十四）郭廷謂惱羞成怒，殺了李延鄒，然後降周。

郭廷謂很有表演天賦，他背叛了李璟，卻把自己打扮成忠臣的模樣，好像是他萬不得已才降敵的。郭廷謂「集諸軍於壘門，南望大慟而降於周」（《宋史・郭廷謂傳》卷二百七十一），哭得昏天黑地，李璟又聽不見，何必呢。

雖然郭廷謂有虧於臣節，但柴榮似乎並不計較這些。他在山陽行宮接見郭廷謂的時候，好言勸慰，讓郭廷謂不要有什麼思想包袱。柴榮安慰郭廷謂的話很有意思：「濠州是個小城，不要說你，即使是李璟來守城，在朕強大的攻擊力面前，他也守不住。」

在戰爭沒有結束之前殺降將，是兵家之大忌。東漢末年，劉備窮困來投曹操，有人勸曹操殺劉備以絕後患。郭嘉勸道：「公提劍起義兵，為百姓除暴，推誠仗信以招俊傑，猶懼其未也。今備有英雄名，以窮歸己而害之，是以害賢為名，則智士將自疑，回心擇主，公誰與定天下？夫除一人之

患，以沮四海之望，安危之機，不可不察。」（《三國志．郭嘉傳》卷十四注釋（一））

郭嘉的這段話極有道理，厚待降將，是瓦解敵軍戰鬥力的一個重要政治手段。要知道，郭廷謂身後站著許多觀望的南唐將領，柴榮與其說是厚待郭廷謂，不如說是做給那些還未投降的南唐將領看的。再者，敵軍將領中有許多人才，「楚才晉用」，豈非美事？柴榮向來是愛惜人才的，他當然捨不得殺郭廷謂。

三、柴榮「屠城」辯

濠州、泗州相繼失陷，整條淮河防線基本被柴榮摧毀，金陵的江北門戶揚州，已經無險可守。楊吳之所以將國都定在揚州，最重要的原因就是楊吳控制著淮河防線，北方軍隊打不過來。而如果北方軍隊突破淮河防線，不費什麼力氣，就能殺到揚州城下。揚州背靠長江，幾乎就是無路可退，背水一戰固然勇氣可嘉，但那大多都是無奈之下的選擇。

柴榮之所以將壽州治所從淮河南岸遷到北岸，也是不想讓壽州面臨背水一戰的險境。對於李璟來說，道理也是一樣的。從現在的局勢來看，周軍肯定會對揚州發起第二次進攻，與其背水死守，不如主動撤退。

柴榮派周鐵騎左廂都指揮使武守琦帶著幾百騎兵去揚州偵察敵情，等武守琦到達高郵時，就得到消息：「唐人悉焚揚州官府民居，驅其人南渡江。」（《資治通鑒》卷二百九十三）幾天後，武守琦來到揚州，驚愕地發現，當年富甲天下的揚州城，只有十幾個老弱病殘。

經過幾場大戰，南唐精銳喪失殆盡，兵源得不到補充，在這種情況下，人口就是關鍵。所以李璟寧可棄城，也不能拋棄百姓，在以農業為主的社會裡，人口就意味著財富。

李璟也夠心狠，人帶走就算了，還把揚州城給燒了。距離揚州不到百里路程的泰州，估計城中也已經沒有多少軍隊駐守了，柴榮聽說泰州無備，遣兵襲之，十二月二十五日，周軍佔領泰州。

現在淮南東部地區，唯一還有南唐軍隊駐守的，是楚州。柴榮不進攻楚州，而去收復揚、泰二州，看似閒筆，其實這是一著妙棋。攻克濠、泗二州之外，柴榮下一步作戰重點就是楚州。

如果不拿下揚、泰二州，隔斷江東和楚州之間的聯繫，南唐軍萬一突然北上救援楚州，柴榮就要腹背受敵，這也是「圍點打援」的另一種思維方式。其實早在一個月之前，周軍就開始了對楚州的圍攻，由於南唐的楚州防禦使張彥卿指揮得當，周軍才受阻於城下。柴榮不放心楚州的戰事，決定親自指揮攻城。

最近周軍屢戰屢勝，士氣高昂，周軍步騎兵數萬，分水陸兩道，浩浩蕩蕩地開赴楚州前線。周軍中應該有文藝兵，他們編出了一首邊塞游牧民族風情的軍歌《檀來歌》，讓士兵們傳唱。歌詞通俗易懂，士兵們很快就學會了。周軍水陸兩道士兵，放開嗓子，驕傲的歌唱。幾十里外，都能聽到周軍將士們嘹亮的歌聲，聲震東南。

顯德五年（九五八）正月二十三日，柴榮率主力部隊兵臨楚州城下，隨即下令攻城。

這場楚州之戰，是周軍在淮南打得最為艱苦的一場戰役，交戰過程異常慘烈。整個五代十國的城市攻堅戰史，在作戰強度和慘烈度上，唯一能和楚州之戰相提並論的，也許只有宋太宗滅北漢強攻太原的那場戰役了。

具體的戰鬥過程，陸游在《南唐書》中記載得非常詳細，如下：

及梯衝臨城，鑿城為窟室，實薪而焚之，城皆摧圮。遂陷，彥卿猶列陣城內，誓死奮擊。謂之巷鬥。日暮，轉至州廨。長短兵皆盡，彥卿取繩床搏戰，及兵馬都監鄭昭業等千餘人皆死之。無一人生降者。（《南唐書・張彥卿傳》卷十四）

這是一場城市攻堅戰，也是一場街巷肉搏戰，楚州中每一寸地皮都是血肉橫飛的戰場。張彥卿的骨頭真是硬得不得了，他明知這場和柴榮的決戰中，笑到最後的肯定是柴榮，而他注定要成為戰場上的失敗者。即使如此，張彥卿還是做到了盡節王室，寧可戰死，絕不屈膝，直到戰鬥到了最後一人。

張彥卿是南唐猛將，他和他的手下將士們都對李璟忠心不貳，但這場楚州之戰，留給後世最大的爭議是，周軍在攻進楚州後，是否進行了屠城？如果有的話，屠城令是不是柴榮下的？

周軍攻陷楚州後，到底做了些什麼？各種史籍記載不一，現將幾種說法一併列下，綜合分析。

《舊五代史》：（周軍）拔之（攻克楚州），斬偽守將張彥卿等，六軍大掠，城內軍民死者萬余人，廬舍焚之殆盡。（《舊五代史・周世宗紀五》卷一百一十八）

《資治通鑑》：彥卿與都監鄭昭業猶率眾拒戰，矢刃皆盡，彥卿舉繩床以鬥而死，所部千餘人，至死無一人降者。（《資治通鑑》卷二百九十四）

《新五代史》：克楚州，守將張彥卿、鄭昭業死之。（《新五代史・周本紀下》卷）

《江南野史》：周師圍之，矢石如雨。民雖死困，守益堅。迨一年食盡方陷。彥卿，夙將之後，善撫師旅，共舀甘苦。城破之日與軍一萬。戰而沒，無一生還者，遂屠其城。（《江南野史．嗣主傳》卷二）

《南唐書》：周兵死傷亦甚眾，世宗怒。盡屠城中諸民，焚其室廬。（《南唐書．張彥卿傳》卷十四）

在以上這五種史籍中，《舊五代史》只提到了六軍大掠，估計是周軍掠奪城中財物，但並沒有提到屠城。《新五代史》更簡單，只提到了張彥卿戰死。《資治通鑒》也沒有提及屠城一事。只有《南唐書》《江南野史》記載了周軍屠城，卻都沒有提及柴榮下令屠城。而《陸游書》說得最為明確：周軍屠城，殺盡城中百姓。

另外，在《冊府元龜》中，關於攻楚州一事，宋朝的史臣們也並沒有提到柴榮下令屠城的記載。「顯德五年，南伐楚州，率戰士持火炬，以幾其城樓，克之。帝計其敗卒必將南遁，因親領衛士及驍騎數百於南城逐之，又殺數千人，楚州遂平。」（《冊府元龜．帝王部．料敵》卷一百二十五）

從這段記載來看，柴榮並沒有進城，而是帶著幾百名騎兵追南唐敗兵至城南。至於又殺數千人，應該是南唐軍隊，而不是平民百姓。如果是平民的話，還用得殺掉他們，才能平定楚州？

在以上諸書中，要說治書最嚴謹的，首推《資治通鑒》。司馬光是宋臣，他沒有必要為柴榮這個前朝皇帝避諱什麼。再者，在《資治通鑒》中隨處可見柴榮因怒欲殺人的記載，如果周軍真在楚州屠城，司馬光沒有理由不記此事。

《舊五代史》沒有提是柴榮下了屠城令，《舊五代史》著者薛居正等人都曾是後周臣子，他們對當時的情況應該是最清楚的，如果有屠城之事，為什麼不如實記下來？從趙匡胤繼位後，一貫對柴榮的抹黑態度來看，如果真有屠城，以及柴榮下令屠城，他斷然不會放過柴榮這個「滔天大罪」。趙匡胤卻沒有這麼做，這很能說明問題。

我們研究歷史，應該用一種利益排除法，特別是前後相承的政權，比如秦漢、隋唐、周宋、元明清。以周宋為例。如果宋朝史官寫柴榮正面的事蹟，則可信度非常高。因為除非宋朝史官不想讓柴榮有高大的形象，有意略而不載，至少宋朝史官不會無故拔高柴榮的形象，甚至柴榮的正面事蹟還有可能因為某些因素被隱藏了一些什麼。

如果宋朝史官記載柴榮的負面事蹟，用利益排除法來分析，宋朝史官有意抹黑柴榮的可能性，至少是存在的，哪怕只有百分之一的可能。也就是說宋人對本朝有利史蹟的記載，和對柴榮不利史蹟的記載基本上是不可信的。再說作於宋朝的《舊五代史》《資治通鑒》等官方編撰的史書並沒有提到屠城與柴榮有關。

這五部史籍的作者，除了陸游，其他都是北宋人，更接近於後周時期。而陸游是南宋人，不僅是陸游，就是另外一部《南唐書》的作者、北宋人馬令，他在記載這件事情時，也是採用《江南野史》的記載，陸游也是如此。

陸游在《南唐書》中厚此薄彼的情況非常嚴重，同樣是北方政權進攻南唐，後周成了野蠻的侵略者，北宋倒成了正義之師。柴榮時代，陸游站在南唐的立場上，自稱為「我朝」；趙匡胤時代，他又站在宋朝的立場上，邏輯何其荒謬，史觀何其不公！還作什麼史！多寫幾首紀念唐琬的詩，比詆毀柴榮更有意義，雖然陸游從來沒有給自己生兒育女的夫人王氏寫過一首詩。

按陸游的邏輯，女真滅北宋，攻南宋，豈不是應該得到與北宋滅南唐一樣的待遇？《金史》中找不到一句有關金太宗完顏吳乞買下令屠殺漢人的記載！陸游為何不站在金人的立場上歌頌完顏吳乞買？僅僅因為他的主子是宋孝宗，所以他才厚此薄彼。

同樣是「屠城」，北宋滅亡南唐時，曾經在江州進行了一場駭人聽聞的大屠殺，全城無人倖存，雞犬不留。陸游記載說趙匡胤曾經派人去前線制止屠殺行為，但為時已晚。本著利益排除法的原則，這則史料可信度值得懷疑。在宋朝史官的筆下，趙匡胤的形象十分完美，沒有一點瑕疵，世界上有這樣的聖人嗎？

同樣在宋朝史官的筆下，柴榮雖然功高絕世，但柴榮的性格缺陷也被披露得非常多。如果假設一下，後周統一天下，那些「周朝」史官還敢這麼寫嗎？一個都沒有。陸游生活的時代，正是趙匡胤十世孫宋孝宗趙昚的統治時期，給陸游一百個豹子膽，他也不敢寫主子的先人趙匡胤的不是。

不能就此來否定《南唐書》的史料價值，畢竟這是南唐專史，而且宋是南唐的征服者，作為征服者政權的史家，陸游更不會有什麼顧忌。只是涉及柴榮的這些史料，可信度實在令人懷疑。

《舊五代史》《新五代史》和《資治通鑒》沒有記載「屠城」的這段歷史，還有另外一種可能，就是趙匡胤也參與這場「屠殺」事件！參加楚州之戰的並不只有柴榮，趙匡胤作為前軍大將，必然參加了這場戰役。

如果柴榮親自參與了「屠城」，作為柴榮身邊的禁軍將領，趙匡胤沒有任何理由可以置身事外。宋朝史官為了避諱，就略而不提趙匡胤。這在技術上並不難處理，略掉趙匡胤，把黑鍋扣在柴榮頭上就行了，但這幾位史官都沒有這麼做，說明了什麼？

南宋人朱弁在《曲洧舊聞》中記載了這麼一件事：

予見郡人言父老相傳，太祖皇帝從周世宗取楚州，州人為抗周師。逾時不下。既克，世宗命屠其城。太祖至此巷，適見一婦人斷首在道外，而身下兒猶持其乳吮之。太祖惻然為返，命收其兒置乳媼鞠養，巷中居人，因此獲免，乃號因子巷。歲久語偽，遂以為金而少有知者。

（《曲洧舊聞》卷一）

這段史料的真實性如何？稍加分析，發現這則史料可信度幾乎為零。

一、宋人稱讚本朝皇帝，可信度本就不高。否則，歷史上的皇帝全都是仁人之君了。

二、趙匡胤在攻楚州城北時「晝夜不解甲冑，親冒矢石，麾兵以登城」。如果周軍屠城，趙匡胤是絕沒有可能置身事外的。再假如，柴榮是個凶殘暴君，他不可能不知道趙匡胤在城中做了些什麼。如果柴榮要求部下殺人，趙匡胤卻反其道而行之，柴榮還會重用連自己命令都不聽的大將？更遑論日後託孤給趙匡胤了。

三、朱弁說趙匡胤力保此巷居民平安，但陸游在《南唐書》中卻說「盡屠城中諸民，焚其室廬」。《舊五代史》也說「廬舍焚之殆盡」。宋人楊仲良也說楚州人盡為周軍所殺，「周世宗圍楚州，久不下，既克，盡屠之」。（《皇宋通鑑長編紀事本末》卷三注：楊仲良雖記載屠楚州之事，但並沒有說屠城令是柴榮下的。）人都殺光了，房子也燒光了，哪還有什麼因子巷和巷中諸民？

四、如果趙匡胤真有這種仁善行為的話，正是宋人讚美趙匡胤仁善的難得材料，為何諸家正史均不錄此事？歷史公認，宋末帝劉準是被齊高帝蕭道成殺死的，但在齊朝治下，沈約寫《宋書》時，可有半個字說劉準的死與蕭道成有關？他敢嗎？

五、朱弁說得天花亂墜，實際上也是聽別人口口相傳的。事隔近二百年，什麼樣的民間傳言流傳不下來？而且罵前朝皇帝，也用不著避諱。三人成虎，眾口鑠金。楊家將還殺掉「漢奸」王欽若、消滅契丹大遼國，十二寡婦征過西，穆桂英掛過帥、大破天門陣，這些都要信？那還要史書做什麼用呢。

這個世界上不存在完美無瑕的聖人，趙匡胤不是，柴榮同樣也不是。趙匡胤愛民，是個好皇帝，柴榮同樣愛民，同樣是個好皇帝。要知道，柴榮英年早逝的消息傳到天下，四方百姓痛哭流涕。什麼是民心，這就是！

當然，並不否認，楚州屠城事件，是柴榮人生中最大的污點。不管屠城令是不是他下的，但終歸是他的部隊進行屠殺的。柴榮沒有直接責任，也必須負有間接責任。楚州的南唐軍頑強抵抗，絕對不是周軍屠城的藉口，只能說五代時道德價值觀的崩潰，導致視人命如芥土，柴榮顯然也沒有逃出這個惡性現象，至少他還沒有來得及消除這個惡性現象。

不過，有一點需要說明。眾所周知，三國時曹操曾經為了洩私憤屠殺百姓，血流成河，屍積如山，這也是曹操一生中最大的污點。但現在，已經很少聽到對曹操屠城的指責了，因為人貴取其大節，略其小過。曹操的偉大，自不必多說什麼。對曹操這樣，對柴榮也應該這樣。

曹操的歷史貢獻，並沒有因為下令屠城事件而降低。退一萬步，即使柴榮真的下令屠城，也不能就此否定柴榮偉大的歷史貢獻。歷史已經證明，柴榮結束唐末五代戰亂的巨大貢獻，沒有人可以比得了。歷史是鐵定的事實，無論怎麼花言巧語的粉飾，還是改變不了事實：真正結束自安史之亂以來長達二百年戰亂，並開創太平盛世的偉大人物，是柴榮！

四、李璟的屈服

持續三年的戰爭，打到現在，心力交瘁的李璟再也撐不住了。

曾幾何時，南唐吞閩滅楚，儼然有中興大唐的氣勢，李璟一時風光無限。可由於用人不當，大好局面被徹底葬送，沒吃到羊肉，倒惹了一身膻。當南唐國庫被耗盡之時，柴榮又氣勢洶洶殺過淮河，幾番苦戰，又是喪將失地，眼看著江北門戶淮南即將落入柴榮囊中。這三年對李璟來說，是一場不堪回首的噩夢。

李璟也許後悔當初從父親手上接過這個燙手的山芋，庶母種氏想立她的親生兒子李景逷，真不如讓李景逷當皇帝，自己在廬山瀑布前棲廬讀書，倒不失逍遙自在。但現在說這些已經沒有任何意義，李璟現在要考慮的是，如何面對即將殺到自己面前的柴榮。

南唐保大十六年（九五八）三月初六，李璟改元交泰。改元並沒有給南唐朝廷帶來任何的喜氣，金陵城被一片壓抑的氣氛所籠罩。宮廷內外，每個人都面色沉鬱，只有一個人暗中高興。這個人就是李璟的嫡長子、燕王李弘冀。

南唐下一任君主人選早已經確定，就是李璟的三弟李景遂。李璟即位後，立李景遂為皇太弟。宋朝初年，那場三兄弟之間的誓約，只是一場鉤心鬥角的鬧劇。李璟和兩個弟弟李景遂、李景達在先帝李昪的梓宮前，約定兄弟相傳，李璟是出於真心才這麼做的，他和幾個弟弟的感情極深。

而李弘冀作為李璟的嫡長子，卻被踢到了一邊，李弘冀對此非常不滿。好在李景遂在淮南兵敗後，連續上了十道表章，請辭皇太弟。李景達也因為兩次兵敗，上表自劾，「固辭」。在這種情況下，李璟這才改立李弘冀為皇太子，讓他參與日常政務。

解決完了繼承人的問題，李璟強打精神，與已經殺到長江北岸的柴榮周旋。淮南十四州，經過柴榮的東敲西打，李璟的手上，只有廬、舒、蘄、黃四州。如果再打下去，以兩軍實力、士氣的差距，柴榮拿下這四州也僅是時間問題。

柴榮已經開始行動了，一方面派侍衛馬軍都指揮使李重進攻取廬州；另一方面，柴榮派水軍在長江口來回遊弋，似乎確實有過江的跡象。

李璟也實在沒有足夠的實力和柴榮打了，現在李璟最擔心的是一旦周軍兵臨長江，柴榮會不會發動渡江戰役，一戰攻陷金陵。李璟經過痛苦的思考，他決定丟卒保車，向柴榮求和，主動割讓四州，來換取柴榮不過江。

但作為一個男人來說，跪在另外一個男人面前，屈膝降服，是一件極為恥辱的事情，更何況，李璟比柴榮還大五歲。李璟恥於降號稱藩，他想到了一個辦法，就是自己主動退位，讓兒子李弘冀上臺，由李弘冀去承擔本該屬於他的恥辱。

三月二十一日，李璟的特使陳覺在揚州附近的迎鑾鎮見到了正在此休整的柴榮。

這是柴榮有生之年第二次來到曾經繁花似錦的揚州城，上次來揚州是一個月之前。在征服淮南之前，揚州深處南唐腹地，在正常情況下，柴榮絕對沒有可能來到揚州，除非做南唐的俘虜。

現在，柴榮以征服者的身分來到楊吳故都，倚臨大江，看煙波浩渺，孤帆點點，江風沉醉，此景此情，讓柴榮大發感慨。可惜柴榮不擅寫詩，沒有留下作品。否則以柴榮的神武聰睿，成為曹操那樣的詩人皇帝，更能增添柴榮撼人心魄的魅力。

雖然柴榮不寫詩，但《江南野史》卻記載了柴榮與詩有關的故事。柴榮在征服淮南後，來到揚州視察。江南有個書生孟貫聽到大周皇帝就在江北，悄悄渡江，想以詩文打動柴榮。柴榮看了孟貫獻上的詩集，在卷首看到了一首詩，《貽棲隱洞譚先生詩》，其中有這麼兩句：「不伐有巢樹，多移無主花。」

柴榮看完，很不高興，覺得孟貫此詩句有暗諷他恃強凌弱之嫌。柴榮黑著臉，告訴孟貫：「朕以元戎問罪伐叛吊民，非懼強凌弱，何有巢無主之有？然獻朕則可，如他人卿應不免矣。」（《江南野史．孟貫傳》卷八）意思說今天算你孟貫運氣好，遇上了我，如果遇上脾氣不好的，你的人頭早就飛了。不過柴榮還是封孟貫官做，但未詳其職若何。

柴榮在揚州優哉遊哉地享受勝利的喜悅，聽說陳覺來了，柴榮立刻意識到了李璟有向他屈服的意思，在第一時間，柴榮就接見了陳覺。

陳覺此行的目的還不是獻降書，而是觀察周軍的動向，及時給李璟提供決策依據。柴榮似乎也察覺出來陳覺的意圖，當陳覺來到迎鑾後，發現大批周朝的水軍戰艦停泊在長江北岸，艦上旗幟飄揚，將士們盔明甲亮，手中的刀戈在陽光的反射下，射出刺眼的光芒。

陳覺嚇得兩腿發軟，這位只會在官場上鉤心鬥角的樞密使大人，這輩子最怕的就是戰爭。只要周軍不過江，他在江南的利益就不會受到侵犯，在這一點上，他和李璟的利益是一致的。陳覺跪在地上，幾乎是哭著哀求柴榮不要過江，並保證他立刻派人回金陵取來降書，柴榮微笑著答應了。

李璟聽完陳覺派回來的合門承旨劉承遇對江北的形勢彙報，心裡一陣悲涼，最後一絲幻想也破滅了。柴榮的耐心是有限的，如果李璟不早點做出答覆，誰都知道柴榮下一步是什麼。另外，吳越王錢弘俶也在長江口聚集了多達一萬七千人的水軍，四百艘戰艦，只等柴榮一聲令下，吳越水軍就會衝進長江……

李璟終於下定決心了，長痛不如短痛，趕快把柴榮打發走，保住半壁江南才是最現實的。李璟立刻派劉承遇趕回迎鑾鎮，代表南唐官方承認大周皇帝是這場曠日持久的淮南爭奪戰的最終勝利者，並表示南唐願意向周稱臣、去帝號，交割十四州、歲輸貢物四十萬。

柴榮對此很滿意，他以宗主國皇帝者的身分給「江南國主」李璟下了一道詔書。這道詔書與其說是安慰李璟，不如說是羞辱李璟，詔書如下：

> 皇帝恭問江南國主。使人至，省奏請分割舒、廬、蘄、黃等州，畫江為界者。頃逢多事，莫通玉帛之歡，適自近年，遂構干戈之役，兩地之交兵未息，蒸民之受弊斯多。一昨再辱使人，重尋前意，將敦久要，須盡縷陳。今者承遇爰來，封函復至，請割州郡，仍定封疆，猥形信誓之辭，備認始終之意，既能如是，又復何求。邊陲頓靜於煙塵，師旅便還於京闕，永言欣慰，深切誠懷。其常、潤一路及沿江兵棹，今已指揮抽退；兼兩浙、荊南、湖南水陸兵士，各令罷兵；其廬、黃、蘄三路將士，亦遣抽拔近內，候彼中起揭逐處將員及軍都家口丁畢，只請差人勾喚在彼將校，交割州城。（《舊五代史・周世宗紀五》卷一百一十八）

柴榮稱李璟為江南國主，實際上是按唐朝天可汗李世民對回鶻賜書的格式作的，「周世宗既取江北，貽書江南，如唐與回鶻可汗之式，但呼國主而已」。（《皇宋通鑑長編紀事本末》卷三）這是強國（或戰勝國）與弱國（或戰敗國）之間不平等的外交關係，柴榮這麼做也是有資格的。不打掉李璟的尊嚴，李璟會甘心臣服於他嗎？即使打敗了南唐，李璟都未必心服。

至於李璟奏請遜位，讓太子李弘冀繼位，柴榮沒有答應。原因很簡單：李璟被柴榮打敗，心裡會有一份對柴榮的畏懼，李弘冀沒有這樣的親身經歷，再加上少年新進，處事極端，李弘冀上臺後，未必就像李璟乖順。以實力論，雙方不在一個等級上，但柴榮剛得到淮南，需要一個消化的過程，他不想在這個時候讓李弘冀出來搗亂。

苦戰了三年，柴榮終於得到了他想得到的，戰果極為輝煌：州十四、縣六十、戶口二十二萬六千五百七十四，人口百餘萬。（《舊五代史・周世宗紀五》卷一百一十八）

淮南戰爭之所以打得這麼艱苦，而且足足打了三年，其中有一個很重要的原因，就是南唐法度嚴明。據宋人洪邁說：「郭廷謂不能守濠州，以家在江南，恐為唐所種族，遣使詣金陵稟命，然後出降。則知周師所以久者，景法度猶存，尚能制將帥死命故也。」（《容齋續筆・淮南守備》卷四）

雖然柴榮決定先進攻淮南的原因是「周室方強，李氏政亂」（《容齋續筆・淮南守備》卷四），但雙方的綜合差距並不是很明顯，尤其是在軍事範疇內，受政治影響相對小一些。

李璟之所以慘敗，柴榮用兵有方固然是一方面，而李璟所用非人，當斷不斷，坐失良機，也是南唐慘敗的重要原因。李璟把自己手上的一把好牌全都打臭了，南唐最終由地區性大國變成二流政權，確實非常可惜。

不論李璟有什麼苦衷或難處，他終歸是失敗了，勝利者是不需要被指責什麼的。柴榮要的只是勝利，「兵聞拙勝，未聞巧之久也」。

四月初四，柴榮離開揚州北還。

這次，李璟是真的服了，徹底地心服口服，遇上柴榮，是他的悲哀，也是他的榮幸。

為了表示對柴榮的敬意，也是周朝祖宗的名諱，李璟將自己的名字，由「璟」改為「景」（為敘述方便，以下還稱為李璟）。周太祖郭威高祖父的名字叫郭璟，而柴榮是以郭氏子孫入承大統的，所以「璟」字，李璟已經沒有資格再用了。其實這很正常，如果周唐之戰的勝利者是李璟，那麼柴榮也必須改名，因為李璟的祖父就叫李榮。（《玉壺野史》卷九稱李昪的父親名叫李志。「其父志，去宗室懸遠。」）

同時，李璟革去自己的年號「交泰」，奉周朝的顯德年號為正朔。從此，江東沒有了皇帝李璟，卻多了一個江南國主李景。名號變化的背後，卻銘刻著一段刀光劍影的悲壯歷史。只是不幸的是，李璟作為失敗者，無奈而苦澀地跪在柴榮腳下，與勝利者柴榮一起，合寫了這部歷史大劇。

柴榮征服了淮南，更重要的是，他在精神上徹底征服了另外一個坐在金字塔上的男人，這種精神征服的快感，用語言是無法形容的。李璟被柴榮給打怕了，更可怕的是，一個男人的鬥志被柴榮徹底給打垮了，李璟再也沒有勇氣向柴榮發起挑戰。一個男人的悲哀，莫過如是。

為了表示對柴榮的臣服，李璟甚至上表，將他和柴榮的關係形容是父子關係，「皇帝陛下辱異常之顧，垂不世之私，外雖君臣，內實父子。若骨肉殊恩，異禮無得而言，退日揣循，何階於此。且古人有一飯之恩，必報臣竊慕之故。天地之功厚矣，父母之恩深矣。而子不謝恩於父人，且何報

於天以此思之」。（《冊府元龜・僭偽部・稱藩》卷二百三十二）

李璟比柴榮還要年長五歲，四十三歲的李璟低聲下氣地稱三十八歲的柴榮為父親，不知道李璟在寫這道表時，他的心情是何等的辛酸和悲涼。長輩和晚輩的年齡逆差五歲不算誇張，石敬瑭比乾爹耶律德光大了十一歲，劉崇比自己的乾叔父耶律璟大了三十歲。

不過對李璟的恭順，柴榮還是非常滿意的。現在柴榮並沒有過江的打算，條件還不成熟，拿下淮南後，周朝一方面解決了江淮地區對中原的戰略威脅；另一方面讓南唐和吳越在實力保持了均勢，從而使吳越更有能力來牽制南唐，以防南唐臣服周朝的政策發生變化。再有就是，乖順的李璟控制江東，對周朝最為有利。在這種情況下，柴榮需要給李璟一些實質性的安慰和補償。

李璟輸掉了淮南爭奪戰，一個災難性後果就是失去了江北的產鹽地。海陵（今江蘇泰州）是五代十國時期著名的鹽田，供應著江東大部分人的食用鹽。本來李璟想求柴榮將海陵鹽監還給他，柴榮沒答應。但出於穩定南唐局勢和收買人心的考慮，柴榮答應每年無償供給南唐三十萬斛食用鹽。

另外，柴榮還將被俘和扣押的南唐高級官員和將領遣還江東，有鍾謨、馮延魯、邊鎬、許文積、周廷構等人。這些人都是李璟遭受奇恥大辱的見證人，李璟現在羞於見這些人，他們回到江東後，都被李璟廢置不用。

至於從某種角度來說導致南唐歷史性慘敗的頭號罪人陳覺，李璟出手很重，他將陳覺貶為國子博士，流放至饒州安置，隨後將陳覺賜死。南唐歷史上危害性最大的奸臣，以這樣慘澹的方式結束自己恥辱荒謬的一生。

南唐的罪人還有很多，比如樞密副使李徵古，他的下場和陳覺差不多，被李璟賜死於洪州。下場最可悲的，要算是南唐頭號名臣、太傅宋齊丘。李璟早就對宋齊丘結黨營私不滿，利用喪失淮南追究相關責任人的機會，將宋齊丘逐出金陵，放歸九華山。

李璟給宋齊丘定的罪名是：「惡莫甚於無軍，罪莫深於賣國。」（《南唐書‧宋齊丘傳》卷四）宋齊丘失去了官祿，無以為食，可憐七十三歲的宋齊丘饑餓難耐，只好吞野草充饑，最終餓死於山間。《資治通鑑》說宋齊丘被李璟囚禁之後，但給飲食，宋齊丘自知罪孽深重，自縊而死，諡號醜繆。

現在李璟終於明白了，淮南的喪失，與其說是軍事上的失敗，不如說是政治上的失敗。可惜，李璟醒悟的太晚了。

顯德五年（九五八）八月，李璟以藩臣的名義，給他的宗主國皇帝柴榮上了一道表，算是給這場曠日持久的淮南爭奪戰畫上一個對李璟來說非常苦澀的句號。表如下：

臣聞天秩有禮，位已定於高卑，王者無私事，必循於軌轍，儻臣下稍逾名份，則朝廷實紊等夷，情所難安，理須上訴。竊以臣比承舊制，有昧先幾，勞萬乘之時，巡方傾改，事慶千年之嘉會，固已知歸。

伏惟皇帝陛下，稟上聖之姿，有高世之行。囊括四海，澤潤先民，明目達聰，道均有截。東征西怨，化被無垠。已觀混一之期，即仰登封之盛。而臣爰從款附，屢奉德音，陛下煦嫗情深，優容義切。全卻藩方之禮，惟頒咫尺之書。粵在事初，便知恩遇。向者，未遑堅讓，今茲敢瀝至誠。

且臣頃以德薄，道乖時危，事蹙獻誠，以奉陛下。請命以庇國人，獲保先基，賜之南服，莫大之惠，曠古未聞。微臣退思，所享已極，豈於殊禮可以久當，伏乞皇帝陛下，深鑒卑衷，終全舊制。凡回誥命，乞降詔書，庶無屈於至尊。且稍安於遠服，乃心懇禱，無所寄言。（《冊府元龜・僭僞部・稱藩》卷二百三十二）

現在李璟對柴榮已經無話可說了，佩服得五體投地。跪在這樣一個偉大的男人面前，並沒有辱沒李璟。

第七章　奠定盛世的基礎

一、土地政策

藏富於國，藏富於民，這是一種經濟思想的兩個方向。

其實不管是藏富於國，還是藏富於民，都是相對而言的。不是說藏富於國，老百姓就窮得叮噹響；藏富於民，也不意味著國庫裡空空如也。政府需要稅收，來進行正常的行政開支，老百姓也需要足夠保障生活的收入。政府和百姓在利益分配上，應該互相讓步，要理解和尊重對方的利益。

歷代王朝的覆亡，有很多原因，但最重要的一點，就是統治者不尊重老百姓的利益，反而以刮民自肥為要務。有些帝王沒有正確理解政權和百姓之間的辯證存在關係，主觀上蔑視百姓的利益需求，客觀上極盡搜刮搶掠之能事，最終把老百姓逼上了絕路，導致政權崩潰。

站在百姓利益的立場上看西元十世紀這段的歷史，能稱得上是好皇帝的，只有五人：梁太祖朱溫、唐明宗李嗣源、南唐烈祖李昪、周太祖郭威、周世宗柴榮。其中爭議最大的是朱溫，史家對朱溫基本持否定態度。

朱溫殘暴好殺，但不能否認的是，後梁的「賦斂之輕」，遠超於對百姓殘暴的後唐（不包括李嗣源）、後晉、後漢。這也是為什麼後梁與後唐十年大戰，而中原百姓卻「未至流亡」的主要原因。

朱溫很正確地理解了政府和民眾之間的辯證存在關係，「厲以農桑，薄其租賦」。（《容齋三筆・朱梁輕賦》卷十）只有百姓富裕了，國家才能實現真正的富裕。正如周太祖郭威所說：「苟利於民，與資國何異？」（《舊五代史・周太祖紀一》卷一百一十）郭威遵循這一原則，對國內弊政進行了改革，很有成效。

柴榮即位以來，雖然戰事不斷，他本人也經常率軍親征，但並沒有耽誤內政。不論是盛世還是亂世，一個穩定的政權都至少要具備三個條件：一、軍事上足以自保。二、經濟的發展，至少要保證政府的財政收支平衡。三、老百姓能過上有尊嚴的生活，三者缺一不可。

柴榮的經濟領域改革主要涉及兩個方面，一是土地耕種權的分配；二是工商業的發展。

在以農業為主的社會形態裡，土地問題是天字第一號工程，沒有什麼問題比土地問題更敏感，因為這涉及了佔人口多數的農民的切身利益。從歷史經驗來看，凡是沒有解決好土地問題的政權，無一例外的都出現了大規模的農民起義。遠的有東漢末年的黃巾起義，近的有唐朝末年的黃巢起義。

農民失去土地，一般來說有兩個原因，一、連年戰亂，人口驟減，原來被固定在土地上的農民四處逃亡，導致大量可耕地荒蕪。二、貴族王公等強勢群體兼併土地，富者有連阡之田，貧者無立錐之地。

在宋朝國勢最盛的時候，也就是在宋太宗統治期間，宋朝的土地兼併問題極為嚴重，已經引起了政府有識之士的高度警覺。雍熙三年（九八六），國子博士李覺就上疏趙光義，談到了這個問題。

> 今井田久廢，復之必難，曠土頗多，闢之為利。且勸課非不至而尚多閒田，用度非不省而未免收賦，地各有主戶，或無田產。富者有彌望之田，貧者無卓錐之地，有力者無田可種，有田者無力可耕作。雨露降而歲功不登，寒暑遷而年穀無獲，富者益以多畜，貧者無能自存。（《續資治通鑑長編》卷二十七）

這兩個問題在五代十國都非常突出，土地兼併是歷代都非常頭疼的一個問題，但五代十國的情況和唐朝又有所不同，唐朝的土地兼併者多是王公貴族官僚，而五代十國多是軍閥、有軍功者或得勢的中下層地主。

特別是五代時期，各政權都是由軍隊擁立，所以五代統治者暫時不會對這一塊進行大動作，否則激起軍變，自己就要下臺。柴榮當然知道其中的利害，他暫時沒有對原有的土地兼併進行整改，但還是對土地兼併進行抑制，以穩為主。而柴榮取締大量寺院，同樣是解決土地兼併的一種手段。

柴榮抑制大地主階層利益的一個重點政策，就是取消貴族集團的免稅優惠。同時設置了苗使，巡行各地，名義上是「均田」，實際上核算田畝數量，然後按畝徵稅。官僚集團歷來都是土地兼併的大戶，這一點在宋朝尤為突出。宋咸平五年（一〇〇二），侍御史知雜事田錫上疏，抨擊一些官僚大搞土地兼併，「況近畿闤闠之間，悉大臣資產之地，好利忘義，未知云何擅富兼貧，一至於此」。（《續資治通鑒長編》卷五十三）

在此前，官僚地主階層擁有的土地是可以免除稅賦的，政府一個銅子也收不上來。官僚地主階層是皇帝統治的核心基礎，歷代很少有敢拿官僚地主開刀的。最讓人敬佩柴榮勇氣的是，他居然向孔子的後裔徵稅。

歷代以來，孔廟的特權都是受官方保護的，其中就包括不納稅。柴榮取消了孔廟的優惠政策，「歷代以聖人之後，不預庸調，至周顯德中遣使均田，遂抑為編戶」。（《文獻通考·田賦四》卷四所引《闕里志》）孔貞從對柴榮廢除孔廟的特權極為不滿，他站在自己的利益立場上，幸災樂禍地認為柴榮的早逝是遭到了報應。

顯德五年（九五八）十月，柴榮派遣散騎常侍艾穎等三十四名「分行諸州，均定田租」。（《資治通鑒》卷二百九十四）艾穎等人臨行前，柴榮把他們都召進宮中，講了這次定田租的重要性。雖然均定田租屬於經濟領域的政策，但柴榮的這番講話更側重於政治意義。柴榮告訴他們：「夫國以民為本，本立則國家安。朕以近代已來，賦租不等，貧者抱虛而無告；富者廣植以不言。州縣以舊額為規，官吏以相承為準。須行均定，用致蘇舒。卿等宜正身蒞事，副朕茲意。仍與逐處長吏和順商榷。但務從長共集其事。無使朕之赤子枉罹於峻法也。」（《冊府元龜・帝王部・誡勵三》卷一百五十八）

這段話很好地說明了柴榮均田政策的真實用意，就是如果在犧牲少數王公勳貴的利益來保障大多數底層百姓的利益，與犧牲大多數底層百姓的利益來保障少數王公勳貴的利益之間，柴榮毫不猶豫地選擇了前者。柴榮說得再明白不過了，政權穩定的首要條件，是政府能保證大多數底層百姓有尊嚴的活著。

除此之外，柴榮還解決土地荒蕪無人耕作，以及土地耕種權的問題，自唐末喪亂以來，「諸道州府，或兵戈之後，災沴之餘，戶口逃亡，田疇荒廢，天不敷佑，人多艱危」。（《舊唐書・懿宗紀》卷十九上）五代的戰爭規模和慘烈程度，都遠甚於唐末，這個問題更加嚴重。

解決土地荒蕪和農民沒有耕地矛盾的辦法是「請射」，所謂請射，就是農民可以向政府申請耕種無主田地，就是土地的使用權。但這裡又出現了一個問題，如果這塊田地的原有者回來了怎麼辦，柴榮給出了五年期限。

如果土地原有者三年之內回來，則交還一半的土地，餘者為請射者所有。五年之內回來，交還三分之一。如果五年之後回來，就失去了對土地的所有權，當然原有者的祖墳還是他的。

同時，柴榮也注意到了另外一種情況，就是有些土地的所有者因為各種原因，逃到了境外。如果這些舊有耕戶想回來，一是路途遙遠；二是當地統治者會加以阻撓，所以柴榮對此做出了非常人性化的舉動，將五年歸限放寬到了十五年，而且條件遠優於境內政策。

柴榮的考慮非常周全，他甚至想到了如果有「奸猾之徒」冒充逃戶詐取土地怎麼辦？柴榮對此也有對策：凡是有冒充逃戶詐取土地者，一旦舊主回來，政府就將原有土地歸還舊主，而且沒有時間限制。

當時大量農民缺少耕種的土地，如果逃戶沒有回來，土地也不缺乏勞動力。如果逃戶回來，勞動力的問題同樣也能解決，一舉兩便。還有一點，當時農民的知識水準較低，如果把詔書寫得深奧難懂，會影響這項政策的實施。柴榮他考慮到了這個問題，有意把這道詔書寫的通俗易懂，是專門寫給農民看的，相當於現在的大白話。宋人洪邁對柴榮此舉大加讚賞：「今觀周世宗顯德二年射佃逃田詔敕，其旨明白，人人可曉，非若今之令式文書盈几閣，為猾吏舞文之具。」（《容齋三筆．射佃逃田》卷九）

柴榮的「請佃」政策對北宋的土地制度影響非常大，宋朝建立後，繼續執行柴榮制定的相關政策，但比柴榮時代的請佃制度多了一個細節，就是規定如果逃戶回來後再次出逃者，就永遠失去了對原屬土地的所有權。

在解決土地的使用權問題之外，柴榮還對稅收政策進行調整。後周承唐舊制，實行夏、秋兩稅制，柴榮即位時，就下詔減免了「兩京及諸道州府人戶，所欠去年（九五三年）秋夏稅租及洞徵物帛，並與除放」。（《全唐文》卷一百二十六）此後數次「除放」欠稅。

同時，柴榮每征服一個地區，都要下詔減免百姓賦稅，無論是征討北漢，收復秦鳳四州，還是平定淮南，柴榮總是優先考慮百姓利益，支持百姓恢復生產。比如在收復秦、鳳、階、成四州時，柴榮為了減輕當地百姓負擔，下詔：「用慰眾情，免違物性，其四州之民，二稅徵科之外，凡蜀人所立諸色科徭，悉罷之。」（《資治通鑒》卷二百九十二）

據《冊府元龜》記載，柴榮總共頒布了十次減免優惠政策。

還有一點需要講一下，唐末諸政權的賦稅制度也是分為夏稅和秋稅，但往往交稅時間還沒到，官吏就提前上門徵收，百姓非常不滿。柴榮順應民意，在顯德三年十月的時候，下詔規定「今後夏稅以六月一日起徵，秋稅至十月一日起徵，永為定制」。（《五代會要・租稅》卷二十五）

柴榮具有很強的平民意識，他是個封建統治者，他首先考慮的是本政權的長久統治，但柴榮的種種舉措，卻符合最廣大勞動人民的利益，歷史是個漸進的過程，不可能要求柴榮太多，在封建帝王中，柴榮已經做到了他所能做到的一切。

官僚地主是人，平民百姓也是人。官僚地主的特權建立在損害百姓利益的基礎上，為了政權的穩定，有理由、也有必要向百姓利益傾斜。柴榮的思路很簡單，不管是誰，只要種了地，就要納稅。說柴榮是古代優秀的民本主義者，並不為過。

二、貨幣政策

在明朝之前，中國古代社會的貨幣都是以銅為本位的，宋朝的白銀流通量並不大，主流貨幣還是銅錢。《水滸傳》裡的英雄好漢動輒拿出大錠銀子，吃大塊肉，喝大碗酒，其實只是一種藝術化的語言，不足為信。

貨幣是國家經濟運轉的核心，如後晉高祖石敬瑭所說：「國家所資，泉貨為重。」（《全唐文》卷一百一十四）政府沒錢，什麼事都做不了。歷朝歷代的官府都異常重視貨幣政策，經常築爐鑄錢，以裨國用。

唐玄宗開元年間，全國共有七十多座官爐（相當於現在的鑄幣廠），每年鑄銅錢一百萬貫（貫值同緡）。但安史之亂後，唐朝政府的鑄錢量驟減，到了唐穆宗長慶年間，全國只有官爐十幾座，年鑄錢只有十五萬貫。

到了五代時代，官錢漸少的情況日益嚴重，「唐世天下有三十六冶，喪亂以來皆廢絕，錢日益耗」。（《資治通鑒》卷二百八十一）五代戰亂不斷，銅錢的使用量非常大，再加上五代失去了銅源豐富的南方地區，北方產銅區不多，所以銅錢日益見少，也就不奇怪了。

五代官方雖然也鑄錢，但鑄量太小，幾乎可以忽略不計。柴榮就曾經感慨道：「近朝已來，久絕鑄造。」（《冊府元龜・邦計部・錢幣三》卷五百零一）在五代時期，在市面上流通的主要還是唐朝的舊錢，其中以開元通寶的流通量最大。《宋史・食貨志》說「自五代以來，相承用唐舊錢，其別鑄者殊鮮」。（《宋史・食貨志二》卷一百八十）至少柴榮能算在「殊鮮」之中，而柴榮的鑄錢，是五代鑄幣史上規模最大的一次。

顯德二年（九五五）五月的那場「毀佛」運動，讓柴榮背上了萬世罵名，無數僧人咒罵柴榮。但又有誰能理解柴榮的難處？柴榮是一國之主，幾十萬軍隊要吃飯，幾百萬百姓也要吃飯，平時需要花錢的地方很多。

政府的國庫不充裕，最讓柴榮為難的是，周朝境內的銅產量太少，唐朝的舊錢總是有限的。柴榮必須鑄錢，以維持國家用度。在這種情況下，柴榮也只好對銅佛像下手，而柴榮毀銅佛像的目的，就是為了鑄錢。

其實不僅是銅佛像，還有民間的銅製器皿，也成了柴榮「搜刮」的對象。這事不能責怪柴榮，因為這些銅佛像和銅製器皿，有很多都是熔掉銅錢後才鑄造出來的，毀錢鑄銅像或銅器，利潤較錢的本位價值高出十倍。後周的財政之所以如此緊張，這些毀銅錢鑄銅器牟取暴利的人都負有責任。

經過長時間的深思熟慮，柴榮決定對貨幣制度進行一場涉及面非常大的改革，重點就是銅。顯德二年九月初一，柴榮正式頒布了《令毀銅器鑄錢敕》：

> 國家之利，泉貨為先。近朝已來，久絕鑄造。至於私下，不禁銷熔，歲月漸深，奸弊尤甚。今採銅興冶，立監鑄錢，冀便公私，宜行條制。起今後，除朝廷法物軍器官物及鏡，並寺觀內鐘磬鈸相輪火珠鈴鐸外，其餘銅器，一切禁斷。應兩京諸道州府銅象器物，諸色裝鉸所用銅，限敕到五十日內，並須毀廢送官。其私下所納到銅，據斤兩給付價錢。（《冊府元龜．邦計部．錢幣三》卷五百零一）

柴榮的貨幣政策，歸結起來有兩點：

一、收天下銅像銅器鑄錢。中原銅料的缺少，引發了政府財政困難。主要有兩個原因，一是民間寺院鑄銅；二是南方政權利用豐富的貨物和中原進行貿易，導致中原的銅錢大量外流。在軍事上，北方軍隊屢戰屢勝，但在經濟戰場上，北方政權處處受制。針對第二個弊政，柴榮除了收銅之外，還有一個辦法，就是通過各種手段，和銅源豐富的高麗國進行貿易，用流入高麗的銅料，來解決貨幣緊缺的問題。

柴榮鼓勵民間商販去高麗做生意，特別是與高麗隔海相望的山東半島登州、萊州、青州等地，用中原的貨物換取高麗銅錢。同時柴榮還以政府的名義和高麗以貨易銅，高麗缺少上好的絹帛，柴榮就派人泛海去高麗，賣掉了幾千匹好絹，換來不少銅錢。而高麗也願意和周朝結成戰略聯盟，對抗契丹，主動送銅。顯德六年時，高麗王王昭一次就送給柴榮五萬斤銅。

手上有了足夠的銅料，柴榮在顯德二年開設了鑄幣廠，「立監採銅鑄錢」（《文獻通考·錢幣考二》卷九），周朝的貨幣緊張問題很快就得到了緩解，於國於軍於民，都是好事。

二、嚴厲打擊私銷私鑄錢鑄銅器的行為。上面講了，熔毀銅錢改鑄銅器，有十倍的暴利，所以民間對此趨之若鶩。歷代政權都對此極為頭疼，打擊非常嚴厲，但在暴利面前，行政手段起不到多少作用，常常是官府三令五申，民間我行我素。

熔銅錢鑄佛像的現象，唐朝中後期就已經非常盛行了。唐穆宗寶曆初年，河南尹王起就上書穆宗，「銷錢為佛像者，以盜鑄錢論」。（《新唐書·食貨四》卷五十四）唐文宗太和三年（八二九），唐朝政府開始實行這項政策，規定嚴禁用銅錢鑄佛像，改用鉛錫土木鑄佛像，只有在佛像中的鈕、釘等處可以用銅。「盜鑄者死」。（《新唐書·食貨四》卷五十四）但一百多年過去了，禁銅鑄像的效果不是很好，畢竟其中的利潤實在太大了，不少人為了發財，鋌而走險。

到了柴榮即位時，這種現象日益猖獗。為了徹底整治貨幣市場上的混亂行為，柴榮的具體作法是：

一、除了朝廷用的銅器、軍器、寺院的鐘、磬等常用銅器之外，禁止民間擁有不符合政府規定的銅器。

二、限令各地方在五十天內將轄境內的所有銅器上交朝廷，當然政府會按值付價。

三、量刑很重。規定如果有限期不交者，私藏銅一兩至一斤者和其知情人，各判徒刑兩年，其轄區內的主官和鄰居都要受杖刑，每人杖七十，同時舉報人可得到十貫賞錢。藏一斤以上、五斤以下及知情者，各徒三年，四鄰杖九十，舉報人可得二十貫。若數量超五斤，私藏者處死，餘人各杖一百，舉報人得賞三十貫。

在柴榮之前，郭威也曾經嚴厲打擊過私銷銅錢，但郭威時的禁銅法的弊端在於打擊面過大，「如有違者，所在不論多少斤兩，並處死。舉報人賞錢一百貫」（《五代會要．泉貨》卷二十七）。而柴榮的禁銅法與郭威時代相比，條文更為細緻，也更加人性化，至少私藏不到五斤者可免死罪。另外，柴榮恩威並舉，不用雷霆手段，不顯菩薩心腸。一方面嚴厲打擊熔錢為器；另一方面又要給人活路。

柴榮對官府向民間收購銅料也做出了規定：

一、民間私有銅器收購。如果民戶主動上繳銅器，政府給予獎勵。「其人戶若納到熟銅，每斤官中給錢一百五十，生銅每斤一百。」（《五代會要．泉貨》卷二十七）

二、採銅者及民戶在官方貨場上將銅或銅料賣給官府，也有優惠政策。「其熟銅令每斤添及二百，生銅每斤添及一百五十收買。所有諸處山場野務，採揀陶沙到。舊例，銅每二十兩為一斤，今特與十六兩為一斤，給錢一百三十收買。」（《五代會要・泉貨》卷二十七）

第二條實際上是在兩年後的顯德四年二月二十一日推行的新政，比第一條晚了兩年。柴榮體貼民間採銅不易，將銅斤的重量從每斤二十兩，下調到每斤十六兩，更多的讓利於民。比如按舊制，民戶向納十斤銅折二百兩，能拿一千三百文錢。而現在納十斤銅折一百六十兩，依然能拿一千三百文錢。

同時，柴榮理解民間的銅器需要，比如百姓生活中需要銅鏡，不能一禁了之。周朝政府設立了官廠，打製銅鏡，然後在汴梁設置專業批發商場對民間銷售。百姓可以自用，也可以成批購買後到外地販賣，解決了老百姓的銅器需要。

柴榮的禁銅令必然會損害一些人的經濟利益，但從長遠來看，國家穩定，財政收入充裕，是符合百姓利益的，當然前提是政府願意放利於民。而且柴榮並沒有完全斷絕老百姓的活路，他盡可能地在政府和百姓之間尋找一個雙方都能接受的利益平衡點。

顯德二年的這次收銅鑄錢事件，是柴榮五年半皇帝生涯中的唯一一次，雖然任何一種嚴刑峻法都不可能完全禁絕有些人在暴利面前的鋌而走險，但柴榮卻最大限度地制止了私鑄私藏銅器的違法現象，穩定了市場，穩定了政治，功莫大焉。

到了宋乾德五年（九六七）十一月，趙匡胤下詔，禁止毀銅佛像。此舉說明宋朝官府已經不缺錢了，而原因有三個：

一、宋朝消滅了荊南、湖南、後蜀三個割據政權後，將三地的錢貨運到汴梁，財富自然增加。

二、趙匡胤本人崇佛，他對柴榮「毀」佛非常反對。

三、柴榮的貨幣政策對社會經濟發展起到了良好的推動作用。

三、工商業政策

關於宋朝工商業的發展。有觀點認為宋朝是歷史上工商業經濟最為繁榮的時期，這確實是個事實。但是更大的事實是：宋朝的工商業確實很繁榮，但宋朝工商業的發展是建立在唐末五代發展基礎上的，唐末時期的商品經濟已經足夠繁榮。任何一個時代的繁榮都不是憑空從天上掉下來的。其中有趙匡胤及北宋諸帝的功勞，也有柴榮以及前人的功勞。柴榮的商業改革，直接促進了北宋商品經濟的發展。

在魏晉以前，中國經濟的主體地帶是黃河流域，長江流域的經濟發展緩慢。到了南朝時期，長江流域的經濟迅速發展起來，大量耕地得到開墾，人口也急速增長。唐朝時的長江流域經濟已經明顯超過了黃河流域，由於長江流域土地肥沃，水源充足，多山林，適宜開發林漁果茶等副業。安史之亂後，中原經濟受到了毀滅性的打擊，從而更加凸顯了江南經濟的重要性，唐人韓愈說過：「當今賦出於天下，江南居十九。」（《韓昌黎集・送陸歙州詩序》卷十九）

唐末五代時的中原戰亂更加殘酷，而南方受戰亂波及較小，所以南方的經濟比重依然高於北方。只不過南方由於政權太多，實力過於分散，五代政權才沒有被南方比下去。

柴榮接手的是一個爛攤子，民生凋敝，商業發展緩慢。特別是五代的商業，後周之前的幾個政權，無不以搜刮商稅為要務，肥了自己，瘦了天下。一個最典型的例子發生在唐莊宗李存勖時代，李存勖任命孔謙為租庸使，制定了商業重稅，在官道上設卡，專務搜刮。商販不堪其苦，改走山路，沒想到孔謙又在山間小路設卡徵稅。即使飛上天，照樣有稅卡在等著你，簡直就是無孔不入。

國家收稅天經地義，但凡事都要有個度，商業貿易的繁榮，必須依賴於較輕的稅課政策。柴榮即位後，對此進行了整改，減輕稅率。大抵有以下幾條惠政：

一、禁止地方政府課收過往商人販牛的關卡稅。顯德五年（九五八）六月，柴榮下詔：「應有商賈興販牛畜者，不計黃牛、水牛，凡經過處並不得抽稅。」不過柴榮很懂得「利益均沾」的道理，他同時還規定：「如是貨賣處，祇仰據賣價每一千抽稅錢二十。不得別有邀難。」（《五代會要·雜錄》卷二十五）意思是如果牛販子進行交易，則稅務機構可以向他們徵收百分之二的利潤，但嚴禁多收。百分之二的稅率並不高，牛商也能承受得起，地方官府也能撈點油水，皆大歡喜。

馬端臨就此事進行點評：「鬻賣而有稅，理也。經過而有稅，非理也。觀此，則其來已久，而牛畜之外，餘物俱有過稅，商旅安得願出其塗乎？」（《文獻通考·徵榷考一》卷十四）馬端臨講了兩個方面：

1. 肯定了柴榮停止了向過往商販收取過路費。

2. 既然牛販子過關卡要交過路費，那羊販子、驢販子、狗販子、雞鴨販子，還有其他商品販子，過關卡也都是要交「買路錢」的。有些官員貪圖民利，就沒有理由只和牛過不去。商品經濟的繁榮，有賴於政府減輕商稅政策，如果四處吃拿卡要，商販都待在家裡不出去，還發展什麼商品經濟？

二、取消酒醋禁。唐朝政府對民間釀酒的態度時開時禁，取決於當時的經濟形勢，糧少則禁，糧多則開。不僅是酒，醋也一樣時開時禁，同屬於官方經營，食醋收稅，至少不遲於三國時的魏國，魏國名臣劉放曾經上書請罷醋榷。後梁允許民間釀酒，「聽諸道州府百姓自造麴，官中不禁」（《續通典・食貨》卷十五）。後唐雖然同意民間釀酒，但條件是每畝須交納麴錢，隨同夏、秋兩稅一併上交。

柴榮在顯德四年（九五七），下詔取消了對民間釀酒的限制性政策，「罷先置賣麴都務，鄉村人戶今後並許自造米醋」（《續通典・食貨》卷十五）。同時允許百姓在市場上銷售自家釀造的酒醋。柴榮取消酒醋禁令，繁榮了市場，也增加了百姓收入。

可惜這項利民的好政策，在宋朝被取消了。宋朝的所謂國庫充盈，是建立在與民爭利的基礎上的。宋朝的富裕，只限於帝王將相、士大夫階層，和老百姓是沒什麼關係的。

宋朝的底層百姓生計非常艱難，「古者刻剝之法，本朝皆備」（《朱子語類》卷一百十一）。朱熹甚至認為北宋的滅亡，壓榨百姓是主要原因之一。南宋初年的廣州州學教授林勳也說：「本朝二稅之數，視唐增至七倍。」（《宋史・食貨志上一》卷一百七十三引林勳《本政書》）

宋朝政府財政收入大幅增加，最主要的原因就是與民奪利。如果專心與民爭利的話，歷史上任何一個朝代都能做到宋朝的「繁榮富裕」。所謂宋朝百姓生活幸福論，可以休矣。比如上面講的牛販過關不收稅，宋朝反其道而行之，只要行人帶著貨物過關，一律收稅，「行者齎貨，謂之『過稅』，每千錢算二十」。（《宋史・食貨下八》卷一百八十六）

為了防止商販避開官卡，宋朝還規定，商販必須走官道，「販鬻而不由官路者罪之」。（《宋史・食貨下八》卷一百八十六）另外，稅官可以從中抽取十分之一的過稅，稱為「抽稅」。如果是商販在本地做生意，也要交「住稅」，每千錢抽三十。

宋朝對私人釀酒的政策是實行「撲買」制度。換成現代語言，就是招投標制度。官府舉行一個招標會，在民間進行招標，誰出的價格高，官府就把釀酒資格頒給誰。實際上這麼做只是富了少數人，普通百姓是根本沒有財力參與競標的。如呂思勉先生說：「歷代收酒稅最認真的，莫如宋朝。」（《中國通史・賦稅》第八章）不過，「撲買」制度並非最早始於宋朝，而是五代十國時期的吳越。

三、鹽政改革。在歷朝財政收入中，鹽稅所佔的比重都非常大。五代後唐和後漢都對鹽政實行了官榷制度，實際上就是壟斷經營，對犯禁者的處罰極為嚴厲。

特別是後漢政權，規定凡是犯鹽禁者，哪怕只私販一克鹽，也要殺頭，民憤極大。郭威稱帝后，也對鹽政進行改革，將犯鹽禁的標準限制在五斤以上。柴榮繼承了養父對鹽政的改革，而且柴榮的鹽政改革是唐末五代規模最大、影響最大的。

食鹽分為兩種：

1. 顆鹽（鹽池所產），也稱監鹽，主要產自解州的安邑、解縣。

2. 末鹽（即海水、井水、鹽水煮鹽），也稱散鹽。

顆鹽產地多集中在開封附近的解州地區，運輸成本較低。而海邊距內地較遠，所以官府在海邊煮鹽，需要長途跋涉來到內地銷售，人拉馬扛，生產和運輸成本遠高於顆鹽，還有就是販私鹽者以末鹽為多。

顯德元年十二月，柴榮下詔，規定曹州、宋州以西的十幾個州，改食顆鹽。柴榮禁止末鹽內運，對以末鹽為生的鹽戶生計產生了非常嚴重的影響。此舉似乎不妥，但柴榮的難處在於，國家財政並不充裕，雖然銷銅鑄錢得利不少，可是因用錢的地方實在太多，所以能省則省。曹宋以西不再贖買末鹽，但末鹽還可以在曹宋以東地區銷售，依然有錢可賺，只不過較以前少了一些。

柴榮對蠶鹽法也進行了調整，盡量讓利於民。蠶鹽制度始於五代，就是官府為了保障農民生活穩定，以便安心生產。具體做法是官府將食鹽以借貸的方式發給農戶，每到蠶絲上市時，農戶再折成原價，用絲綢等物還給官府，通常是在官府收夏、秋兩稅時一併上交。

另外還有一種察頭鹽，就是在每年秋播時賣給農民。但這種察頭鹽的價格比較高，以齊州（今山東濟南）為例，每石察頭鹽要收三千文錢。察頭鹽不合理之處在不論農民年收入是多少，哪怕是遭了水旱蝗災，三千文錢是一文都不能少的，老百姓經濟壓力非常大。顯德三年時，柴榮規定每石鹽的價格減掉一半，即一千五百文。

不過在蠶鹽的改革上，柴榮有一點做得不太妥當。在滄、棣、濱、淄、青五州的農戶中，年收入高低不等，但交還官府的蠶鹽價都是一樣的，即絹一匹。柴榮覺得這樣對收入少的農戶不公平，下詔規定每戶還貸的絹由一匹提高到兩匹。

柴榮本意是想維護農戶間相對平均的生活水準，結果無論貧富都交兩匹，反而加重了貧農負擔，這純粹是好心辦壞事。即使如此，後周的蠶鹽法也要比宋朝的蠶鹽法更符合農民利益。因為宋朝不再把鹽貸給百姓，卻依然徵收蠶鹽錢，一文錢都不能少。「自是諸州官不貯鹽，而百姓蠶鹽歲皆罷給，然使輸錢如故。」（《宋史・食貨下三》卷一百八十一）

後周政府規定，鹽是不允許私自販賣的，「諸州府人戶所請鹽，不得於鄉村衷私貨賣，及信團頭、腳戶、縣司、請鹽節級、所由等克折糶賣，如有犯者，依諸色犯鹽例科斷」。（《五代會要・鹽鐵雜條下》卷二十七）也就是說，鹽是不能在市場上流通的，否則會嚴重擾亂鹽業市場。

柴榮還放寬了河北地區的鹽禁，顯德三年規定，河北的「鹼鹵之地」，允許民間製鹽，「一任人戶煎練」。（《舊五代史・食貨志》卷一百四十六）但條件是只能在河北地區販賣，以漳河為界，不能進入河南。同時還允許在鄉村市場（草市）進行食鹽買賣，鹽商們可以在集市上做生意。

柴榮通過對一些涉及百姓民生的重要行業的弊政進行改革，提高了百姓生產貿易的積極性，為日後北宋商品經濟的繁榮，打下了良好的基礎。

四、擴建開封

北宋統治一百六十多年時間，北宋國都開封的繁華程度讓人驚歎，好似神仙洞府。一幅橫絕千古的《清明上河圖》，勾勒盡了大宋朝的錦繡畫圖，攝人心魄，讓後人心馳神往。東京開封府不僅是當時世界上人口最多的城市，戶口百餘萬，也是世界上最繁華的城市。

宋人孟元老在他的名作《東京夢華錄》中是這樣向人們介紹汴梁的：

> 太平日久，人物繁阜。垂髫之童，但習鼓舞；斑白之老，不識干戈。時節相次，各有觀賞：燈宵月夕，雪際花時，乞巧登高，教池遊苑。舉目則青樓畫閣，繡戶珠簾，雕車競駐於天街，寶

馬季馳於御路。金翠耀目，羅結飄香。新聲巧笑於柳陌花激產按管調弦於茶訪酒肆。八荒爭湊，萬國咸通。集四海之珍奇，皆歸市易，會禁區之異味，悉在唐廚。花光滿路，何限春遊；簫鼓喧空，幾家夜宴。技巧則驚人耳目，修春則長人精神。瞻天表則元夕教池，拜郊孟享。（《東京夢華錄·序》）

套用一句名詩：此城只應天上有，人間哪得幾回見。

開封之所以建設得繁花似錦，自然少不了宋朝皇帝們的功勞，但開封城建史上最應該感謝的，卻不是他們，他們只是大樹底下乘涼而已。歷史上大規模擴建東京汴梁城的，是周世宗柴榮。

開封是河南的歷史名城，如果算上戰國時的魏國，共有七個王朝在此建都，除了魏國，還有五代的後梁（朱友貞）、後晉、後漢、後周、北宋、金（宣宗、哀宗），所以開封也稱為七朝古都。

開封是這座古城在五代北宋時的正式名稱，因為自朱溫將開封定為東都，後改東京，所以史稱東京開封府。

梁太祖朱溫是在開封（汴州）起家的，鬥戰天下三十年，成就中原霸業。不過朱溫建立梁朝後去了洛陽，直到他兒子朱友貞時，才定都於開封。後唐滅後梁，放棄開封，又在洛陽建都。石敬瑭、劉知遠、郭威先後取得中原統治權，國都又回到開封，一直傳到柴榮這裡。

唐朝是以長安和洛陽為兩京的，開封因為政治上的原因，所以一直沒有發展起來。柴榮下決心對開封進行大規模擴建的主要原因，理由是「人物喧闐，閭巷隘狹，雨雪則有泥濘之患，風旱則多火燭之憂。每遇炎熱相蒸，易生疾沴」。（《五代會要·街道》卷二十六）開封城市面積較小，街道狹窄，人口眾多，所以顯得非常狹促。一旦發生突發性災害，後果不堪設想。要改變這種城市格局狹小的狀態，最有效的辦法就是擴大城市面積，降低人口密度。古代沒有居民樓，基本上都是平房民居，所以降低人口密度，只能擴建。

雖然柴榮以削平諸侯為己任，但在戎馬倥偬之際，依然沒有忘記擴建開封。顯德二年（九五五）四月十七日，柴榮下詔修建開封外城。《京城別築羅城詔》：

惟王建國，實曰京師，度地居民，固有前則。東京華夷臻湊，水陸會通，時向隆平，日增繁盛，而都城因舊，制度未恢，諸衛軍營，或多窄隘，百司公署，無處興修。加以坊市之中，邸店有限，工商外至，億兆無窮，僦賃之資，添增不定，貧闕之戶，供辦實艱。而又屋宇交連，街衢湫隘，入夏有暑濕之苦，居常多煙火之憂。將便公私，須廣都邑。宜令所司於京城四面別築羅城，先立標幟，候將來冬末春初，農務閒時，即量差近甸人夫，漸次修築。春作才動，便令放散。如或土功未畢，則迤邐次年修築，所冀寬容辦集。今後凡有營葬，及興置宅灶並草市，並須去標幟七里外。基標幟內，候官中擘畫定街巷軍營倉場諸司公廨院務了，百姓即任營造。（《冊府元龜．帝王部．都邑》卷十四）

從這道詔書中可以看出來，這時只是制定出了城建規劃，還沒有破土動工。之所以沒有立刻動工，原因有兩個：

一、古代沒有大量專業的建築工人，勞動力主要依靠農民。農民的主業是種田，城市建設不能耽誤農業生產。柴榮規定只有等到農閒時才能開工，農忙時停下來，第二年農閒時再繼續建設。

二、城外還有密密麻麻的墳墓，為了給百姓足夠的遷墳時間，所以暫時沒有開工。但條件是百姓建的新墳必須在新城標記的七里之外，以免影響城市建設。

柴榮在新城區建設中同樣沒有忘記百姓的利益，他規定，在新城區的規劃中，除了已經準備修建街道、倉庫、官舍、市場之外的土地，其他的地方允許百姓隨意蓋房居住。柴榮這兩個措施實在太人性化了，考慮的非常周全，讓人讚歎感動不已。

顯德三年（九五六）正月初四，也就是柴榮第一次親征南唐出發前的兩天，柴榮「發開封府、曹、滑、鄭州之民十餘萬築大梁外城」（《資治通鑑》卷二百九十二），由京城都巡檢韓通任新城區建設總指揮，左龍武統軍薛可信、右衛上將軍史佺、右監門衛上將軍蓋萬、右羽林將軍康彥環分督四面。正月是農閒時節，農民們也無事可做，柴榮見縫插針，趕在農忙之前修建新城區。

經過十幾萬人晝夜不停的努力，一座漂亮的新城區終於拔地而起，在人們的驚歎聲中屹立在地平線上。

值得一提的是，柴榮擴建城市，不僅是看重新城的居住功能，更看重新城的軍事城防功能。民間有一個說法，認為周世宗擴建開封新城所用的土，是採自虎牢關附近的土，世稱虎牢土「堅密如鐵」。用虎牢土建城，可以抵禦來自敵軍高強度的進攻。

清人顧祖禹在《讀史方輿紀要》對此事有詳細記載：「世傳周世宗築京城，取虎牢土為之，堅密如鐵。蒙古將速不台攻汴，用炮石晝夜擊之，不能壞，乃因外壕築城，圍百五十里，晝夜攻擊，竟不能拔按。」（《讀史方輿紀要・河南二》卷四十七）

新修建的城區面積很大，周長為「新城周回四十八里二百三十三步」（《宋史．地理志一》卷八十五），換算成現在的標準，大致為周長二十二公里，比舊城周長擴大了四倍，面積二十五平方公里。如此規模宏大的新城區，放在現在的城建史上，也是相當了不起的。開封新城自柴榮擴建之後，第二次對開封城區進行擴建時，已經是六十年後的宋真宗大中祥符九年（一〇一六）了。在古代建築水準不高的情況下，一座大型城市建築使用了六十年而沒有進行大修，足以說明開封新城的建築品質。

不僅是外城，開封城中也進行了擴建。開封市區的街道有一個突出的問題，就是民居太多，甚至擠在了街道上，導致官民出行不便。「民侵街衢為舍，通大車者蓋寡。」（《資治通鑒》卷二百九十二）柴榮再一次使用雷霆手段，對市區街道進行大規模擴建。

開封市區的街道並不呈直線對外伸展，而是彎彎曲曲，柴榮將街道全面修成直道，寬度分成三種：五十步、三十步、二十五步。但開封城區內還存在著大量墳墓，所以柴榮再次將城中墳一律遷到城外安置。

城市街道雖然寬闊，但兩旁沒有植物，光禿禿的，顯得很不美觀。柴榮考慮到了城市綠化，他允許住在街道兩邊的百姓可以在路邊三步或五步之內開墾一個街心花園，種些樹木，一來美化街道；二來可以夏日避暑。如果百姓願意，還可以在路邊挖井吃水，或者修蓋涼棚。柴榮考慮問題非常細緻，只有心存百姓的領導者，才會這樣的細緻熱心。

柴榮擴建開封的目的，符合廣大百姓的利益，而且柴榮也確確實實是在為他們考慮。顯德三年（九五六）六月，柴榮從淮南前線回京後就頒詔天下，解釋他出於什麼目的才擴建城市的。「朕昨自淮上回京師，周覽康衢，更思通濟千門萬戶。庶諧安逸之心，盛暑隆冬，倍減寒溫之苦。」（《冊府元龜·帝王部·都邑第二》卷十四）柴榮拳拳赤子之心，可鑒日月，無愧於天地。

在古代人的意識中，遷墳是非常不吉利的，不能輕易遷墳。現在為了城市建設遷墳，有些人對此非常不理解，甚至暗中咒罵柴榮。柴榮的耳報神多，知道了民間對遷墳的看法。柴榮感慨地說：「朕知道這次修建外城，死人、活人均受到影響，但你們誰又理解朕的苦衷？有些人罵朕，朕自當之，他日終為人利。」（《資治通鑒》卷二百九十二）

城市建設的飛速發展，各種專業場所的出現，必然會帶動市民階層的消費衝勁，不唯古代，現在也是如此。在這裡還要更正一個錯誤觀念，就是認為從宋朝開始才有了豐富的市民飲食生活，比如酒肆茶樓。

其實後周時期就有了酒肆茶樓，城市居民的業餘生活已經非常豐富。「如酒肆門首，排設杈子及梔子燈等，蓋因五代時郭太祖（郭威）遊幸汴京，茶樓酒肆俱如此裝飾，故今店家仿效成俗也。」（《夢粱錄》卷十六）

特別值得一提的是，後周已經有了大規模的商業貿易活動，打破了所謂商業高潮始於宋朝的虛假神話。據以詆毀柴榮、拍馬宋廷為能事的宋人文瑩《玉壺清話》記載：

周世宗顯德中，遣周景大浚汴口，又自鄭州導郭西濠達中牟。景心知汴口既浚，舟楫無壅，將有淮、浙巨賈貿糧斛賈，萬貨臨汴，無委泊之地，諷世宗，乞令許京城民環汴栽榆、柳，起台榭，以為都會之壯。世宗許之。景率先應詔，據汴流中要起巨樓十二間。方運斤，世宗輦輅過，

因問之，知景所造，頗喜，賜酒犒其工，不悟其規利也。景後邀巨貨於樓，山積波委，歲入數萬計，今樓尚存。（《玉壺清話》卷三）

宋朝的商業繁榮這是事實，這要歸功於宋朝政府正確的商業政策，但不能因此就否定自以唐朝以來數百年的商業發展。陳寅恪先生雖然提出過「唐近古，宋近今」的說法，但他同時指出：「唐代之史可分前後兩期。前期結束南北朝相承之舊局面，後期開啟趙宋以降之新局面；關於社會政治經濟者如此。關於文化學術者亦莫不如此。」（《金明館叢稿初編．論韓愈》）現代史學家侯外廬先生、胡如雷先生也均持類似觀點。

中國從中古至近古的轉型標誌不是宋朝建立，而是安史之亂。唐朝安史之亂後，社會整體形態開始由粗放型向細密型轉進，從經濟角度來看，兩稅法的實施，是這種社會整體形態大轉進的關鍵。

通常認為，夜市是宋朝以來才開始的，其實早在唐朝時，就已經有了夜市酒場，時人的夜生活非常豐富。「富人賈三折，夜以方囊盛金錢於腰間。微行市中，買酒，呼秦聲女置宴。」（《雲仙雜記》卷七引《金陵記》）宋朝商品經濟發達，不代表唐朝五代就一團漆黑。五代後唐時的宰相馮道、和凝都在市場上花了一千八百文錢買了一雙漂亮的靴子。

唐朝的市民業餘生活也是非常豐富的，比如集市廟會，楚州有座興龍寺，就是當時有名的集市。「寺前負販戲弄觀看人數萬眾。」（《太平廣記．雷二》卷三百九十四）還有就是城市夜生活。唐文宗開成三年（八三八），東南都會揚州的除夕夜，「暮際，道俗共燒紙錢，俗家後夜燒竹與爆，聲道萬歲。街店之內，百種飯食，異常彌滿」。（《入唐求法巡禮行記》卷一）

一千二百多年前的除夕夜，與我們現在所過的除夕夜，可有半點區別？不要說唐朝沒有電視機和電影院，宋朝也沒有。豐富的市民業餘生活也不是從宋朝開始的，至少在唐朝時就已經有了。

隨著商品經濟的日益繁榮，唐朝出現了大量專業銷售店鋪，比如金銀行、生鐵行、油行、炭行、釘行、秤行、雜貨行、磨行、靴行、染行、米行、果子行、肉行、藥行、茶行、絲行、魚行，涉及民生的百行齊備。

在這些專業行鋪發展的基礎上，出現了行業協會，上有行首，下有行徒。每逢重要節日或集市廟會，他們都集體出動，進行大規模商業活動。至於宋朝時出現的紙幣會子和交子，實際上也是在唐憲宗時期出現的飛錢匯兌業務的基礎上發展起來的。「會子、交子之法，蓋有取於唐之飛錢。」（《宋史．食貨志下三》卷一百八十一）唐朝時就出現了異地取款業務的雛形，以信物為證，可以在外地錢莊提取錢款。

至於處在亂世末期的後周，後周的統治當時還只局限於中原，就已經和周邊政權做起了大額生意。再者，就是後周當時正處在統一天下的戰爭時期，以武為主，而且後周存在時間只有九年，社會發展自然不如宋朝三百多年，沒有可比性。

不要說是柴榮，就是朱友貞、石重貴處在宋朝的歷史條件下，他們同樣可以做得出宋朝已經做出的成就。如果讓趙恆、趙楨處在五代亂世，讓他們去面對鐵血強悍的李存勖、耶律德光，又會是個什麼結局？

柴榮的一生，幾乎戰勝了一切，唯獨沒有戰勝命運的安排。這是他的悲劇宿命，也是中國的悲劇宿命。一個極有可能通過鐵血手腕改變中原民族受壓迫命運的機會，就這麼浪費掉了。

柴榮在短短的幾年時間內，擴建開封，浚通河道，為後來北宋的商業繁榮，奠定了堅實的基礎。

五、治理黃河水患和疏通河道漕運

黃河水患問題為歷代統治者所重視，河患持續了數千年。黃河決口之所以成為歷代王朝頭號自然天敵，原因在於黃河的水質和地勢。

從地勢上講，「河入中國，行太行西，曲折山間，不能為大患。既出大伾，東走赴海，更平地二千餘里，禹跡既湮，河併為一，特以堤防為之限。夏秋霖潦，百川眾流所會，不免決溢之憂」（《宋史．河渠一》卷四十四）。

從水質上講，「河水重濁，所至輒淤，淤填既高，必就下而決」。（蘇轍《欒城集．論黃河東流札子》卷四十六）黃河的含沙量太多，流經到平原地區時，因為河床的泥沙越聚越多，引導水位上溢，最終決口。

隋唐五代時期，黃河水患問題日益嚴重，在這近四百年中，有史可查的黃河決口共有四十三次，其中隋朝四次，唐朝二十一次，五代十八次。唐朝雖然有二十一次決口，但唐朝存在了三百年，平均十三年決一次。而五代只存在了五十三年，卻有十八次決口的記錄，平均三年決一次。可見五代時代的河患到了何等嚴重的程度。

五代河患氾濫和連年戰亂有一定關係，但並不是最重要的因素。北宋統治一百六十七年，而有記載的黃河決口就有四十次，平均四年一次，是否可以認為宋朝黃河決口也是戰亂所致？趙匡胤在位十六年，決河七次，平均兩年多一次，難道能將河患歸罪於趙匡胤的統一？這顯然是不客觀的，何況趙匡胤主要是在南方用兵。

五代各朝政府對河患問題非常重視，梁太祖朱溫、唐莊宗李存勖、唐明宗李嗣源、晉高祖石敬瑭、周太祖郭威等「亂世軍閥」都曾經治理過黃河，但效果不一。柴榮即位後，他面臨著同樣嚴重的河患問題。

在柴榮時代，黃河水患最為嚴重的一次發生在顯德元年（九五四）下半年。

在五代治河史上，最難治理的，當屬楊劉鎮（今山東東阿北六十里）至博州界這一百多里的河段。這裡地勢比較低平，加上疏浚不利，導致這裡水患不斷，「連年東潰」，形成兩股大的支流，逐漸形成一個周長數百里的大湖泊。

山東的黃河兩岸是無險可恃的平原地帶，黃河洪水除了不斷注入大湖，還朝著東北方向繼續前進，衝擊著兩岸堤壩。最終在當年年底衝破堤壩。咆哮的洪水瘋一般地沖過岸邊的齊、棣、淄、鄆、青等州，奪路入海。

這場洪災給沿岸百姓造成了巨大的災難，「溢壞民廬舍，佔民良田，殆不可勝計」。（《冊府元龜・邦計部・河渠》卷四百九十七）人員傷亡更是不計其數。受災百姓失去了生計，他們為了活命，只好冒險在河邊採食茭白，或者捕撈魚蝦生食。

柴榮最見不得勞動人民吃苦受罪，在得到水災消息後，他立刻派官員去堵漏。但柴榮連續派了幾撥官員去水災現場，都沒有治理好水患問題，百姓對此非常不滿。不解決這個問題，柴榮食不甘味，睡不安寢。

十一月二十八日，柴榮任命門下侍郎李穀為「前線防汛總指揮」，立刻啟程趕赴災區治漏救災。李穀很快就到了災區，在澶、鄆、齊等州的河堤上仔細檢查，防止洪水再次氾濫。

接下來要做的就是盡快修復被洪水衝垮的堤壩，一旦洪水再次衝擊，後果是誰也承擔不起的，包括李穀，更包括柴榮。李穀在周邊州縣徵募了六萬多民工，不分晝夜，固堤堵漏。經過整整一個月的努力，終於修好了堤壩。

顯德元年的這場洪水，是柴榮在位五年半時間裡，唯一一次有記載的黃河水災。當然，有一點柴榮要比趙匡胤幸運，顯德年間，黃河下游一帶雨量較少，而趙匡胤時代暴雨連綿不絕，這也是宋朝初年黃河水氾濫成災的一個重要原因。還有就是宋朝一些治河官員隱瞞災情，甚至貪墨治河款，不在乎百姓死活。「吏又並緣侵漁，而京師常有決溢之虞。」（《宋史・河渠志三》卷九十三）

世界上任何事物都具有兩面性，有失必有得，有害必有利。河水不僅能製造災難，同樣能造福於民。歷代統治者不但注重治理河患，同樣也重視治河之利，關鍵要看統治者是否有愛民之心，治河之術。

歷代政權對治河的總體原則就是堵防黃河，浚通其他河流。柴榮當時面對的就是這樣一種矛盾局面：黃河需要堵防，其他河流因為長久不進行治理，河道短淺，淤積不通，無法形成水上交通網，對當時的經濟發展是非常不利的。

柴榮在位期間，對許多河道進行疏通治淤，目的就是為了打通漕運，這和「要想富，先修路」的道理是一樣的。但有一條河流，柴榮治理它的主要目的卻不是經濟目的，而是軍事目的，這就是對胡盧河的治理。

胡盧河就是現在的河北滏陽河，東西長達數百里，胡盧河發源地邢州龍岡（柴榮家鄉，今河北邢台），穿越深州（今河北深縣）和冀州（今河北冀縣）之間，後匯入永濟渠北段。

自從石敬瑭出賣燕雲十六州後，深、冀諸州就成了中原政權對抗契丹的前線戰場，邊境距胡盧河不過百里。契丹人倚仗著騎兵優勢，經常在深、冀一帶燒殺搶掠，無惡不作。「自晉漢以來，常為契丹所困，每胡兵入寇，洞無藩籬。」（《冊府元龜．外臣部．備禦七》卷九百九十四）深、冀地處華北平原，無山無河，防守起來異常吃力，柴榮也經常為此事頭疼。

有人就給柴榮出了個主意，說深州和冀州之間的胡盧河橫亙數百里，如果陛下浚通胡盧河，依靠河道優勢進行防守，契丹騎兵就無法再南下剽掠了。柴榮認為這個辦法非常好，顯德二年（九五五）三月，柴榮下詔，讓忠武節度使王彥超和彰信節度使韓通徵募河北民工，疏通胡盧河。

胡盧河被拓寬後，水面上漲，形成了一道天然防線，將契丹人的馬隊隔在河北岸。契丹人不甘心，數次在胡盧河北岸攻擊周人，被五代史上的傳奇人物、德州刺史張藏英打敗，契丹人死傷慘重。此後契丹人也就學乖了，「不敢涉胡盧河，河南之民始得休息」。（《資治通鑑》卷二百九十二）為了防止契丹人再來騷擾，柴榮在胡盧河岸邊的李晏口（今河北下博境內）設立靜安軍。「南距冀州百里，北距深州三十里，夾胡盧河為壘。」（《舊五代史．周世宗紀二》卷一百一十五）

這件事情說明了一個道理，對貪婪的敵人一味退讓妥協，只能助長敵人的囂張氣焰。如果指望敵人發善心以求和平，那是非常愚蠢的。辦法只有一個，就是打！和平與尊嚴從來都是鐵血打出來的。低三下四乞求來的尊嚴一文錢都不值，反而會成為歷史的笑柄。

除了胡盧河之外，柴榮還對汴河進行了大規模的疏通治理。

汴河並不是自然形成的河流，而是人工挖通的。隋煬帝楊廣為了方便中原與江東的聯繫，在黃河和淮河之間挖通了這條運河。汴河呈西北－東南走向，起於汴口（今河南滎陽北），終於泗州（今江蘇盱眙）。

唐朝以來，汴河就成為江南財賦輸向中原的重要運輸通道。安史之亂後，河北諸鎮割據叛亂，唐朝政府之所以還能堅持下來，一個重要的原因就是倚仗著汴河的運輸能力，大量吃進江南的物資。

汴河在唐朝末年時，淮南楊行密為阻止朱溫南下，決毀了汴河，導致周邊地區變成了汙沼泥澤。「唐末楊氏據淮甸，自甬橋（今安徽宿州埇橋）東南決汴，匯為汙澤。」（《宋史・武行德傳》卷二百五十二）幾十年來沒有浚通，再加上河道狹窄，淤泥越積越深，不利於航運。柴榮下決心疏通汴河，主要考慮到三點：

一、此時周軍正在淮南與南唐軍苦戰，需要後勤物資快速到達前線，走汴河顯然速度更快。

二、開封擴建之後，交通運輸還跟不上，只有疏通了主航道，開封才能真正的發展起來。我們能想像北京沒有鐵路是什麼樣子嗎？

三、柴榮已經有了統一天下的決心，待統一後，朝廷依然要仰仗江南財賦，所以提前動作。

顯德二年（九五五）十月，柴榮下令，讓駐徐州的武寧節度使武行德發徐淮民工，在汴河甬橋至泗上的舊河道上進行清淤疏通。當時有人對此提出質疑，柴榮的回答很乾脆：「三年之後，當知其利矣。」（《冊府元龜・邦計部・河渠》卷四百九十七）柴榮是個認真的實幹家，他不會把時間浪費在辯論上，他相信自己的判斷能力。

疏浚汴河只是柴榮收河之利的一個部分，僅有汴河，是遠遠不能滿足開封日益增長的物資供應需求，尤其是開封和山東的聯繫。山東與開封之間沒有直達的河道，如果從山東走水路到開封，必須經過黃河，繞進汴口，然後再折向東南，航程過長，耽誤時間。而如果走陸路，成本會更高。

柴榮認為要解決這個問題，最有效的辦法就是在山東和開封之間挖出一條直達航道。柴榮的魄力大得驚人，顯德四年五月二十七日，柴榮下詔：「疏汴水一派北入於五丈河。」（《冊府元龜・邦計部・河渠》卷四百九十七）

柴榮的具體計畫是，從開封北郊汴河的河道上，開挖一條人工運河，呈偏北方向朝東挖出河道，溝通大野陂，然後與濟水匯成一處。這條人工運河就是廣濟渠（也稱五丈河），而大野陂，就是大名鼎鼎的梁山泊。

「至是齊魯之舟楫亦達於京師矣。萬世之利，其斯之謂乎！」（《冊府元龜・邦計部・河渠》卷四百九十七）五丈河的開通，極大地促進了山東與中原地區（特別是開封）的聯繫，無論是官府往來，還是民間往來，包括商業貿易，都深受其利。

本來後周的疆域僅限於淮河以北，顯德五年（九五八）三月，李璟正式向柴榮臣服，割讓淮南十四州。疆域的擴大，同時也意味著商業流通的範圍擴大，柴榮是個有宏大魄力的帝王，雖然他現在還沒有統一天下，但已經在經濟角度，提前做到了統一後全國進行商貿大流通的準備。

中國有兩大河流：黃河、長江。唐朝時，江南財賦貨物通過水路北運至兩京，都要從長江進入漕渠（即京杭大運河淮陰至揚州段），然後沿淮河西行至濠州，再進入汴河。汴河的西北端與黃河有水道，就是汴口。

但自安史之亂以來，周邊軍閥經常砍斷河漕通道，再加上唐末大亂，軍閥割據，汴河基本喪失了河運的功能。柴榮浚通汴河的用意，並不只著意打通北方的貿易交通線，打通南方和北方的河道運輸更重要。

汴河浚通後的顯德五年三月，柴榮徵調大量民工，浚通汴口。「導河流達於淮，於是江、淮舟楫始通。」（《資治通鑒》卷二百九十四）自此，江南的船隻可以從長江、淮河，經汴水直通黃河，真正實現了南北河道大動脈的暢通。白帆連雲，不見其尾，在汴河中浩蕩前進，場面異常的壯觀宏大。這是柴榮的功勞。

兩年後，也就是柴榮生命中的最後一年，柴榮北伐契丹之前，又派侍衛都指揮使韓通、宣徽南院使吳廷祚等人，率沿淮諸州民工再次浚通汴河。隨後柴榮又兵分兩路，一路由侍衛馬軍都指揮使韓令坤在開封城東郊，汴河與蔡河之間開一條人工河道，以便打通河南地區的漕運通道。

同時，柴榮在距開封東南九十里的通許鎮附近修建了一座上倉城，作為蔡河漕運的中轉運輸站。另一路的侍衛步軍都指揮使袁彥疏通五丈河，打通與青、鄆諸州的漕運。

這樣一來，中原地區就建成以開封為中心，四周向外擴散的河運網路，可以稱得上是四通八達。如果此時是宋朝皇帝在位，想必他們也會這麼做的，但確實是柴榮先做的，北宋只是大樹底下好乘涼。北宋的經濟繁榮，有相當一部分功勞應該記在柴榮頭上。

解決航運問題，一般有兩點需要做好，一是硬體上的保證，即浚通河道。另一點卻往往被人忽略，就是涉及航運的政策法則是否完善，這是軟體。柴榮就注意到了這一點。

從外地經河道運送物資至開封，會不可避免的發生物資在水路上損毀的情況，這種現象稱為

「斗耗」。在五代後漢之前，官府是允許物資有小額損毀的，這也是理解河運人員之舉。但後漢聚財過於貪婪，取消了斗耗制度。物資抵到開封後，官府要對著貨物單檢查數量。運多少來，就要交多少，一絲一厘都不能少。一旦對不上單，就嚴責河運人員，甚至還要發送地的政府補交被損毀的貨物。「亡身破家，不可勝計。」（《文獻通考．國用考三》卷二十五）

柴榮對這個弊政深惡痛絕，顯德二年時，柴榮告訴大臣們說：「倉廩所納新物，尚破省耗，況水路所般，豈無損失，今後每石宜與耗一斗。」（《文獻通考．國用考三》卷二十五）官府允許所運貨物每石有一斗的損耗率，君子愛財，取之有道，柴榮做到了。仁人君子，柴榮當之無愧。

河道之利，不僅限於航運，而且適用於灌溉農田。如關中地區的涇河，也是由於年久失於浚修，涇河水源不足，而關中地區的河流較少，水源緊張，不利於農業灌溉。顯德五年（九五八）十二月，柴榮派工部郎中何幼沖為關西渠堰使，率民工疏通了涇水。充足的水源解決了關中地區缺水的難題，惠及關中百姓。

宋人胡寅似乎見不得柴榮的善政，到處吹毛求疵。雖然他也稱讚柴榮此舉甚善，可又說這種事在技術上沒什麼難度，換了誰都能做到。話說得很輕巧，可涉及經濟利益，有些人根本做不到這一點。

如果按胡寅的觀點，宋朝的各項好政策也沒什麼難度。比如文官治政地方和削弱地方藩鎮，南漢劉龑和南唐李昪早就提前做到了。宋朝皇帝能做的，給柴宗訓二十年時間，一樣可以做到。

柴榮的許多善政，從技術處理上並不難，但難就難在心中有沒有裝著百姓，這與能力無關，與良心有關。

柴榮做事，對得起天地良心。

六、完善刑法

戰國時著名的思想家韓非曾經講過他對法律的認識：「明主之所道制其臣者，二柄而已矣。二柄者，刑德也。何謂刑德？曰：殺戮之謂刑，慶賞之謂德。為人臣者畏誅罰而利慶賞，故人主自用其刑德，則群臣畏其威而歸其利矣。」（《韓非子．二柄》第七）人的本性，都是畏刑而貪利的，沒有人願意在正常情況下去蹲牢子吃號飯，所以在人類社會中就有了法律。

一個運作成熟的政府，首先要有相對完善健全的法律體系，沒有法律，就不能威懾人的犯罪欲望。法律是建立在「人性惡」的理論推論上的，為了維護本集團的統治利益，以及穩定社會秩序，沒有刑法的政府是不可想像的。「古先哲王即天論緣民情為之。刑罰威獄以類其震曜殺戮焉，蓋所以防邪辟、禦奸宄、禁其逾矩以佐乎！」（《冊府元龜．刑法部．總序定律令》卷六百零九）無論是治世還是亂世，只要有了政權，就必然會有法律，五代也是如此。

在政治上，五代承襲了唐朝的法統，在刑法上，五代也基本上沿襲了唐朝的法律體系。唐朝的刑法也是由簡入繁的，唐高祖李淵初入長安時，只是制定了簡單的約法十二條，即「殺人、劫盜、背軍、叛逆者死」。（《舊唐書．刑法志》卷五十）

隨著政權的穩定和社會發展，唐朝刑法也越來越繁密複雜。以《唐律疏儀》為例，唐朝的刑法大致可分為「笞刑五、杖刑五、徒刑五、流刑三、死刑二。十惡、八議。」（《唐律疏儀》卷一）

到了五代，雖然戰亂不斷，但歷朝統治者都非常重視刑法，法律體系相對來說還是比較完善的。梁朝在開平四年（九一〇），制定了《大梁新定格式律令》一百零三卷。後唐同光二年

（九二四），制定《同光刑律統類》十三卷。後晉天福四年（九三九），石敬瑭頒布《天福編敕》三十一卷。

後漢雖然沒有專門的刑法典，但後漢刑律極為嚴苛，天福十二年（九四七）八月，劉知遠「敕應天下，凡關盜賊捕獲，不計贓物多少，按驗不虛，並宜處死」。（《冊府元龜・刑法部・定律令》卷六百一十三）劉知遠對此狡辯說：「俾其重法，斯為愛民。」（《冊府元龜・刑法部・定律令》卷六百一十三）

後漢起用重法的時代背景是後晉滅亡時，天下大亂，「四方盜賊多」。（《文獻通考・刑考五》卷一百六十六）以刑威眾，並非不可取，但在量刑上應該有一個限度，不能隨便定刑，草菅人命。後漢有兩個著名酷吏，一個是蘇逢吉；一個是史弘肇。

蘇逢吉為人「文深好殺」（《文獻通考・刑考五》卷一百六十六），他替劉知遠擬定捕「盜賊」敕的時候，量刑就極為嚴酷：「應賊及四鄰同保，皆全族處斬。」（《文獻通考・刑考五》卷一百六十六）犯人偷竊，其家屬何罪，何遑論街坊鄰居！其他官員非常反對蘇逢吉這條極不人道的酷法，「盜猶不可族，況鄰保乎？」（《文獻通考・刑考五》卷一百六十六）在據理力爭的情況下，蘇逢吉不情願地去掉了族誅這一條。

另一位酷吏史弘肇相比於蘇逢吉，有過之而無不及。史弘肇主要負責京師治安，此公視人命如草芥，以殺人為樂。凡是捕拿到罪犯，不管是犯了什麼罪，直接用酷刑處死，也懶得上奏朝廷。經過史弘肇這一番殺戮，「雖奸盜屏息，而冤死者甚眾」。（《文獻通考・刑考五》卷一百六十六）

後漢是五代政權中最為殘暴的一個，後來周太祖郭威就曾經和判司天臨事王處訥談到後漢政權之所以僅存在四年就滅亡的原因，「第以高祖（劉知遠）得位之後，多報仇殺人及夷人之族，結怨天下，所以運祚不長」。（《宋史·王處訥傳》卷四百六十一）

郭威建立周朝後，實施寬仁之政，他即位後頒布了《大周續編敕》三卷十六條，附在《天福編敕》之後。與漢法不同的是，周朝刑法放寬了死刑標準，規定除犯謀逆罪者，其他刑犯不得沒收家產，並誅及同族。郭威同時又改革了鹽法、牛皮法等商業法律，惠及萬民，甚善。

柴榮即位後，一直忙於南征北戰，暫時還沒有精力修訂刑法。直到他即位後的第三年，也就是顯德四年（九五七），柴榮才開始關注刑法的修訂。他仔細研究了前幾個政權的法律條文，認為這些刑法最大的問題是「刑書深古、條目繁細，難於檢討。又前後敕格重互，亦難詳審」。（《宋史·劇可久傳》卷二百七十）刑法過於繁雜，而且用字深奧，讓人看得雲山霧罩，不知所云。

在領會了柴榮的法制精神後，周朝司法系統立刻上了一道奏疏，主要是順承柴榮旨意，奏請柴榮准允制定刑法。「律令之有難解者，就文訓釋；格敕之有繁雜者，隨事刪削；其有矛盾相違、輕重失宜者，盡從改正，無或拘牽。」（《宋史·劇可久傳》卷二百七十）

柴榮之前實行的刑法實際上沿用了唐朝和五代諸朝的刑法，如《開成格》《大中統類》，以及上面提到的五代各朝幾種刑法編敕。大臣們認為：「律令則文辭古質，看覽者難以詳明；格敕則條目繁多，檢閱者或有疑誤。加之邊遠之地，貪猾之徒，緣此為奸，浸以成弊。方屬盛明之運，宜申畫一之規，所冀民不陷刑，吏知所守。」（《舊五代史·刑法》卷一百四十七）這也是柴榮的意思。法律條文，柴榮這樣的人物都看不明白，更遑論邊遠地區不識字的「貪猾之徒」。（《舊五代史·刑法》卷一百四十七）

現在需要做的，就是將這些亂七八糟、讓人看不明白的繁雜條文悉數刪除，簡化刑法條文。當然，在這一點上，柴榮有時做得並不好。幾十年後，宋真宗就翻看過柴榮的敕令，發現「甚為煩碎」（《續資治通鑑長編》卷六十六，囉里囉唆，講了半天，還沒有涉及重點。對於柴榮有時講話囉唆的毛病，歐陽修也曾經批評過。

還有就是隨著時代的變化，幾十年前，甚至一百年前的刑法，已經明顯不適用於現在，「有輕重未當，便於古而不便於今。矛盾相違，可於此而不可於彼」。（《舊五代史・刑法》卷一百四十七）法制如此混亂，對渴望建立偉大盛世的柴榮來說，是無法容忍的。

因為法律修改事關重大，所以柴榮還是集思廣益，讓更多的人參與進來，大家一起商量。尚書省四品以上、中書省和門下省五品以上官員，以及御史台官員都集中在尚書省，參加了這場大討論，由內府供應官員們的伙食。等刑法修訂稿出來之後，送交中書省核議。

到了顯德五年（九五八）七月，宰相范質、王溥給柴榮上了一道奏疏，彙報了他們主持修訂刑法的工作情況。同時告訴柴榮，新版的刑法已經制定出來了。這部刑法，就是中國法制史上鼎鼎有名的《大周刑統》。

可惜的是，由於種種原因，這部《大周刑統》沒有流傳下來。但從范質等人的奏疏中，還是了解這部刑統的大致條目。不過《舊五代史》《冊府元龜》《五代會要》均說刑統加上目錄共有二十一卷，而《宋史・劇可久傳》卻說有三十卷。從成書時間上看，前三部書均在宋初，所以較為可信。

《大周刑統》與之前刑法編敕在體例上有了明顯變化，就是增加了主文和附文。主文就是正式刑法內容，然後在正文旁邊注上相關法律解釋和舊法。如果篇幅較長，可附於正文之後。

另外，《大周刑統》最值得稱道的是，雖然刑統較之舊法，文字更加的通俗化，但為了照顧文化水準不高的讀者，刑統在相對比較深奧難懂的內容旁邊，用朱筆紅字注上字義翻譯。

還有一點，刑統在正文結束後，附載了中央政府的各項禁令，以及地方政府的相關法令。這部刑統幾乎就是一部法律大百科全書，內容詳盡，條類清晰。法律條文不是文學作品，在內容上應該更簡練明瞭，不能過於追求辭藻，寫得天花亂墜，讓一般讀者沒看幾頁就看糊塗了，不利於法律的普及。

柴榮對這部《大周刑統》非常的滿意，七月初七，周朝政府正式昭告天下，頒行了《大周刑統》。為了表示對有功人員的感謝，柴榮對侍御史張湜等九人，每人各賞銀器二十兩，雜彩三十匹。

《大周刑統》對宋朝的刑法制定產生了直接而重大的影響。宋建隆元年（九六〇），趙匡胤發動兵變奪位後，就詔命大理寺卿竇儀等人依葫蘆畫瓢，在《大周刑統》的基礎上，制定出了《宋刑統》三十卷，頒行天下。

不過宋初的法律條文又重複了柴榮之前繁雜蕪亂的弊病，在宋真宗咸平年間，宋朝法律條文居然達到了一萬八千五百五十五條，這是一個非常瘋狂的數字。趙恆覺得實在太多，就砍了一萬八千多條，只剩下了二百八十六條（《宋史·刑法志一》卷一百九十九）。

後周的具體刑法內容已不可知，但幸運的是，後周幾條刑法條文還有保存了下來，可以管中窺豹，了解一下後周的法律。

一、不得濫用刑訊。顯德五年（九五八），柴榮下了一道敕令：「州縣自長官以下，因公事行責情杖，量情狀輕重，用不得過臀杖十五；因責情杖致死者，具事由聞奏。」（《宋刑統》卷一）規定司法官員在審案時不得使用濫刑，即使刑訊逼供，最多也只能杖擊屁股十五下。如果發生犯人被打死的時候，官員就要受到處罰。

二、給盜竊犯三次贖罪的機會。「諸盜經斷後仍更行盜，前後三犯，並曾經官司推問伏罪者，不問赦前後、贓少多，並決殺。」（《文獻通考．刑考五》卷一百六十六）人總會犯錯誤的，貧困之下，偷竊別人財物，罪自不當致死。但如果抓進牢子蹲幾天，出來再行偷竊，甚至再三再四，這就無法容忍了。柴榮規定，如果犯盜竊罪超過三次，不問第三次盜竊的財物價值多少，一律處死，即使第三次行竊只偷到一文錢。

還有一點非常值得稱道，就是柴榮對入獄服刑的犯人的人道主義關懷。犯人雖然有罪，但畢竟也是人，就有權利享受最基本的人權，至少要保障在獄中的飲食問題。

柴榮就考慮到了這個問題，「竊鉤者誅」，非政治性的犯人往往也都是窮苦出身，入獄後，家裡未必有經濟能力給他們送食物，有時犯人家中已經無人了。監獄的飲食標準不高，有時難免餓肚子。在《大周刑統》制定出來的前三年，也就是顯德二年（九五五）四月二十五日，柴榮專門下了一道《供給無家罪人水米敕》：

> 應諸道見禁罪人，無家人供備吃食者，每人逐日破官米二升，不得信任獄子節級減稍罪人口食。仍令不住供給水漿，掃灑獄內，每五日一度洗刷枷杻。如有病疾者，晝時差人看承醫療。（《五代會要．刑法雜錄》卷十）

如果犯人無家可依，或家中貧困無力承擔犯人飲食，就由官府來承擔飲食費用。規定家中無人來送飯的犯人，每人一天可以獲得二升米的主食供應，大約是現在的兩斤半左右，以及足夠的飲用水。

關於獄中無家可依的犯人的供應主食數量，《冊府元龜》記載是每人三升。「（顯德）三年四月，敕節度應諸道所禁罪人，無家人供奉吃食者，每日逐人給官米三升。」不過從時間上，這兩次對犯人的優待並不是同一次，一次在顯德二年，一次在顯德三年。應該是柴榮第二次提高了貧窮犯人的主食供應。

與此同時，柴榮嚴禁獄吏從中克扣。有些朝代的獄吏是非常吃香的，可以在獄中稱王稱霸，犯人都成了他們的服務員和取款機，比如《水滸傳》裡那幾個著名節級、押獄。但柴榮時代的獄吏沒有這個福分，在柴榮的理解中，獄吏不但要從事監獄管理，更要為犯人服務，不能當獄霸。

獄吏按規定，每天都要打掃獄舍，保持獄舍清潔，防止疾疫發生。另外，每隔五天，獄吏都要清洗拷羈犯人的木枷。如果犯人生了病，官府也不會不管，會有獄吏請來醫生來監獄，為犯人治病。

柴榮很重視司法官員的選拔，無論是多少完善、充滿人性關懷的法律條文，終歸是要由具體的人來執行的。如果遇上貪官、昏官，法律的執行效率就要大打折扣，進而影響到政府形象，以及社會的穩定。

有些官吏對轄境內發生的治安案件不聞不問，任由地頭惡霸欺壓鄉里，社會影響極壞。「州郡林落之間，有不務營生，以狡蠹自負、虛構辭訟、恐動人民者。鄉閭相畏，不與之爭；官吏避事，不懲其咎；得志斯久為害。」（《冊府元龜．帝王部．英斷明察》卷五十七）

柴榮早在即位之後，顯德元年十一月，柴榮就要求地方政府是選派「明幹僚吏」來處理司法訴訟案件。如果這些司法官員在處理案件的過程中，能秉公執法，不出現冤假錯案，朝廷知道後，還會給予獎勵，或升官，或賞財物。

如果司法官員治案不利，還會受到罷免職務的處分。比如顯德三年（九五六）六月，因為「鞫獄之失」（《宋史・楊昭儉傳》卷二百六十九），即發生了司法失誤，可能是弄出了冤案。相關司法官員，如御史中丞楊昭儉、知雜侍御史趙礪、侍御史張糾都被罷免，「出為武勝軍節度行軍司馬」。（《宋史・楊昭儉傳》卷二百六十九）

通過一系列的司法改革，周朝的法律體系逐步完善，朝著盛世的方向更進了一步。保障社會公平和正義，禁止少數人凌駕於大多數底層百姓之上，只有這樣，社會才能得到真正的進步。真正的盛世，一個最重要的標準，就是最廣大的底層百姓都要從中受益，至少不能讓他們本來就不多的利益受到損害。

七、樹立正確的道德價值觀

亂世時代，禮崩樂壞。世風日下，人心不古。

封建時代的「禮」，其主體含義，實際上是嚴格的等級制度。一代儒聖孔子在回答言偃為什麼要以禮治國時說：「夫禮，先王以承天之道，以治人之情。故失之者死，得之者生。《詩》曰：『相鼠有體，人而無禮。人而無禮，胡不遄死！』是故夫禮，必本於天，殽於地，列於鬼神，達於喪、祭、射、御、冠、昏、朝、聘。故聖人以禮示之，故天下國家可得而正也。」（《禮記・禮運》卷九）

但「禮」除了必然存在的階級性外，還有教化的功能，就是制定倫理道德的行為規範，這一點非常重要。國無禮不立，人無禮亦不能立。在這個層面上講，所謂「禮」，用現在的語言講，就是樹立正確的道德價值觀，包括倫理親情、人與人之間的行為規範。哪些事能做，哪些事不能做。

從生理上講，人也是動物的一種。但人之所以能有別於其他動物，最重要的一點，就是在具有豐富感情的基礎上，用一種普遍認同的價值觀來約束自己的行為。其實動物也有豐富的感情和道德行為約束，虎毒尚且不食子。有時罵人，會用到「禽獸不如」這個成語，禽獸不如，指的其實就是一些人蔑視道德約束力，做出了主流道德價值觀不能容忍的壞事。

一般來說，盛世「講禮」，亂世「不講禮」。承平時代，社會久無兵革，所以政府有一個垂直而嚴密的統治體系，來實現全民「講禮」。但在亂世，統一政權的崩潰，軍閥各自為政，成天打打殺殺，人性醜陋的一面被徹底釋放出來，人命賤如草，寡廉鮮恥，什麼樣的醜事都能做出來，正確的社會道德價值觀不復存在。

承唐末大亂之餘，五代十國時期的道德價值觀基本上是惡性的，善性的一面幾乎不存在。以殺人為樂，甚至把人肝當成了美味佳肴，如趙思綰，以媚上為榮，朝秦暮楚，毫無原則。為了爭奪權力，父殺子、子殺父、兄殺弟、弟殺兄，人性之惡，至是極矣！

五代五十三年間，能被歐陽修列入只有人品端正才能入選的《新五代史．一行傳》的，只有區區五人：鄭遨、張薦明、石昂、程福贇、李自倫。

上層社會建築的種種蔑視道德約束的行為，必然會對中下層社會建築造成非常大的負面影響。上行一善，下必行之；上行一惡，下亦必從之。五代十國時期的道德大崩潰是全域性的，從上到下，從橫側面到縱側面，全面崩潰。

最為荒謬的是，道德價值觀的崩潰，引發了許多違背正常人倫關係的反常事件。不僅是石敬瑭認了比自己小十一歲的耶律德光做乾爹，更難以理解的是，有許多家道中落的士紳見了自己有權勢的外甥、侄子，都要跪拜磕頭，甚至還有可能出現外甥、侄子收舅舅、叔父做養子的極端倫理事件。

雖然舅、叔拜甥、侄屬於極端個例，但五代時期，家庭倫理道德約束體系的混亂卻是不爭的事實。有些品行惡劣的人，不孝順父母，不禮敬兄長，見長者無禮，在鄰里間橫行霸道，親戚鄰里之間怨聲載道，卻又不敢勸止，助長了一些人的囂張氣焰。

有些為人子者，甚至轉移家產，不奉養父母。中華民族的傳統美德中，最為重要的一點就是為人子者要對父母盡孝道。如果連這一點都做不到，更不要指望他們為社會做貢獻。

柴榮對這種醜惡現象深惡痛絕，他自小生長在民間，對這種逆倫常行為應該是有很深入的了解。顯德元年（九五四）三月，柴榮下了一道詔書，就民間倫理道德標準進行劃定。如下：

> 化理之本，孝弟為先，苟或虧違，實亂名教。其有士庶之內，凶率之徒，不順於父兄，不恭於尊長，狂悖難狀，訓誨莫從，親族容隱而不言，里巷畏避而不告，傷風敗俗，莫甚於茲。今後或有不孝不義之人，違戾尊長，喧悖毀辱，及父母在，異財別居，略不供侍，如此之輩，不計官宦軍人百姓之家，宜令御史台及本軍本使所在州縣廂界彈舉覺察。如或容縱，不切簡舉，罪有歸處。其有孝子順孫，義夫節婦，宜所旌表，以厚人倫。（《冊府元龜・帝王部・發號令第五》卷六十六）

柴榮即位之初，就渴望建立一個功邁漢唐的偉大盛世，漢唐盛世，不獨在於武功之強，更在於文治教化之純美。柴榮接手的天下，雖經太祖郭威一定程度上的整改，但整體上還是混亂不堪，特別是倫常道德方面，這是生性耿直的柴榮無論如何都不能容忍的。

在這道詔書中，柴榮明確講了幾個方面：

一、需要重建社會主流的道德價值觀。

二、社會主流的道德價值觀的核心內容就是「孝弟（悌）」，為人子不孝，違亂名教，這是絕對不能容忍的。

三、針對那些不孝不悌，屢犯家教的「凶率之徒」，政府要給予嚴厲打擊。

四、一旦發現有不奉養父親、不尊重長輩、出言髒惡之徒，不論是什麼身分，哪怕是官宦子弟，也要揪出來嚴懲，由當地政府進行處置。

五、大力弘揚尊老敬老的良好社會風氣，凡有這方面的先進人物，如孝子順孫、義夫節婦，都要給予隆重表揚，讓整個社會都向他們學習，共同建設社會道德價值觀。

社會的進步，尺規不僅僅是經濟上是否富裕發達，如果社會主流道德價值觀出現停滯不前，甚至是倒退，就會影響到社會整體性進步的成色。不僅是由亂入治的轉型時期，就是大亂時期的小盛世階段，萬事以孝悌為先的主流道德價值觀也並不鮮見。

比如南唐昇元三年，在江州（今江西九江）就發生過一件奇事。江州陳氏是個有七百口的大家族，「每食設廣席，長幼以次坐而共食」（《新五代史·南唐世家》卷六十二），享盡天倫之樂。最離奇的是，陳家養了一百多條狗，主人給它們餵食時，「一犬不至，諸犬為之不食」。（《新五代史·

南唐世家》卷六十二）

像這樣個別感人的例子，在混亂至極的五代時期，也不是沒有。比如後唐、後晉時名臣呂琦就是一個典型。呂琦的父親呂兗本是滄州節度判官，幽州軍閥劉守光破滄州，族滅呂兗滿門，只有呂琦在父親門客趙玉的幫助下，才免遭一劫。

趙玉為人忠義，為了保護呂琦，趙玉背著年僅十四歲的呂琦一路乞討，來到中原。呂琦長大後官至兵部尚書，但已致富貴的呂琦沒有忘記救命恩人趙玉，事之如父。趙玉死後，留下了一個年幼的兒子趙弘度（本名趙弘度，後避宋宣祖趙弘殷諱，易弘爲文。），呂琦又反過來撫養趙弘度長大。

這則故事說明在任何時代，都會出現俠義正士，人性中善的力量不會因為亂世而泯滅殆盡。關鍵的問題，不能讓人性中善的力量成為孤例，必要時用法律來規範道德行為。

法律的邊界和道德的邊界有時是相重疊的，柴榮之所以用法律來約束道德行為，原因就在於人的自覺性是有限的，法律的威懾力是優先於道德的。當亂世人人蔑視法律的時候，道德早已經被拋到了一邊。所以柴榮以法治德，在那個亂七八糟的時代，是完全有必要的。

為了把鄉村組織建設得更為嚴密，顯德五年（九五八）十一月二十三日，柴榮下詔：「諸道州府，令團並鄉村。大率以百戶為一團，每團選三大戶為耆長。凡民家之有奸盜者，三大戶察之；民田之有耗登者，三大戶均之。仍每及三載即一如是。」（《文獻通考職役一》卷十二）

因為鄉村組織機構過多，一方面浪費行政成本；另一方面也影響辦事效率。柴榮將地方上過多的村莊合併，每一百戶居民為一個「團」，每團選出三名在當地有名望的士紳做耆長，每三年換一屆。政府不過問耆長的人選問題，由當地居民自行推行，相當於現在的村民自治選舉。一千年前就有民主推選制度，不得不佩服柴榮超前的政治眼光。

耆長的任務是維護地方治安，同時負責替政府收繳賦稅。但就農村特殊的生存形態來說，耆長所負責的「察民家之有奸盜者」，實際上已經包含了用法律的手段來監視道德行為的含義。建設道德高尚的社會，僅靠人的自覺性，是遠遠不夠的。

盛世的標準之一就是社會擁有一個相對較高的道德衡量水準，人人孝敬父母、友愛兄弟、夫妻恩愛、和睦四鄰，拾金不昧，這是最起碼的標準。不能用單純的經濟標準來衡量社會的進步與否，這是不客觀的。什麼是幸福感？首先是社會生存狀態的安全感，沒有安全，何來幸福？

《宋史》對道德之於社會進步的作用說得非常好：「冠冕百行莫大於孝，範防百為莫大於義。先王興孝以教民厚，民用不薄；興義以教民睦，民用不爭。率天下而由孝義，非履信思順之世乎。」（《宋史．孝義傳》卷四百五十六）在古代生產力不發達的情況下，如果能做到這幾點，何愁天下不治？人心不古？

八、周朝的文化建設

馬上打天下，切不可馬上治天下。凡是馬上治天下者，幾乎就沒有成功的例子，秦朝統一之後依然以暴治天下，僅僅十五年後就被推翻，就是一個反面典型。

下馬治天下，一般來說有三點：一、重用文官，壓制武將，歷朝皆如此，不過程度輕重不同而已。二、發展經濟、提高百姓生活水準。三、致力於文化建設。現在著重講第三點。

文化建設，不僅是一個政權裝點門面的問題，更重要的在於，提高了社會的整體文化層次，擴大了基層知識份子的數量，政府有足夠的選擇空間，挑選人才為政府服務。治天下，就必須通古曉今，借鑒歷史的經驗教訓，不讀書是絕對不行的。

史學界公認，中國有兩個極為輝煌的文化黃金時代，一個是春秋戰國，一個是兩宋。對於這個觀點，很少有異議。宋朝文化之繁榮昌盛，戰國以下，罕有其匹。宋朝三百二十年間，大文豪一個接一個，經典的詩詞賦一首接一首，目不暇給，讓後世歎為觀止。

不過話說回來，世界上不存在空中樓閣。同樣的道理，宋朝的文化繁榮，也不是從天上掉下來的，而是歷朝歷代積累的成果。為了突出宋朝統治者對文化繁榮的貢獻，一些宋人無端貶低五代，把五代的文化發展抹得一團漆黑。彷彿兩宋文化的繁榮，全是宋朝一手成全。但，這可能嗎？還有就是宋朝經濟發達論、百姓幸福論、有尊嚴論，完全抹殺了前朝的功勞，這樣並不客觀，而且極不公平。

宋朝蓋了大樓第十層，那前九層算誰的功勞？唐人種樹，宋人乘涼，如此而已。換了石重貴坐在宋仁宗趙楨的位置上，石重貴做得不會比趙楨差。如果趙楨處在後晉亂世，他又能做出什麼呢？

一向以攻擊柴榮為樂的宋人洪邁曾經指責五代文化發展停滯不前，「國初承五季亂離之後，所在書籍，印板至少，宜其焚蕩，了無孑遺」。（《容齋五筆．國初文籍》卷七）但隨後洪邁又不得不承認五代破壞文化發展的觀點是錯誤的，因為「太平興國中，編次《御覽》，引用一千六百九十種」。（《容齋五筆．國初文籍》卷七）這些書肯定不是全部從被宋朝征服的南方諸國運來的，其中有相當部分是五代遺存圖書。

更誇張的是，歷經北宋承平大治一百六十年，編撰《太平御覽》時引用的一千六百九十種圖書，到了南宋初期，居然十失其七八，這不能不說是個極大的遺憾。所謂盛世在保存前代圖書方面居然還不如所謂的亂世，對此，洪邁非常的尷尬，不得不承認：「則是承平百七十年，翻不若極亂之世。」（《容齋五筆．國初文籍》卷七）

關於五代圖書遺存，宋初文人姚鉉在《唐文粹序》中就替五代辯誣：「況今歷代墳籍，略無亡逸。」（《文獻通考．經籍一》卷一百七十四）《唐文粹序》編撰於宋真宗大中祥符四年（一〇一一），上距五代最後一年，已經過去了四十年。姚鉉的這句記載，足以推翻所謂五代無文化的觀點。

五代十國雖然是亂世，但個別時期和個別地域相對是比較平和的，比如荊南。荊南名士及第二任首席幕僚孫光憲不但著有著名的筆記小說《北夢瑣言》，還在三年時間內就藏書數萬卷。宋朝的文化繁榮只是在五代十國文化發展的客觀結果，換了五代任何一個皇帝處在宋朝的歷史條件下，他們做得絕不會比宋朝差。

對於五代時的大量書籍在北宋時期得不到保存的問題，清人王士禛極為不解，他無法解釋這種現象到底是因為什麼原因所致？「當五代亂離板蕩之後，而古書多存，歷北宋太平全盛之世，而古書反亡，殊不可解。豈金源入汴，其兵火之厄反甚於五代時與？」（《分甘餘話》卷一）

王士禛認為北宋沒有保存好五代遺存圖書的原因，有可能是金軍南下，中原大亂所致。但如果真是如此的話，洪邁作為南宋初人，自然應該知道這個原因，洪邁為什麼沒有提到？所以，綜合來看，五代遺存圖書在北宋沒有保存好的原因，並不是金軍南下的原因。

唐朝文化繁盛，自不必說。「唐分書為四類，曰：經、史、子、集，而藏書之盛，莫盛於開元。其著錄者，五萬三千九百一十五卷，而唐之學者自為之書者，又二萬八千四百六十九卷。」（《文獻通考·經籍一》卷一百七十四）唐末戰亂以來，「黃巢之亂，存者蓋鮮。及徙洛陽，蕩然無遺矣」。（《文獻通考·經籍一》卷一百七十四）但五代文化並非停滯不前，而是在戰亂中緩慢的發展。

五代統治者非常注重文化建設，比如收集遺散在民間的圖書。後唐天成年間，唐明宗李嗣源派遣都官郎中庾傳美去西川，收集唐朝九帝實錄以及其他各種書籍一千多卷。數量雖然不多，但至少說明五代統治者在殺伐之餘，並沒有忘記他們應該肩負的歷史責任。

就是武人專權的後漢乾祐年間，朝廷也不忘收集圖書，甚至「計其卷帙，賜之金帛，數多者授以官秩」。（《文獻通考·經籍一》卷一百七十四）郭威建國後，廣順三年（九五三），由國子監祭酒田敏印刻儒家典籍共一百三十冊。柴榮即位後，一方面要用武力征服天下；另一方面要收集民間遺散圖書。說柴榮只是個會武不會文的草莽皇帝，這是沒有任何事實根據的。

五代朝廷都設有史館，以便修史之用。但到了後周時期，史館的圖書存量並不多，柴榮引為以恨。他「銳意求訪」（《文獻通考·經籍一》卷一百七十四），為了吸引民間人士獻出圖書，他延用後漢的辦法，「凡獻書者，悉加優賜，以誘致之」。（《文獻通考·經籍一》卷一百七十四）

顯德三年（九五六）十二月，柴榮又下了一道求書詔：

史館所少書籍，宜令本館諸處求訪補填。如有收得書籍之家，並許進納。其進書人，部帙多少等第，各與恩澤。如是卷帙少者，量給資布，如館內已有之書，不在進納之限。（《冊府元

龜・帝王部・崇儒術第二》卷五十）

為了鼓勵民間獻書，柴榮按獻書數量給予不同的賞賜，即使只獻了幾卷書，也要量給報酬，算是補償。還有就是，如果民間所獻的書籍中，與史館已經收藏的書相同，則不予收納，避免了重複浪費現象。

通過以利誘之，柴榮得到了大量圖書，但問題隨之而來。就是這些民間圖書有些在傳抄過程中，會出現謬誤，影響圖書品質。柴榮選派了三十名文人專門對這些圖書進行審稿校訂。

有一點值得注意，就是柴榮讓這些校對人員在每卷的末尾都要寫上自己的職務和名字。柴榮這麼做，應該是督促這些人認真校對，一旦發現問題，就要進行處罰。柴榮用心之細膩，考慮之周全，可見一斑。

顯德二年（九五五）二月，柴榮下令對唐人陸德明編撰的儒家名著《經典釋文》三十卷進行校勘，由國子監祭酒尹拙、兵部尚書張昭、太常卿田敏共同負責此事。民國學者葉德輝先生對此大加讚賞：「當五代兵戈俶擾，禪代朝露之際，而其君若臣，猶能崇尚經典，刻板印行，不得謂非盛美事也。」（《書林清話・刻板盛於五代》卷一）

國子司業聶崇義在顯德年間，曾受柴榮指示，撰有《三禮圖》二十卷。此書在宋建隆二年（九六一）才告完成，趙匡胤對此非常滿意，下詔褒獎聶崇義，並賜紫袍、犀帶，以示尊儒之義。時人對柴榮和趙匡胤崇尚儒禮的行為有著高度的評價，「周世宗暨今皇帝，恢堯、舜之典則，總夏、商之禮文」。（《文獻通考・經籍考八》卷一百八十一）

柴榮對學術派別並沒有什麼傾向性，儒、釋、道諸家他都能接受，其中也包括醫學著作。顯德初年，醫者張泳向朝廷進獻了《新集普濟方》五卷，柴榮下詔，將上書付翰林院，由相關人員進行檢驗。檢驗合格後，為了表彰張泳，柴榮提拔張泳進了翰林院做醫官。

醫者劉翰，同樣也是在顯德初年，他向朝廷進獻《經用方書》三十卷，《論候》十卷、《今休治世集》二十卷。柴榮親自閱覽了這些書籍，「上覽而嘉之」（《冊府元龜・總錄部・醫術第二》卷八百五十九），對劉翰大加讚賞，封劉翰為翰林醫官，將其書置附史館備用。

醫學書籍的專業術語向來是比較難懂的，柴榮能看懂這些醫書，說明柴榮的文化底子相當紮實。還有就是前面講到的，顯德元年九月，僧人義楚向柴榮進獻佛經三十六卷，柴榮也是仔細閱讀過的。

經過幾年的苦心經營，到了周末宋初，國家藏書數量已經有了很大提高，約有一萬冊左右。《文獻通考》記載「宋建隆初，三館有書萬二千餘卷」。（《文獻通考・經籍一》卷一百七十四）宋史也有同樣的記載，「宋初，有書萬餘卷」。（《宋史・藝文志》卷二百零二）建隆初年，趙匡胤尚沒有消滅南方諸國，說明這一萬多冊圖書是五代遺存下來的。

五代時天下大亂，但並沒有廢文事。由於印刷技術的提高，比如雕版印刷術，始於唐朝，盛於五代。所以五代時的書籍通過大量印刷而流傳保存下來，為日後宋朝的文化繁榮做出了貢獻。

還有一點特別值得提出，就是通常認為四大發明之一的活字印刷始於宋代畢昇，但葉德輝先生卻認為活字印刷術有可能早在五代時期就已經出現。「活字板印書之制，吾竊疑始於五代。」（《書林清活・宋以來活字板》卷八）他的理由是南宋人岳珂的《九經三傳沿革例》的底版，是後晉天福年間的銅版。

如果有足夠的證據證明活字印刷術確實屬於五代發明，就應該把活字印刷術的發明權還給五代，這才是對歷史負責任的態度。而且更加能證明宋朝的文化繁榮只不過是歷史正常的發展結果，不能全部歸功於宋朝的文治，這對五代是不公平的。

另外需要講的是，宋朝文化最顯著的外在特徵是出現了大量優秀的文學家，兩宋文壇鼎盛，許多文人墨客競相比藝，士林暄沸，好不熱鬧。這也不是自宋朝開始的，中晚唐士林就非常的熱鬧。「天寶季年，羯胡內侵，翰苑詞人，播遷江潯，金陵、會稽文士成林，嗤炫爭馳，聲美共尋，損益褒貶，一言千金。」（《全唐文》卷六百三十一）比之宋朝文壇之喧盛，又遜色多少？

論雄豪大氣，羅隱比蘇東坡如何？論離情幽怨，李商隱比秦少游如何？論豔情詩詞，溫八叉（溫庭筠）比柳屯田（柳永）如何？而且溫八叉的詠史詩也是一絕。唐朝還有兩位文壇大宗師韓愈、柳宗元，以及白居易、元稹、劉禹錫這些中唐文壇扛大旗的一線人物。

特別要講一下羅隱，一千年以來，羅隱漸漸沉寂，名聲不顯，甚至將羅隱當成唐末五代時一個普通的文人。實際上在唐末五代時，羅隱是天下公認的文壇大宗師，地位極高，影響極大。溫庭筠之後，文壇執牛耳者，非羅隱莫屬。羅隱生逢亂世，四海漂泊，居無定所，但這並不影響羅隱的文名鼎盛。

羅隱的小品文、七絕、七律甚工，都是當時一絕。羅隱文風最大的特色是諷刺，嬉笑怒罵，不拘一格，特別是七絕，有許多諷刺性名作。比如那首諷刺唐玄宗李隆基寵愛楊玉環的《華清宮》，寫的極為辛辣。詩云：「樓殿層層佳氣多，開元時節好笙歌。也知道德勝堯舜，爭奈楊妃解笑何！」唐昭宗本來打算重用羅隱，有人不希望羅隱入朝，就把這首詩拿出來，唐昭宗果然非常惱火，此事遂罷。除了皇帝，王公貴族、軍閥士紳，都免不了被羅隱嘲罵，民間稱之為「皇帝嘴，乞丐身」。也許因為這個原因，導致羅隱被歷史隱藏了整整一千年……

羅隱的詩，整體上來說，偏向於豪放派，與辛棄疾的風格非常接近。羅詩沉鬱悲壯，千載之下，猶能讓人慼涕三歎。清人洪亮吉對羅隱的七律詩極為推崇，評價甚高。「七律至唐末造，唯羅昭諫最感慨蒼涼，沉鬱頓挫，實可以遠紹浣花，近儷玉溪。蓋由其人品之高，見地之卓，迥非他人所及。」（《北江詩話》卷六）

其中有兩首特別值得介紹，都是七律名作，一首是《登夏州城樓》：「寒城獵獵戍旗風，獨倚危樓悵望中。萬里山河唐土地，千年魂魄晉英雄。離心不忍聽邊馬，往事應須問塞鴻。好脫儒冠從校尉，一支長戟六鈞弓。」

另一首是《夏州胡常侍》：「百尺高臺勃勃州，大刀長戟漢諸侯。征鴻過盡邊雲闊，戰馬閒來塞草秋。國計已推肝膽許，家財不為子孫謀。仍聞隴蜀由多事，深喜將軍未白頭。」如果將這兩首邊塞詩化為宋詞，和辛稼軒的豪放沉鬱基本沒有區別。

羅隱詩中也有與蘇軾風格接近的，有看透紅塵的蒼涼與無奈。比如七律《曲江春感》：「江頭日暖花又開，江東行客心悠哉。高陽酒徒半凋落，終南山色空崔嵬。聖代也知無棄物，侯門未必用非才。一船明月一竿竹，家住五湖歸去來。」但整體來說，羅隱與辛棄疾的風格更為接近。

如果以詩中名句來論江湖地位的話，羅隱流傳千古的名句甚多，如「時來天地皆同力，運去英雄不自由」、「今朝有酒今朝醉，明日愁來明日愁」、「泉下阿蠻應有語，這回休更怨楊妃」、「釀得百花成蜜後，為誰辛苦為誰甜」、「西施若解傾吳國，越國亡來又是誰」、「我未成名君未嫁，可能俱是不如人」、「呂望當年展廟謨，直鉤釣國更誰如」、「長安有貧者，為瑞不宜多」、「勸君不用分明語，語得分明出轉難」。

如果以民間影響來論，羅隱絲毫不遜色於大名鼎鼎的蘇東坡。在民間，有關羅隱神乎其神的傳說層出不窮，甚至有些傳說將羅隱說成了是玉帝派到人間的神仙，在人間替窮人打抱不平，行俠仗義。從這些民間傳說中，可以明顯地感受到羅隱與眾不同的人格魅力。至於他的藝術魅力，上面已經講過了。

由於時局動盪以及其他原因，五代十國時期的許多優秀文人不如宋朝文學家群著名。他們不太知名，不代表他們的文學成就不高，晚唐詩人陳陶沒沒無聞，但他那首《隴西行》：「可憐無定河邊骨，猶是深閨夢裡人。」公認具有極高的藝術水準。最可惜的是唐末大文學家張泌，他生逢亂世，籍籍無聞，如果他能生在盛世，以他的才華和高品質的作品，成為一代宗師並非難事。

還有就是那兩首在詞史上具有大宗師地位的名詞：《菩薩蠻・平林漠漠煙如織》《憶秦娥・簫聲咽》，即使這兩首詞不是李白的遺墨，也當是中晚唐人託李白之名所作。就這兩首詞的藝術水準來看，放在繁花似錦的數萬首宋詞中，也是超一流的極品之作。

在《全唐文》中保存了大量五代時文人寫的文學作品，有相當一部分是在周朝時期寫的，文體有序、賦、碑銘。以碑為例，《大周推誠奉義翊戴功臣特進檢校太保使持節濟州諸軍事行濟州刺史兼御史大夫上柱國西河郡開國公食邑三千三百戶任公屏盜碑》，由左拾遺李昉撰寫，司農丞張先振書寫，最後由大理寺司直張穆篆刻成碑。另外，短命才子扈載也寫了《銀青光祿大夫中書侍郎同中書門下平章事上柱國晉陽縣開國伯食邑三百戶贈侍中景公神道碑銘（並序）》。

五代後周時的頂級文人也不是沒有，比如和凝、王仁裕。和凝的香豔詞是一絕，著有託名韓偓的《香奩集》，以及《演綸》《疑獄》《籯金》等著作。王仁裕也是五代時期著名的文學家，寫詩萬餘首，著有《西江集》《紫泥集》《入洛記》共一百卷。二人都是當時的文壇大宗師，皆卒於柴榮顯德年間。

此外，廣順朝的兵部尚書張沆也是五代著名才子，詩賦做得極好。後唐秦王李從榮聽說張沆有文名，便讓張沆作《南湖廳記》，同時也讓許多名士都作此賦。最終，只有張沆的作品被銘刻於石。

張沆有兩句殘詩，藝術水準可以和盛唐詩相媲美。「今生不見故人面，明月高高上翠樓。」（《舊五代史・張沆傳》卷一百三十一）張沆為政清廉，他的俸祿都用在了購書上，他死之時，家無餘財，只有圖書若干。

這僅是五代文壇的一些概況，南方諸國的文人才士更是濟濟一堂，多不勝數。如南唐李璟父子、宋齊邱、亂政五鬼、徐鉉、徐鍇，後蜀孟昶、杜光庭、牛嶠、歐洲迴、毛文錫，荊南齊己和尚、孫光憲等人。

還有不甚知名的，如徐寅、鄭遨、楊夔、沈顏、沈彬、陸元浩，皆是詞賦大家。如果把司空圖、皮日休、陸龜蒙、韋莊、韓偓、羅隱、杜荀鶴、貫休和尚這些進入五代十國時期的文壇大腕也算在內，其陣容較之北宋文壇，遜色多少？

如唐末名士徐寅的幾篇名賦，《垂衣裳而天下治賦》《首陽山懷古賦》《均田賦》《人生幾何賦》《止戈為武賦》《禦溝水賦》等，皆是一時傳誦之名作，並遠傳於渤海國，人皆以金制書銘之。

宋朝名士喜歡徜徉於山水之間，醉而歌詩以為樂，這種風流雅事在唐末五代的大亂世也並不少見。比如鄭遨（字雲叟），就是其中代表。鄭遨不喜仕途，捨妻棄子，與李道殷、羅隱共隱居於華山。鄭遨身邊只有兩個青衿小童，一琴一鶴，遊戲山野，飲於溪澗，食野果、聽鶴語，彷彿神仙中人。

鄭遨和羅隱都是大號酒鬼，二人經常置酒於山野溪澗，開懷暢飲，並作詩唱和。羅隱贈詩：「醉卻隱之雲叟外，不知何處是天真。」鄭遨回贈：「一壺天上有名物，兩個世間無事人。」何其風流飄逸！時人皆以題鄭遨詩、得鄭遨畫像為榮。如果鄭遨和羅隱生在北宋盛世，亦能成為海內文壇執牛耳者。

人無法選擇時代，但生在亂世也未必就不能在文壇上混出名聲，比如李煜。但李煜所處的時代，嚴格意義上來說已經不算是亂世了，當時天下統一大局已定。而和凝、王仁裕、張沆等人去世時，柴榮才剛剛拉開統一天下的大幕，統一形勢尚不明朗。而且他們的作品，有許多都成於後周之前。只不過後來的宋朝文學過於炫目，五代文人的成就反而被遮掩住了。

古代的文化建設，大致有兩種性質，一種是社會性的，即上面所講的。還有一種就是官方性質，比如禮樂。古代的禮樂制度，絕不止屬於音樂範疇，更多的屬於政治範疇。而且政治意義非常重要，幾乎可以和政權的法統相提並論。

自《漢書》開始，凡是官修正史著有《志》者，都有《樂志》。有些正史沒有撰八志所選的《食貨志》，也要撰《樂志》，如《宋書》《南齊書》。《舊五代史》的志部分雖然過於草略，但依然撰了兩卷《樂志》。

唐末喪亂以來，「咸、鎬為墟；梁運雖興，《英》《莖》掃地。莊宗起於朔野，經始霸圖，其所存者，不過邊部鄭聲而已，先王雅樂，殆將泯絕。當同光、天成之際，或有事清廟，或祈祀泰壇，雖簨簴猶施，而宮商孰辨？遂使磬襄、鞀武，入河、漢而不歸；湯濩、舜韶，混陵谷而俱失。洎晉高祖奄登大寶，思迪前規，爰詔有司，重興二舞。旋屬烽火為亂，明法罔修，漢祚幾何，無暇製作」。（《舊五代史．樂志上》卷一百四十四）真正對禮樂制度進行大規模改革的，是柴榮。

到了後周時期，有識之士就提出過恢復禮樂的建議，比如前面講的，集賢殿學士竇儼在給柴榮上的六綱疏中，前兩條就是「明禮」、「崇樂」。禮樂不備，會嚴重影響到政權的合法性。朝廷要經常舉行一些正式的官方活動，就需要在殿上擊鐘鳴樂，這是正式場合必須具備的。

在這之前，柴榮就發現了這個問題，「有司將立正仗，宿設樂縣於殿庭，帝觀之，見鐘磬有設而不擊者，問樂工，皆不能對」。（《資治通鑑》卷二百九十四）五代軍閥互相殺伐，沒有精力來修備禮、樂，所以專業的樂工都對樂法一知半解，有些甚至一問三不知，讓柴榮深深感到了恢復禮樂制度的緊迫性。

當時後周官場上有三位擅長音律的大家：竇儼、王朴、王仁裕。但王仁裕在顯德二年就去世了。所以柴榮讓竇儼負責音樂理論方面，顯德五年（九五八）十一月，詔命竇儼帶領一班文學才士，編撰《大周正樂》，共撰成一百二十卷。至於竇儼奉命編撰的《大周通禮》，到了宋朝建立後還沒有完成，而竇儼也在不久後去世了。

至於技術性問題，柴榮把擔子壓在了王朴的肩上。因為王朴在這方面是行家，所以柴榮向王朴請教音樂上的問題。王朴奉旨，上了一道《詳定雅樂疏》。在這篇奏疏中，王朴先把柴榮稱讚了一番：「陛下天縱文武，奄宅中區。思復三代之風，臨視樂懸，親自考聽，知其亡失。」（《文獻通考・樂考四》卷一百三十一）然後，王朴從專業角度，詳盡地闡釋了他對鐘樂的理解。

在五代之前，歷朝官樂沿用的都是管仲制定的律法，即著名的「宮、徵、商、羽、角」五音，也稱三分損益法。宮、徵、商、羽、角分別模仿借鑒了牛、豬、羊、馬、雞五種動物的叫聲。到了秦朝時期，呂不韋等人又將五音改為十二律，分別是：黃鐘、大呂、夾鐘、姑洗、仲呂、蕤賓為上，林鐘、夷則、南呂、無射、應鐘為下。

不過在漢朝至隋朝的八百年間，十二律實際上只用了其中七律，另外五律廢止不用，稱為啞鐘。解決另五律運用問題的是唐太宗李世民，祖孝孫等人制出旋宮八十四調，「在懸之器，方無啞者」。（《文獻通考・樂考四》卷一百三十一）

但到了黃巢起義後，天下大亂，樂器也散失殆盡，文字記載也都毀於戰火之中。至後晉天福五年，「自末之亂，禮樂制度亡失已久」。（《新五代史・崔棁傳》卷五十五）後來殷盈孫、蕭承訓等人按古法重新鑄出了十二鐘，以及編鐘二百四十具，但空有樂器，而沒有樂法，只能懸在殿上當裝飾品。最好笑的是，梁唐晉漢等朝為了湊數，在官方場合讓樂工不講音律，反覆擊打鐘磬，叮叮噹，殿上雜音一片。

王朴在舊有的三分損益法的基礎上，對十二律進行調整改進。大致如《舊五代史》所載：

> 秬黍校定尺度，長九寸，虛徑三分，為黃鐘之管，與見在黃鐘之聲相應。以上下相生之法推之，得十二律管。以為眾管互吹，用聲不便，乃作律準，十三弦宣聲，長九尺張弦，各如黃鐘

之聲。以第八弦六尺，設柱為林鐘；第三弦八尺，設柱為太簇；第十弦五尺三寸四分，設柱為南呂；第五弦七尺一寸三分，設柱為姑洗；第十二弦四尺七寸五分，設柱為應鐘；第七弦六尺三寸三分，設柱為蕤賓；第二弦八尺四寸四分，設柱為太呂；第九弦五尺六寸三分，設柱為夷則；第四弦七尺五寸一分，設柱為夾鐘；第十一弦五尺一分，設柱為無射；第六弦六尺六寸八分，設柱為中呂；第十三弦四尺五寸，設柱為黃鐘之清聲。十二律中，旋用七聲為均，為均之主者，宮也，徵、商、羽、角、變宮、變徵次焉，發其均主之聲，歸乎本音之律，七聲迭應布不亂，乃成其調。均有七調，聲有十二均，合八十四調。（《舊五代史・樂志下》卷一百四十五）

王朴把奏疏呈上來，柴榮看完後，出於慎重考慮，他把王朴的奏疏交給尚書省百官討論，大家一起集思廣益。兵部尚書張昭等人上書，認同王朴的樂法改良計畫，並請皇帝准詔實行。柴榮見大家都沒有意見，非常高興，遂下詔：「禮樂之重，國家所先。近朝以來，雅音廢墜，雖時運之多故，亦官守之因循。遂使擊拊之音，空留梗概；旋相之法，莫究指歸。」（《舊五代史・樂志下》卷一百四十五）

自是雅樂之音，稍克諧矣。

嚴格來說，王朴只是在舊有的樂法基礎上進行改良，調整音階內各律的數值，因為這些律聲之間的頻率差不多相等，這也稱為十二不平均律。王朴的樂律改良，卻為五百多年後，明朝音樂理論家朱載堉提出《十二平均律》鋪平了道路。

第八章　北伐契丹，收復失地

一、王朴之死

在柴榮為國事操勞，宵衣旰食的時候，厚重的歷史鐵門，艱難地推開了一條細窄的門縫，讓後人看到了這位偉大帝王模糊的身影。人們感慨讚歎，卻忽略了柴榮身邊，還有一位同樣稱得上偉大的人物，他就是後周樞密使王朴。

歷史上有許多對著名的明君良相組合，比如齊桓公和管仲，劉邦和蕭何，劉備和諸葛亮，石勒和張賓，苻堅和王猛，劉裕和劉穆之，李世民與魏徵，李隆基與姚崇、宋璟，朱溫和敬翔。同樣，還包括柴榮和王朴。在黑暗混亂的十世紀裡，柴榮和王朴雙星閃耀，是安史之亂以來二百年大亂世的真正終結者。

都說「同性相斥，異性相吸」。之前這些組合，基本上都是帝王性格剛強，相臣性格柔和，兩種極端的性格有時更能撞出火花。但柴榮和王朴卻是個例外，他們的性格基本一致，都是非常剛性的。或者這麼講，以性格來論，柴榮是帝王中的王朴，王朴則是大臣中的柴榮。

《舊五代史．王朴傳》記載了這樣一個故事，能很好地說明王朴的性格。王朴身居高位，每天都有許多人來拜訪他，或公事，或私交。大家一起交談的時候，王朴在闡述自己觀點的時候，當著許多人，口若懸河，滔滔不絕，「正色高談，無敢觸其鋒者」。（《舊五代史．王朴傳》卷一百二十八）

王朴的辯才極好，能說的都讓他說完了，而且氣勢霸道，大家只好誠惶誠恐地看他一個人表演。鋒頭都讓王朴一個人搶光了，大家都成了跑龍套混盒飯的，誰心裡不忌恨？所以圈內對王朴能力的評價極高，但唯獨不說他善於待人接物，其實就是指責王朴不會做人。

從做人角度講，這是王朴的缺點，蛋糕不能你一個人吃，大家都要分一口。但從做事角度講，這卻是王朴最大的優點，做事風格犀利強硬，敢於堅持自己的原則。不像有些大臣，太陽是圓的還是方的，要看帝王們怎麼說，跟風拍馬，尸位素餐，備員而已。

提高辦事效率，說起來很容易，但要做的出色，很難。難就難在有時說真話辦真事，是要得罪人的，大家都揣著明白裝糊塗，長袖善舞，誰都不得罪。王朴不是這樣，只要是他看不順眼的，不在乎你臉色有多難看，當面就敢給你挑刺。

王朴做事風格是比較霸道，不太顧及別人的感受，但如果要論能力才學，那是絕對沒話說的。驕傲，首先要有值得驕傲的資本。王朴都會些什麼？天文地理，星象音樂，幾乎無所不能。在這些領域中，王朴已經達到了大師水準，特別是音樂理論方面的才華，已經是舉世罕見了。王朴著作等身，比如《大周欽天曆》《律準》。史稱「莫不畢殫其妙」。（《舊五代史・王朴傳》卷一百二十八）

王朴是個全才，但他之所以能成為柴榮的左膀右臂，主要還是他的治國之術，這才是正道。王朴在歷史上最有名的是他那篇《平邊策》，連宋人也承認，宋朝消滅十國，是遵循了《平邊策》的戰略指導。洪邁說過：「至於國朝，掃平諸方，先後次第，皆不出樸所料。」（《容齋續筆・一定之計》卷三）

宋朝著名文學家秦觀也對王朴推崇備至，稱讚王朴是「天下之真材」。秦觀在《王朴論》中講道：「樸雖出於五代擾攘傾側之中，然其器識學術，雖治世士大夫，與之比者寡。」（《淮海集》卷二十二）

雖然王朴富有軍事遠見，但柴榮三次親征淮南，都把王朴留在東京，處理內政事務。不是柴榮不相信王朴的能力，恰恰是柴榮非常看重並相信王朴，所以才留下王朴。南征雖然重要，但後方穩定更加重要，這也是劉穆之突然病死，北伐接連取得勝利的劉裕為什麼立刻撤軍的原因。

之前講柴榮擴建開封，對開封城市發展做出了巨大的貢獻，其實這個貢獻還有王朴的一份。柴榮親征淮南期間，具體城建工作都是由王朴來負責的，「世宗征淮，樸留京師，廣新城，通道路，莊偉宏闊，今京師之制，多其所規為」。（《新五代史・王朴傳》卷三十一）

柴榮和王朴的這種軍政分工，和四百五十年後的朱棣、朱高熾父子很相似。朱棣北征蒙古，朱高熾坐鎮南京處理政務十年。永樂盛世的功勞，有一半要算在朱高熾頭上，王朴也是如此。柴榮不在開封時，王朴就是代理皇帝。柴榮對王朴的信任，是任何人都比不了。

王朴和柴榮「臭味相投」，引為知己。而且王朴還有一點和柴榮非常相似，就是他們都反對唯心主義。周朝初年有個才子扈載，才華非常出眾，王朴想重用扈載。宰相李穀卻說扈載面相不吉，注定短命。王朴反駁：「李公位居權衡之地，當擇賢才而用，難道因為人家短命就不用了？再說現在扈載不是還活著嗎？」

雖然扈載四年後便早逝了，但這則故事說明了王朴的用人觀。宋人羅大經對李穀的唯心主義觀點進行批評，說「余謂穀言陋矣，不幸而中。若樸者，真宰相之言也」。（《鶴林玉露》卷五）

宋人孔平仲對柴榮和王朴這對絕佳的君臣組合極為讚賞：「周世宗以英武自任，有包舉天下之志，而計事者多不諭其意，惟王朴神氣勁峻，剛決有斷，凡所謀劃，動愜世宗之意。」（《續世說・寵禮》卷五）

柴榮之所以敢放心三次南征，主要還是因為王朴有獨處一面的才能，有王朴坐鎮後方，柴榮就沒有後顧之憂。可惜王朴卻走在了柴榮的前面，而且走得非常突然，幾乎就是猝死，這是柴榮無論如何也沒有想到的。

顯德六年（九五九）三月初一（《資治通鑒》作二月），王朴奉柴榮之命，前往汴口視察水利，在汴口建了一座水閘。事情很快就辦完了，王朴提前回京，結果在路過宰相李穀的府第前，王朴突發疾病。等僕人將王朴抬回府的時候，王朴已經去世了，時年五十四歲《舊五代史》記載王朴卒年為四十五歲，疑誤。

王朴的突然病逝，極大地刺激了柴榮。柴榮聽到噩耗後，震驚得說不出話來，大腦一片空白。柴榮跌跌撞撞地闖進了王朴的府第，當柴榮看到王朴的遺體時，再也忍不住悲痛，撲在王朴身上號啕痛哭，「大慟者數四」。（《舊五代史．王朴傳》卷一百二十八）

柴榮和王朴的關係，論公是君臣，但論私則是兄弟。在那個風雲變幻的大時代裡，兩個兄弟並肩站在一起，用他們非凡的魄力和才幹，聯手開創了一個讓後人為之震撼、為之感歎的偉大時代。可惜這個偉大時代剛剛開始，就匆匆結束了。

一個兄弟去了天堂，另外一個留在人間的兄弟淚流滿面。

柴榮和王朴的感情非常真摯，他們之間沒有鉤心鬥角，沒有爾虞我詐，兄弟情深，於斯可見。將柴榮和王朴聯繫在一起的，是征服天下，奉養萬民的偉大理想，而不是小富即安，和一砣砣閃閃發光的金子。

在為王朴發喪的時候，柴榮情緒異常激動，他抽泣不止，在王朴遺體的旁邊，用玉斧不停地擊打著地面。柴榮似乎想讓已經與他陰陽兩隔的王朴聽到他的深情呼喚，可他的兄弟再也沒有醒來。隨後柴榮強忍著悲痛，流著淚召見了王朴的幾個兒子，好言勸慰他們節哀順變，可又有誰能勸柴榮節哀順變呢。

二十七年後，在宋遼雁門之戰時，蔚州刺史王侁用惡語激名將楊繼業（即「楊家將」中的金刀楊令公）與契丹人作戰，楊繼業被王侁逼急了，一怒之下，上陣作戰，結果戰死。這個王侁，就是王朴的兒子。

也許柴榮這時並沒有意識到，王朴的早死意味著什麼，讓柴榮更沒有料到的是，僅僅半年以後，自己也隨王朴而去了。

王朴的死，在八個月之後，對歷史產生了極為重大的影響，至少影響了四百年的歷史。而王朴之前，有一個人的早死，也對歷史產生了重大影響，就是劉宋開國名相劉穆之。

王朴和劉穆之非常的相似，他們都是君主親征異族強敵時，坐鎮京師。劉裕北伐後秦，劉穆之留在京師監國，「內總朝政，外供軍旅，決斷如流，事無擁滯」。（《宋書・劉穆之傳》卷四十二）正因為劉穆之處事如此幹練，所以劉裕才敢放心的北伐。

劉穆之突然病死後，劉裕在東晉的政治根基出現了嚴重動搖，向來不服劉裕的士族集團隨時有可能抬出琅琊王司馬德文，向劉裕發起總攻。在這種情況下，劉裕忍痛撤軍，不久關中就被赫連勃勃奪去。一場轟轟烈烈的北伐，以虎頭蛇尾收場。

柴榮面對的也是這種情況，如果王朴不死，柴榮在臨終前肯定會將國家、幼子託付給王朴。王朴主持周朝軍政，趙匡胤沒有任何機會發動兵變，可能性為零，這是趙匡胤自己說的。

假設一下，如果真出現這種情況，王朴有沒有可能自己篡位建立新政權呢，可能性幾乎不存在。原因很簡單，王朴的影響主要在官場，在軍界沒什麼影響。王朴不死，他控制政府，趙匡胤控制軍隊，二人實力相當，反而能互相制約。所以說，平衡的權力，才是最安全的。王朴死後，主持政務的是書生宰相范質、王溥，他們哪裡是趙匡胤的對手！趙匡胤忘記了當初對柴榮的承諾，發動兵變奪位，范質等人毫無辦法。

也許這就是天意，命運不希望看到繼漢唐之後的中華第三帝國過早的出現，所以在命運的安排下，王朴和柴榮這對絕世天才一前一後離開人世，歷史在瞬間改變了方向。柴榮和王朴，兩個人如果有一個人多活十年，就絕不可能出現宋朝。

但歷史是沒有如果的。

二、契丹大遼國

王朴三月初一突然去世。僅僅過了十八天，也就是顯德六年（九五九）三月十九日，大周皇帝柴榮突然下詔北伐。而這次北伐的目標，不是與周朝世代為仇的北漢，而是站在北漢邊上的那個巨人——契丹。

柴榮為什麼會選擇在這個時候突然宣布北伐契丹，之前王朴制定的「先易後難」戰略，難道柴榮放棄了？說來話長，先簡單介紹一下契丹的來龍去脈。

契丹是個非常古老的民族，契丹作為部落的名稱，最早出現在史籍中，是在北齊年間編著的

《魏書》中。《魏書》有一篇《契丹傳》，詳細記載了契丹的起源和發展。

契丹其實和鮮卑很有淵源，因為契丹出自於鮮卑族宇文部，和後來的北周宇文氏脈出同源。契丹這個名字，有時也被譯成「吸給」、「乞塔」，不過這兩個名字都沒有契丹好聽。契丹的原意是鑌鐵。

北魏時代的契丹並沒有顯山露水，而是在東北與華北的毗鄰地帶快樂的生活，偶爾鬧出點小動靜。到了唐朝中前期，契丹的封建化進程明顯加快，與中原王朝的聯繫也日益加強。為唐朝撲滅安史之亂的中興名將李光弼，就是契丹人。

即使現在人看來，契丹的知名度也遠遠高於之前曾經稱霸中國北方的鮮卑，以及突厥、匈奴。原因其實很簡單，由於《楊家將》的故事在民間家喻戶曉，作為楊家將的主要對手，契丹大遼國也跟著混了個臉熟。契丹歷史上第一位皇帝，名叫耶律阿保機。

耶律阿保機，生於唐懿宗咸通十三年（八七二），契丹小名叫啜里只，後來他又給自己起了個漢名叫耶律億。遼朝的九個皇帝，雖然都有契丹名，但均以漢名為主，這是從耶律阿保機開始的。

《遼史》吹噓耶律阿保機出生的時候，滿屋子都是神光，異香撲鼻。更神奇的是，耶律阿保機生下來就能四處爬行，實在是有些神乎其神，不可信。但耶律阿保機長大後，能力確實是非常出眾的，「帝生而拓落多智，與眾不群。及壯，雄健勇武，有膽略，好騎射，鐵厚一寸，射而洞之」。（《契丹國志》卷一）

只要有一身不錯的武藝，在亂世中要想出人頭地，相對來說是比較容易的。當時統治契丹部落的是可汗習爾，習爾可汗在唐天復元年（九〇一）去世，各部落推選欽德做了契丹大王，就是痕德堇可汗。

早在習爾可汗時，耶律阿保機就已經征戰疆場了，屢立戰功，封為阿主沙里。痕德堇可汗即位後，因為耶律阿保機是契丹迭剌部人，所以就封他為迭剌部夷離堇，相當於迭剌部的兵馬大元帥。耶律阿保機為了擴大地盤，四處征伐，「連破室韋、于厥及奚帥轄剌哥，俘獲甚眾」。（《遼史・太祖紀一》卷一）耶律阿保機在契丹軍界的地位迅速得到提升，唐天復三年（九〇三）十月，耶律阿保機授封於越、總知軍國事，相當於契丹八部的軍隊總司令，權力極大，這也為日後耶律阿保機統治契丹各部打下了基礎。

唐天祐三年（九〇六）十二月，痕德堇可汗因病辭世，耶律阿保機是此時契丹最有聲望的將軍，所以契丹八部推舉耶律阿保機為契丹可汗。關於耶律阿保機的稱帝時間，《遼史》說痕德堇可汗去世後，「群臣奉遺命請立太祖。曷魯等勸進，太祖三讓，從之」（《遼史・太祖紀一》卷一），然後於第二年（九〇七）正月，在迂王集會堝建壇稱帝。

其實這一次只是耶律阿保機被推舉為契丹可汗，並沒有年號。而在十年後，即梁貞明二年的十二月，也就是九一七年二月，耶律阿保機才真正意義上稱帝建元，年號神冊。立正妻述律氏為皇后，長子耶律倍為皇太子（契丹名突欲），置百官，建立了一整套漢族政權的權力管理機構，史學界一般將九一七年作為契丹正式建立封建政權的開始。至於耶律阿保機何時吞併契丹七部的，史載不詳，但可以肯定在唐天祐四年（九〇七）之前。

由於中原連年混亂，導致與契丹接壤的幽州漢族軍民大量逃亡契丹，尤其是漢族農民，帶來了先進的生產技術。契丹土地肥沃，適宜耕種，再加上遼東是傳統的農耕區，所以契丹的整體國力明顯增強。

最讓耶律阿保機高興的是，他得到了五代早期的著名智士韓延徽。韓延徽，幽州人，曾在盧龍節度使劉守光手下任幽州觀察度支使，因為在出使契丹時，被耶律阿保機強行扣留下來，幾番曲折之後，歸順了契丹。耶律阿保機視他如寶，「與語悅之，遂以為謀主。舉動方焉」。（《契丹國志》卷一）彷彿劉備遇到了諸葛亮。

韓延徽的到來，意味著契丹政權封建化的開始，「延徽始教契丹建牙開府，築城郭，立市里以處漢人，使各有配偶，墾藝荒田。由於漢人各安生業，逃亡者益少。契丹威服諸國，延徽有助焉」。（《契丹國志》卷一）同時，耶律阿保機還創造了契丹文字，契丹在文化領域的封建化，也有了很大的進步。契丹的封建化是一個漸進的過程，並不是從宋朝建立時，契丹才突然封建化的。

契丹封建化這麼早就得以開展，還要得益於契丹很早就介入了中原軍閥混亂之中，早在唐天復二年（九〇二）七月，耶律阿保機就曾經入侵過河東地區，掠奪走百姓近十萬人。

在地理位置上，契丹與河東、幽州接壤，所以契丹和河東的李克用（李存勖）、幽州的劉仁恭（劉守光）打的交道最多。三方經常扭在一起廝打，各有勝負。同時耶律阿保機也深諳「遠交近攻」的戰略，派使者泛海來到汴梁，與已經稱帝的梁太祖朱溫建立了戰略同盟關係。

在耶律阿保機的一生中，他最輝煌的時刻，莫過於一舉消滅了位於東北東部、強大的渤海國。渤海國的封建化程度遠遠高於契丹，但由於渤海國國王大諲譔昏聵無能，耶律阿保機並沒有費太大的力氣，就消滅了渤海國，這一年是契丹天贊五年（九二六）的七月。

沒想到，在消滅渤海國後，意氣風發的耶律阿保機在班師途中，突然染上了疾病，不久後，五十五歲的耶律阿保機在扶餘城（今吉林四平）去世。

耶律阿保機去世後，繼承皇位的並不是皇太子耶律倍，而是耶律倍的弟弟、元帥太子耶律德光（契丹名耀庫濟）。雖然耶律倍和耶律德光都是述律皇后所生，但述律皇后卻明顯偏愛次子。述律皇后在耶律阿保機死後，違背了丈夫生前的意願，強行改立耶律德光為天皇王，繼位為大契丹皇帝。

耶律倍繼位不成，又受到了母親和弟弟的猜忌，加上唐明宗李嗣源的策反，遂於契丹天顯五年（九三〇）十一月，帶著心愛的高美人，含淚從封地泛海逃到後唐。漢化程度非常深的耶律倍臨行前，寫了一首很哀怨的詩：「小山壓大山，大山全無力。羞見故鄉人，從此投外國。」（《遼史・宗室傳》卷）

唐明宗李嗣源的策反雖然很有成效，但並沒有改變耶律倍的思鄉情懷，甚至在唐末帝李從珂時代，他成了耶律德光在後唐內部的間諜頭子，經常將後唐軍政大事通過某種管道，傳遞給弟弟。

耶律德光也是個有野心的帝王，他曾經嘗試過對中原進行武裝進攻，擴大地盤，中原政權雖然屢生變更，但軍事實力卻遠強於契丹，好幾次將耶律德光打得鼻青臉腫。耶律德光最著名的一次敗仗，發生在天顯三年（九二八）的四月，後唐義武軍節度使王都叛變，邀請契丹兵南下。耶律德光自然不肯放過這個機會，派出五千精銳騎兵，由惕隱涅里衮、都統查剌等人帶隊南下，結果被後唐軍全殲。

耶律德光論軍事能力，不如父親耶律阿保機，但耶律德光的運氣，是遼夏金元四個王朝所有皇帝中最好的，而且是兩次好運氣。契丹天顯十年（九三六）的七月，後唐河東節度使石敬瑭與後唐皇帝李從珂不和，為了取代李從珂，石敬瑭不惜割讓燕雲十六州，跪請耶律德光出兵。最讓人不可理解的是，割地之外，石敬瑭甚至還認了耶律德光作義父。這一年，石敬瑭四十四歲，而耶律德光只有三十三歲。

天上掉下來一塊大餡餅，耶律德光幸福得都快暈掉了，立刻接受了石敬瑭的好意。出兵幫助石敬瑭，消滅了李從珂，建立了後晉王朝。一年後，也就是契丹會同元年（九三七）的十二月，耶律德光將國號由契丹改為遼。

契丹不費一兵一卒，坐得戰略價值極高的燕雲十六州，耶律德光笑得合不攏嘴。燕雲十六州是塞外游牧文明與內地農耕文明傳統的地理分界線，這裡地勢較高。契丹得到燕雲十六州，居高臨下，進可攻，退可守。而且燕雲十六州有近百萬人口，糧食豐饒，終遼一朝，燕雲十六州都是遼朝最有價值的糧食產區。

但對於中原政權來說，失去了燕雲十六州，河北一帶就無險可守，契丹騎兵可以毫不費力地衝進華北平原，對中原進行騷擾破壞。「契丹之禍，始於石晉割幽、燕。天下視燕為北門，失幽、薊而天下常不安。」（《契丹國志》卷十八）但在石敬瑭時代，這個賣國賊由於曲意侍奉契丹，年年進貢，所以中原暫時還沒有受到契丹的軍事威脅。

九四三年，五十一歲的石敬瑭病死於開封，他的侄子齊王石重貴繼位。石重貴的能力比較一般，但他比他那個遺臭萬年的叔父更有血性。他上臺之初，就主動終止了契丹對後晉的宗主國地位，只稱孫不稱臣，並且停止對契丹的納貢。

耶律德光當然不甘心自己的既得利益受損，惱羞成怒之下，於遼會同八年（九四四）正月，起大兵南下攻晉，他要討回「屬於」自己的利益。人都是這個德性，吃到嘴裡的，沒有輕易吐出來的道理。

雖然耶律德光自信滿滿，但與晉軍交手之後才知道，晉軍並不是一塊軟柿子，而是一根硬骨頭。

第二年的三月，耶律德光領教了晉軍的厲害，在白團衛村（今河北安國附近）與晉軍一戰，被晉軍打得極慘，契丹人幾乎全軍覆沒，要不是騎著一頭駱駝逃得快，耶律德光就會成為石重貴的俘虜。

這場白團衛村大捷，杜重威、李守貞、符彥卿、張彥澤等皆是首功之臣，但除了符彥卿之外，另外三位「名將」在耶律德光的勾引下，全都背叛了石重貴。特別是張彥澤這個漢奸，率軍反戈相向，於遼會同十年（九四六）的十二月，攻陷了開封，石重貴走投無路，只好投降，後晉滅亡。

耶律德光的軍事能力實在一般，可就是這個耶律德光，居然是遼朝九帝除耶律阿保機之外，軍事能力最強的一個，可想而知其他遼朝皇帝的軍事能力是個什麼樣。除了運氣，耶律德光並沒有給歷史留下什麼。

契丹在滅晉之後，本來是有機會統治中原的，結果耶律德光沒有政治頭腦，只知道在中原剽掠百姓，壞事做絕，中原人心大壞。契丹人還沒有來得及慢慢享受中原天堂的繁華，就被憤怒的中原百姓給趕回了老家。

耶律德光灰溜溜地逃回契丹，沒想到在半路上得了重病，沒幾天，耶律德光就結束了可笑而可悲的人生。但耶律德光有一點做得比較好，至少是對契丹的發展來說，就是他在耶律阿保機時代封建化的基礎上，繼續進行封建化的改革。「建國號，備典章，至於厘庶政，閱名實，錄囚徒，教耕織，配鰥寡。」（《遼史・太宗紀下》卷四）耶律德光時代的契丹，已經與中原王朝沒有什麼區別。

耶律德光死後，由侄子耶律兀欲即位，兀欲就是東丹王耶律倍的兒子。兀欲即位後，改名為耶律阮。耶律阮的即位屬於非正常即位，因為耶律阮的祖母述律太后並不喜歡這個孫子，派遣軍隊來討伐耶律阮，不想一戰失敗，述律太后本人也被俘虜，不久囚死於木葉山。

耶律阮能力比耶律德光更加不如，《遼史》說耶律阮「中才之主也，入繼大統，曾未三年，納唐丸書，即議南伐，即乏持重，宜乖周防，蓋有致禍之道矣」。（《遼史・世宗紀》卷五）耶律阮所謂「致禍」，是指遼天祿五年（九五一）九月，南唐皇帝李璟派使者蔣進泛海至契丹，約遼共伐周朝一事。耶律阮答應了李璟，準備南下進攻新建立的後周王朝，但契丹大臣都不想南征。

耶律阮強迫他們南下，結果引發兵變，泰定王耶律察割、皮室詳穩耶律盆都等人不滿耶律阮的專橫，在詳古山發動兵變，殺掉了耶律阮。得手後，耶律察割想自立為帝，可百官並不服他，隨後諸部奉迎太宗耶律德光的長子、齊王（一說為壽安王）耶律述律，消滅了叛臣耶律察割等人。耶律述律在百官的擁戴下即位，隨即改名為耶律璟，就是遼穆宗，追尊堂兄耶律阮為世宗皇帝。

三、柴榮北伐時機分析

歷史上凡被外敵亡國者，大致有三種情況：

一、一場戰敗，君主被俘，國遂亡。如前趙漢的劉曜、冉魏的冉閔、隋唐之際的竇建德。

二、堅守到最後，力戰不敵而降，或戰死。如隋唐之際的王世充、北漢劉繼業、金哀宗完顏守緒、南宋三少帝。

三、內政腐敗，導致軍隊戰鬥力受到政治的影響而相對下降，然後強敵入侵，亡國。比如成家公孫述、蜀漢劉禪、東吳孫皓、前燕慕容暐、北涼沮渠茂虔、北齊高瑋、陳朝陳叔寶、前蜀王衍、後蜀孟昶、南漢劉鋹、南唐李煜、北宋趙佶、遼耶律延禧等。

第一種和第二種情況雖然事例並不少見，但第三種情況卻明顯最多。而第二種情況的亡國主因也是內政腐敗，或以殘暴治國喪失民心。內政腐敗對軍隊戰鬥力的影響是不容忽視的，最為後世所熟悉的例子就是蜀漢。

諸葛亮治蜀時，蜀漢政治清明，雖然蜀漢連年北伐，但民無怨言。而諸葛亮死後，劉禪親政，因為劉禪的治政能力實在太差，導致太監黃皓專權。黃皓排斥異己，屢次干擾軍隊正確的指揮，姜維就差點被黃皓給搞掉。再加上統治階級窮奢極欲，民心喪盡。

蜀漢末年，東吳五官中郎將薛珝奉命入蜀求馬，薛珝回來後，吳主孫休問薛珝蜀漢政治情況。薛珝答道：「主闇而不知其過，臣下容身以求免罪，入其朝不聞正言，經其野民皆菜色。臣聞燕雀處堂，子母相樂，自以為安也，突決棟焚，而燕雀怡然不知禍之將及，其是之謂乎！」（《三國志·薛綜傳附薛珝》卷五十三）柴榮所面對的耶律璟，和七百年前的劉禪沒什麼區別。

一個有趣的現象就是，從耶律阿保機開始，至耶律璟止，四個遼朝皇帝，從素質和能力上講，一個不如一個。耶律阮已經夠糊塗的了，耶律璟比他還不如！耶律阮喜歡喝酒，「荒於酒色、侮諸宰執」（《契丹國志》卷四），而耶律璟則喜歡睡覺，「好遊戲，不親國事，每夜酣飲，達旦乃寐，日中方起，國人謂之睡王」。（《資治通鑑》卷二百九十）

還有兩則史料可以證明耶律璟的昏庸無能，在耶律德光攻陷開封後，後晉中書舍人李浣被擄至契丹，任宣政殿學士。李浣身在契丹統治集團內，可以近距離的了解契丹國情。他在周廣順二年（九五二），給郭威的一封密信中，介紹了新皇帝耶律璟的所作所為：「幼弱多寵，好擊鞠，大臣離貳。」（《宋史·李浣傳》卷二百六十二）

另外，李浣（《全唐文》作「李翰」）還曾經給其兄李濤寫過一封信，李浣在信中勸李濤向郭威進言，速發兵攻契丹。理由是「今王驕粒，唯好擊鞠。耽於內寵，固無四方之志。觀其事勢，不同已前。親密貴臣，尚懷異志。即微弱可知，不敢備奏。一則煩文，一則恐涉為身計。大好乘其亂弱之時，計亦易和。若辦得來討唯速，若且和亦唯速。將來必不能力為可東也」。（《全唐文》卷八百六十二）

郭威對李浣送來的契丹內亂的情報非常重視，「周祖嘉焉」，並派間諜田重霸密赴契丹，與李浣取得聯繫，讓李浣密切關注契丹動向，及時送信。只是由於郭威建國不久，國內形勢非常不穩定，所以郭威也不敢貿然出兵契丹。「屬中原多事，不能用其言。」（《宋史・李浣傳》卷二百六十二）

耶律璟即位於九五一年，駕崩於九六九年，在位十八年。也就是說，從九五四年開始，耶律璟在中原的對手由郭威變成了柴榮。柴榮之前一直忙於肅清內政、親征淮南，沒有工夫搭理這個「睡王」。到了遼應曆九年（九五九），柴榮覺得機會來了，決定大舉北伐。

柴榮所謂的機會，其實就是耶律璟不修內政，導致契丹國內政治腐敗，人心惶惶。據史載，耶律璟在位期間，「荒耽於酒，畋獵無厭。賞罰無章，朝政不視，而嗜殺不已」。（《遼史・穆宗紀下》卷七）

在他的統治之下，遼朝政治腐敗，遠不如其父耶律德光統治時期。遼景宗耶律賢時的南院樞密使郭襲曾經這樣評價耶律璟：「穆宗逞無厭之欲，不恤國事，天下愁怨。」（《遼史・郭襲傳》卷七十九）

呂思勉先生在《中國通史》中也講道：「周世宗時，正是契丹中衰之會，此時（指的是與宋朝對峙的契丹）卻又興盛了。遼唯穆宗最昏亂。九六九年，被弒，景宗立，即復安。」（呂思勉《中國通史．北宋的積弱》四十三章）

也就是說，趙匡胤和耶律璟做了九年的鄰居，他對此時外強中乾的契丹的政策又是什麼樣的呢？「務保境息民，不欲生事夷狄。先是，五代募民盜戎人馬，給其直，籍數以補戰騎之闕。上乃令盡還所盜馬，仍禁民毋得出塞外盜者」。（《文獻通考．四夷考二十三》卷三百四十六）

因為趙匡胤最主要的目標是消滅南方割據政權，至於燕燕十六州，他並沒有用武力收回的打算，而是準備花五百萬貫錢贖買。用和平手段解決領土爭端，不戰而屈人之兵，確實是上策。只是不知道契丹人願不願意為了五百萬貫錢而放棄燕雲十六州，如果這五百萬貫錢花完了怎麼辦？

宋朝的開國宰相趙普也二十年如一日地反對收復幽燕失地。趙普認為和富饒的內地相比，幽燕苦寒之地，「致數十州之地土，半失耕桑；則何異為鼷鼠而發機，將明珠而彈雀，所得者少，所失者多」。（《邵氏聞見錄》卷六引《諫太宗伐燕疏》）

致使趙匡胤一直沒有下定決心以武力攻取幽燕，還有一個原因，就是趙普所說的「孰取幽燕，孰可代之」的問題，這是宋朝壓制武將的傳統政策。《邵氏聞見錄》記載了趙匡胤和趙普的一次對話：

太祖（趙匡胤）一日以幽、燕地圖示中令（趙普），問所取幽、燕之策。中令曰：「圖必出曹翰。」帝曰：「然。」又曰：「翰可取否？」中令曰：「翰可取，孰可守？」帝曰：「以翰守之。」中令曰：「翰死孰可代？」帝不語，久之，曰：「卿可謂遠慮矣。」帝自此絕口不言伐燕。

（《邵氏聞見錄》卷六）

趙匡胤和趙普雖然矛盾重重，但在壓制武將的立場上，二人有共同語言。趙匡胤兵變奪位，自然不希望武將照葫蘆畫瓢，再出現翻版的陳橋兵變。而趙普是文官系統的代表，不希望看到武將藉復燕之功，重新壓制文官。

雖然後來宋太宗趙光義兩次北伐契丹皆致慘敗，「太原、幽州之役，終身以輕動為戒，後皆如其言」。（《宋史・趙普傳》卷二百五十六）但這並不是趙普有先見之明，而是趙光義指揮不當所致。在太祖時代，對契丹相對有利的條件下，趙普依然反對用兵。趙普的利益是不需要用戰功來維繫的，也維繫不了，那是武將的事情。所以趙普屢次反對對契丹用兵，與其預料出兵必敗沒有關係。對於趙普阻止北伐幽燕，以及趙普勸趙匡胤揚文抑武，明人徐樹丕非常的憤怒，他指責趙普是民族罪人。徐樹丕甚至把金滅北宋，元滅南宋，漢族政權第一次整體性覆滅、漢人（南人）淪為第三、四等人的歷史責任也歸罪於趙普。

宋之多奸臣，始於趙普。宋之兵孱國弱，亦始於趙普，何也？曹翰欲取幽州，承周世宗一日取三關之餘威，而遼國多隙，取之必矣。趙普亦知翰之能，而嫉妒之心蓄於內，阻抑之巧形於口。而太祖亦知五代之弊，畏難苟安，現時愒日，故從其言。而金元之禍，中國人類幾絕，中國之地幾為匈奴人牧馬場，皆普一言，喪宋社稷，而兆數百年之禍也。其渝金匱之盟，罪猶在此下乎！（《識小錄》卷四）

另外，在柴榮、王朴統一天下的戰略中，包括幽燕地區，「吳蜀平，幽可望風而至」。（《舊五代史・王朴傳》卷一百二十八）王朴在《平邊策》中，三次提到了幽燕，說明柴榮、王朴一直汲汲於收復幽燕的。如果幽燕不望風而至，則用武力強取之，柴榮北伐，就是明證。

趙匡胤和趙普的統一戰略中，並沒有提到幽燕地區。在著名的《雪夜問對》中，趙普反對趙匡胤捨南方諸國而先取北漢，「太原當西北二邊，使一舉而下，則邊患我獨當之，何不姑留以俟削平諸國，彼彈丸黑子之地，將何所逃」。（《續資治通鑑長編》卷九）趙匡胤大笑：「吾意正爾，姑試卿耳。」（《續資治通鑑長編》卷九）於是先蜀、吳，後北漢，次第平定諸國。

這次問對的時間當在宋朝開國之初，滅荊南之前。但趙匡胤也並沒有嚴格按照趙普制定的統一戰略，開寶二年（九六九），他率兵親征北漢，百般強攻，決河灌城，也沒有拿下北漢，悻悻而回。就在宋軍北伐河東的同時，契丹昏君耶律璟被殺，耶律賢繼位。此後，宋朝再無趁契丹內亂收復幽燕的機會。

趙匡胤所說的「臥榻之下，豈容他人酣睡！」（《續資治通鑑長編》卷十六）又語：「一榻之外，皆他人家」（《續資治通鑑長編》卷九）指的是十國政權，不包括契丹控制下的燕雲十六州。不過這並不代表趙匡胤願意放棄幽燕，柴榮是漢民族主義者，趙匡胤同樣也是。

只是趙匡胤在如何謀取幽燕的戰略上搖擺不定，始終沒有用武力收復失地的決心，或者說沒有一個周密的戰略安排，束手無策。「太祖嘗患耶律氏據幽薊，未有策以下之。」（《儒林公議》）

有個歷史誤解認為宋朝皇帝都是和平主義者，其實並不是這樣，宋朝皇帝多數都是漢民族主義者。趙匡胤從來就沒有放棄過幽燕故土，因為趙匡胤的家鄉就在幽州。只是趙匡胤的幽燕政策以和為上，而柴榮主張用武力解決問題。

還有一點需要講一下，就是契丹軍隊的戰鬥力問題。宋朝建立後至澶淵之盟這四十年間，宋朝軍隊與契丹軍隊交手數次，勝負基本相當。宋朝兩次收復燕雲十四州（另兩州之前已被柴榮奪回）的戰爭均告失敗，即高粱河和岐溝關這兩場慘敗，直接斷送了宋朝收復燕雲地區的努力。此後，宋朝再也沒有信心和契丹軍隊打仗了，直到澶淵之盟，每年給契丹一點錢，將契丹人打發走了。

契丹人是不是因為打了這場漂亮的大勝仗就天下無敵了？當然不是，宋軍的失敗不能夠證明契丹軍隊有多麼強大，這是趙光義自己的問題，「此人素不知兵」。在趙匡胤時代，宋軍在與契丹作戰的過程中並不落下風，比如石嶺關一戰，殺傷契丹軍萬餘人。不過此役是契丹軍主動進攻的。

下面將唐莊宗李存勖至周世宗柴榮這五十二年間，契丹軍隊與中原軍隊主要交戰的勝負戰績或重要外交事件簡單列個表：

一、後唐天祐十三年（九一六）八月，契丹軍攻陷蔚州，晉（即後唐前身）振武節度使李嗣本被俘。

二、後唐天祐十四年（九一七）二月，契丹攻陷新州，周德威怯陣逃跑，被契丹追殺一陣，師徒多喪。隨後三十萬契丹軍圍攻幽州。同年四月，李嗣源率師救援。七月，李存勖率軍親征，與李嗣源部會合後，共有七萬人。八月，李嗣源率三千名騎兵與契丹騎兵萬人大戰。契丹騎兵大敗，隨後晉軍追殺契丹軍主力，斬俘萬人。

三、後唐天祐十八年（九二一）十二月，王鬱引契丹軍攻幽州。契丹軍攻下涿州，轉攻定州。

次年正月，李存勖率兵救定州。契丹萬餘騎兵見李存勖親來，「惶駭而退」。李存勖率軍追殺，契丹軍急忙後撤，在沙河上發生擠踏事件，「陷溺者甚眾」。（《舊五代史・唐莊宗紀三》卷二十九）第二天，李存勖在望都與契丹軍主力決戰，契丹軍大敗，唐軍俘斬數千。因天寒地凍，契丹軍在路上凍死很多。

四、後唐同光三年（九二五）二月，李嗣源敗契丹軍於涿州。

五、後唐天成二年（九二七）十一月，契丹遣使求和。

六、後唐天成三年（九二八）五月，唐軍在曲陽敗王都叛軍與契丹軍，殺獲數千人。六月，唐軍在幽州擊殺契丹千餘人，獲馬六百匹。七月，唐軍在唐河北大破契丹軍七千餘人。隨後，唐軍在易州追殺契丹軍四十里，「擒獲甚眾」。（《舊五代史・唐明宗紀五》卷三十九）八月，唐軍在幽州城西擊殺契丹軍數千人，生擒首領五十人。隨後，唐軍追殺契丹軍，大獲全勝，「僵屍蔽野；契丹死者過半，餘眾北走。趙德鈞半路截擊，北走者殆無孑遺」。（《資治通鑒》卷二百七十六）契丹平州歸順。

七、後唐長興元年（九三〇）四月，唐軍在雲州奇襲契丹，獲百姓萬餘人。

八、後唐長興三年（九三二）九月，契丹與後唐進行馬匹貿易。

九、後唐長興三年（九三二）十一月，契丹準備入侵，聞大同節度使張敬達「聚兵要害，契丹竟不敢南下而還」（《資治通鑒》卷二百七十八）。

十、後唐清泰元年（九三四）九月，契丹入侵雲州，唐振武節度使「楊檀擊契丹於境上，卻之」《資治通鑒》卷二百七十九。

十一、後唐清泰三年（九三六）九月，石敬瑭勾結契丹，耶律德光率步騎五萬人犯境。契丹軍在汾曲大敗唐軍張敬達部，唐軍步兵死傷萬餘人。

十二、後晉天福二年（九三七）二月，雲州節度判官吳巒據城不降契丹，契丹軍攻之不克，半年沒有攻下。

十三、後晉開運元年（九四四）正月，契丹進攻貝州，吳巒死戰，但軍校邵珂暗降契丹，開門納契丹軍入，契丹殺城中萬餘人。同月，晉軍在太原打敗契丹軍，斬首三千人。二月，晉軍在馬家口再勝，晉軍步軍攻契丹騎兵，契丹騎兵被嚇退，投河而死者數千人，另被晉軍俘斬數千人。三月，契丹軍十餘萬在澶州城北與晉軍大戰，雙方不分勝負，各自死傷慘重。九月，契丹軍進攻深州，晉軍在深州擊退契丹軍。

十四、後晉開運二年（九四五）二月，契丹軍攻陷祁州。三月，晉軍在滿城俘獲契丹軍兩千人。隨後兩軍在白團衛村大戰，戰場忽起東北風，形勢對晉軍不利。晉軍主將杜重威、李守貞、藥元福、符彥卿等人率晉軍逆風進擊，契丹軍慘敗，「勢如崩山」（《資治通鑒》卷二百八十四）。耶律德光本人險些被晉軍活捉。

十五、後晉開運三年（九四六）九月，晉軍劉知遠部在太原大敗三萬契丹軍於楊武谷，殺契丹軍七千人。晉軍張彥澤部在定州殺敗契丹軍兩千人。

十六、後漢乾祐三年（九五〇）四月，契丹攻陷深州。十一月，契丹攻內丘，屢攻不克，傷者甚眾。但由於漢軍五百人叛變，契丹屠城。

十七、後周廣順元年（九五一）十月，五萬契丹軍聯合兩萬北漢軍攻絳州，不克。因天降大雪，契丹撤軍，「士馬十喪三四」。（《資治通鑒》卷二百九十）

十八、後周顯德元年（九五四）三月，周軍在高平大敗北漢軍，契丹軍懼與周軍作戰，撤退。

從以上這些契丹與中原軍隊的作戰情況來看，契丹敗多勝少。不能因此就能證明契丹軍不堪一擊，不過同樣可以證明契丹並非天下無敵，更不是什麼契丹是所有游牧漁獵民族軍事最強大的。周軍自柴榮進行整改之後，戰鬥力不說比前幾朝的軍隊要強，但至少不會弱。

契丹軍並沒有想像中的那般強大，柴榮北伐契丹，當然不能說此戰必勝，但勝率至少有一半。避免失敗的辦法其實很簡單，就是什麼都不要做，自然不會失敗。當然，這樣永遠也不會取得成功。

至於契丹滅後晉，那純粹是一場歷史鬧劇，不能作為契丹軍無敵的證明。如果不是杜重威、張彥澤這幾個民族敗類貪圖私利，臨陣倒戈，耶律德光想進開封，大抵只有一種可能：成為石重貴的俘虜。契丹人曾經告訴被俘北上的晉同州郃陽縣令胡嶠：「夷狄之人豈能勝中國？然晉所以敗者，主暗而臣不忠。」（《契丹國志》卷二十五）契丹人自己都承認滅晉純屬運氣。

錢穆先生在這個問題上的觀點極有見地，他說：「晉時運陽城之戰，耶律德光幾不免，周世宗一舉而下三關，契丹非不可勝。但太宗（趙光義）才弱，又無賢輔爾。周世宗用兵欲先取幽州，則吳蜀不足平。宋則以趙普謀，先南後北為持重。兵力已疲，而貽難艱於後人，則太祖（趙匡胤）之失也。」（錢穆《國史大綱·貧窮的新中央》三十一章）

契丹人並非軟柿子，柴榮為什麼要改變王朴之前制定的先易後難的戰略，先啃硬骨頭？正如錢穆先生所說，契丹是當時天下最強大的勢力，只要敲掉契丹，餘者自服。特別是北漢，如果柴榮先強攻北漢，再攻契丹，雄兵已經耗盡，以百戰疲弊之周兵，去攻以逸待勞之契丹兵，勝負未可知。柴榮之後的戰略決策者並沒有看到這一層，而是先易後難，等強行把北漢打掉之後，軍隊已經沒什麼戰鬥力了，所以招致慘敗。

柴榮選擇在此時北伐，除了軍事上的原因，還有政治上的原因。就是燕雲十六州百萬漢人的人心向背問題。

宋朝建立後，許多宋朝大臣都提到了契丹人重斂幽燕漢民的事情，比如宋初的史學家路振（《九國志》著者），他在宋大中祥符初年（一〇〇八年左右）出使契丹。回來後，路振講了他在契丹的所聞所見：

> 虜政苛刻，幽薊苦之，圍桑稅畝，數倍於中國，水旱早蝗之災，無蠲減焉。以是服田之家，十夫並耨，而老者之食，不得精鑿。力蠶之婦，十手並織，而老者之衣，不得繒絮。徵斂調發，急於剽掠。加以耶律、蕭、韓三姓恣橫，歲求良家子以為妻妾。幽薊之女，有姿色者，父母不令施粉白，弊衣而藏之。比嫁，不與親族相往來。（《宋朝事實類苑》卷七十六）

大中祥符初年，上距柴榮北伐時不過五十年，路振所言，再佐以遼穆宗耶律璟時代的昏暴之政，「不恤國事，天下愁怨」。可以想見柴榮北伐之時，幽燕百姓所受契丹暴政之苦。

遼朝對幽燕的橫徵暴斂非由一日，幾乎可以說貫穿了整個契丹對幽燕的統治史。宋哲宗元祐年間，權兵部尚書蘇轍通使契丹，回來後說：「北朝之政，寬契丹，虐燕人，蓋已舊矣。」每逢契丹「每有急速調發之政，即遣天使帶銀牌於漢戶需索，縣吏動遭鞭棰，富家多被強取，玉帛子女不敢愛惜，燕人最以為苦」。（《欒城集》卷四十二）

雖然蘇轍說在平時，幽燕漢人的賦稅不算太重，但早在蘇轍出使契丹前三十多年，遼朝重臣劉六符在臨終前，就勸新登基的遼道宗耶律洪基在燕雲地區「深結民心，無使萌南思也。省傜役，薄賦斂」。（《三朝北盟會編》卷十九）耶律洪基「深嘉納之，遂減稅賦三分之一」。（《三朝北盟會編》卷十九）

還有一點，在遼承天太后蕭綽（即大名鼎鼎的蕭太后）主政之前，幽燕漢人在契丹的法律地位比較低下。「蕃人毆漢人死者，償以牛馬，漢人則斬之，仍沒其親屬為奴婢。」（《續資治通鑑長編》卷七十二）而蕭綽的丈夫遼景宗耶律賢在位時期距柴榮北伐時更近，只有十多年的時間。

以上種種史料說明，柴榮北伐之時，幽燕漢人在契丹的統治下苦不堪言。而柴榮即位之後，對內政進行了全方面的改革，特別是對待農民的問題上，柴榮做出了非常大的讓步，這對飽受契丹暴斂之苦的幽燕漢人有著非常大的吸引力。

王夫之在《讀通鑒論》中也認為柴榮捨棄南方諸小國，改而強攻契丹的戰略是正確的，理由如下：

契丹之據幽、燕也未久，其主固居朔漠，以廬帳為便安，視幽、燕為贅土，未嘗厚食其利而歆之也。而唐之遺民猶有存者，思華風，厭羶俗，如吳巒、王權之不忍陷身汙蔑者，固吞聲翹首以望王師，則取之也易。遲之又久，而契丹已戀為膏腴，據為世守，故老已亡，人習於夷，且不知身為誰氏之餘民，畫地以為契丹效死，是急攻則易而緩圖則難也。幽、燕舉，則河

> 東失左臂之援，入飛狐、天井而夾攻之，師無俟於再舉，又勢之所必然者。王朴之謀，理勢均得，平一天下之大略，斯其允矣。（《讀通鑒論・五代下》卷三十）

王夫之說得非常透徹，著重於兩點：一、契丹對幽燕漢人非常殘暴，喪失了漢人的支持，取之非難。二、王夫之高度肯定柴榮放過北漢，而攻站在北漢背後的契丹。

北漢國雖小，但勢尚強，對艱苦作戰的適應性較強。如果先攻北漢，等滅掉北漢，周軍就成了強弩之末，再攻契丹，師老兵疲，非敗何為？如果先攻契丹，則北漢必不敢動，即使有動作，憑周軍強大的實力，也足以抵擋北漢軍不疼不癢的進攻。收復幽燕後，則北漢喪失後援，必為周軍所擒。

從表面上看，捨棄南方諸國而北伐，是先難後易；北伐目標，是契丹而非北漢，又是一層先難後易。但善於制大戰略者，從來不會只看表面，而是通過表面看本質。柴榮統一的順序是：契丹（收復幽燕）、北漢、南方諸國，恰恰是先易而後難。

這麼講，你有一把斧頭，需要將面前三塊木頭劈成木柴。一塊非常大，一塊中等，一塊稍小。劈完之後，按木柴的重量，會得到不同的獎賞。一般人都會選擇先劈最小的那塊，然後劈中等塊，最後才劈最大塊的。但這樣最容易消耗你的體力，等兩塊小木頭劈完後，體力消耗大半，再劈大的，已經沒有力氣了。

而如果先劈最大的那一塊，表面上看起來比較消耗體力。但實際上，人的體力儲存是有限的，如果將有限的體力用在劈最大塊木頭上，則等於用先劈中小兩塊木頭的力氣之和，來換取先劈完最大塊木頭之成果。先劈完大木頭後，即使力氣耗盡，成果也是最大的。哪個獲利最大，不言自明。

柴榮看透了這一點，但趙光義完全沒有看透，錯誤的理解先易後難的戰略，最終導致在錯誤的時間發動了一場錯誤的戰爭，結果慘敗。至於趙匡胤，他根本就沒有用武力解決幽燕問題的打算，他一直寄希望於契丹人發善心，同意用錢來贖買幽燕。

宋人王明清為趙匡胤拒絕用武力收復幽燕的戰略進行辯護，說：「（宋朝）卒不能下幽、燕兩州之寇，豈勇力智慧不足哉？蓋兩州之地，犬戎所必爭者，不忍使我赤子重因鋒鏑，乃置而不問。」（《玉照新志》卷一）

王明清這個辯護詞其實並不能成立，因為在趙匡胤時代，宋朝並沒有發動對契丹的進攻。仗還沒有打，就認定此戰必敗。不知道王明清該如何解釋，在幾乎同等的條件下，柴榮所率領的漢族軍隊，會讓契丹軍嚇得魂飛魄散。還有就是，如果愛惜民力，那又何必削平諸國？守住柴榮留下的中原，豈不是更愛惜民力？如果不是宋朝的兩次大規模進攻，後蜀和南唐想必也不會出現被屠城的情況。

如果擔心契丹會反攻，李存勖、李嗣源，甚至是石重貴，他們都已經給出了答案：契丹人並不是天下無敵。耶律璟時代的契丹，與耶律德光時代的契丹，不可同日而語。「置幽燕而不問」，難道幽燕漢人不是漢人？

柴榮高瞻遠矚，可看到藍天白雲，雄鷹翱翔。柴榮胸中有大戰略，不為小利所誘，充分理解了難與易的客觀辯證關係，這才是真正的大戰略家。當時形勢明顯有利於周朝，柴榮敏銳地發現了戰機，餓虎撲食般的直撲最大的那隻獵物。

對柴榮捨河東於不顧，直接北伐契丹極盡褒美之辭的，還有一位特殊的人物，就是北宋大詞人秦觀。在我們的印象中，秦少游擅寫離情愁怨之詞，特別是那首《鵲橋仙》：「兩情若是久長時，又豈在朝朝暮暮」，賺盡了離人的眼淚。其實秦觀在戰略上也極具眼光，說秦觀是一流的戰略分析家，並不為過。

秦觀在《王朴論》中提出了「虎熊論」，節取相關內容如下：

劉氏雖據河東十州之地，與中國為境。然左有常山之險，右有大河之固，北有契丹之援，其人剽悍強忍，精勇高氣，樂鬥而輕死。雖號為小國，實堅敵也。是時中國欲取之也，譬如壯士操利兵於深山之中，左觸虎而右遇熊，不可並刺。則亦先虎而後熊也。何則？虎噪悍易乘，熊便捷難制舉。虎困則熊必畏威而逃。困於熊，虎將乘其弊而至，形勢然也。故樸以大而脆者為易，小而堅者為難。易者宜先，難者宜後。則所以先吳而後並也。（《淮海集》卷二十二秦觀《王朴論》）

秦觀將北漢比作小而堅的熊，將南唐比作大而脆的虎。如果先取小而堅的熊，而虎必乘取熊的艱難過程，向獵人發起進攻。如果先取大而脆的虎，則熊必聞風而逃。秦觀這個觀點極有見地，他真正看懂了王朴「先易後難」的邏輯思維。小而堅者為難，大而脆者為易，這就是邏輯辯證法。這和孫武所說行軍貴在「以迂為直」，在邏輯上的道理是一樣的。

其實南唐是「大而脆的虎」，契丹又何嘗不是？南唐「（李璟）朝無賢臣，軍無良將，忠佞無別，賞罰不當，如此，得國存幸矣，何暇兼人！」契丹同樣如此，「（耶律璟）荒耽於酒，畋獵無厭。賞罰無章，朝政不視，而嗜殺不已」。這兩位「大而脆的虎」名字都有一個「璟」字，實在是難得的巧合。

站在周朝的角度看，南唐是一隻「大而脆的虎」，但這隻虎已經被柴榮打殘了。接下來一隻「大而脆的虎」，就是昏君耶律璟治下的契丹。越過契丹，而先取「小而堅的熊」北漢，絕非明智之舉，具體原因，上面已經講過了。

後來趙光義決定先消滅北漢，朝中重臣對趙光義的戰略持有異議，比如宰相薛居正，就不同意對「小而堅」的北漢用兵。薛居正的理由與秦觀、王夫之的見解基本一致，「昔周世宗舉兵，太原倚契丹之援，堅壁不戰，以至師老而歸。及太祖破契丹於雁門關南，盡驅其民分布河、洛之間，雖巢穴尚存，而危困已甚，得之不足以闢土，捨之不足以為患」。（《宋史·北漢世家》卷四百八十二）《續資治通鑒》對薛居正所持觀點的記載，與《宋史》相同。

趙光義在曹彬的支持下，反駁薛居正：「今者事同而勢異，彼弱而我強。昔先皇破契丹，徙其人而空其地者，正為今日事也。朕計決矣，卿勿復言。」（《宋史·北漢世家》卷四百八十二）趙光義說得沒錯，北漢弱而宋強，但北漢弱在國勢，而非戰鬥力。後來宋滅北漢時，太原攻堅戰打得極為艱苦，將宋軍的銳氣消耗殆盡。等宋軍疲憊不堪的再去收復幽燕時，已經沒有戰鬥力了。

再有就是自九三六年，石敬瑭割讓幽燕於契丹，至柴榮北伐前，只有二十三年，相當一部分幽燕漢人對南朝漢族政權的民族感情還在。在民族融合史上，不僅有胡人漢化，也有漢人胡化。

在唐末五代兩宋，由於大片傳統漢族聚居區被少數民族政權佔領，漢人胡化的現象非常突出。唐末詩人司空圖有首《河湟有感》，寫的就是漢人胡化的現象，詩云：「一自蕭關起戰塵，河湟隔斷異鄉春。漢兒盡作胡兒語，卻向城頭罵漢人。」（《全唐詩》卷六百三十三）

河湟地區在唐安史之亂時被吐蕃佔領，到唐末，吐蕃對河湟地區的統治已經有一百五十多年了，所以河湟漢人皆從吐蕃之俗。但柴榮所面對的情況遠好於唐末，二十多年的時間還不足以改變一代人的民族感情和民族認同。

宋人田況也談到了這個問題，而且和柴榮有關。「周世宗止平關南，功不克就。歲月即久，漢民宿齒盡逝，新少者漸服習不怪，甚至右虜而下漢。」（《儒林公議》）柴榮北伐時，幽燕的「漢民宿齒」多數都還健在，他們的民族感情就是柴榮北伐主要的有利因素之一。

如果從契丹和後周綜合國力的比較來看，並不存在遼強周（宋）弱的情況，至少從人口數量上來說。後周的人口總量大致是多少？《宋史・地理志》和《舊五代史・食貨志》給出了兩個相差極為懸殊的數字。

《宋史・地理志》給出了一個答案，宋建隆元年（九六〇），後周總戶數共九十六萬七千三百五十三。而《舊五代史・食貨志》則說顯德六年（九五九），後周總戶數為二百三十萬九千八百一十二，《冊府元龜・邦計部・賦稅第二》說這還不包括新征服的淮南二十二萬六千五百七十四戶。

《冊府元龜・邦計部・賦稅第二》還記載，在顯德五年（九五八）的十月，左散騎常侍艾穎等三十四名苗使在地方上檢括戶口，共計檢到戶二百三十萬九千八百一十二，還是不包括淮南十四州。

另外，在宋太宗時期成書的《太平寰宇記》所記載的後周戶口數字和《舊五代史》非常接近，為二百五十四萬三千五百三十一戶（依然不包括淮南），考慮這三十多年的人口增長，《舊史》所記載的戶數更為可信。以當時每戶五人的標準來計算，後周人口已經突破了千萬，約在一千一百萬至一千二百萬之間。

遼朝的人口情況又是怎麼樣的呢？從民族成分來看，遼朝人口由契丹人，漢人、渤海人、女真人以及其他民族組成。以遼朝末年為準，契丹人約二百多萬，具體數字不詳。漢人不到六百萬，渤海人五十餘萬，女真人約百萬，其他民族也約有百萬。遼朝總人口約在一千萬左右。澶淵之盟（一〇〇四）後，宋遼罷兵，此後遼朝並沒有參與大規模的戰爭，人口不會無故減少，只能增長。遼朝最鼎盛時期的人口約為一千萬，而一百多年前的穆、景時代，人口不可能達到這個數字。也就是說，九五九年時的雙方人口，後周應該多於契丹。

不是說人口多了就一定打勝仗，否則女真滅不了北宋、蒙古滅不了南宋、滿洲也滅不了明朝。之所以講了雙方人口的情況，是想說明，後周統治時期的綜合國力至少不遜於契丹，更不用說之後人口更多、經濟實力更強的北宋了。

再說，契丹此時混亂不堪的內政和政治清明的周朝相比，是天上地下的區別。五八九年，隋軍渡江滅陳，高熲臨行前問薛道衡，此戰能否拿下。薛道衡回答：「有德者昌，無德者亡，自古興滅，皆由此道。主上躬履恭儉，憂勞庶政，叔寶峻宇雕牆，酣酒荒色。上下離心，人神同憤。」（《隋書．薛道衡傳》卷五十七）

薛道衡對陳朝和陳叔寶的評價，完全可以適用於契丹和耶律璟。當然柴榮此次北伐，並不是要徹底消滅契丹，至少他沒有做好這個準備。他現階段對契丹的目的，是先收復燕雲十六州，首先紮好自家籬笆，然後再圖進取。

五代以來，契丹對中原的騷擾特別頻繁，幾乎每個月都有契丹入境騷擾的軍情。柴榮志在天下，胸懷四海，他絕對不能允許契丹人在他面前繼續放肆下去。

因為，他是柴榮，一個有血性，有擔當的男人。

四、克復三關

孫武曰：「兵者，國之大事，死生之地，存亡之道，不可不察也。」（《孫子兵法·計篇》第一）

戰爭不是兒戲，尤其是像柴榮北伐契丹這樣的重大軍事行動，其實就是拿國運做賭注，一招不慎，就有可能全盤皆輸。所以柴榮在北伐前，從軍事、政治上已經做好了所有準備。

留守東京開封府的人選是宣徽南院使吳廷祚，王朴已經去世，柴榮只能擇其次而用之，讓吳廷祚判開封府事，宣徽北院使昝居潤為副。任命三司使張美為大內都部署，負責皇宮安全。雖然柴榮一直瞧不上張美曾經對自己的奉承，但柴榮公事公辦，說明柴榮用人的器度，非一般帝王可比。

其他在京諸將，皆隨柴榮親征。在柴榮的安排下，諸將如侍衛馬軍都虞侯韓通、左廂都指揮使高懷德、護國軍節度使張鐸等人，率本部兵以及戰艦先行開赴滄州，盡快打通從滄州通往契丹的水道。這正是柴榮的高明之處，軍隊走陸路北上，會消耗大量的體力，進而影響到士氣。走水路可以最大限度地節省體能，以便用最佳的狀態和契丹人決戰。

顯德六年（九五九）三月十九日，大周皇帝正式下詔北伐契丹，詔如下：

朕猥以涼德，紹此丕圖。既為萬乘之君，宜去兆民之患。雖晨興夕惕，每嘗思於萬機。而紫塞黃河，猶未親於經略。秋夏則波濤罔測，三冬則邊鄙驚搔。將期間安國利人，凱憚櫛風沐雨？取此月內駕幸滄州。已來應尚路排頓，並以官物充，餘依舊例。（《冊府元龜·帝王部·親征第三》卷一百一十八）

一切北伐準備就緒後，三月二十九日，柴榮御駕離開東京開封府，開始了他人生中最後一次、也是最重要的一次親征。

自從契丹從石敬瑭那裡免費接收了向來是中原戰略屏障的燕雲十六州，從此中原就受到了來自契丹強大的軍事威脅。面對強大的外敵，如果一味忍讓求安，最終必將養成外敵的貪婪無度。得一寸進一尺，得一尺進一丈，永世不得安寧，反而不可能達到求一時小安的結果。

怎麼辦？唯有以鐵血圖自存而已！

在人與人的關係中，可以存在友情，甚至是刎頸之交。但在國與國的關係中，只有利益，沒有友情。在這個弱肉強食的叢林世界中，真正的普世價值標準就是實力，實力決定一個國家的地位，而不是什麼道德。所謂道德標準，只能約束弱者，而強者則可以凌駕於道德標準之上，這就是現實。

要想得到敵人發自內心的尊重，那就必須用鐵血和刺刀來證明。尊嚴，從來就不是靠乞求得來的，這樣的尊嚴是一文不值的假尊嚴，是讓敵人恥笑的假尊嚴。真正的尊嚴，從來都是鐵血打出來的。

如果要維持和平局面，一定要有強大的實力，至少要有與強大敵人同歸於盡的實力和勇氣。刺刀下的和平，才是真正的和平，希望和平嗎？那就準備進行一場戰爭吧！批判的武器永遠代替不了武器的批判，筆桿子很重要，但筆桿子的重要性是建立在擁有槍桿子的基礎之上的。沒有槍桿子，一切歸零。

忍讓是絕對換不來尊嚴與和平的，能換來的，只是敵人的貪婪和鄙視。如果一時實力不濟，未必不能忍，但忍耐總要有個限度，如果自己的實力足夠實現戰略反擊的時候，那就無須再忍，否則必將喪失千載一時之機會。當忍無可忍之時，就是以鐵血霸道之勢反擊，以爭取民族生存空間之時。

面對契丹被養肥的貪婪欲望，面對契丹三天兩頭的騷擾，面對契丹對中原的蔑視，柴榮已經是忍無可忍！在征服了南唐、後蜀等大型政權後，柴榮知道，決定他個人命運、漢民族命運的總攻時間到了。他必須向歷史證明，自己有資格做天可汗第二。

作為一個與契丹敵對的政權統治者，柴榮沒有義務去維護契丹人的利益，並時刻在意契丹人會如何看自己。柴榮只需要為本政權的利益負責，就是對歷史的最大尊重，契丹人面對柴榮的進攻會如何的傷心難過，柴榮完全沒有必要理會，那是契丹人自己的事情。契丹人在中原屠殺百姓時，何時考慮過中原人的感情？

更何況柴榮此次北伐是收復中原失地，是完全正義的行為，柴榮這次北伐，堂堂正正，光明正大。在任何時候，土地問題都是沒有任何商量餘地的，這涉及到一個民族的生存空間。領土從來就不是一個可以討論的問題，本國的領土，沒有一寸是多餘的。如果敵人對此有異議，那就用刺刀來辯論吧。

為了給後人打拼出一座鐵桶般的江山，開萬世太平盛世，柴榮毅然決然地離開溫柔鄉，拋下年方花信的妻子和幾個年幼的兒子，踏上了一條充滿未知和艱險的道路。但柴榮認為所付出的這一切，都是值得的。

四月十六日，柴榮抵達滄州。到達滄州的當天，柴榮並沒有休整，而是立刻率領各部兵馬數萬人離開滄州北上，進入契丹境內。周軍主力已於十幾天前就到了滄州休整，體力上不存在問題。

滄州距離契丹的實際控制線非常的近，只有幾十里的路程。柴榮北伐還有一點值得稱讚之處，就是周軍從不擾民。周軍經過的路線都盡量避開人煙稠密之處，「河北州縣非車駕所過，民間皆不

知之」。（《資治通鑑》卷二百九十四）

周軍北伐的第一個契丹軍事目標是乾寧軍。乾寧軍位於滄州偏西北處一百里，就是現在的河北青縣。不過在契丹統治時期，這裡被設置為寧州，級別倒是不低，其實只是一個軍鎮。

四月十七日，柴榮率步騎兵數萬，浩浩蕩蕩地殺向乾寧軍。

鎮守乾寧軍的是契丹寧州刺史王洪，他手中的軍隊數量不詳，但絕對不是周軍的對手，只要他敢負隅頑抗，等待他的只有無情的毀滅。王洪很識時務，周軍一到，立刻開城投降。

在乾寧軍的周邊，還有許多被契丹控制的軍州，比如瓦橋關（今河北雄縣西南）、益津關（今河北霸州）、鄚州（今河北任丘）、瀛州（今河北河間）、易州（今河北易縣）、涿州（今河北涿縣）。

從地理位置來看，瀛州在乾寧軍的西南面，其他諸軍州皆在乾寧軍的西北南。如果先取瀛州，直線距離比較近，但柴榮卻沒有這麼做，而是留下瀛州不攻，轉攻益津關。

瀛州雖然與乾寧軍最近，但最大的問題是，瀛州與乾寧軍之間不通水路。而且柴榮應該還考慮另外兩點：

一、瀛州的河間郡自古以來就是河北大郡，地廣城堅，如果周軍主力棄船上陸地圍攻瀛州，一朝一夕未必能拿下來。

二、也是最重要的一點，柴榮北伐的終極目標是收復幽州，也就是契丹的南京析津府，現在的北京城。柴榮之前修復河北水道的目的，就是讓軍隊儘量減少陸地行軍，保存體力，準備最後強行攻克幽州。而瓦橋、益津等地均有水路直達，所以柴榮選擇了先遠後進的戰略，「以迂為直」，實際還是先近後遠。

四月二十二日，經過了五天的休整，柴榮命令各部啟程北上。兵分兩路：一路走陸路，由韓通任陸路都部署；一路走水路，由趙匡胤任水路都部署。

柴榮本人率文武百官，乘坐龍舟大艦，餘部所有戰艦，跟在龍舟之後，沿永濟渠浩蕩北上。「船隻頭尾相接長達數十里」。場面異常壯觀。

艦上，大周的旗幟，迎風獵獵作響。

岸邊，柳綠花紅，麥田青青如畫。

一身戎裝的柴榮坐在龍舟的船首，他含笑著，欣賞著兩岸春色旖旎的秀麗風光，即將創下歷史偉業的興奮，柴榮有些激情勃發。柴榮堅定的認為，歷史，將在他手上改寫。

當年，唐太宗李世民用鐵血霸道征服突厥。

現在，柴榮要用同樣的鐵血霸道征服契丹。

柴榮的英雄霸氣，想到了一首小詩，摘附如下：

東向鵲，北飛鴻。秋露白，晚霞紅。庭虛簾度月，窗隙紙吟風。芝草覆雲含宿雨，柳花舞雪障晴空。女子眉纖，額下現一彎新月；男兒氣壯，胸中吐萬丈長虹。（《初學晬盤》卷上）

四月二十四日，周軍戰艦行進到了乾寧軍以北一百二十里的獨流口，這裡是滹沱河和永濟渠的匯合處，獨流口以西分別是益津關、瓦橋關，易、涿二州偏北，莫、瀛二州偏南。益津關距離獨流口最近，柴榮自然把益津關列為下一個進攻目標。

柴榮一聲令下，周軍戰艦從獨流口進入滹沱河。四月二十六日，周朝水軍殺到益津關下。契丹的益津關守將終廷暉自知不是柴榮的對手，立刻舉旗投誠，周軍不費一刀一矢，坐得益津關。

益津關之西，就是瓦橋關。不過滹沱河的河道，在益津關就變得狹窄起來，周軍的大型戰艦很難通過。柴榮知道他的水上旅行結束了，決定上岸，走陸路進攻瓦橋關。

四月二十七日，柴榮命令戰艦停靠在益津關，周軍除留守人員外，悉數上岸。瓦橋關距離益津關有八十里的路程，柴榮建功心切，自己率五百人的侍衛隊風一般的向前開路，卻把大部隊甩在了後面。

柴榮率領親衛部隊在月夜下縱馬急行，不知道來到了什麼地方，柴榮感覺有些乏累了，他下令部隊就地休息，明早再趕路。簡單的用過膳後，柴榮坐在滹沱河岸邊的草地上，手上拈著一根野草，看著懸在天外的那輪明月，很悠然的享受著這份寧靜與孤獨。

夜色嫵媚，輕風無恙，明月皎皎。

已經有些發黃的人生片段，正斷斷續續地在柴榮的腦海中悲壯的穿越：

二十年前，他跟著頡跌氏，用他尚顯稚嫩的雙肩，挑著擔子走南闖北，賺錢養家。嚴寒酷暑，風聲雨聲，山高水遠……

九年前，澶州。劉承祐殺了他溫柔賢慧的妻子劉夫人，還有三個可愛的兒子。當得知噩耗時，他面色慘白，心在滴血……

六年前，他的第四個兒子宗訓來到了人間，他興奮地抱著兒子，不停地親吻這個上天賜給他最好的禮物……

五年前，東京滋德殿，奄奄一息的養父郭威緊緊握住他的手，無語凝噎。他已是淚流滿面……

還是五年前，高平與劉崇的決戰。樊愛能、何徽不戰而逃。他憤怒地舉起大劍，指揮將士與敵人決一死戰。刀戈的撞擊聲，士兵的喊殺聲，戰馬的嘶鳴聲……

四年前，壽春城下。他端坐在胡床上，與另外一個血性男人強硬的對峙著。他注視著劉仁贍射向他的兩支利箭，他的嘴角在微笑……

還是四年前，他的第二任妻子符皇后病重不治，他坐在榻邊歎息著。在她生命中的最後一刻，獻出了她給丈夫的最後一次擁抱……

兩個月前，王朴突然去世。在王朴的遺體前，痛哭流涕的他不停地用玉斧捶擊著地面，他恨上天，為何要奪去他的大丞相……

柴榮心潮澎湃，他似乎感覺到眼角有些濕潤。

一切的一切，如夢如幻。記憶彷彿離他很遠，但他卻有種強烈的感覺，他生命中的親人和朋友們，並沒有離他遠去。此刻，就在他身邊……

三尺劍，六鈞弓。御史雨，大王風。笛奏龍吟水，簫鳴鳳下空。竹笛吹殘秋月白，蘭橈掉破夕陽紅。不知春去幾多，試問陌頭楊柳；欲探秋來消息，請看井上梧桐。

赤土劍，烏號弓。清白吏，矍鑠翁。月升燈失色，風起扇無功。停杯問月浮春綠，刻燭催詩剪夜紅。客度層巒，竹枝高挑松杪月；女遊芳渚，蘭橈輕蕩藕花風。

星拱北，水朝東。隨風雨，貫日虹。禁柳含煙綠，宮桃映日紅。石燕拂雲晴亦雨，江豚吹

浪夜還風。弓擊木棉，雷散白雲飛滿地；火攻雪炮，星隨皓月曜長空。（《初學晬盤》卷上）

六年的皇帝生涯，柴榮每天都在操勞國事，很少有機會能像今晚這樣愜意。在微涼的夜風吹拂下，柴榮思緒萬千……

皇帝的衛兵們，則分散在柴榮周圍，隨時提防意外發生。

意外還是發生了。

一陣異樣的戰馬嘶鳴聲由遠而近，無數支火把漸漸照亮了滹沱河沉暗的河水……

有人驚恐的叫了起來：「契丹騎兵！」

柴榮的衛兵隊頓時緊張起來，冷汗直冒，如果契丹騎兵這時發動襲擊，五百人根本不是契丹人的對手。一旦柴榮有什麼危險，後果不堪設想。

想必契丹人已經知道了，坐在他們不遠處看月亮的那個中年男人，就是大周皇帝柴榮！

柴榮身邊的一些官員嚇得臉色煞白，甚至隔著很遠都能聽到他們恐懼的心跳聲，有的人幾乎都要嚇哭了。柴榮依然沒有表現出恐懼的神色，只是面無表情地看著這些契丹騎兵，似乎在柴榮眼裡，這些驃壯的契丹騎兵根本就不存在。

極富戲劇效果的是，成群結隊的契丹騎兵，舉著火把，說著柴榮聽不懂的契丹語，在柴榮身邊不停地兜圈子。卻沒有一個契丹人敢上前襲擊柴榮。「從官皆恐懼。胡騎連群出其左右，不敢逼。」（《資治通鑑》卷二百九十四）

如果以現有的兵力來看，區區五百人根本就不是這些契丹騎兵的對手。只要他們橫下心解決柴榮，就算柴榮長了三頭六臂，也必然要成為刀下之鬼。可是，契丹騎兵始終不敢越雷池半步。

契丹騎兵之所以不敢貿然行動的原因，肯定不是擔心附近有周軍出沒，騎兵的優勢足以讓他們觀察到附近根本就沒有其他的周軍。唯一可以解釋的原因就是柴榮鐵血好戰的名聲震住了這些契丹人。

五年來，柴榮南征北戰，幾乎每次都戎裝上陣，執刀盾、冒矢石，敢為人先。這樣一頭凶猛的獅子，帶領一群獅子，打遍天下，鮮有敵手。面對這頭鐵血霸道的獅子王，契丹人首先在氣勢上就矮了三分，自然不敢輕舉妄動。

當年高平之戰，樊愛能、何徽等人陣前叛逃，幾乎讓柴榮萬劫不復。後來在壽州城下，柴榮坐在劉仁贍弓箭的射程之內，微笑著讓劉仁贍射死他。這種驚心動魄的生死劫，柴榮經歷得多了，契丹人也沒什麼好怕的。

史書上並沒有詳細提及這場意外邂逅的過程，但柴榮最終安然無恙，契丹人也沒有發動襲擊，或者說是不敢。

最終，在柴榮面無表情的注視下，契丹騎兵舉著火把，無奈地離開了滹沱河岸。火光漸漸遠去，但月光依舊皎然如鏡，清風徐徐，滹沱河水輕輕的流淌……

不是契丹人不想就地解決柴榮，他們實在是沒有這個勇氣，因為他們的敵人是柴榮。一場隨時有可能發生的悲劇，就這樣以喜劇的方式結束了。

天亮之後，柴榮拍拍身上的塵土，揉著惺忪的雙眼，打了幾個哈欠，彷彿昨晚什麼都沒有發生。

此時，趙匡胤率領的部隊已經先期到達了瓦橋關下，這又是一場沒有傷亡的戰爭，因為根本就沒有打。契丹關西巡檢、瓦橋關使姚內斌（避趙弘殷名諱一字）是個聰明人，他不會做拿雞蛋碰石頭的蠢事，趙匡胤一到，立刻投降。

隨後，瓦橋關城門大開，柴榮率著五百侍衛親軍，風一般地衝進了關內。

柴榮對姚內斌的明智很滿意，封他為汝州刺史。善待降將，是柴榮也是許多明君的優點。再者，姚內斌的家眷都被扣在契丹做人質，姚內斌降周，他的家人隨時有可能被殺，所以這也是柴榮對他的一點安慰。

益津關、瓦橋關相繼被周軍拿下，一個最有利的局面，就是將二關之南的鄚州、瀛州與契丹本部的歸路徹底隔斷。在沒有收復鄚、瀛二州之前，柴榮還不宜對幽州發動總攻。另外，其他各路周軍還沒有及時趕到，所以柴榮還要再等等。

至於鄚、瀛二州，主要還是用武力威懾，逼迫他們主動投降。如果不降，再用武力解決他們。雖然鄚、瀛二州不是益津、瓦橋只有五百多守軍的小軍鎮，軍事實力相對較強，但在柴榮的鐵血雄師面前，抵抗已經毫無意義。

四月二十九日，契丹的鄚州刺史劉楚信率先投降。

五月初一，契丹的瀛州刺史高彥暉舉城投降。

乾寧軍、益津關、瓦橋關、鄚州、瀛州守將有一個共同的特點，就是他們都是漢人，至少從名字上來看是這樣。從姚內斌的情況來看，契丹漢人守將的家眷都應該是留在契丹本部扣做人質的，還有就是姚內斌和高彥暉都是幽燕本地人。在這種情況下，他們還是選擇了向柴榮投降，主要還是被周軍的威懾所致。

至此，契丹在關南的三州十七縣悉數落入柴榮的口袋。在後來的宋遼外交史上，「關南」是一個經常出現的地名。所謂關南，實際上就是指瓦橋關以南的原契丹統治區。遼朝對柴榮奪走關南三州念念不忘，經常和宋朝發生關於關南主權的外交戰。

另外插上幾句。宋端拱元年（九八八）二月，宋太宗趙炅給幾個兒子寫信，講述自己平生履歷。趙炅說自己參加了柴榮發動過的所有戰爭：「朕周顯德中，年十六，時江、淮未賓，從昭武皇帝（趙弘殷）南征，屯於揚、泰等州。朕少習弓馬，屢與賊交鋒，賊應弦而踣者甚眾。太祖駐兵六合，聞其事，拊髀大喜。年十八，從周世宗、太祖，下瓦橋關、瀛、鄚等州，亦在行陣。」（《續資治通鑑長編》卷二十九）

趙光義喜歡對別人講自己未經正史證實的經歷，比如金匱之盟，以及他隨從柴榮南征北戰的事蹟。趙光義說自己經常戰勝敵軍，立有戰功，按常理來說，正史如《舊五代史》《資治通鑑》《宋史》都應該有所記載，但這些正史關於趙光義所說的，一個字都找不到。趙光義所說真偽，只有他自己知道了。

得到三關後，柴榮在行政區劃上對新得州縣進行兩點調整：

一、將益津關升為霸州，割鄚州的文安縣、瀛州的大城縣歸屬霸州管轄。由韓令坤任霸州都部署，張鐸為副，率本部兵駐守。

二、將瓦橋關升為雄州，割涿州的歸義縣、容城縣歸屬雄州管轄。以陳思讓任雄州都部署，高懷德為副，率本部兵駐守。

益津和瓦橋二關是中原防禦契丹騎兵南下的軍事重鎮。益津「倚神京之重，控瀛海之阻，作固作屏，東西聯絡」（《讀史方輿紀要．北直二》卷十一），而瓦橋關「地控扼幽、薊」（《讀史方輿紀要．北直三》卷十二），地理位置非常優越。

從契丹的角度來看，益津關和瓦橋關就是契丹南京析津府（即幽州）的南面門戶，二關被周軍奪去，周軍隨時可以發動對幽州的總攻。

柴榮也確實是這麼想的。

五、準備強攻幽州

顯德六年（九五九）五月初二，柴榮在雄州的行宮內設宴，所有隨軍的高級將領都參加了這場宴會。柴榮請大家來喝酒，一方面是慰勞諸將，一路征塵，確是辛苦。另一方面，也是最主要的一點，柴榮會議諸將，商議進取幽州的軍國大事。

柴榮的本意自然是用能將銳兵，強攻幽州，一舉收復幽燕失地。中原漢民族農耕政權要想保住自己的文明，就必得幽燕不可，這是沒有任何商量餘地的。否則，胡騎一日三下，外敵不攘，就沒有一個相當穩定的外部環境來發展內政。

這個道理其實很簡單，但諸將的回答卻讓柴榮大失所望，幾乎在座的高級將領一致反對強攻幽燕：「陛下離京四十二日，兵不血刃，取燕南之地，此不世之功也。今虜騎皆聚幽州之北，未宜深入。」（《資治通鑑》卷二百九十四）從日後趙匡胤對契丹的保守戰略來看，反對攻幽燕的將軍中，肯定有趙匡胤。

柴榮很不高興。柴榮的涵養很好，沒有當場發作，但臉色已經非常難看了。

其實諸將的反對理由並非沒有道理，之前「王師數萬，不亡一矢，而虜界城邑皆迎刃而下」。（《冊府元龜．帝王部．奇表．神武》卷四十四）但並沒有與真正的契丹族軍隊交戰。已經有情報顯示，大批精銳的契丹騎兵即將趕到幽州，準備與周軍決戰。

另外，契丹人已經緊急聯絡了北漢皇帝劉承鈞，劉承鈞和契丹是唇亡齒寒的關係，一旦契丹勢力被逐出幽燕，那麼北漢就將陷入周朝的戰略包圍圈，斷無生路，所以漢軍已經開始向周漢邊境集結。

但在柴榮看來，諸將的理由只是為他們的膽怯找了一個並不完美的藉口而已。契丹人雖強，但也不是百戰百勝，當年李存勖在幽州城下將契丹軍殺得片甲不留，李存勖能做到，柴榮自信也一樣能做到。難道在柴榮手下百煉成鋼的大周雄師還不如李存勖的軍隊？更遑論手下敗兵北漢，自有李重進等人收拾劉承鈞。

雖然諸將百般勸說撤軍，但柴榮就是不聽，他不想錯過這個千載難逢的機會。「機有待之百年而不至者，有居之一日而數至者。待之百年而無可乘之機，則吾未嘗遲之而求於先發；居之一日而機數至，則吾未嘗厭之而怠於必應。」（《何博士備論．宋武帝論》）機會一旦錯過，以後甚至可能百年不遇，柴榮也不知道自己的大周朝還能存在多少年。與其將契丹邊禍貽之子孫，不如親自解決這個問題。後人未必就比他聰明。

柴榮決定了的事情，誰都無法改變。柴榮下令，讓先鋒都指揮使劉重進率兵北上，佔領了固安（今河北固安）。固安位於幽州城南一百二十里，軍事地位非常重要，周軍層層向前推進。

柴榮率主力部隊來到拒馬河的岸邊，因為此次行軍匆忙，所以還沒有來得及搭建浮橋。柴榮立刻讓隨軍工匠和將士們一起動手，搭建簡易浮橋。浮橋不是一天能搭建好。

這時天近傍晚，浮橋還沒有建好，看來今天是過不了河了。柴榮想了想，決定回到瓦橋關休息一夜，明天早上再渡河，然後再與契丹人決戰，收復幽燕。一場事關契丹和漢兩大民族生死存亡的決戰即將打響。

偏偏就在這個時候，柴榮突然生病了。「是夜，帝不豫。」（《舊五代史・周世宗紀六》卷一百一十九）

至於柴榮生的什麼病，史載不詳。不過可以確定不是心臟類的疾病，如果是心臟病突發，柴榮當場就會猝死，何況史料上也沒有記載柴榮有心臟病史。最接近歷史真相的病因，應該是柴榮六年來積勞成疾，身體機能非常差，生病也不是什麼讓人吃驚的事情。

《歷代佛祖通載》給出了柴榮的病因，「病背癰糜潰」。（《歷代佛祖通載》卷十七）就是背上長了一大癰囊，導致柴榮突然生病。但在此之前的史料上，並沒有柴榮患上此疾的記載，難道是突然就長了一個大瘤？非常的奇怪。

早不生病，晚不生病，偏偏在柴榮與契丹人的決戰前夜，他卻病倒了。難道冥冥之中真的有天意？是上天不讓漢民族收復失地，還是擔心柴榮一旦戰敗，聲名塗地，不如給柴榮保全一世英名。這樣想是有些唯心主義，但實在無法解釋柴榮生病的時間，巧合得已經無法用正確思維來理解。

柴榮雖然病了，但這時病情並不嚴重，柴榮以為不過是普通的感冒發燒，沒有太在意。隨軍有醫生，抓幾服藥吃就沒事了。柴榮此時並沒有撤軍的打算，只不過暫時不能北上了，留在瓦橋關休整幾天。周軍的士氣也沒有因為皇帝的生病而受到影響，反而捷報頻傳。

五月初四，義武軍節度使孫行友率所部攻克契丹重鎮易州，生擒契丹的易州刺史李在欽，並將李在欽押赴行營，被柴榮斬首。

五月初五，先鋒都指揮使張藏英在瓦橋關北界大破契丹騎兵，殺傷數百。《舊五代史・周世宗紀六》記載張藏英此戰勝後，攻克固安。

柴榮心情很好，在他眼中，契丹人沒有什麼了不起的。但柴榮同時沒有忘記契丹人的傀儡幫凶劉承鈞，北漢軍雖然還沒有進入周境，但畢竟對柴榮的主力部隊是個威脅。五月初六，柴榮命天平軍節度使李重進率軍西進井陘口（也稱土門關），用刺刀告訴劉承鈞，哪些事能做，哪些事不能做。

捷報很快傳來：二十天後，李重進所部周軍在井陘口大敗一支五千多人的北漢軍，斬首兩千多。許多史籍說劉承鈞在得知柴榮病重回開封後才沒有出兵，其實就算劉承鈞出了兵，結果又能如何？他能打得過柴榮？

李重進戰勝北漢軍的這一天是五月二十五日，而早在此前十七天，也就是五月初八，柴榮病情加重，實在不適合在前線待下去了，柴榮只好長歎數聲，下令撤軍回開封。

柴榮雖然下令回開封，但從他本人的意願上講，他實在不想撤軍。當柴榮南回途中，來到澶州的時候，柴榮在澶州小駐幾日，這很正常。但不正常的是，柴榮居然留在澶州不走了。唯一可以解釋的理由是，柴榮不想回開封，想在澶州把病養好，然後再麾旗北上，直取幽燕。

柴榮知道手下大臣都急著回京，怕他們來騷擾自己，乾脆誰都不見，「宰輔近臣問疾者皆莫得見」。（《卻掃編》卷上）眾人見不到柴榮，人心惶惶不可終日，說什麼閒話的都有。正好駐守澶州的鎮寧軍節度使是柴榮名義上的妹夫張永德，因為這層親戚關係，所以張永德有幸得到了柴榮的召見。

張永德進來後，立刻向柴榮委婉地表達了群臣拜託他轉達的意思：「天下未定，根本空虛，四方諸侯惟幸京師之有變。今澶、汴相去甚邇，不速歸以安人情，顧憚旦夕之勞而遲回於此，如有不可諱，奈宗廟何！」（《俗掃編》卷上）

群臣說的其實有一定道理，五代時期藩鎮作亂如同家常便飯，一旦柴榮不回京師，要是出什麼意外事情，誰敢保證藩鎮中沒有幸亂之徒？所以群臣勸柴榮立刻回京，也不全是貪戀安穩，從政治上考慮，確實值得柴榮考慮。

柴榮聽張永德說完，熟思久之，覺得大家說得沒錯，萬一京師有變，柴榮就無家可歸了。當年劉裕在劉穆之死後，急於回京，也是怕根本有失。柴榮不再和自己擰勁了，下令立刻離開他的發跡之地澶州，於五月三十日，回到開封。

一場極有可能改變近千年中國歷史的、轟轟烈烈的北伐戰爭，就這樣以一種極其意外的方式結束了。

六、北伐成敗淺論

柴榮在即將強攻幽州的關鍵時刻突然病倒，然後含恨撤軍，這場幽州之戰沒有打起來。

一千年以來，史學界關於柴榮北伐，有一個著名的爭論，就是如果柴榮不生病，周軍強攻幽州，勝算幾何？

歷史是無法假設的，已經發生過的事情，無論怎麼假設，結局都無法改變。但歷史研究是可以假設的，通過種種假設，來證明自己的觀點，這是很正常的事情。

一種很著名的觀點就是：柴榮北伐初期，雖然節節勝利，但並沒有遇到契丹軍的主力，連奪三州十七縣的含金量大打折扣。如果遇到真正的契丹主力，柴榮未必能取勝，甚至有可能慘敗，英名掃地。

這種觀點說的並非毫無道理，但要指出的是，這種觀點本身也是建立在假設的推想中的。柴榮如果真的和契丹主力相遇，不能說他就一定能戰勝契丹軍，但難道就一定會失敗嗎？

所有的歷史假設論，其實都是為了證明自己所持觀點最接近於自己認為最有可能出現的局面，而不是百分之百，歷史假設不可能有百分之百的機率。那麼，如果柴榮不生病撤軍，他是否有更大的可能取得對契丹的勝利呢？

至少有三點有利因素可以說明，如果柴榮與契丹主力作戰，勝面是比較大的。當然這也只是假設，不可能作為柴榮必勝的理由。

一、周軍主力部隊的體力消耗問題。這次柴榮北伐，主力部隊從開封出發，基本上走的都是水路。直到益津關才棄舟登陸。而且周軍是武力威懾，逼使契丹守將投降，除了張藏英所部，周軍沒有大規模的戰鬥，體力儲存很好。

二十年後，宋太宗趙光義北伐契丹，最大的失誤就是強行消滅北漢之後，宋軍沒有及時休整，體力耗盡，而且走的還是陸路，體力消耗更大。等宋軍到了幽州城下，已成強弩之末，被以逸待勞的契丹軍迎頭痛擊，遭到慘敗。

二、契丹人的鬥志。分為兩個層面：一是契丹統治決策層的鬥志；二是前線契丹軍人的鬥志。

1. 周朝軍隊轟轟烈烈的北伐，對耶律璟的震動極大。耶律璟是怎麼面對柴榮的，幽州方面向耶律璟急報周軍入侵，耶律璟回答得很有意思：「三關本漢地，今以還漢，何失之有？」（《契丹國志》卷五）雖然耶律璟說的只是關南，並沒有說放棄幽州本部，他甚至準備親征。但還有一條史料值得注意，「契丹聞其親征，君臣恐懼」（《五代史補》卷五），皇帝都對戰爭沒有信心，嚇得六神無主，他的這種怯戰心態明顯會對前線戰事起到負面影響。

2. 駐守幽燕的契丹軍人，也和耶律璟的心態差不多，周軍一到，「凡蕃部之在幽州者，亦連宵遁去」。（《五代史補》卷五）周軍還沒打到幽州，契丹人就已經嚇跑了大半，這樣的軍隊還有什麼戰鬥力可言？

柴榮之所以強行進軍幽州，也有這個原因，「車駕至瓦橋關，探邏是實，甚喜」。（《五代史補》卷五）不僅是幽燕的契丹軍人，就是普通的幽燕人，也被柴榮的氣勢所驚嚇，「京畿人皆震駭，往往遁入西山」。（《遼史·蕭思溫傳》卷七十八）幽燕人心不穩，這是事實。

宋真宗時，起居舍人李宗諤上書，評論柴榮北伐，也足以證明契丹軍的戰鬥力已經被柴榮嚇掉了一大半。「近者，周世宗西取秦、鳳，南平淮甸，北收關南，三數年間，威震天下，契丹屏氣不敢南牧。」（《續資治通鑑長編》卷四十五）

李宗諤同時認為，柴榮之所以能威震契丹，是因為高平之戰的軍事整改，「高平之戰，斬大將何徽、樊愛能數輩耳。繇是將校股慄，知法令必行，無所假貸，人人爭效死力，所向成功」。（《續資治通鑑長編》卷四十五）由於柴榮治軍有方，賞罰分明，人人爭而效死，周軍的戰鬥力遠在萎靡不振的契丹軍之上。

宋人王鞏記載：「前此，自柴世宗畫御河為界，虜未嘗敢犯邊。」《聞見近錄》指的應該是柴榮疏通胡盧河，隨後契丹軍隊被張藏英暴打一事。自此之後，契丹人已經沒有膽量南下了，只能膽戰心驚的祈禱柴榮不要北伐。

三、契丹的幽州統帥蕭思溫。柴榮北伐時，蕭思溫「不知計所出」（《遼史・蕭思溫傳》卷七十八），束手無策。雖然有一部分的契丹守軍踴躍請戰，但蕭思溫沒有同意。蕭思溫不同意出戰，一方面是想等耶律璟御駕親臨；另一方面也產生了怯戰情緒。不然，如何解釋「不知計所出」，這豈是獨當一面的軍事統帥面對強敵時所應該有的表現？

另外，還有一種觀點認為，柴榮北伐太過冒險，一旦兵敗，會引發南方諸國對後周的進攻狂潮，後周政權隨時有可能被消滅。首先，這也是一種假設，即使認為柴榮不撤軍必能取勝是假設，說柴榮兵敗，南方諸國就會滅北周，不也是一種假設？不能用假設的推理來否定假設的推理。

宋真宗趙恆對柴榮北伐時突然生病也感到遺憾，宋景德四年（一〇〇七）七月，趙恆和大臣們談到了這個問題。雖然趙恆囉囉唆唆地講了一大堆柴榮性格急躁的廢話，但重點是這一句：「性雖嚴急，而智算雄武。當時親征，下瀛、鄚，非遇疾班師，則克復幽薊矣。」（《續資治通鑒長編》卷六十六）

作為宋朝皇帝，趙恆顯然不希望柴榮活得太長，否則宋朝就沒有可能出現了。但看趙恆的意思，他希望柴榮能多活一兩年，拿下幽燕再死也不遲。不過他對柴榮北伐是持肯定態度的，他也希望上天能多給柴榮哪怕一年的時間，可惜沒有。

分析一下，假如柴榮在和契丹人的決戰失利或僵持不下，南方諸國有沒有可能進攻後周。九五九年，南方政權計有後蜀（孟昶）、南唐（李璟）、荊南（高保融）、湖南（周行逢）、南漢（劉鋹）、吳越（錢弘俶）、清源軍（留從效）。

在南方的四國三鎮中，和後周接壤的有後蜀、荊南、南唐（湖南與後周邊境極短）。荊南是十國中最弱小的政權，只有三州十七縣之地，指望荊南進攻後周？

這只是個玩笑而已。

本來在與五代對峙的南方政權中，對中原最具威脅的只有前後蜀和楊吳——南唐，但南唐的淮南十四州已經被柴榮奪去，國力已經非常的虛弱。即使南唐願意過江攻周，且不說李璟還沒有實力收復淮南，淮南的周軍可不是軟柿子。更主要的是，誰最不喜歡看到南唐打敗周軍收復淮南？吳越和湖南。

吳越一直被楊吳——南唐限制在浙江，對外已無擴展空間，所以對吳越來說最危險的敵人就是楊吳——南唐。閩國滅亡時，吳越之所以出兵，就是不願看到南唐吞併閩國後，對吳越進行三面合圍。一旦南唐軍渡江北上攻周，吳越肯定第一個跳出來從側翼進攻南唐，阻止南唐收復失地。如果後周被南唐所滅，吳越也必定消失。

湖南的處境和吳越相當，錢弘俶對南唐的態度，也是周行逢的態度。所以，只要南唐攻周，湖南為了自保，也必定會配合吳越，對南唐兩面夾擊，破壞南唐的北伐行動。在這種情況下，南唐不太可能有機會渡江北伐。

如果在此時的南方諸國中，挑出一個對後周最具軍事威脅的政權，應該是後蜀。但如果後蜀趁周軍兵敗契丹之機（假設），出兵攻周，由於秦州被周奪去，沿渭河平原西進已經不太可能。只有兩條路可以走，一是走子午谷攻長安；一是沿漢水谷地攻襄陽。不管是走哪條路線，蜀軍必須在先佔領長安或襄陽後，才能威脅到洛陽和開封。

孟昶曾經在九四七年年底大舉北伐，走的就是子午谷、秦州一線，結果蜀軍大敗。而如果蜀軍走漢水谷地，必然要面對駐鎮襄州的周軍。雖然在顯德五年（九五八）五月，坐鎮襄陽十年、守土有方的山南東道節度使安審琦調任青州，但安審琦的繼任者是誰？向訓！同時向訓還兼任西南面水陸發運招討使。

柴榮調向訓守襄州，明顯就是防備孟昶的。再者，向訓曾經和蜀軍打過交道，對蜀軍比較熟悉，只要孟昶從漢水出兵，向訓自有辦法收拾他。向訓是五代晚期少有的帥才，有向訓在，柴榮大可以放心。

還有就是荊南和前後蜀經常爭奪地盤，在長江上屢次作戰，水戰經驗比較豐富。荊南從高季昌建鎮開始，就一直依附於中原政權，對周邊政權戒心較重，特別是前後蜀。高保融絕對不願看到後蜀滅周，在柴榮北伐的前一年，高保融就上書柴榮，請柴榮批准他率水軍攻蜀。

至於北漢，柴榮早就將北漢圍得密不透風，從北往南依次有義武軍節度使孫行友坐鎮定州、成德軍節度使郭崇坐鎮鎮州、安國軍節度使王仁鎬坐鎮邢州、昭義軍節度使李筠坐鎮潞州、建雄軍節度使楊廷璋坐鎮晉州，黃河西岸還有半獨立的定難軍節度使李彝殷、永安軍節度使折從阮，李重進率重兵進入在北漢邊境。

這些封疆大吏中，郭崇、李筠、王仁鎬、孫行友都算是郭威的嫡系人馬，郭、李、王三人還參與了郭威武力進京奪位行動。楊廷璋是郭威的內弟（楊廷璋的姐姐嫁給郭威），李重進是郭威的外甥，這些人的忠誠度都沒什麼問題，至少在柴榮生前是如此。李彝殷和折從阮出於地緣利益平衡的考慮，也不會坐視北漢強大。再說劉承鈞兵力也有限，折騰不出多大的動靜。

綜合來看，柴榮如果不病，繼續北伐，實在看不出來有多大的失敗可能，當然這個觀點不絕對，只是相對的預測。即使柴榮敗了，周邊敵對政權由於各種牽制原因，也不太可能對周朝產生太大的威脅。再退一步，柴榮北伐慘敗，是否能讓柴榮的地位受到嚴重動搖？可以參見趙光義北伐慘敗後的地位，餘不多言。

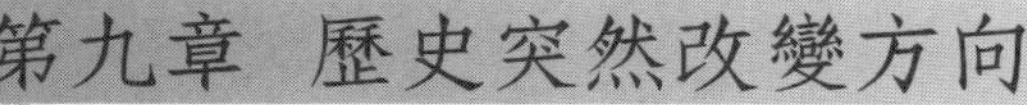

第九章　歷史突然改變方向

一、彌留之際

柴榮雖然病倒了，但他的意識依然清醒。柴榮並沒有意識到他轟轟烈烈的人生很快就會成為歷史，他還在「勤民聽政，旰食宵衣」，處理相關軍政事務。

柴榮在去世之前，處理了兩件藩鎮外交事件，都與南唐有關，而且這也是一個難解的歷史之謎。

割據泉州、漳州的清源軍節度使留從效派遣使者間道來開封，上表柴榮，請求在開封設立進奏院，相當於現在的駐京辦。從正式名分上來說，清源軍屬於南唐管制，但南唐失去淮南後，國力衰弱，留從效認為柴榮極有可能渡江消滅李璟，「金陵已歸皇化，莫不華夷賓服，文軌混同」。（《全唐文》卷八百七十一）所以拋開李璟，提前向柴榮表忠心。

如果換成其他皇帝，很自然地就會接受這份美意，誰不想擴大地盤？但柴榮卻出人意料地婉拒了留從效。柴榮下了一道詔書：

> 江南近服，方務綏懷，卿久奉金陵，未可改圖。若置邸上都，與彼抗衡，受而有之，罪在於朕。卿遠修職貢，足表忠勤，勉事舊君，且宜如故。如此，則於卿篤始終之義，於朕盡柔遠之宜，惟乃通方，諒達予意。（《資治通鑒》卷二百九十四）

柴榮的意思很明白，留從效名義上隸屬於南唐，如果他接受留從效的請求，就等於承認敵對政權也可以對自己屬下的藩鎮進行策反，這是一個很嚴重的政治問題。而且，李璟已經死心塌地臣服於周，讓留從效繼續做李璟的舊臣，清源軍還是間接隸屬於柴榮，沒必要多此一舉。

可能是李璟聞到了什麼異味，派第七子李從善和鍾謨來開封，名義是來進貢，實際上是打聽消息的。柴榮接見了他們，宴間，柴榮突然問鍾謨，江南的軍事守備如何？鍾謨沒明白柴榮的意思，以為柴榮對李璟起了疑心，忙答：「既臣事大國，不敢復爾。」（《資治通鑒》卷二百九十四）

柴榮的回答更加讓人不可捉摸：「不然，向時則為仇敵，今日則為一家，吾與汝國大義已定，保無它虞。然人生難期，至於後世，則事不可知。歸語汝主：可及吾時完城郭，繕甲兵，據守要害，為子孫計。」（《資治通鑒》卷二百九十四）鍾謨稀裡糊塗地聽完了柴榮的指示，回江南後告訴了李璟，李璟立刻按柴榮的意思，擴建金陵，修復城池，增加戍兵，以備不時之戰。

柴榮為什麼要這麼做？他難道願意增加日後渡江統一的難度嗎？或者，柴榮根本就沒有統一的打算？關於柴榮此舉，現在有兩種最主要的觀點：

一、柴榮身染重疾，雄心漸消，對統一已不抱希望。另外，柴榮擔心自己身後，會有人篡權奪位，幾個兒子年齡太小，想用此舉來感化李璟，讓李璟在有可能的時候收留幾個小兒子。

如果柴榮真認為統一無望的話，為什麼只讓南唐修戰備，而對後蜀卻沒有？如果說孟昶和柴榮有仇，難道李璟就會忘記柴榮帶給他的奇恥大辱？一旦後周被人廢掉，柴宗訓能跑到哪去？日後篡位者會把柴宗訓讓給南唐，授人把柄？誰會行此政治自殺之舉？趙匡胤沒有這麼做，換了其他任何人，也不會這麼做。

二、柴榮擔心他死後，中原大亂，契丹出了明主，然後聯合北漢南下進攻中原。需要說明的是，柴榮和李璟、孟昶、錢弘俶等人都是漢人，而契丹人對漢人來說是異族，北漢劉承鈞是沙陀人。從保護漢文明的角度，柴榮提前下了一步棋，讓李璟做好契丹南下的準備。

柴榮當時到底是怎麼想的，無從考究，但第二條卻是柴榮最有可能的想法。柴榮是個漢民族主義者，他要維護周王朝政權的利益，同時更要維護漢民族的整體利益，北伐契丹就是出於這個考慮。現在北伐沒有辦法進行下去了，柴榮只好退而求其次，希望南方各政權能提前做好戰備，為漢文明保留住最後的火種。

除以上兩點之外，應該還有另外一種可能性。南唐本來是南方最強大的政權，但淮南丟掉之後，已經積弱不振。此消彼長，吳越、南漢、湖南的整體實力反而因此與南唐相差無幾。如果南唐繼續衰弱下去，不排除吳越等國突然強大起來，滅掉南唐的可能。

南唐已經沒有可能北上消滅中原政權，但吳越、南漢就不好說了。南唐作為後周在長江南岸的屏障，可以替後周擋住來自吳越、南漢的軍事威脅。如果柴榮有幸病癒，或者死後幼子繼位，誰敢保證吳越、南漢萬一滅掉南唐之後不北伐中原？而契丹、北漢一旦聯兵南下，中原受到南北夾擊，大勢去矣。出於這種深層次的考慮，柴榮希望南唐能保持與吳越、南漢等國的均勢。平衡的權力是最安全的，平衡的國際格局也是最安全的。

也許柴榮對自己的病情還抱有樂觀情緒，病重不意味著一定死亡，在地獄邊上走幾圈然後還陽的例子多了。柴榮也希望自己能夠重新站起來，然後精神抖擻地穿上甲冑，騎上戰馬，揮舞著雪亮的馬刀，迎著新一天的紅日，去征服四海，統一天下。

可惜，柴榮已經沒有機會站起來了，柴榮的病情越來越嚴重，在送走鍾謨等人後，柴榮已經臥床不起了。有這樣一個說法：人在病死之前幾天，會有很強烈的預感，認為自己將死去。柴榮也知道自己實在是撐不下去了，他的偉大一生，行將結束，化成一股雲煙，消失在藍天白雲之上。

柴榮並不懼怕死亡，否則就不會親征上陣了，但現在最讓柴榮擔心的是，繼承人的問題一直沒有解決。趁現在還有一口氣，柴榮要盡快確定好帝國繼承人，他的時間已經不多了。

顯德六年（九五九）六月初九，柴榮拖著病體下詔，立宣懿皇后符氏的妹妹為皇后，正式主持中宮事宜。同時立皇子柴宗訓為梁王，領左衛上將軍，食邑三千戶，實封五百戶。柴宗讓為燕王，領左驍衛上將軍。

柴宗訓是柴榮第四個兒子，前三個兒子（長子柴宜哥，後二子無名）在九年前那場可怕的乾祐政變中，死於劉銖的刀下。之後柴榮又添了四個兒子，柴宗訓雖然此年只有七歲（不到六周歲），但他在這四個兒子中排行最長，所以柴榮已經決定，由柴宗訓繼承大統。

柴宗訓生於周廣順三年（九五三）八月四日，當時柴榮還在鎮寧節度使的任上，所以柴宗訓的出生地是澶州。如果不是柴家人丁不旺，沒有年長的宗室，柴榮想必也不會立柴宗訓。亂世中幼主的下場，柴榮不可能不知道。也許這就是天意，如果不是幼主在位，趙匡胤就沒有機會奪權建宋。

接下來，柴榮要做的，就是對朝廷的核心人事安排進行調整。柴榮的人事調整主要有三個方面：

一、內閣班子。柴榮首先將刀筆吏出身的樞密使魏仁浦擢為宰相。許多人認為魏仁浦不是科舉出身，沒有資格當宰相。柴榮很不高興，駁斥道：「自古用文武才略為輔佐，豈盡由科第邪！」（《資治通鑑》卷二百九十四）柴榮很反感論資排輩這一套，只要是人才，就要重用，何必計較出身。如果凡事都按出身，那衛青一輩子也出不了頭。

魏仁浦入相，為中書侍郎、集賢殿大學士。樞密使改任宣徽南院使吳廷祚，但魏仁浦和另外兩個宰相范質、王溥「參知樞密院事」。柴榮這麼安排，其實是大有深意的，意在分權，盡量避免權臣專權的局面出現。

五代以來，「樞密使參預朝政，始與宰相分權矣。降及五代，改用士人。樞密使皆天子腹心之臣，日與議軍國大事，其權重於宰相」（《文獻通考·職官考四》卷五十）引司馬光奏疏。要論級別，宰相高於樞密使，但要論權力，樞密使則高於宰相。

柴榮將魏仁浦調出樞密院，是擔心魏仁浦權力過重。由吳廷祚接任樞密使，又擔心吳廷祚由此坐大，所以讓范質和王溥，以及魏仁浦參與樞密院事，就是讓四人互相牽制，平衡最高權力。四人皆是文職出身，在軍界沒有自己的勢力，所以在柴榮看來，四人執掌樞密院最為可靠。

二、藩鎮長官進行調換。這次藩鎮長官調整主要涉及了兩個地方：駐京兆的永興軍、駐鳳翔的鳳翔軍。永興軍節度使王彥超改任鳳翔軍節度使，而原駐青州的平盧軍節度使李洪義則接替王彥超在永興軍的職務，同時兼任京兆府尹。

柴榮這個人事安排，明顯是在防備後蜀孟昶。柴榮不敢保證他死後，孟昶不會出兵北伐，所以提前布局。鳳翔是周朝的西面門戶，絕對不容有失，而王彥超又是猛將，柴榮相信他對付得了孟昶。

另外，萬一王彥超在政治上靠不住，王彥超在永興軍已經任職三年，難免不會培養出自己的心腹勢力。柴榮將王彥超調到鳳翔，一方面借他之才防禦孟昶；另一方面王彥超在鳳翔沒有什麼根基，即使王彥超叛變，他也指揮不動鳳翔的本地軍官。

李洪義是後漢李太后的弟弟，劉承祐的舅舅，不過李洪義在郭威起兵之初就投降了，郭威待他也不薄。李洪義的哥哥李洪信曾經接任過京兆尹，但那已是五年前的舊事了，在京兆應該沒有多少舊部了，所以柴榮敢放心地讓李洪義主政關中軍政。

三、是最為重要的一點，也恰恰是改變近千年中國歷史的一個調整，就是殿前侍衛親軍的主官人選。殿前侍衛親軍是周朝最精銳的一支部隊，戰鬥力極強，誰掌握了殿前侍衛親軍，誰就最有機會篡位。

此時的禁軍最高軍事長官是殿前都點檢張永德，如果按親戚關係來說，張永德是郭威的女婿，也是柴榮名義上的妹夫，二人關係也算不錯。但柴榮卻有些信不過張永德，原因是張永德的能力、名望，甚至是軍界勢力，都是讓柴榮極不放心的。

張永德是周朝近親，出道又早，官位很高，迄周朝一代，張永德始終處在官場的一線。早在顯德三年，張永德就已經調任殿前都點檢了。掌握禁軍三年，張永德在禁軍中的親信故舊非常多，人脈很廣，一旦張永德在柴榮死後起異心，近水樓臺先得月，沒有誰能制服張永德。

柴榮為了保住柴宗訓的帝位，決定拿下張永德，另換他人。「澶州節度使兼殿前都點檢、駙馬都尉張永德落軍職，加檢校太尉、同平章事。」（《舊五代史・周世宗紀六》卷一百一十九）柴榮給了張永德一堆名譽頭銜，卻將張永德從禁軍趕了出去。不知道張永德對此有什麼想法，心裡應該是非常不滿的。

至於新任殿前都點檢，柴榮選擇了時任殿前都指揮使的趙匡胤。柴榮為什麼看上了趙匡胤？這是一個非常讓人難以理解的歷史之謎。如果說張永德在禁軍勢力盤根錯節，那麼趙匡胤在柴榮即位之後就進入禁軍任職，在軍界中下層軍官中人脈很廣泛。柴榮擔心張永德，卻不擔心趙匡胤？

柴榮敢用趙匡胤的原因，只能有一個，他對趙匡胤的信任度要超過張永德。張永德雖然和柴榮有親戚關係，但張永德早在柴榮即位之初就已經身居高位，在政治上不算是柴榮的嫡系。而趙匡胤可以說是柴榮一手提拔起來的，視若心腹。

柴榮相信趙匡胤對自己忠心耿耿，不會背叛他。但柴榮卻忘記了一點，人的忠與不忠，是相對性的，而且人對某件事物的態度會隨著環境的變化而發生變化。一旦人處在了一個特別敏感的位置上，有些事情是由不得他不做的。

韓非子說過：「立尺材於高山之上，下臨千仞之谿，材非長也，位高也。桀為天子，能制天下，非賢也，勢重也；堯為匹夫，不能正三家，非不肖也，位卑也。千鈞得船則浮，錙銖失船則沉。非千鈞輕而錙銖重也，有勢之與無勢也。」（《韓非子·功名》卷二十八）

亂世立幼主，非常容易發生權臣奪位的政變，柴榮應該知道這一點。他立柴宗訓為儲君，實在是個失招，不要說趙匡胤處在這個敏感位置上有了想法，任何人處在這個位置上都會有想法，包括張永德、李重進、李筠、韓通這些周朝近臣。

如果柴榮想保住周朝的國祚，一個最穩妥的辦法就是傳位於張永德或李重進，特別是張永德最合適。雖然張永德論年齡比柴榮小八歲，但當時張永德也已經三十二歲了。而且張永德為人持重老成，做人做事比李重進更穩重。

如果柴榮能讓張永德以皇弟的身分繼位，甚至將張永德改姓郭，如此一來，張永德繼位後，絕對不敢擅自更改國號，更不敢對柴宗訓等人下手。當年李嗣源就演過這一幕，李克用養子的身分，決定了李嗣源不敢改弦更張，否則就是不孝不義，還如何面對天下人？

柴榮從郭威手上接過帝位，卻沒有因時制宜，為周朝做長遠考慮，而是立自己的幼子為帝，確實是私心過重了。歷史，就在柴榮的一念之間，發生了極為重大的改變。

二、遺恨千古

幾乎是拼盡最後一口氣，柴榮終於安排完了後事。

他知道，自己開創的這個偉大時代，就要結束了。

顯德六年（九五九）六月十九日，柴榮病情出現了嚴重惡化，眼看著大限就要到了。柴榮在人生的最後一刻，急命范質、王溥、魏仁浦等人立刻進宮，接受遺命。范質等人知道皇帝一定有極為重要的事情，急忙進了宮，跪在柴榮的榻前。

讓在場所有人都沒有想到的是，柴榮的遺囑居然是「王著藩邸故人，朕若不起，當相之」。（《資治通鑑》卷二百九十四）王著是什麼樣的人，范質非常清楚，此公嗜酒如命，每天喝得爛醉。僅僅因為王著是柴榮的藩邸舊吏，柴榮就要讓王著當宰相，簡直就是拿國事當兒戲。

范質等人沒敢當面頂撞柴榮，退出來後，幾個人聚在一起商議：「著終日遊醉鄉，豈堪為相！慎毋泄此言。」（《資治通鑑》卷二百九十四）雖然有柴榮的遺命，但柴榮死後，內閣如何安排人事，柴榮已經管不到了。死人是永遠拿活人沒辦法的。

范質出宮之後，柴榮身邊究竟還留下哪些人，史籍無載，但最合理的推測是：剛剛被冊封不久的小符皇后帶著四個兒子柴宗訓、柴宗讓、柴宗謹、柴宗誨，站在柴榮的榻前，望著在榻上昏迷不醒的丈夫，輕輕的抽泣。

四個孩子還小，最年長的柴宗訓也只有七歲，他們不懂得什麼是生死離別，他們更不會想到，僅僅半年後，他們將遭遇到何等可怕的噩夢。現在，父親躺在榻上，無聲無息地睡著。父親再也不能微笑著抱起他們玩耍，再也不能教他們讀書識字。年幼的孩子們只是聽母后說，父皇睡著了，永遠不會再醒來。

永遠有多遠，沒有人知道。

柴榮太累了，六年征戰勞苦，很少有時間休息，操勞過度，最終一病不起，遂成千古遺恨。在他的人生即將達到頂峰時刻，命運給柴榮，以及中國歷史開了一個苦澀的玩笑。

這個不應該出現的玩笑，直接葬送掉了一個幾乎可以媲美文景之治、貞觀之治、開元盛世的偉大時代，直接改寫了中國近一千年的歷史。從此，漢民族崇文廢武，血性越來越少，漢唐以來奔放大氣的民族性格不再出現，取而代之的是內斂保守。當一個民族失去了對外開拓的血性和霸氣，在歷史的泥沼中不斷沉淪，等待這個民族的，只有毀滅。近千年來，漢民族的數次亡天下，已經證明這一點。

從漢民族自身的生存角度講，真正影響近千年歷史的關鍵人物，並不是趙匡胤，而是柴榮。柴榮的死對近千年歷史才是最具影響性的，柴榮不死，趙匡胤兵權奪位的可能性，是零。

無法理解為什麼命運之神偏偏在這個時刻改變了中國歷史發展的方向，哪怕再多給柴榮五年時間，他也有足夠的能量改變歷史。柴榮在他短短五年半的鐵血生涯中，幾乎戰勝了所有的敵人，卻唯獨沒有戰勝命運。這是天意！

是的，這是天意！上蒼不想讓漢民族過早地繼隋唐之後實現第三次偉大復興。於是……英雄死了。

五代後周顯德六年（九五九）六月十九日的某一個時刻，東京開封府的大內萬歲殿（周世宗顯德六年十二月，改內萬歲殿爲紫宸殿），三十九歲的柴榮含恨離開了他眷戀不已的人間，去了另一個世界，永遠的離開。

《五代史補》記載了一則柴榮的軼事：

世宗志在四方，常恐運祚速而功業不就，以王朴精究術數，一旦從容問之曰：「朕當得幾年？」對曰：「陛下用心以蒼生為念，天高聽卑，自當蒙福。臣固陋，輒以所學推之，三十年後非所知也。」世宗喜曰：「若如卿言，寡人當以十年開拓天下，十年養百姓，十年致太平，足矣。」其後自瓦橋關，未到關而晏駕，計在位止及五年餘六個月。五六乃三十之數，蓋樸婉而言之。（《五代史補》卷五）

十年開拓天下，十年養百姓，十年致太平。這是何等的豪邁霸氣，這是一個有擔當的偉大男人向歷史做出的莊嚴承諾。

可惜，歷史並沒有給柴榮三十年的時間，他在位僅僅五年半。太短了，真的太短了。屬於英雄的鐵血時代，結束了。

而下一個屬於英雄，或者說屬於漢人的鐵血時代，等待卻是那麼的漫長。柴榮死後三百六十九年，一個男嬰誕生在淮河岸邊一戶貧窮的農民家庭，柴榮死後四百零九年，這個出身赤貧、當過和尚、討過飯的男人親手開創了另一個偉大的鐵血時代。他的名字叫朱元璋。

這是一個誰都沒有想到的結局。也許如宋人所說，周世宗不承天命，這是天意。人定勝天？恐怕未必。否則如何解釋柴榮之死？

依照柴榮的遺詔，第二天，也就是六月二十日，七歲的梁王柴宗訓在群臣的擁戴下，「於柩前即皇帝位」。（《舊五代史．周世宗紀六》卷一百一十九）在群臣萬歲的山呼聲中，剛剛哭完父皇的柴宗訓面色惶恐地坐在殿上，有些不知所措。七歲的年齡，只懂得開心的玩耍，盡情享受著快樂的童年。可父親英年早逝，過早的把柴宗訓推上了風口浪尖，這是柴榮的不幸，也是柴宗訓的不幸。好在身邊還有一些公忠體國的大臣，有些事情不必柴宗訓操心，他們自會處理。在朝臣們的安排下，舉行完即位大典後，柴宗訓正式對外宣布先皇帝駕崩的噩耗，「中外發哀」。（《舊五代史．周世宗紀六》卷一百一十九）

由於柴榮愛民如親，除了少數特權階層沒有得到柴榮的照顧，中下階層得到柴榮的照顧最多。所以當大皇帝駕崩的噩耗傳遍天下時，許多人都淚流滿面，號啕痛哭，「登遐之日，遠邇哀慕焉」。（《資治通鑑》卷二百九十四）他們無法理解，這樣一個愛民的好皇帝，老天為什麼不能容他！

柴榮在位只有短短的五年半，由於他待人誠懇，常常推己及人，很得人心。范質自不必說，他是柴榮的嫡系，趙匡胤也說范質「但欠世宗一死」。（《宋史．范質傳》卷二百四十九）李筠醉酒哭拜周太祖，郭崇「常感周室恩遇，時常泣下」。（《宋史．郭崇傳》卷二百五十五）

《國老談苑》還記載了一個非常傷感的故事。趙匡胤兵變建立宋朝後，有一次他請翰林學士王著喝酒。王著和柴榮的私交非常好，本來柴榮想讓他入中樞的，但被范質等人阻撓。

王著對趙匡胤當皇帝並不心服，當著趙匡胤的面，王著喝醉了。以前柴榮在世的時候，也經常請王著喝酒，二人私交極好。現在柴榮不在了，坐在上面的是趙匡胤，王著似有恍如隔世之感。他非常懷念當年和柴榮一起醉酒大笑的場面，王著越想越難過。

王著借著酒醉，拍桌子砸碗，吵鬧不止。趙匡胤心胸還算開闊，「以前朝學士，優容之，令扶以出」。（《國老談苑》卷一）王著做出了一個非常讓人震驚的舉動，他不僅不肯離開，反而踉踉蹌蹌地來到趙匡胤面前，以袖掩面，號啕痛哭，淚流滿面。趙匡胤面無表情地看著王著，他知道王著心裡在想什麼。後來王著被左右強行拉了出來，「拽之而去」。（《國老談苑》卷一）

第二天，有人向趙匡胤彙報：「王著逼宮門大慟，思念世宗。」（《國老談苑》卷一）趙匡胤當然知道，王著就是有意給自己難堪的。但趙匡胤卻笑著說：「此酒徒也，在世宗幕府，吾所素諳，況一書生，雖哭世宗，能何為也？」（《國老談苑》卷一）王著當然沒有能力把趙匡胤怎麼樣，但王著的反應，從一個側面說明了柴榮得人心。

不僅他們想不通，歷史也無法解釋，這一切，究竟是為什麼？

公道自在人心，柴榮是個什麼樣的人，老百姓心裡已經有了答案。歷史，應該還給柴榮一個公道。柴榮的偉大，已經不用再多說什麼。有些人用了幾十年也無法證明自己的偉大，但柴榮僅僅用了五年半，這是何等的壯懷激烈！

大皇帝已經駕崩了，無論身後功罪如何定評，這一切，都已經與柴榮無關了。

他去了一個本不該這麼早就去的寒冷冥暗世界……

那裡，是否有旌旗獵獵？

那裡，是否有長劍霜影？

那裡，是否有烈馬奔騰？

永遠不會有人知道。

柴榮死後，八月，翰林學士竇儼擬定了大行皇帝的諡號：「睿武孝文皇帝」，廟號是世宗，所以後世就稱呼柴榮為周世宗。

十一月初一，朝廷正式將世宗睿武孝文皇帝下葬於慶陵，位於今河南省新鄭市郭店鎮陵上村。慶陵與周太祖皇帝郭威的嵩陵相隔不遠，柴榮第一個皇后符氏的陵墓也在這裡。地下的柴榮並不寂寞。

慶陵，周世宗睿武孝文皇帝陛下的最終歸宿。

蒼天大地，草長鶯飛，日落月升，晨露晚霜，秋雨冬雪。

當年何等英雄意氣的柴榮，漸漸地，變成了一具塚中枯骨。

嗚呼！古人做事無巨細，寂寞豪華皆有意；書生輕議塚中人，塚中笑爾書生氣！

三、短暫的幼主時代

屬於柴宗訓的時代開始了，雖然僅有半年的時間。

首先是人事安排上的調整，主要對藩鎮大員們進行對調：

長官	原任節度	現任節度	現任節度駐地	兼任禁軍軍職
向拱（向拱，即向訓，爲避柴宗訓的名諱，改「訓」爲「拱」。）	山南東道	西京留守	洛陽	
王仁鎬	安國軍	山南東道	襄州（今湖北襄陽）	
袁彥	彰信軍	保義軍	陝州（今河南三門峽）	侍衛步軍都指揮使
李繼勳	權知邢州	安國軍（轉正）	邢州（今河北邢台）	
陳思讓	義成留後	橫海軍	滄州（今河北滄州）	侍衛步軍都指揮使
高懷德	嶽州防禦使	江寧軍（遙領）	侍衛馬軍都指揮使	
張令鐸（張令鐸本名張鐸，與護國軍節度使張鐸同名。爲了避免混淆，張令鐸加了一個「令」字，以示與另一個張鐸的區別。）	常州防禦使（遙領）	遂州（遙領）	侍衛步軍都指揮使	
石守信	江州防禦使	義成軍	滑州	殿前司都指揮使
慕容延釗	淮南道	鎮寧軍	澶州	殿前司副都點檢
李重進	天平軍	淮南道	揚州	侍衛馬步軍都指揮使
韓通	歸德軍	天平軍	鄆州	侍衛親軍馬步軍副都指揮使
張永德	鎮寧軍	忠武軍	許州（今河南許昌）	
趙匡胤	忠武軍	歸德軍	宋州（今河南商丘）	殿前司都點檢

這次大規模軍界高官的調動，自然不是柴宗訓的主意，七歲孩子哪懂得這些，都是范質、王溥、魏仁溥三位宰相的安排。朝廷很注意防範藩鎮在一個地方駐守時間太長，容易在當地培養出自己的勢力，然後謀反叛亂。

誰都沒有想到，一場改變了歷史的重大兵變，卻發生在他們的身邊。因為有些大員雖然也領外鎮節度，但凡是兼有軍職的，基本上都不在外地任上，而是留在京師。特別是趙匡胤，他是禁軍總帥，更不可能離開京師，去宋州赴任。

除了以上這些人事調動外，在顯德六年下半年的周朝各地藩鎮節度使也列了個表：

長官	現任節度	駐地
符彥卿	天雄軍	魏州（今河北大名）
王景	雄武軍	秦州（今甘肅天水）
郭從義	武寧軍	徐州
李筠	昭義軍	潞州
武行德	保大軍	鄜州
李洪義	永興軍	京兆
王彥超	鳳翔軍	鳳翔
郭崇	成德軍	鎮州
楊信	忠正軍	壽州

劉重進	靜難軍	邠州
趙贊	保信軍	廬州
宋偓	武勝軍	鄧州（今河南鄧縣）
白重贊	彰義軍	涇州
張鐸	護國軍	河中府（今山西永濟）
孫行友	義武軍	定州
馮繼業	朔方道	靈州（今寧夏靈武），半獨立
李萬全	彰武軍	延州（今陝西延安）

這些不兼禁軍職務的藩鎮才是真正意義上的外藩，如果地方上發生武裝叛亂，他們才是真正需要防範的目標。這些藩鎮手上只有地方軍隊，也就是鄉兵，但自柴榮對軍隊的整改之後，地方軍的實力遠遠遜於禁軍。

地方軍武裝叛亂，自有禁軍去收拾他們。但如果禁軍發生兵變，誰來制衡他們？就像明太祖朱元璋和皇太孫朱允炆關於親王帶兵的爭論。朱元璋賦予諸王兵權，防禦外敵。朱允炆認為不妥，他反問皇爺爺：「虜不靖，諸王禦之。諸王不靖，孰禦之？」（《明史竊》卷三）

如果王朴還在，以他對軍政事務的洞察，他不會本末倒置，把主意打在這些軍事實力相對較弱的藩鎮頭上。對朱允炆來說，他最大的潛在敵人是那些領兵的皇叔，而對後周政權來說，最大的威脅就是這些禁軍高級將領是否忠誠，一旦他們變起肘腋，沒有人對付得了他們。

為什麼趙匡胤兵變奪位後，地方上只有李筠、李重進憤而反抗，其他人都臣服於趙匡胤，並不是因為他們對趙匡胤有多麼敬服，而是因為他們的軍隊不足以對付趙匡胤。至於蘇轍所說「老將大校多歸心者」（《龍川別志》卷上），只是宋人對趙匡胤建國過程中的美化，不足為信。

不要說什麼老將不服趙匡胤，就是一些中低將領也不服他。趙匡胤兵變入城後，「祗候班喬、陸二卒長率眾拒於南門，乃入自北，解衣折箭，誓不殺。咸義不臣宋，自縊」。（《香祖筆記》卷九）在後周官場上，不服趙匡胤的大有人在，不算李筠和李重進，還有范質、郭崇、王著、王彥超、董遵誨、袁彥、韓通等人。

當時趙匡胤的影響主要還是在禁軍中的那個小圈子中，出了這個圈子，沒有誰服趙匡胤。李重進武裝反抗時，趙匡胤幾乎是席捲了朝中百官，帶著他們去討伐李重進的。如果不是擔心這些高級官員留在京中會生變，趙匡胤何必把他們帶在身邊？說白了，就是他們對趙匡胤口服心不服。

至於宋人所說「淮南之役，今上（趙匡胤）之功居最」。（《舊五代史・周世宗紀五》卷一百一十八）也只是宋朝史官對趙匡胤的吹捧。如果趙匡胤功勞最大，那柴榮算是做什麼的？打醬油的？

就算拋開柴榮的皇帝身分，征淮南期間，柴榮披堅執銳，與前線將士一起拼殺，柴榮的功勞大不大？在一些宋人的筆下，柴榮在淮南期間什麼都沒做，只做一件事，就是楚州「屠城」，而功勞全成宋太祖的了。

如果按這些宋人的邏輯，那宋軍滅後蜀、滅南漢、滅南唐的功勞豈不是和趙匡胤一點關係也沒有？在消滅這些割據勢力的時候，趙匡胤一次也沒有親征。趙匡胤稱帝後唯一的一次親征北漢（不算親征李重進），也弄得虎頭蛇尾，好不狼狽。

趙匡胤兵變奪位，完全是佔了禁軍的便宜，如果他和李重進調換位置，趙匡胤就算有通天的本事，他也沒有任何機會建立屬於自己的天下。這是天意。

四、殿前都點檢趙匡胤

柴榮去世之前，廢掉張永德，換上趙匡胤任殿前都點檢，主掌禁軍，此舉稍微有些意外。也許，連趙匡胤本人都沒有想到，柴榮會把天下軍國之重任託付給他。

趙匡胤究竟是一個什麼樣的人？

後唐明宗天成二年（九二七）二月十六日，趙匡胤出生於後唐國都洛陽的夾馬營中，父親趙弘殷，母親杜夫人。趙匡胤並不是家中的老大，杜夫人共生有五子三女。五個兒子按長幼順序分別是：趙匡濟、趙匡胤、趙匡義、趙匡美、趙匡贊。趙匡濟死得早，在歷史上沒有留下什麼痕跡。

關於趙匡胤的出生，有這麼一則非常著名的傳奇故事，據宋人王禹偁《五代史補》記載：

> 唐明宗李嗣源出自沙陀，老於戰陳，即位之歲，年已六旬，純厚仁慈，本乎天性。每夕宮中焚香，仰天禱祝云：「某蕃人也，遇世亂，為眾推戴，事不獲已。願上天早生聖人，與百姓為主。」

也許是李嗣源愛民斯切的真誠感動了上蒼，就在他所在的洛陽城中，禁軍將領趙弘殷的夫人產下了一個男嬰，就是趙匡胤。

這個故事的真實性其實不必懷疑，李嗣源為人寬厚，這種焚香祈禱的事情，他是完全可以做出來的。李嗣源對自已統一天下根本不抱希望，所以他希望上蒼能降下一個聖人，剪平亂世，重建盛世。合久必分，分久必合，亂世遲早是要結束的，只是這個結束亂世的「聖人」恰好是趙匡胤，純屬巧合。更何況，趙匡胤之前，還有一個更有資格做「聖人」的柴榮，可惜，歷史沒有選擇柴榮。

至於趙匡胤出生時「赤光繞室，異香經宿不散。體有金色，三日不變」。（《宋史‧太祖紀一》卷一）這只是宋朝史家對本朝太祖廉價的阿諛奉承，不信也罷。但趙匡胤「既長，容貌雄，器度豁如，識者知其非常人。學騎射，輒出人上」。（《宋史‧太祖紀一》卷一）這句記載卻是真實的，沒有幾把刷子，趙匡胤也不可能從強手林立的軍界中殺出來，位極人臣。

趙匡胤生在亂世，而且他又沒有走科舉入仕的道路，所以要想出人頭地，擺在趙匡胤面前唯一的選擇，就是參軍，靠一身好武藝搏來功名富貴。雖然趙弘殷是軍界高官，但他並沒有給趙匡胤提供多少便利，趙匡胤在軍界的功名，主要還是靠趙匡胤本人在血海戰陣中拼殺出來的。

高平之戰，樊愛能、何徽臨陣逃竄，柴榮幾陷於萬劫不復，是趙匡胤和馬仁瑀等人奮勇拼殺，加上柴榮臨危不亂，這才轉敗為勝。此戰後，趙匡胤被封為殿前都虞侯，這個軍職僅次於殿前司的正、副都指揮使，級別並不低。

柴榮似乎就對趙匡胤有所偏愛，每次親征大戰，他都將趙匡胤帶在身邊，給了趙匡胤很多出鋒頭的機會。趙匡胤之所以能出人頭地，一是他確實能力出眾；二也有賴於柴榮的刻意栽培。這個世界上最不缺的就是千里馬，要多少都有，但最缺的卻是伯樂，沒有伯樂，千里馬永遠出不了頭。

柴榮駕崩前，對殿前司進行了人事調整，張永德下，趙匡胤上。張永德是周朝的至親，柴榮都對他放心不下，卻用了一個沒有任何親屬關係的趙匡胤，原因無非是柴榮視趙匡胤為嫡系心腹。柴榮相信趙匡胤對自己忠心耿耿，對幼主柴宗訓同樣也會忠心不貳。和周朝有親屬關係的高層將領有張永德、李重進、曹彬、楊廷璋，柴榮全都沒有選擇，唯獨選擇了趙匡胤。不是柴榮信得過趙匡胤，他怎麼敢把軍權交給趙匡胤？

不知道柴榮在死前，是否單獨召見過趙匡胤，將幾個年幼不懂事的兒子託付給他最信得過的趙匡胤。但如此重要的人事安排，柴榮不可能不召見趙匡胤託孤。場面無非是：柴榮淚流滿面地指著幾個年幼的兒子，說朕將遠去，餘子孤弱，賴卿成全柴氏血脈。趙匡胤跪在地上大表忠心，說臣必肝腦塗地，誓死保護幼主云云。至於他心裡在想什麼，只有他自己知道了。

柴榮剛死時，趙匡胤未必就有推翻柴宗訓取而代之的計畫，即使有，趙匡胤也不會立即動手。原因有二：

一、軍權和相權的互相制衡。殿前都點檢雖然是中央禁軍的最高軍事長官，但他只有帶兵之權，沒有調兵之權，調兵權在樞密院。沒有樞密院的調令，殿前司也無法調動軍隊。

二、柴榮甫崩，趙匡胤兵變奪位，會陷自己於不義。失敗不要緊，下次再努力，但名聲一旦臭遍天下，自己的負面形象將很難扭轉過來。

趙匡胤站在殿前，看著殿上坐著的柴宗訓，想必是非常的不服。如果是柴榮坐在上面，趙匡胤絕對不敢有半點非分之想，老老實實做他的將軍。現在柴榮死了，柴宗訓不懂事，對距皇位只有一步之遙的趙匡胤來說，他不可能在半年的時間裡不動窺伺之心。人的心態是會隨著環境的變化而變化的，趙匡胤也不會例外。

出於避諱的原因，宋朝史官不敢寫趙匡胤有預謀發動兵變奪位的細節，只是將趙匡胤背叛柴榮的行為全都推到軍隊頭上，說是「六軍擁戴」，強迫趙匡胤當皇帝。

即使禁軍願意推戴趙匡胤稱帝，也絕對不可能在兵變當天才達成共識。首先，趙匡胤雖然主掌禁軍，但禁軍派系林立，趙匡胤雖然在禁軍人脈很廣，但如果不事前做好對高級將領的思想工作，誰敢保證到時他們就一定聽趙匡胤的？這不符合人之常情。

其次，從趙匡胤「杯酒釋兵權」來看，解除藩鎮軍權不是趙匡胤突然做出的決定，而是對五代將強君弱的格局深有體會。如果趙匡胤想拉攏這些高級將領的話，就絕不可能在當時就提出這個構想。所以，趙匡胤必然在暗中給這些高級將領許下了什麼非常誘人的承諾，人都是利益動物，無利不起早，沒油水可撈，誰還會跟趙匡胤蹚這個渾水？萬一事敗，不但人頭落地，九族都要陪著上法場。

「宋初諸將，率奮自草野，出身戎行，雖盜賊無賴，亦廁其間，與屠狗販繒者何以異哉？及見於用，皆能卓卓自樹，由禦之得其道也。」（《宋史》卷二百七十五《史臣論》）五代宋初，凡是出身草莽的軍爺，手腳都不太乾淨，趙匡胤不以重利相誘，他們肯擁戴趙匡胤？誰信！不要說趙匡胤，就是柴榮對軍隊進行整改後，有些將領背著柴榮，依然剽掠民間，惡習難改。

宋朝建立後，一些高級將領屢屢犯法，強搶民女，掠人錢財，甚至搞大屠殺，趙匡胤從無一例追究，這就很能說明問題。這倒不是說趙匡胤有意縱容他們，而是趙匡胤也有難言之隱，他是這些將領擁戴上臺的，所以他不能做自毀根基的事情。要做到這兩點，趙匡胤最需要什麼？時間！如果趙匡胤在兵變當天再對這些將領做說服工作，根本就來不及。宋人說趙匡胤是被強迫當皇帝的，不足採信。

兵變計畫定下來後，接下來要做的，就是創造機會。前面講過，殿前司無調兵權，如果趙匡胤調不出軍隊，還拿什麼發動兵變？所以，趙匡胤最主要的對手，就是執掌樞密院的那三位宰相：范質、王溥、魏仁浦。

趙匡胤在軍界，宰相在政界，平時往來不是很多，關係應該不是特別密切，否則兵變之時，范質也不會嚇得失態。趙匡胤在政界幾乎沒有根基可言，有一段史料可以證明這個觀點，「太祖有天下，凡五代之臣，無不以恩信結之，既以安其反側，亦藉其威力，以鎮撫四方」。（《宋史》卷二百七十一《史臣論》）特別是「安其反側」這句，說白了，就是趙匡胤兵變取天下，高層文官集團不服他。

有種說法，說宰相之一的王溥暗中與趙匡胤勾結，支持趙匡胤發動兵變。比如蘇轍就說「雖宰相王溥，亦陰效誠款」（《龍川別志》卷上。如果王溥真的參與了兵變計畫，那讓人費解的是，宋朝建立後，王溥並沒有受到重用，反而在宋乾德二年（九六四）罷相，這年王溥只有四十二歲，遠沒有到退居二線的年齡。王溥果真參與了趙匡胤的兵變行動，像這樣重大的擁戴之功，《宋史・王溥傳》卻一字未提。另一個宰相魏仁浦，其宋史本傳也不見與趙匡胤兵變有關的一個字。

趙匡胤與高級文官暗中合作的可能性基本被排除，剩下的，就是選擇一個合適的時機，把軍隊弄到手，然後……做皇帝。

五、千秋疑案陳橋驛，一著黃袍便罷兵

《汴梁雜詩》

清・查慎行

梁宋遺墟指汴京，紛紛禪代事何輕。
也知光義難為弟，不及朱三尚有兄。
將帥權傾皆易姓，英雄時至忽成名。
千秋疑案陳橋驛，一著黃袍遂罷兵。

顯德七年（九六〇）正月初一，與契丹接壤的鎮州和定州突然遞給朝廷一封急報。軍報上說大事不好，契丹人發兵大舉南下，同時契丹的盟友北漢，也自土門關東下，準備與契丹合兵，共同南犯。

消息傳到朝廷，所有人都驚慌失措，契丹人一定是趁世宗皇帝駕崩，主少國疑之際，出兵來報去年世宗北伐之仇。沒有人懷疑這份軍報的真實性，宰相們緊急商議，其實也沒什麼好商議的，出兵禦敵就是了。

朝中名將很多，但最有資格率軍出征的只有兩個人：一、張永德。二、趙匡胤。張永德已經被柴榮逐出軍界，自然只有趙匡胤能擔此重任了。宰相們決定，立刻以小皇帝的名義下詔，派遣殿前都點檢趙匡胤率禁軍離京北上。

契丹人真的出兵了嗎？

凡是宋人編著的史書中，無一例外都出現了契丹聯合北漢南下侵犯的記載，如《宋史》《舊五代史》《新五代史》《續資治通鑑》《涑水記聞》《續資治通鑑長編》等。雖然《契丹國志》也記載了契丹出兵，但該書的著者葉隆禮卻是宋人。

從利益角度看，宋人自然會記載對自己有利的，用利益排除法來衡量，這些記載都不太可信。打個比方，甲把乙告上了法院，說乙侵害了自己的利益，然後乙拿出無數件證據，來證明自己無罪。難道法官會直接相信乙的自辯？以乙提供的證據來證明乙無罪？當然不可以這樣。

來看看出兵南下的遼朝官方史料，契丹發兵南下這樣的重大軍事行動，居然在《遼史・穆宗紀》中找不到一字記載。契丹有許多對中原政權的軍事行動，《遼史》均有記載，而且可以和其他史料相印證，唯獨這次沒有。巧合？誰信！《遼史・穆宗紀》在應曆十年（九六〇）正月，唯一一次與趙匡胤的有關的記載，就是「周殿前都點檢趙匡胤廢周自立，建國號宋」。（《遼史・穆宗紀》卷六）

答案不用說了，誰都知道這次契丹出兵是怎麼回事。

正月初二，大周殿前都點檢、檢校太傅、領歸德軍節度使趙匡胤將軍，率周朝禁軍離開東京，向北進發，準備與契丹人決一死戰，保家衛國。

軍情非常緊急，稍慢一日，契丹大軍就有可能攻陷河北，殺過黃河，中原黎庶萬民，就將萬劫不復。但讓人懷疑的是，僅僅過了黃河，到了河北岸的陳橋驛，趙匡胤突然下令，讓軍隊就地休息。陳橋驛距離開封有多遠的距離？說來可笑，只有區區四十里的路程。

行進了二十公里的路程，軍隊就要休整？趙匡胤帶的這是什麼嬌生慣養的軍隊？看看柴榮親征北漢時是怎麼做的：顯德元年（九五四）三月十一日，柴榮率軍離開東京，十六日達到懷州（今河南沁陽）。趙晁通過鄭好謙勸柴榮放慢行軍速度，柴榮不聽，十八日到達澤州（今山西長治）。開封至沁陽三百五十里，柴榮用了五天。沁陽至長治約一百里路，柴榮用了兩天。如果不是趙匡胤別有心思，他也是久經沙場的名將，怎麼會不知道救兵如救火的道理？

當天夜裡，趙匡胤就在陳橋驛休息，實際上是在等手下兄弟替他辦一件天大的事情。

趙匡胤帶在身邊的心腹親信略計有：歸德軍掌書記趙普、都押衙李處耘、內殿直都虞侯馬仁瑀、殿前都虞侯李漢超、散員都指揮使王彥升、散指揮都虞侯羅彥瓌，以及趙匡胤的三弟、內殿祗候供奉官都知趙匡義（即後來的宋太宗趙光義）。同時，趙匡胤的軍中，還有一個來路不明的神棍苗訓。

這夥人早已經安排了一切，軍隊剛到陳橋驛，他們就在軍中四處聯繫，為首的是李處耘、王彥升、趙匡義，他們商量好之後，再找到馬仁瑀、李漢超等人，說什麼「主上幼弱，未能親政。今我輩出死力，為國家破賊，誰則知之，不如先立點檢為天子，然後北征，未晚也」。（《續資治通鑑長篇》卷一）造成強大的輿論氛圍，給趙匡胤發動兵變奪位創造條件。

最可疑的是，殿前散員右第一直散指揮使苗訓，他突然大聲地喊叫，讓眾人抬頭往天上看，天上出現了兩個太陽！「軍中知星者河中苗訓，見日下復有一日，黑光摩蕩，指謂匡胤親吏楚昭輔曰：此天命也」。（《續資治通鑑長篇》卷一）古人都很迷信，苗訓利用自然的天象變化，把這說成是天意，來給趙匡胤造勢。

接下來出場的是趙普和趙匡義，二人裝模作樣地說：「太尉忠赤，必不汝赦。」這是在替趙匡胤背黑鍋，惡名都由他們來背，讓趙匡胤做大周忠臣。諸將當然不會聽他們的，抽刀喧鬧。趙普又在勸：「外寇壓境，將莫誰何，蓋先攘卻，歸始議此。」（《續資治通鑑長篇》卷一）意思是先把契丹人打退了，然後再回來廢掉柴宗訓。

諸將的回答則無意中暴露了這次兵變是有預謀的痕跡，「方今政出多門，若竢寇退師還，則事變未可知也。但當亟入京城，策立太尉，徐引而北，破賊不難。太尉苟不受策，六軍決亦難使向前矣」。（《續資治通鑑長篇》卷一）

政出多門明顯是句假話，范質、王溥、魏仁浦三人之間並非政敵，哪來的政出多門？「若竢寇退師還，則事變未可知也」。這句話已經說明了一切，什麼事變？無非是怕趙匡胤的陰謀敗露，大家一起完蛋。趙普「無奈」，答應諸將的請求，勸趙匡胤發動兵變。

這時的趙匡胤在做什麼？昨晚趙匡胤居然在喝酒，現在還在睡。軍情如此緊急，趙匡胤出京只行進了四十里，就停軍休整，自己卻在喝酒，如果按正常的邏輯來判斷，他絕不至於糊塗到這種地步。原因只有一個，就是喝醉了可以多睡一會兒，爭取時間讓手下人表演。

《續資治通鑑長編》卷一關於趙匡胤表演的記載相當精彩，摘錄於下：

甲辰黎明，四面叫呼而起，聲震原野。普與匡義入白太祖，諸將已擐甲執兵，直扣寢門曰：「諸將無主，願策太尉為天子。」

太祖驚起披衣，未及酬應，則相與扶出聽事，或以黃袍加太祖身，且羅拜庭下稱萬歲。

太祖固拒之。

眾不可，遂相與扶太祖上馬，擁逼南行。匡義立於馬前，請以剽劫為戒。太祖度不得免，乃攬轡誓諸將曰：「汝等自貪富貴，立我為天子，能從我命則可，不然，我不能為若主矣。」

眾皆下馬，曰：「唯命是聽。」

太祖曰：「少帝及太后，我皆北面事之，公卿大臣，皆我比肩之人也，汝等毋得輒加凌暴。近世帝王，初入京城，皆縱兵大掠，擅劫府庫，汝等毋得復然，事定，當厚賞汝。不然，當族誅汝。」

眾皆拜。

乃整軍自仁和門入，秋毫無所犯。

趙匡胤終於達到了自己的目的，立刻率軍殺回東京開封府。趙匡胤並沒有把所有的親信都帶出城，城中還留有殿前都指揮使石守信、殿前都虞侯王審琦等人，趙匡胤率軍剛回城，石守信等人立刻「開關納之」。（《續資治通鑑長編》卷一）

宋人蘇轍在《龍川別志》記載趙匡胤發動兵變時，普天之下，莫不歸服。不過蘇轍所說「以太祖在殿前點檢，功業日隆，而謙下愈甚，老將大校多歸心者」。（《龍川別志》卷上）這句記載並不可靠，這只是宋人為了粉飾本朝太祖發動兵變篡位而已。

南宋遺民陳世崇在《隨隱漫錄》中記載了一則千古之下仍讓人感動不已的故事，有句老話說得非常好：「疾風知勁草，板蕩識忠臣。」只有在生死攸關的時刻，才能顯示出一個人、或一群人震撼歷史的道德力量。平時說的再好聽也不值一文，關鍵看能否做到。正義，只要有人存在，是永遠殺不絕的。

當這支發動政變的軍隊進入他們認為已經沒有任何抵抗力量的東京南門後，才發現並不是所有的人都像他們那樣，忘記了曾經對柴榮做出過什麼樣的承諾。

駐在南門的有一支祗候班，卻出乎那些兵變的將軍們意料地拒絕歸順趙匡胤。在祗候班兩位卒長（一位姓喬，一位姓陸，史亡其名）的率領下，一群忠於周世宗的熱血男兒據守南門，寧可玉碎，不求瓦全。不知道他們到底有多少人，但從趙匡胤的軍隊並沒有與他們直接發生衝突，而改走北門入城的情況來看，人數應該不在少數。

其實他們的抵抗並不能改變歷史的詭異走向，至少在現在，東京汴梁城已經在趙匡胤的絕對控制之下。趙匡胤沒有忘記這些在宋人看來「逆歷史潮流而動」的「不識時務者」，隨後趙匡胤派人去南門，許以厚利，勸他們歸順新朝，並承諾絕不會殺害他們，「解衣折箭，誓不殺」。（《隨隱漫錄》卷二）

趙匡胤認為人都是為利益而活的，沒有人會拒絕榮華富貴，但他卻不知道，在這個世界上，並不是所有的人都在為利益而活，至少還有一群人，是在為自己的人格而活！

這些人也不是什麼不食人間煙火的化外神仙，他們也熱愛生命。但是他們知道，男兒膝下，重於千金！千金易得，屈膝便可得之，但這樣的榮華富貴，他們不需要。人活著，是需要一點骨氣的，更何況柴榮待他們恩重如山，親如兄弟，他們不忍心背叛柴榮。

他們其實也知道自己是在做毫無任何現實價值的抵抗，無論他們降還是不降，大周王朝的帷幕已經被趙匡胤緩緩拉了下來，歷史已經發生了重大改變。如果不選擇投降，那只有死。或許只有死，才能證明他們真正的存在價值。

震撼歷史的一幕如實呈現在後人眼前：在二位卒長的率領下，這些熱血男人跪在地上，朝著慶陵的方向，重重地叩頭，給曾經待他們如兄弟一般的柴榮行最後一次君臣大禮。當他們從新站起來時，所有人都已經淚流滿面……

隨後，他們紛紛懸樑自盡，用生命來詮釋什麼是忠誠，什麼是男人膝下有黃金，什麼是承諾。「咸義不臣宋，自縊。」（《隨隱漫錄》卷二）在這些人中，沒有一個人選擇了退縮，毫不猶豫地懸樑。他們知道，只有這樣，才無愧於周世宗皇帝。

根據《隨隱漫錄》的記載，趙匡胤得到祇候班集體自殺殉周後，立刻趕到事發現場。當趙匡胤看到橫樑上懸著的一具具屍體時，趙匡胤無語……

這些人的死，猶如一記記鉤心拳，重重地擊在趙匡胤的心上。面對人生的重大抉擇關頭，趙匡胤選擇一個方向，而這些人，卻選擇與他相反的方向。趙匡胤知道自己發動兵變，不會得到所有人的認可，但趙匡胤無法理解像這些祇候班的下層人物，並沒有得到柴榮特別的寵遇，他們怎麼就會甘心陪柴榮魂歸九泉？

不過趙匡胤到底也是位響噹噹的英雄，至少趙匡胤是敬重英雄的，面對如此慘烈悲壯的場面，趙匡胤歎道：「忠義孩兒！」（《隨隱漫錄》卷二）趙匡胤心情複雜地下令，將殉周的祇候班所有義士體面的下葬，並賜廟號為「忠義廟」，並改名為「孩兒班」。「終宋之世，孩兒班帽後垂粉青頭髻，為周世宗持服，直捨正門以黃羅護之，傍穿小門出入，用以旌忠。南渡景定間（一二六〇—

一二六四），又命撰二候加封碑文。」（《隨隱漫錄》卷二）

在南宋景定年間，陳世崇的父親陳都奉宋理宗之敕，撰寫《二候碑文》，在最後，陳都是這樣寫的：「太祖肇造，歷數攸歸。爾喬爾陸，忠節不移。誓永宥爾，折箭解衣，捨生取義，廟食於茲。後三百載，愈顯靈威，捍災禦患，福被髦倪，倪爰錫徽號，勸忠匪私，服我休命，永佑昌時。」（《隨隱漫錄》卷二）

宋理宗之所以這個時候號召天下人學習殉周的祇候班義士，是因為當時蒙古大軍壓境，南宋形勢異常危急，隨時有亡國的危險。而趙匡胤一是出於穩定天下的考慮，他自然不希望自己的屬下都學習自己發動兵變，否則他就不會杯酒釋兵權了；二是趙匡胤從心裡是敬服英雄的，祇候班的壯舉，也感動了趙匡胤。

人活著，是需要一點骨氣的。尤其是國家危難之際，忠義之士挺身而出，為國盡忠，哪怕是徒勞無功，至少能證明自己是個頂天立地的熱血男兒，這已經是一種巨大的成功。什麼是英雄？這些人就是頂天立地的大英雄！

發生在南門的悲壯一幕，很快就化成一縷煙雲，悄無聲息地消逝在藍天白雲之上。但故事並沒有結束……

派出去抵禦契丹人的軍隊居然發生兵變，這個消息傳到朝廷，所有人都震驚了。此時早朝還沒有退，宰相范質聽說趙匡胤兵變即位，冷汗直流，他在殿下抓住王溥的手，幾乎是哭著自責，「倉卒遣將，吾輩之罪也」。（《續資治通鑑長編》卷一）王溥也是手足無措，噤不能對。即使范質用力過大，王溥的手被掐出血來，王溥依然呆若木雞。

此時城中還是有一定抵抗力量的，比如侍衛馬步軍副都指揮使韓通，就是柴榮的嫡系心腹。可惜的是，殿前司的大多數將領都被趙匡胤給收買了，韓通人單勢孤，還沒等韓通準備有效反擊，就被趙匡胤的打手王彥升給殺了，「遇通城路，躍馬逐之，至其第，第門不及掩，遂殺之，並其妻子」（《續資治通鑑長編》卷一）。

韓通的死，意味著開封城已經沒有任何力量能阻止趙匡胤稱帝了。隨後，趙匡胤率諸將來到殿前司公署，早就有人把范質、王溥、魏仁浦給押到了趙匡胤面前，聽候發落。趙匡胤的演技高超，他知道范質會責問他，搶在范質之前裝好人。趙匡胤痛哭流涕地對范質說：「吾受世宗厚恩，為六軍所迫，一旦至此，慚負天地，將若之何？」（《續資治通鑑長編》卷一）

事情都發展到了這一步，還能若之何？在趙匡胤打手羅彥瑰的脅迫下，范質等人為了保命，不得不低首違心地跪在趙匡胤面前，向這位前幾天還是他們下級的將軍行君臣大禮。這是趙匡胤的聰明之處，先控制了三位宰相，通過他們的臣服，來實現迅速穩定局面的目的。不過宋人龐元英（北宋名相龐籍次子）卻說趙匡胤見范質、王溥的地點是芳林園，「或傳周世宗時已為園。太祖自陳橋入京，駐於此，范質等謁見焉」。（《文昌雜錄》卷一）

接下來就要入宮了，趙匡胤意氣風發地率諸將執劍闖入後宮，準備揭開歷史新的一頁。宮裡有小皇帝柴宗訓，以及柴榮的三個小兒子柴宗讓、柴熙謹、柴熙誨。但趙匡胤進宮的時候，只有柴熙謹和柴熙誨在，兩個孩子年齡都還小，被宮人抱在懷裡。

宮人們也知道趙匡胤進宮是怎麼回事了，她們面色悽楚地抱著兩個孩子向新皇帝跪拜。趙匡胤冷冰冰地看著兩個孩子，心裡一陣厭惡，留下他們絕對是個禍害，必須除掉。

趙匡胤所謂「不殺柴氏子孫」的誓言，在他自己的行為面前，顯得是那麼的蒼白。趙匡胤轉頭問諸將：「此復何待？」（《默記》卷一）意思是這三個小崽子怎麼辦？趙普在旁邊回答：「殺！」兩趙匡胤的馬仔得到了主子的命令，立刻抽刀上前，推倒宮人，將柴熙謹、柴熙誨拎了起來。兩個可憐的孩子嚇得哇哇大哭，卻依然沒有感動他們亡父曾經厚待的趙太尉。趙匡胤現在已經徹底控制了局面，之前所說的那些「誓言」，已經沒有必要再遵守了。至於柴榮的在天之靈是否在注視著他，趙匡胤已經管不著了。

就在這個關鍵時刻，客省使潘美（即潘仁美）以手抵柱，好像有話要說。趙匡胤看到潘美這個表情，知道他反對殺掉兩個孩子。趙匡胤異常惱火，厲聲質問潘美：「汝以為不可耶？」（《默記》卷一）潘美不敢直接頂撞趙匡胤，但要眼睜睜看著先帝的兩個兒子被殺，實在於心不忍。潘美斗膽勸趙匡胤：「臣豈敢以為不可，但於理未安。」（《默記》卷一）潘美富有人情味的回答果然打動了趙匡胤。另外，深得周世宗厚恩的盧琰也勸趙匡胤，給周世宗留下個後人吧，周世宗待我們都不薄，殺人絕後，一輩子都於心不安。

趙匡胤為人一向宅心仁厚，覺得要殺了兩個孩子，確實有些對不起周世宗，而且天下人會怎麼看他？趙匡胤心一軟，讓馬仔放了兩個孩子。據野史記載，柴熙誨被盧琰收養，改名盧璿。柴熙謹被潘美收養，改名潘惟吉。

柴熙誨下落不詳，但柴熙謹被潘美收養之後，開始了平淡的生活，潘美在趙匡胤的監視下，用心地撫養這個落難皇子，也算對得起當年周世宗皇帝對自己的知遇之恩了。在宋神宗時，有個坐鎮湖廣的地方官潘夙，潘夙歷任知桂州、譚州、江陵府，他曾經力勸宋朝出兵攻打交趾，收復失地。

這個潘夙，就是柴熙謹的孫子。

六、大宋建國

趙匡胤進了宮，自然不會即時離開的，因為他還有更加重要的事情要做，也是他奪位計畫的最後一步，就是稱帝建國。

趙匡胤陛下身著黃袍，在諸將的擁護下，春風滿面地來到了崇元殿，文武百官已經接受了趙匡胤篡位的事實，這年頭，誰還在乎什麼名節，當年郭威篡漢的時候，他們不也一樣識時務嗎？如果趙匡胤不幸早逝，又有大將篡位，他們還會繼續高呼萬歲。不管在位的是誰，跟著磕頭就行了。

但趙匡胤還有一件比較擔心的事，就是柴宗訓的禪位詔書遲遲沒有送來。如果沒有柴宗訓以官方名義下的詔書，趙匡胤的即位就不合法。其實這事根本不用趙匡胤操心，翰林學士陶穀早就準備了。

陶穀從袖中像變戲法一樣，拿出了一份禪位詔書，當然是替柴宗訓代寫的。至於柴宗訓和皇太后符氏，已經被趙匡胤的親兵轟出了內宮。符氏萬萬沒有想到，丈夫去世僅僅半年之後，丈夫平時最為信任的大將就造反奪位，欺侮她們孤兒寡母。

現在一切都不能改變了，符氏只好認命。符氏是符彥卿的女兒，有符彥卿在，相信趙匡胤還不至於對可憐的娘幾個下手。符氏含淚抱起七歲的柴宗訓，在大宋雄師的監視下，悽惶地來到西宮居住，實際上是被軟禁起來。

讓趙匡胤十分討厭的柴宗訓終於滾了，現在的趙匡胤心情極好。他坐在崇元殿的大殿上，看著殿下滿朝文武，他似乎有種如夢如幻的感覺，這一切都是真的嗎？去年這個時候，他還跪在柴榮的面前，聽柴榮發號施令。現在，他卻成為天下的主宰。人生，往往就是這樣充滿了戲劇性。

周朝遜帝柴宗訓的禪位詔書如下：

> 天生蒸民，樹之司牧，二帝推公而禪位，三王乘時以革命，其極一也。予末小子，遭家不造，人心已去，國命有歸。諮爾歸德軍節度使前都點檢趙，稟上聖之姿，有神武之略，佐我高祖，格於皇天，逮事世宗，功存納麓，東征西戰，厥績懋焉。天地鬼神，享於有德，謳謠獄訟，附於至仁。應天順民，法堯禪舜，如釋重負，予其作賓。嗚呼欽哉，祗畏天命。（《舊五代史‧周恭帝紀》卷一百二十）

宣徽使昝居潤念完禪位詔書後，文武百官伏地山呼萬歲！（《續資治通鑑長編》著者李燾認爲這個宣徽使可能就是昝居潤）

隨後趙匡胤以新皇帝的身分，向天下宣告：大周帝國已經滅亡，一個新的帝國已經誕生。趙匡胤的登基詔書：

> 朕以五運推移，上帝於焉眷命；三靈改卜，王者所以膺圖。朕起自側微，備嘗艱險。當周邦草昧，從二帝以徂征；洎虞舜陟方，翊嗣君而纂位。但罄一心而事上，敢期百姓之與能屬以敵國侵疆，邊民罹苦。朕長驅禁旅，往靖邊塵。鼓旗才出於國門，將校共推於天命。迫回京闕，欣戴

眇躬，幼主以歷數有歸，尋行禪讓。兆庶不可以無主，萬機不可以曠時，勉徇群心，以登大寶。昔湯、武革命，發大號以順人；唐、漢開基，因始封而建國。宜國號大宋，改周顯德七年為建隆元年。乘時撫運，既協於歌謠；及物推恩，宜周於華夏。（《宋朝事實》卷二）

因為趙匡胤在任殿前司都點檢時，同時還兼任著歸德軍節度使，而歸德軍的治所在宋州，所以趙匡胤就把國號定為大宋，改元建隆。

天下，從此換了主人。

而契丹人和北漢的聯合入侵，在趙匡胤兵變奪位的時候，突然銷聲匿跡了，如石沉大海，沒有半點聲響。

宋人說趙匡胤當皇帝完全是被部下逼迫的，這只是宋人「為君有所諱」而已，宋朝史官當然不能說趙匡胤陰謀兵變奪位，否則合法性就沒了。本朝人寫本朝史，當然會揀好聽的寫，歷朝歷代都是這樣。

陳橋兵變前，朝野可能對趙匡胤等人策劃的兵變奪位毫不知情，但在民間，趙點檢要做天子的傳言不絕於耳。據宋人張師正在《括異志》中記載：

太祖仕周日，尚未領宋州節鉞，時有狂僧攜彈走荊棘中，顧謂人曰：「此地當出天子。」又，顯德末，一人青巾白衫，登中書政事堂，吏批其頰曰：「汝是何人敢至此！」其人曰：「宋州官家遣我去擒見宰相范質。」質曰：「此病心耳，安足問。」遂叱去。其後太祖果自歸德軍節度

使受禪。（《括異志・宋州狂僧》卷一）

這個狂僧是如何知道宋州節度使趙匡胤即將做天子的？如果張師正所說屬實，那麼狂僧為何在大街上四處宣講此事？大致有兩個可能。一是為趙匡胤發動兵變進行輿論宣傳；二是狂僧提前知道了兵變計畫，他不希望看到後周被推翻，所以到處講，希望范質等人能提前做準備，阻止兵變進行。

如果說宋朝的建立是「被逼」的，那歷代禪讓的新政權出現也全都是被「逼」出來的。魏帝曹髦之死與司馬昭無關，晉朝是曹奐強迫司馬炎建立的，劉宋的滅亡是劉準自己結束的，齊、梁、陳、周、齊、隋、唐無不如此。司馬德宗、司馬德文、劉準、蕭寶融、蕭方智、宇文闡、楊侑都是病死的，無一他殺。現在還有誰信這一套呢？本朝人寫前朝史，是絕對不把本朝開國皇帝蓄謀推翻前朝的歷史寫進去的，誰也沒這個膽量。

在歷代開國皇帝中，趙匡胤的運氣是最好的，柴榮百戰打拼天下，就是為趙匡胤做嫁衣的。趙匡胤的好運氣，大致有以下幾條：

一、柴榮早死。有柴榮在，給趙匡胤一萬個膽子，他也不敢造柴榮的反。宋仁宗朝的禮部尚書富弼上書勸趙禎早立皇儲，提到了柴榮。「向使世宗在位更十數年，少帝嗣立，藝祖豈得有應天順人之事乎！」（《續資治通鑑》卷一百九十三）這話說得非常透徹，上天多給柴榮十年壽命，等柴宗訓長大後繼位，趙匡胤沒有任何可能建立宋朝。

宋朝建立後，趙匡胤的母親杜太后將幾個兒子都召集在一起，給他們講趙匡胤的心路歷程。「陛下自布衣事周室，常以力戰圖功，萬世而遇一生。方致身為節度使。」（《續資治通鑑長編》卷

二十二）

結合杜太后曾說「吾兒素有大志」這句話來看，趙匡胤確實有當皇帝的野心，但也僅此而已。柴榮在世時，他根本不敢有非分之想，只想多立功博取功名富貴，當個節度使就已經非常滿足了。

二、王朴早死。趙匡胤不僅忌憚柴榮的雄武霸道，也忌憚王朴的強悍作風。王朴「性剛烈，大臣藩鎮皆憚之」。（《默記》卷上引《閒談錄》）《默記》記載了這樣一件事情，趙匡胤在周朝任校檢太尉時，有次出行，被殿直乘馬撞了一下。趙匡胤大怒，立刻闖進樞密院控告殿直無禮。王朴駁斥趙匡胤：「太尉名位雖高，未加使相。殿直，廷臣也，與太尉比肩事主，太尉況帶軍職，不宜如此。」（《五代史闕文》）趙匡胤不敢頂撞王朴，唯唯而出。

王朴要是多活幾年，趙匡胤就沒有任何機會兵變篡位，這是趙匡胤自己承認的。趙匡胤即位後，有次路過功臣閣，在門前，趙匡胤往裡面看，正好與王朴的畫像相對。趙匡胤立刻整理衣冠，恭恭敬敬地向王朴下拜。近臣不解，說王朴不過是個前朝大臣，陛下拜他做什麼？趙匡胤確實是個實在人，他用手指著自己的龍袍，對近臣說：「此人在，朕不得此袍著。」（《默記》卷上）

王朴如果繼續執掌樞密院，所謂「契丹南犯」的假消息根本騙不了王朴。不過讓人值得稱道的是，雖然王朴是趙匡胤最危險的敵人，但趙匡胤，以及趙光義，對王朴的才華讚不絕口：「太祖、太宗在位，每稱樸有上輔之器。」（《默記》卷上）可見趙匡胤還是有容人度量的。

三、周朝沒有年長宗室。柴榮立年幼的柴宗訓，事出無奈。如果柴榮有親兄弟或成年的近親晚輩，柴榮不會選擇柴宗訓。趙匡胤的母親杜太后在臨終前問趙匡胤，宋朝天下是怎麼來的。趙匡胤說是祖宗積威、太后餘慶。杜太后笑著反駁兒子：「不然，政由柴氏使幼兒主天下，群心不附故耳。若周有長君，汝安得至此？」（《續資治通鑒長編》卷二）後晉之所以在石敬瑭死後沒有立刻變天，就是因為石敬瑭有個已經成年的侄子石重貴。如果是幼子石重睿主天下，必有權臣奪位。

《續資治通鑒長編》說柴榮有個弟弟名叫柴貴，曾任虢州刺史。如果柴貴是柴榮弟弟的話，那就是周朝的近支親王，想必年齡與柴榮相差不大。柴榮臨死前，完全應該委以柴貴重任，或輔政，或領兵，至少要在官場上有一定的活動。

在柴榮時代，柴貴始終沒有顯山露水，這非常不合常理。柴榮雖然入嗣郭氏，但柴貴真是柴榮兄弟的話，血脈相連，還有什麼比血緣關係更可靠的政治聯繫嗎？即使柴榮和柴貴感情不和，不想重用柴貴，但正史至少應該提及此人。可翻遍《舊史》《新史》，也找不到關於柴貴的一字記載。

退一萬步講，柴貴確實是柴榮的親弟，那就為後周王朝感到萬分遺憾了。柴榮如果能重用柴貴，或將柴貴改為郭姓，入宗籍，讓柴貴輔政。即使柴貴廢掉柴宗訓，天下還是周朝的。不用柴貴，用李重進、張永德，都能保證周朝國祚的延長。但柴榮並沒有這樣做，也許這就是天意。

四、宣懿符皇后早死。大符皇后有才幹，性持重，為人機敏，如果她能臨朝聽政，也就沒趙匡胤什麼事了。

五、柴榮換下近親張永德，換上他最信任的外人趙匡胤，這才引發兵變。

其實歷代開國，都需要一點運氣，趙匡胤只不過比其他帝王運氣稍好一些罷了。如果不是周武帝宇文邕和周宣帝宇文贇相繼早亡，楊堅斷無可能篡位建隋。後世對楊堅篡位並沒有過多指責之處，對趙匡胤也應該一樣對待。總體來說，趙匡胤為人尚不失寬厚，雖然有負柴榮臨終託付，但至少對天下，還是有功的。

趙匡胤得手之後，降封柴宗訓為鄭王，繼母符氏為周太后，遷居西宮居住。也許是趙匡胤覺得讓柴宗訓留在開封不太方便，他擔心有人會打著柴宗訓的旗號反抗自己。兩年後，也就是建隆三年（九六二），九歲的柴宗訓被趕出東京開封府，來到了房州居住，實際上還是軟禁。

十一年後，也就是宋開寶六年（九七三）三月，十九歲的柴宗訓悄無聲息地死在了房州。趙匡胤大發善心，十月，將柴宗訓的遺體遷葬在新鄭慶陵的旁邊，定陵號為順陵。柴宗訓的諡號是恭皇帝。同時，「上素服發哀，輟朝十日」。（《宋史．太祖紀三》卷三）

然後，一切照舊。

至於柴榮的第二任皇后小符后，在柴宗訓死後，又活了二十年。宋太宗淳化四年（九九三），小符后在一片沉寂中，悄無聲息地離開了人間，去另一個世界尋找自己的丈夫，哭訴這三十多年在人間受盡的委屈和辛酸。

柴宗訓在幼年時就飽嘗人間冷暖，過早地體會世態炎涼。房州的十年軟禁，讓柴宗訓沉默寡言，不知道說什麼，也不敢說什麼。也許在某個寂苦難挨的夜晚，已經長大成人的柴宗訓會淚流滿面地想念他的父親，那個曾經震撼了歷史的偉大男人。

對於柴宗訓的早死，宋人李淑在知房州事時，曾經寫過一首詩，《周少主陵》，寫的就是柴宗訓。詩如下：

弄耜牽車晚鼓催，
不知門外倒戈回。

荒墳斷壟才三尺，
剛道房陵半仗來。（《澠水燕談錄》卷七）

一個時代結束了。
另一個時代開始了。

第十章　關於柴榮的點點滴滴

一、為柴榮說幾句公道話

屬於柴榮的時代，早在一千多年以前，就已經結束了。

但關於柴榮的討論，還在繼續。

柴榮的能力、功業，不用多說什麼，即使是宋朝的史官們，也對柴榮在位僅僅五年半所創下的偉業稱讚不已。即使如洪邁這種人，為了討好他的主子宋孝宗，在完全不尊重歷史的情況，不顧柴榮厚待趙匡胤，趙匡胤卻有負柴榮的事實（《涑水記聞》卷一：趙匡胤欲重用弟弟趙光義的岳父符彥卿，主掌禁軍。趙普以符彥卿是武將，堅決反對。趙匡胤質問趙普：「卿苦疑彥卿，何也？朕待彥卿至厚，彥卿能負朕邪！」普對曰：「陛下何以能負周世宗？」趙匡胤無語，遂罷此事。），無端詆毀攻擊柴榮，「固天方授宋，使之驅除」（《容齋續筆》卷四）。也不得不承認柴榮對歷史的貢獻。

柴榮的性格很複雜，他有時和善可親，有時則冷酷無情。其實人都有性格的雙面性，這本不足論，但由於柴榮特殊的歷史地位，所以柴榮性格上的缺陷的負面影響不容忽視。

總的來說，對柴榮性格缺陷的指責，主要集中於一點，那就是：周世宗好殺人！

宋真宗趙恆曾經和宰相王旦等人論治政之道，趙恆就指責柴榮好殺，「周世宗固英主，然用刑峻急，誅殺過當」（《續資治通鑑長編》卷六十三）。

南宋人洪邁在《容齋隨筆》是這樣評價柴榮好殺人的：「失於好殺，用法太嚴，君臣職事，小有不舉，往往置之極刑，雖素有才幹聲名，無所開宥，此其所短也。」（《容齋續筆》卷四）

這倒不是宋人誣衊柴榮，柴榮確實殺人不少，翻查一下《舊五代史》，柴榮殺人，或暴怒之下欲殺人的例子比比皆是。

顯德元年三月高平之戰，大將樊愛能、何徽等七十餘人臨陣賣主，斬首。

顯德元年五月，北漢石州刺史安彥進率部北上抵抗周軍，斬首。

顯德元年五月，北漢樞密直學士王得中拒絕向柴榮提供北漢情報，絞死。

顯德元年九月，宋方巡檢供奉官竹奉璘坐盜掠商船，捕獲不利，斬首。

顯德元年十月，左羽林大將軍孟漢卿監納厚取耗餘（貪污），賜死。

顯德元年十月，供奉官郝光庭在葉縣巡檢期間，以私怨殺人，斬首。

顯德二年五月，刑部員外郎陳渥在檢查齊州臨邑縣民田時失實，斬首。

顯德三年二月，前濟州馬軍都指揮使康儼修浮橋不利，斬首。

顯德三年三月，黃花谷被俘蜀軍一百五十人這些降兵在守淮期間，過河投降南唐，被李璟送回，悉數斬首。

顯德三年十月，南唐使者孫晟等人在開封期間，向南唐暗遞情報，斬首。

顯德四年四月，內供奉官孫延希督建永福殿時，克扣民工糧食，民工飲食極差，斬首。御廚董延勳等人受罰。

顯德四年五月，密州防御史侯希進阻撓太常博士張糾來密州檢查夏苗，斬首。

顯德四年六月，濠州刺史齊藏珍與張永德和李重進之間挑撥離間，斬首。

顯德四年十月，左藏庫使符令光違旨拖辦軍人衣物，時柴榮即將南征，所以被斬。

顯德五年四月翰林醫官馬道元訴自己的兒子被盜賊殺害，壽州官府卻不捉賊。柴榮大怒，派竇儀處理此案。因為柴榮讓竇儀嚴查，結果竇儀定成一場大獄，壽州相關人員坐族誅者二十四人。

顯德五年十二月，楚州防禦使張順貪污榷稅錢五十萬，絲綿兩千兩，賜死。

顯德五年十二月，楚州兵馬都監武懷恩擅自殺死南唐降軍四人。

以上這些被斬人員中，有沒有確係冤案的？有！陳渥和符令光為人正直，處事清廉，都是能員幹吏。他們犯的只是小過，薄懲即可，罪絕不至死。至於其他，康儼也比較冤，而壽州殺人事件，竇儀和柴榮皆有過失，自不諱言。

洪邁舉了其中九例，為這些被柴榮殺掉的官員鳴不平，這恰恰證明了柴榮殺掉他們是正確的。除了陳渥和符令光、康儼外，有的克扣民糧，有的公報私仇，有的貪贓枉法，有的損害國家利益，這些人難道不該殺？如果僅僅因為他們是官僚集團的成員，犯了法不嚴懲，那要法律還有何用？

洪邁所謂後周失國是「好殺」之故，完全是胡說八道。北魏太武帝拓跋燾殺人無數，毀人家國，但北魏依然能享國一百五十年，累世強盛，洪景盧又當何解？不是柴榮信任趙匡胤，讓他主掌軍權，輔弼幼主，宋朝自哪裡來？洪景盧又是哪朝人？

洪邁從來不提柴榮信任趙匡胤，也不提趙匡胤入宮後欲殺柴榮幾個年幼的兒子，這是一個治史者所應該有的客觀態度？無非是想討好自己的主子，混幾根肉骨頭啃啃罷了。如果為本朝諱惡揚善，那就不要寫什麼史，寫寫花鳥魚蟲豈不是更有意義？

不僅柴榮殺一些犯錯的官員，面對同樣的事件，趙匡胤一樣下重手。建隆二年（九六一）三月，開封的內酒坊發生嚴重火災，三十多個酒坊工作人員遇難，同時又有五十多個不法之徒趁亂盜竊國家財物。趙匡胤對此極為惱火，斬殺酒坊使左承規、副使田處岩。趙光義也在太平興國三年（九七八）正月，以強掠民財的罪名，腰斬了殿直霍瓊。

另外，濠州刺史齊藏珍被殺，其罪有二，一是上面講的擾亂軍心；二就是貪污官物。之前，齊藏珍率軍進攻光州後，私吞了光州府庫的大量財物，「藏珍欺隱官物甚多」（《冊府元龜．將帥部．貪黷》卷四百五十五）。柴榮殺這樣的貪墨官吏，又有什麼不對嗎？有些朝代雖然不殺官員，號稱刑不上大夫，但對百姓卻有嚴刑峻法，這樣的做法與仁厚絲毫不沾邊。

國家制定法律，為的是震懾，減少犯罪，絕不是為了殺人而制定。比如孟漢卿犯事，按孟漢卿的罪過，以當時的法律標準衡量，罪不至死。許多大臣都為孟漢卿求情，柴榮也知道處死孟漢卿，下手有些重了。但他還是堅持處死孟漢卿，原因只有一個，就是「朕知之，欲以懲眾耳」！（《資治通鑑》卷二百九十二）

也就是說，柴榮殺孟漢卿的目的，不僅是孟漢卿貪污，而是通過處死孟漢卿，震懾那些貪污腐敗的官員，狠剎官場上的貪腐之風。五代時的官場風氣，可以說敗壞到了極點。《新五代史》曾經講過這個問題：

上輸兵賦之急，下困剝斂之苛。自莊宗以來，方鎮進獻之事稍作，至於晉而不可勝紀矣。其「添都」、「助國」之物，動以千數計。至於來朝、奉使、買宴、贖罪，莫不出於進獻。而功臣大將，不幸而死，則其子孫率以家貲求刺史，其物多者得大州善地。蓋自天子皆以賄賂為

事矣，則為其民者其何以堪之哉！（《新五代史．郭延魯傳》卷四十六）

像郭延魯這樣肯於廉潔自律、勤儉愛民的好官，在五代只是鳳毛麟角。如果官場全是孟漢卿這樣的貪官，柴榮縱是有天大的本事，也休想坐穩江山。柴榮不可能直接統治百姓，必須通過官僚機構。如果官僚機構不健康，必然會引發百姓對官府的不滿，最終導致民心喪盡，亡國也不是什麼不可能的事情。

柴榮希望能打造出一支清廉高效的官僚集團，而不是一群只會在朝堂上哭窮，卻在民間大肆摟錢自肥的官老爺。顯德四年（九五七）二月，柴榮就此下了一道詔書，「禁內外職官薦遊客於縣鎮干求財帛者」。（《冊府元龜．帝王部．發號令第五》卷六十六）

有些官員雖然表面上清正廉潔，穿結滿補丁的朝服上朝演戲，欺騙皇帝。但在私下裡，卻派門客竄到地方官府，胡亂要錢。柴榮知道官場上自古就有這個不良風氣，柴榮決定進行整改。下詔禁止這種瞞上欺下的行為。

當然，柴榮不是聖人，他也有私心。柴榮在位期間，法律執行並非盡善盡美，有時也徇私枉法。他的本生父柴守禮在洛陽期間，因私怨殺人，柴榮對此不聞不問。而韓令坤的父親韓倫在陳州仗著兒子的勢力，吃拿卡要，中飽私囊，官民兩患。柴榮準備殺韓倫，只是由於韓令坤苦苦哀求，才免一死，發配沙門島。

另外，史書上還記載了大量柴榮在暴怒的情況下想殺人，不過都被近臣勸阻了。比如在壽州期間，因為有十幾個賣餅的小販做的餅太小太薄，柴榮也生氣，準備殺掉他們，趙匡胤的父親趙弘殷

及時勸止。（此事載於《宋史・太祖紀一》卷一趙弘殷條，存疑）

周朝建立之前，柴榮曾經想拜見一個縣令，但這位縣大老爺正在要錢賭博，沒見柴榮。柴榮記下了他，即位後，正好此人夥同他人犯了貪污罪，柴榮要殺掉他，理由是貪污有罪。范質以該犯官雖有貪污罪狀，但法不至死，苦苦相勸，最終才免於一死。竇儀也差點因事被柴榮殺掉，這樣的例子還有很多。

人都有控制不住脾氣的時候，有時會在氣頭上，做出一些不冷靜的事情。柴榮脾氣不好，這是公認的，但作為柴榮的即任者，宋太祖趙匡胤的脾氣其實也是非常的暴躁，只不過由於宋朝文人的巧力迴旋，不為眾所知罷了。

宋人司馬光在《涑水記聞》中記載了幾條趙匡胤暴怒欲殺人或打人的事情。比如有次趙匡胤在後花園用彈弓射麻雀玩，御史雷德驤說有要事求見。趙匡胤讓他進來彙報要務，結果根本不是急事。趙匡胤非常生氣，雷德驤倒是很硬挺，反駁趙匡胤：「臣以為（此事）尚急於彈雀。」（《涑水記聞》卷一）趙匡胤大怒，拿起斧頭，砸向雷德驤，結果雷德驤被砸掉了兩顆牙齒，滿臉是血。還有就是宰相趙普私下收受賄賂，以低價強買他人田產，又被與之有過節的雷德驤彈劾。趙匡胤很惱火，命左右將雷德驤痛毆一頓。

像這樣的事情，不止柴榮、趙匡胤，許多皇帝都幹過，不足為責。柴榮有時比較記仇，如果以前有誰讓他不滿，他總會想辦法打擊人家一下，比如上面那個縣令的例子。

評價歷史人物要客觀公正的對待，不能厚此薄彼，趙匡胤也有過這樣的事情，甚至比柴榮更極端。這個縣令至少犯了法，柴榮治他也算是有理有據。而趙匡胤則是根據的個人喜好用人，有一個官員立了功，按理應該升賞，但因為趙匡胤特別討厭這個人，所以堅決不同意賞這個人。

趙普反覆地勸說，把趙匡胤惹惱了，說：「朕固不為遷官，將若何？」（《涑水記聞》卷一）不管你說什麼，朕就是不聽你的，你能把朕怎麼著！雖然最後在趙普的勸導下，趙匡胤勉強給這個人升了官，但這件事情說明趙匡胤用人上的問題。柴榮不是聖人，趙匡胤同樣不是，這個世界上根本就沒有聖人。

柴榮的缺點和他的優點一樣，非常明顯。柴榮行事，有時失之急躁，而且他還有好大喜功的不良傾向。在五代宋初，有一個隱居華山的著名道士陳摶，就是野史小說中有名的「陳摶老祖」。顯德三年（九五九）十一月，柴榮突然派人把陳摶請到汴梁，在宮中小住了一個月。

柴榮見陳摶，當然不是諮詢軍國大事，而是向陳摶詢問飛升、黃白之術，就是所謂煉仙丹求長生。歷史上許多「千古一帝」都有煉仙丹求長生的舉動，比如秦始皇嬴政、漢武帝劉徹、唐太宗李世民。再加上五代南唐先主李昪，而且李昪就是吃「仙丹」中毒而死的。

李昪中毒而死的事情，柴榮應該是知道的，但他還是抵制不住求長生的衝動，說明柴榮的唯物主義思想是有限度的。柴榮向來不信這些，但到了晚年，卻迷上了煉仙丹，確實是個讓人遺憾的缺點。陳摶沒有回答柴榮，他知道一旦開此風氣，會有大量倖進之人混在柴榮身邊，於國於民沒有半點好處。

陳摶勸柴榮：「陛下為四海之主，當以致治為念，奈何留意黃白之事乎？」（《宋史・陳摶傳》卷四百五十七）陳摶說得有道理，柴榮也不是昏君，當然不會責怪陳摶。柴榮並沒有生氣，反而因為陳摶的直言，想讓他當官，任諫議大夫。陳摶無意官場，堅辭不受，柴榮就將陳摶放還華山。

但據宋人陶岳記載，柴榮召陳摶入朝，卻並不是求什麼黃白之術，而是把陳摶當成治國人才，召他求問治天下之術。「世宗之在位也，以四方未服，思欲牢籠英傑，且以摶曾踐場屋，不得志而隱，必有奇才遠略，於是召到闕下。」（《五代史補．週二十三條》卷五）陳摶對當官沒興趣，屢求柴榮放他回華山。

為此，陳摶寫了一首五律，以詩明志。「草澤吾皇詔，圖南摶姓陳。三峰十年客，四海一閒人。世態從來薄，詩情自得真。超然居物外，何必使為臣。」柴榮見陳摶無志仕途，也就不再強求於他，放他回山。柴榮還專門下了一道詔書，講明了他召陳摶入朝的原因，詔如下：

> 敕陳摶，朕以汝高謝人寰，棲心物外，養太浩自然之氣，應少微處士之星，既不屈於王侯，遂隱居於岩壑，樂我中和之化，慶乎下武之朝。而能遠涉山塗，暫來城闕，浹旬延遇，弘益居多，白雲暫駐於帝鄉，好爵難縻於達士。昔唐堯之至聖，有巢、許為外臣，朕雖寡薄，庶遵前鑒，恐山中所闕，已令華州刺史每事供須。乍反故山，履茲春序，緬懷高尚，當適所宜，故茲撫問，想宜知悉《五代史補．周二十三條》卷五。

柴榮向來愛惜人才，即使這個人才不想做官，他也要把人家拉到身邊問清楚志向。柴榮的性格是比較急躁，但至少他是一個真誠的人。

柴榮性格好動，他不喜歡待在宮裡吹涼風，喜歡到廣闊的世界中去學習，甚至去玩耍。柴榮的箭術還是不錯的，在顯德二年的十月，柴榮騎馬帶著弓箭，竄到了郊外射獵。柴榮運氣不錯，射死了一隻兔子。

顯德五年的十二月，柴榮又在郊外射了三隻兔子。不知道為什麼，柴榮專門和兔子過不去。柴榮不是習武出身，論功夫，別說趙匡胤這樣的練家子，狗肉販子唐景思，都能把柴榮打倒在地。但柴榮從來不排斥強武健身，君王尚武，民族尚武精神才不至於墮落於地。

柴榮除了到郊外射獵取樂，還經常去農戶或工匠家裡觀看他們的生產過程。朝廷在汴梁郊外有一處皇家莊園——南御莊，這個南御莊其實就是柴榮的農業自留地，他經常到這裡觀察農業生產。顯德元年的七月，他就來到南御莊，看看他的莊稼都長成什麼樣了。直到晚上，柴榮才回到宮裡。顯德六年的二月，柴榮就竄到汴梁城外的製陶作坊中，觀察專業製陶戶生產陶器。柴榮津津有味地看完後，還賞給了製陶戶一些財物，鼓勵他們好好生產。

柴榮的優點和他的缺點一樣明顯，這也是人之常情，誰不是這樣？這個世界上真的存在完美無缺的聖人？人非聖賢，孰能無過？

二、愛民如子

「民為貴，社稷次之，君為輕。是故得乎丘民而為天子。」（《孟子・盡心下》）

這句話是戰國時的大思想家孟子說的，在孟子的儒家思想體系中，最引人注目的，也是最能體現孟子思想精髓的，就是他的民本思想。孟子提倡仁人之政，反對君主以萬人之利，奉養一人之尊。天下乃萬民之天下，沒有底層千萬草根的辛勤勞動，就不可能有社會的整體進步。

大道理誰都懂，誰都會說，有些演技好的帝王，會把自己打扮成百姓利益的代言人，耍出各種招數欺騙百姓，讓百姓為了一人之尊做牛做馬。凡事都是相對而言的，有吃民肉、喝民血的帝王，就有真正從心裡熱愛底層草根的帝王。愛民如子的帝王，在歷史上有很多，其中就包括周世宗柴榮。

雖然祖上曾經闊過，但柴榮和他的養父郭威一樣，都是貨真價實的草根皇帝。歷史上有這麼一個規律，凡是草根出身的創業型帝王，他們制定的政策，都盡量地向底層人民傾斜，不與民爭利。

梁太祖朱溫被後世罵了一千年，但朱溫卻是個愛民的好皇帝。損害少數人利益的，不一定是壞帝王，但損害多數人利益的，一定不是好帝王。而柴榮在這一點上，做得尤其突出。歷史也多次證明，歷代凡是罵愛民的草根皇帝，無一例外，都沒有站在多數底層百姓的立場上。

柴榮早年闖蕩江湖，做些小買賣養家糊口，與底層民間接觸的較多，所以很了解民間疾苦。柴榮即位之後，他以愛民勤政自勉，所做的一切努力，雖然初衷是鞏固周朝的封建統治，但客觀上，底層勞動者也深受其惠。好皇帝的標準其實非常簡單，能做到最大限度地讓利於民就可以了。

在顯德二年（九五五）九月二十九日，柴榮在宮中的萬歲殿設宴，請朝中重臣以及高級將領在萬歲殿聚餐。席間，柴榮動情地對大家說：「兩日以來，至其寒沍，朕於宮闈之中，食珍美之膳，但以無功及民，何以仰答大貺。雖躬親庶政，日覽萬機，亦恐無以勝任。當須手執耒耜，與民同力。不然，親當矢石，為人除害，稍可安心耳。」（《冊府元龜．帝王部．謙德》卷四十八）

這不是柴榮的虛偽客套之辭，他來自民間，他甚至沒有忘記自己的草根出身。柴榮說的這些貼心話，都是肺腑之言，從柴榮日後的所作所為上來看，他並沒有說假話。他知道自己現在所有的一切，都是無數底層勞動者努力的成果，他們才是社會進步最大的功臣。

千萬底層草根為了統治者的利益，流血流汗，他們都沒有什麼怨言，但如果再讓他們流淚，於心何忍！柴榮最看不得百姓吃苦受罪，只要他發現有人欺凌百姓，絕不輕饒。有些帝王，部下在地方上欺男霸女，他卻強詞奪理，痛斥告御狀的百姓。等百姓流著淚走後，他才警告犯事的官員。柴榮不會搞這一套。柴榮為人做事，向來都是堂堂正正、坦坦蕩蕩。

上面講到了柴榮曾經殺過一個叫孫延希的官員，原因就是他克扣工糧，這件事發生在顯德四年（九五七）的四月二十七日。柴榮在宮中修一座永福殿，讓內供奉官孫延希監工。

這一天，柴榮閒來無事，就到工地上視察。等到了現場一看，柴榮頓時怒不可遏。倒不是建築品質有什麼問題，而是民工的吃飯問題。為了讓民工吃飽飯，柴榮是撥過專款的。可這些民工都是怎麼吃飯的？連個勺子和碗盤都沒有，可憐的民工們只好把飯盛在瓦片裡，用髒木片當勺子，忍著噁心就餐。

柴榮非常的憤怒，一方面，孫延希等人貪污公款；另一方面，民工這麼辛苦勞動，卻連個吃飯的碗都沒有。柴榮立刻讓武士拿下孫延希，押到街頭斬首。相關負責人，如御廚使董延勳、副使張皓、武德副使盧繼升全部停職查辦。

還是在顯德四年，兩個月後，西京留守吳廷祚上奏朝廷，說他治下的伊陽縣山谷中盛產金屑，有許多百姓在山谷裡淘取金屑。誰見金子不眼饞？與民爭利？不與民爭利，官府吃什麼去。柴榮卻反其道而行之，他告訴來人：「山澤之利，與眾共之，王者之道也！」（《冊府元龜・帝王部・惠民二》卷一百零六）並傳旨給吳廷祚，不要禁止百姓淘金。

柴榮出此驚人之語，有很深層次的考慮，就是官府與民爭利，表面上得利的是官府，實際上官府會因此背上更沉重的社會包袱。如果老百姓沒有生路可走，他們只能寄希望於官府，一旦官府滿足不了他們的基本生活需求，社會就會出現動盪。柴榮深知其中的利害，「堵不如通」，讓老百姓自己解決生計問題，一方面藏富於民；一方面減輕政府的社會負擔，官民兩得其便。

許多帝王都沒有擺正政府和民眾之間的辯證存在關係，人為地將兩者對立起來，這是非常危險的。以為官民自古就是死敵，非彼即此。其實官民有互相對立的一面，也有互相依存的一面，柴榮就看到了後者。讓利於民？政府失去的是一部分經濟利益，但得到的卻是民心的真誠擁戴，兩相比較，哪個更有價值？

不是說讓利於民，官府就一文錢不從民間徵收了，這顯然是不可能的。官府向百姓徵稅，天經地義，但關鍵的問題是向百姓索取有一個利益平衡點，也就是老百姓對經濟利益問題上的忍耐底限。只要不超過這個底限，萬事好商量，老百姓做牛做馬都毫無怨言。如果一旦破壞這種利益平衡，超出了百姓忍耐的底限，他們就會產生對政府的不信任，如果形勢繼續惡化下去，官府不給老百姓一個說法，老百姓有辦法找官府要一個說法。

另外，柴榮還有一點考慮得非常周全，就是對戰死民工家屬的賦稅承擔問題。在征淮南期間，幾十萬民工受征南下，從事非戰鬥的體力勞動。其中不可避免的會出現民工傷亡，在古代生產力不發達的情況下，民工都是家中最主要的勞動力，他們因公而死，必然對其家庭造成非常大的影響。

柴榮針對這個問題，曾經下過兩次蠲免詔，免除戰死民家屬的雜賦。分別是：

一、顯德三年（九五六）的六月，「諸州夫役自來有沒於矢石者，其本戶並放免三年差徭」。

（《資治通鑒》卷二百九十四）

二、顯德五年（九五八）五月，「公淮人戶曾充夫役，內有遭傷殺不回者，本家放免本戶下三年諸雜差徭」。（《資治通鑒》卷二百九十四）

柴榮屢次下詔免除百姓差科雜賦，並不是一時心血來潮，為自己裝點仁厚的門面，而是他自始而終的愛民之舉。司馬光稱讚柴榮愛民如子，並不是隨便說的。從柴榮死時，天下慟哭來看，柴榮深得民間擁戴，人心所向，於柴榮得之。

收買民心，就必須讓出自己的一部分利益，說起來容易，但要真正做到，很難。而且在特定的歷史條件下，收買民心是個長遠買賣，三年兩年，甚至是十年八年都未必能收回「成本」。在這種情況下，還堅持讓利於民，這就非常的難能可貴了。

顯德六年（九五九）的二三月間，新征服不久的淮南地區發生大旱災，糧食歉收，百姓饑餓。柴榮知道情況後，立刻組織人員向淮南運送糧食救災。雖然在名義上，這些糧食是借給老百姓的，但柴榮根本就沒有指望老百姓還上這筆貸糧。

有人勸柴榮不要做傻事：「民貧，恐不能償。」（《冊府元龜・帝王部・節儉》卷五十六）何必當這個冤大頭。柴榮的回答感人至深：「民，吾子也；安有子倒懸而父不為之解哉！安在責其必償也！」（《冊府元龜・帝王部・宴享》第三）在明知道老百姓沒有償還能力的情況下，柴榮還是「借」給百姓救命糧。什麼是人道主義關懷？柴榮此舉就是。

與其他一些帝王「嚴於律人，寬以待己」不同，柴榮從來都是「寬以待人，嚴於律己。」他對自己可以節儉過日子，但對百姓，或者是身邊人，從來不用這個標準來要求他們也這麼做。有這麼一件事，可以證明柴榮「寬以待人，嚴於律己。」

顯德五年（九五八）六月，宣徽院向柴榮進呈了皇家御用膳食的配料明細單，請柴榮過目。柴榮看過之後，立刻在單子上做了批示：「朕之常膳，所用物料，今後減半。餘人所食，即須仍舊。」（《冊府元龜・帝王部・革弊第二》卷一百六十）

柴榮得人心，率皆由此。柴榮的民本思想在那個亂世中，是極為少見的。有些帝王雖然也有「民本思想」，但他們所說的「民」，只是貴族官僚、豪強士大夫，與老百姓是沒什麼關係的。歷史上的草根皇帝倒不是少見，但歷史上的草根王朝卻並不多見。所謂草根王朝，並不主要是指皇帝出身於草根，而在於這些皇帝的政策「草根化」，利益的邊境向社會底層開放，柴榮治下的後周王朝就是一個典型。

柴榮的平等思想比較濃厚，有時候他的所作所為，並不是一個威嚴排場的皇帝應該做的，更像是一個山大王作派。官員待遇，按行政級別是有所區別的，有時他在宮裡設宴款待大臣，或大臣進宮裡辦公，伙食也要按級別有優有劣。品級高的官員吃大魚大肉，品級低的官員只能啃蘿蔔鹹菜。

柴榮對此非常不滿，他認為大臣的品德、能力與官品並不成正比，這樣對品級低的官員不公平。顯德五年七月，柴榮有次告訴身邊侍臣：「向來御廚造食，各分等差。今後賜宴，群臣食物，並須類從，所食不得更有分別。」（《冊府元龜・帝王部・宴享第三》卷一百一十一）柴榮是一個非常浪漫的理想主義者，於此可見一斑。

早在柴榮繼位之前，他的民本思想就已經轉化為實際行動，幫助困難百姓解決生計問題。對於柴榮做的一切，郭威都看在眼裡，喜在心裡，他慶幸上蒼賜給他一個優秀的養子。郭威曾經這麼稱讚柴榮：「卿作鎮王畿，留心政道，雖米鹽細務，不懈於躬親，而會斂無名，盡思於蠲放，能惠窮困，深協眷懷。」（《冊府元龜．帝王部．革弊第二》卷一百六十）郭威選擇柴榮，是一個正確的選擇。

但柴榮卻不是歷史的選擇，究竟這是誰的悲哀。

三、歷代對柴榮的評價

千秋功罪，任人評說。

柴榮在位時間很短，製造出來的動靜卻非常大。在當時，近乎所有的周邊政權都被柴榮拉下了水，他們不得不對柴榮有所關注，對柴榮的一切品頭論足，或褒或貶，反映了當時人對柴榮的真實看法。後世對柴榮的評價不是很多，但柴榮畢竟是五代著名帝王，多多少少總要說幾句的。

五代宋初時人對柴榮的評價非常高，有柴榮的部下，有柴榮的敵人，另外就是宋朝的史官。

一、柴榮的部下。

顯德四年（九五七）三月，周軍在紫金山下全殲南唐軍。柴榮大獲全勝，洋洋得意地與眾臣談及這場大捷。後因罪被柴榮殺掉的齊藏珍答道：「陛下神武之功，近代無比，於文德則未光。」（《舊五代史．齊藏珍傳》卷一百二十九）齊藏珍認為論武功，近代無人可比肩柴榮，但柴榮的文治則沒見什麼成績。柴榮點頭稱是，現在他以武功為主，自然沒有太多的精力關注文治。

顯德四年九月，中書舍人竇儼上書勸柴榮用兵神速，早日平定淮南，對柴榮的武功大加稱讚：「陛下南征江、淮，一舉而得八州，再駕而平壽春，威靈所加，前無強敵。」（《資治通鑒》卷二百九十三）

二、柴榮的敵人。

顯德二年（九五五）八月，周軍在黃花谷重創蜀軍，蜀軍席捲而逃。時任蜀秦州觀察判官的趙玭決定投降周朝，他召集官屬，說：「今中朝兵甲無敵於天下，自用師西征，戰無不勝。蜀中所遣，將皆武勇者，卒皆驍銳者，然殺戮遁逃之外，幾無孑遺。」（《宋史・趙玭傳》卷二百七十四）周軍無敵於天下，這自然是柴榮軍事改革的成果，當然功勞不能由柴榮一個人獨吞，前線將士都有份。

後蜀後主孟昶在秦鳳四州丟失後，想和柴榮稱兄道弟，柴榮沒理他。孟昶氣得大罵：「朕郊祀天地，稱天子時，爾方鼠竊作賊，何得相薄耶！」（《蜀檮杌》卷三）這已經不能算是評價了，而是無聊的人身攻擊。

顯德三年（九五六）二月，在淮南被柴榮打得一敗塗地的李璟派鍾謨、李德明上表求和。李璟在表中稱讚柴榮：「伏惟皇帝陛下，體上聖之姿，膺下武之運，協一千而命世，繼八百以卜年，化被區中。恩加海外，虎步則時欽英主，龍飛則圖應真人。」（《冊府元龜・僭偽部・稱藩》卷二百三十二）

時人對當世人物的評價，有時未必一定要有語言，從行動上依然可以看出來。南漢幾十年來一直獨立於中原藩鎮系統之外，自稱皇帝。但自柴榮平定淮南之後，聲威大振，南漢皇帝劉晟「始惶恐」（《新五代史・南漢世家》卷六十五），打算派使者去開封，向柴榮稱臣納貢。因被楚人所隔，事遂不成。劉晟擔心柴榮隨時南下，非常的憂慮，只好借酒澆愁，未幾卒。

至於契丹人在行動上對柴榮的評價，上面已經講過，這裡不再重複。

除了後蜀、契丹這樣與周朝對立的政權外，還有吳越、清源軍這樣的外藩，他們名義上屬於中原王朝，實際上都是獨立王國。柴榮平定淮南後，清源軍節度使留從效給柴榮上了一道表，對柴榮大肆吹捧：「皇帝陛下道侔諸聖，運應千年。布文德於中原，紹武王之丕業。意昨上遵天意，聊議南征。矧以金陵已歸皇化，莫不華夷賓服，文軌混同。」（《全唐文》卷八百七十一）留從效對柴榮的讚美不乏阿諛之辭，但縱觀柴榮一生的功業來看，柴榮是當得起這個評價的。

宋朝史家由於特殊的歷史原因，他們對周宋「禪代」之際發生的一些事情諱莫如深，但對柴榮基本上都是持肯定態度的。薛居正、盧多遜等人在修撰《舊五代史》時，對柴榮的評價極高。

> 及天命有屬，嗣守鴻業，不日破高平之陣，逾年復秦、鳳之封，江北、燕南，取之如拾芥，神武雄略，乃一代之英主也。加以留心政事，朝夕不倦，摘伏辨奸，多得其理。臣下有過，必面折之，常言太祖養成二王之惡，以致君臣之義，不保其終，故帝駕馭豪傑，失則明言之，功則厚賞之，文武參用，莫不服其明而懷其恩也。所以仙去之日，遠近號慕。然稟性傷於太察，用刑失於太峻，及事行之後，亦多自追悔。逮至末年，漸用寬典，知用兵之頻並，憫黎民之勞苦，蓋有意於康濟矣。而降年不永，美志不就，悲夫！（《舊五代史·周世宗紀六》卷一百一十九）

雖然《舊史》同時指出了柴榮性格上的缺陷，但瑕不掩瑜，如果以性情暴躁來否定一個人的話，那漢武帝劉徹幾乎就是一個暴徒殺人狂，但誰又能否定漢武帝對歷史做出的巨大貢獻呢？「神武雄略，乃一代之英主也。」柴榮當之無愧。

《新五代史》的著者歐陽修對柴榮推崇備至。

世宗區區五六年間，取秦隴，平淮右，復三關，威武之聲震懾夷夏，而方內延儒學文章之士，考制度、修《通禮》、定《正樂》、議《刑統》，其製作之法皆可施於後世。其為人明達英果，論議偉然。其英武之材可謂雄傑，及其虛心聽納，用人不疑，豈非所謂賢主哉！其北取三關，兵不血刃，而史家猶譏其輕社稷之重，而僥倖一勝於倉卒，殊不知其料強弱、較彼我而乘述律之殆，得不可失之機，此非明於決勝者，孰能至哉？誠非史氏之所及也！（《新五代史・周世宗紀》卷十二）

歐陽修是支持柴榮捨北漢、直接進攻契丹的，所以他在讚美柴榮的同時，也反駁了那些認為北伐契丹是冒險的觀點。

作為宋朝的史家，按常理來說，應該避免稱讚柴榮，以免引起本朝皇帝的不滿，但司馬光顯然不在乎這個。在《資治通鑒》中，司馬光幾乎將所有的讚美之辭都送給了柴榮，除了在柴榮整頓佛教時，稱讚柴榮即仁且明。在《通鑒》卷末，用大量的篇幅對柴榮進行了正面的評價。

司馬光對柴榮的評價分成兩部分，一是拿柴榮和唐莊宗李存勖進行比較，司馬光認為李存勖不如周世宗。

江南未服，則親犯矢石，期於必克，既服，則愛之如子，推誠盡言，為之遠慮。其宏規大度，豈得與莊宗同日語哉！《書》曰：「無偏無黨，王道蕩蕩。」又曰：「大邦畏其力，小邦懷其德。」世宗近之矣。（《資治通鑒》卷二百九十四）

論軍事能力，李存勖並不比柴榮差多少，但在政治能力上，二人不在一個層次上。

在寫到柴榮死後，司馬光又忍不住吹捧柴榮，不過這段讚美實際上抄用了《舊五代史》對柴榮的評價，但略有不同。

及即位，破高平之寇，人始服其英武。其御軍，號令嚴明，人莫敢犯，攻城對敵，矢石落其左右，人皆失色，而上略不動容。應機決策，出人意表。又勤於為治，百司簿籍，過目無所忘。發奸擿伏，聰察如神。閒暇則召儒者讀前史，商榷大義。性不好絲竹珍玩之物。人無不畏其明而懷其惠，故能破敵廣地，所向無前。（《資治通鑑》卷二百九十四）

「百司簿籍，過目無所忘。發奸擿伏，聰察如神。」做皇帝做到柴榮這個份上，離神真的不遠了。柴榮不是神，但如果說這個世界上果真存在神的話，那麼，柴榮就是那個最接近神的凡人之一。

關於柴榮的相貌問題，在此插上幾句。雖然現在已經無法知道柴榮具體的相貌，但據野史記載，元朝卻有一位名臣，長的和柴榮一模一樣，就是消滅南宋的元中書左丞相伯顏。

一二七六年，蒙古大軍攻克南宋國都臨安，俘宋恭帝北上。伯顏來到臨安，曾經在公開場合露過面，有人見過伯顏。後來，這個人在帝王廟中看到周世宗的畫像，此人大驚失色，伯顏與柴榮的長相「分毫不爽」。（《宋稗類鈔》卷一）

不僅伯顏和柴榮長的一樣，宋太祖趙匡胤和後來滅北宋的金國南京路都統完顏宗望（女真名斡離不，金太祖完顏阿骨打次子）的相貌也完全一致，「斡離不破汴京，殺太宗子孫幾盡，宋臣有詣其營者，觀其貌絕類藝祖」。（《宋稗類鈔》卷一）

不過，《靖康稗史箋證》卻說相貌與趙匡胤一致的並不是完顏宗望，而是金太宗完顏吳乞買。該書說完顏吳乞買曾經以金國使者的身分來過汴梁，所以有人記得完顏吳乞買的相貌，「金太宗吳乞買當金太祖朝嘗使汴京，其貌絕類宋太祖素像，眾皆稱異」。（《靖康稗史箋證》卷七）未知二說孰是。

長得相似只是巧合，本無足驚怪。但這樣的巧合就有些讓人不敢相信，一個滅北宋，一個滅南宋，都和前世的苦主長得一模一樣，這似乎有些過於神奇了，有可能是後人附會之言。

宋太宗即位，斧聲燭影，千古疑案。所以趙匡胤化身完顏斡離不消滅了北宋，殺盡趙光義一支。而趙匡胤有負柴榮託孤，欺舊主的寡婦孤兒，但留下柴氏後人。所以三百年後，柴榮化身伯顏，消滅了南宋趙匡胤的後人，同樣是寡婦孤兒，趙氏後人也無恙。這種唯心宿命論的觀點，了解一下就可以了，沒必要深信。

而且趙光義本人對柴榮的印象也不錯，在九七九年，他大舉進攻北漢之前，他就對群臣說：「曩者劉繼元盜據汾、晉，周世宗及太祖皆親征不利。朕決取之，為世宗、太祖刷恥。」（《續資治通鑒長編》卷二十四）趙光義還能想到替柴榮洗刷恥辱，確實不容易。

北宋早期著名的思想家李覯對柴榮的評價也是非常高的，不過他是將柴榮和趙匡胤放在一起評論。這很正常，柴榮和趙匡胤是一個不可分割的組合，談柴榮，必及趙匡胤；談趙匡胤，必及柴榮。

李覯認為淮南地區是天府之國，物產豐饒，為天下雄邦。李覯特別提到了在江淮立國的南唐的戰鬥力，「江淮而南，天府之國。周世宗之威武，我太祖之神聖，非一朝一夕而得」。（《盱江集》卷二十八《寄上孫安撫書》）無論後人對柴榮的「好殺」如何評論，但柴榮的威武，也就是王道霸氣，是歷代史官公認的，很少有人否認這一點。

宋人龍袞在《江南野史》中對柴榮也有著極高的評價。顯德三年（九五六），柴榮在壽州城下，坐在胡床上，請劉仁贍用箭射死他。龍袞專門就這件事情進行點評：「君子曰：以周世宗之神武確斷，當矢石而不懼，予觀自古帝王之達者，一人而已。」（《江南野史．劉仁贍傳》卷五）這個「君子」，很可能就是龍袞本人。柴榮為人霸氣天成，做事大氣磅礴，折服宋人無數，除了那幾個酸不溜丟的「大文豪」、「當代蘇武」。

柴榮的霸道王風，不是靠捏軟柿子博來的，他打的每一場戰爭，都是你死我活的決戰。宋真宗時，工部侍郎錢若水上書，請真宗親征討伐契丹時，就說「（周世宗）收淮甸，下秦鳳，平關南，如席捲耳。陛下睿聖神武，豈愧於世宗乎？」（《宋史錢若水傳》卷二百六十六）雖然錢若水是在鼓勵趙恆親征，但也證明宋人對柴榮「神武」基本沒有異議。

宋初人陶岳也對柴榮崇敬不已，他在《五代史補》中對柴榮自高平之戰後，實行的軍隊改革，大加稱讚。「世宗患諸將之難制也久矣，思欲誅之，未有其釁，高平之役，可謂天假，故其斬決而無貸焉。自是姑息之政不行，朝廷始尊大，自非英主，其孰能如此哉！」（《五代史補》卷五）這個評價，不可謂不高。兵驕將惰的問題，許多帝王都看得出來，但並非所有帝王都有魄力進行軍改，只有柴榮有這種魄力。

在宋真宗趙恆初年編撰的大型類書《冊府元龜》中，記載了大量有關柴榮彌足珍貴的史料，該書對帝王的功業過失記載的非常多。特別值得注意的是，書中幾乎所有讚美帝王善政的相關篇章裡，如《帝德》《誡勵》《革弊》《招懷》《卻貢獻》《明罰》《慎罰夫》《念良臣》《滑征役》《褒功》《惠民》《納諫》《講善・禮賢》《禮大臣・褒賢》《務農》《英斷・明察》《文學》《仁慈》《節儉》《神武》《悔過》《崇儒術》《寬恕》《孝德》《功業》《興教化》《審官》《立制度》《赦宥》《訪問》《選將》《修武備》《明賞》《延賞》中，都有柴榮的正面事蹟。

而該書中涉及帝王負面形象的篇章，諸如《惡直》《猜忌》《無斷》《失政濫賞》《姑息》等篇中，找不到關於柴榮一個字的記載。這已經說明了問題。宋朝史官完全沒有必要為前朝皇帝柴榮諱惡揚善，他們只是如實記載而已。

不僅如此，《冊府元龜》也對柴榮進行了實實在在的好評，比如對柴榮的人品以及處事方式給予了極高的評價。「世宗幼而英悟，以嚴重自處。與賓客言，必低聲柔氣；商確古今及論攻戰之事，則縱辯高譚。詞理鋒起，故時人多讚之。」（《冊府元龜・帝王部・帝德》卷十八）

柴榮從來不仗勢凌人，在和朋友們閒聊的時候，他語氣非常和藹，甚至是「低聲柔氣」，生怕嚇著朋友。柴榮交朋友很平易近人，大家在一起有說有笑，非常有親和力。但論及天下兵事，柴榮則慷慨激昂，縱橫駁辯，言辭犀利，霸道天成，這才是千古一帝的作派。對強大的敵人強硬，才是真正的強硬。對手下人玩五門三道，耍盡花招，不是英雄所應為。

宋初史官對柴榮基本上都持正面評價，《冊府元龜》編撰諸官對周朝軍隊的稱呼是「王師」，這只有宋朝軍隊才能享受到的待遇。陸游卻厚此薄彼，將周軍稱為「周師」，將宋軍稱為「王師」。《舊五代史》也稱周軍為「王師」。《舊史》甚至稱周朝為我朝。相比之下，文瑩、陸游、朱弁這些人以拍馬阿諛為能事，其史品比公認「奸臣」的癭相王欽若差了十萬八千里。

北宋人王皡對五代也是非常貶低的，他見《舊五代史》內容繁雜，就援引劉宋裴松之注《三國志》的體例，著《唐餘錄》六十卷。王皡之所以把寫五代史事的書命名為《唐餘錄》，理由是「本朝當承漢唐之盛，五代則閏也」。（《文獻通考．經籍考二十三》卷一百九十六）

宋人拍馬本朝，並不奇怪，但似王皡這樣，為了取悅本朝，不惜降低所承前朝的法統，卻不多見。王皡難道認為宋太祖趙匡胤是從唐哀帝李柷手上奪來的天下嗎？將五代視為偏霸閏位的非正統政權，宋朝的法統性從何而來？如果契丹滅晉之後統一中原，王大人是否也會認為大遼上承漢唐，難道耶律德光消滅的不是石重貴，而是李柷？荒謬至極，不可理喻。

對於王皡自詡本朝上承漢唐之說，明人謝淛進行批評，謝淛不認為宋朝有資格與漢唐相提並論。「宋之盛時，已日與契丹元昊多婁隙，而燕雲不復，淮北中失，偏安忍恥，僅撫遺民，女真侵其半，蒙古凶其終，其視漢唐規則已固不逮，而其受害之慘，使天地反覆，日月無光，三皇五帝以來之人民土地，一旦淪為夷狄，亦宇宙所未有之事也。」（《五雜組．地部二》卷四）連宋朝宗室都承認：「自古亡國之恥辱，未有如宋者，讀此靖康稗史七種，能不泫然泣下哉！」（《靖康稗史箋證．跋九》）如果說漢唐之後，明朝之前的漢民族王朝中，有一個可以與鐵血漢唐相提並論的話，這個政權只能是郭威、柴榮打拼下來的鐵血後周！

還有一點值得注意，攻擊柴榮的一些宋人基本上都生活在南宋初期，即高宗、孝宗時期。比如朱弁、洪邁、陸游，這三位大文豪以攻擊、詆毀柴榮為樂事，必欲將柴榮抹黑成暴君而後快。洪邁還算客觀一些，正面評價過柴榮。陸游身為鐵血主戰派，卻對比他更鐵血好戰的柴榮大加詆毀，實在是不可理喻。

對柴榮做出正面評價的宋人還有大文學家曾鞏。曾鞏將柴榮與唐太宗李世民相提並論，「唐太宗即位之初，延群臣與圖天下之事，而能紬封倫，用魏鄭公之說，所以成貞觀之治。周世宗初即位，亦延群臣，使陳當世之務，而能知王朴之可用，故顯德之政，亦獨能變五代之因循」。（《元豐類稿．熙寧轉對疏》卷二十九）

柴榮平生最崇拜的古人就是李世民，曾鞏如此評價，柴榮受之無愧。曾鞏這段評論除了稱讚柴榮足以和李世民並肩外，還有另外一層當著宋朝皇帝的面，不便說出的引申含義。就是如果柴榮不是早逝，上天多給柴榮十年的壽數，必能出現可以媲美貞觀之治的顯德之治。柴榮波瀾壯闊的人生中，基本上什麼都不缺，唯一缺少的就是時間。

其實關於這一點，已經得到曾鞏所侍奉君主、宋神宗趙頊的認同。他自己當著大臣的面稱讚柴榮：「使（周世宗）天假之年，其功業可比漢高祖。」（《續資治通鑒》卷三百一十七）漢高祖劉邦的偉大，歷史早已經證明。趙頊將柴榮與劉邦相提並論，不得不說是一種偉大的類比，柴榮絕對當得起這個評價。

趙頊曾經和大臣們評論柴榮的治政得失，他本人對柴榮是非常欣賞的。熙寧五年（一〇七二）的七月，趙頊和大臣論及柴榮，趙頊對柴榮的評語只有一句：「世宗誠創業造功英主也。」（《續資治通鑒》卷二百三十六）

甚至可以這樣說，趙頊非常崇拜柴榮，在一些朝廷重臣攻擊柴榮的情況下，趙頊始終為柴榮辯護。馮京經常指責柴榮好殺，趙頊就當面反駁馮京：「聞世宗上仙，人皆慟哭」。（《續資治通鑒》卷二百四十五）柴榮得人心，是宋朝皇帝普遍承認的。

至於王安石說王朴之才不過爾爾，則有些自信過了頭。以才能而論，王朴不在王安石之下。如果王安石生逢五代，未必就能坐在王朴的位置上，因為王安石能想到做到的，柴榮本人就可以想到做到。而王朴如果生在宋神宗時，同樣能取得王安石那樣的位置。

南宋人洪邁雖然經常攻擊柴榮好殺，或宣揚天命授宋論，但他對柴榮功業的評價還是比較客觀的。「周世宗英毅雄傑，以衰亂之世，區區五六年間，威武之聲，震懾夷夏，可謂一時賢主。」（《容齋續筆》卷四）洪邁能如此評價柴榮，已屬不易。

南宋理宗時，有一個著名「奸臣」，就是號稱「閻馬丁當、國勢將亡」的馬天驥。馬天驥在遷孝功郎官時，曾經和宋理宗談及國事，其中講到了柴榮。馬天驥是這麼講的：「周世宗當天下四分五裂之餘，一念振刷，猶能轉弱為強。」（《宋史．馬天驥傳》卷四百二十）

馬天驥對柴榮的評價非常高，言下之意是柴榮真正終結了五代亂世。後周建立時，中原政權對周邊來說沒有太大的優勢。但在後周結束時，中原政權統一天下的形勢已經不可逆轉，這份功勞是屬於柴榮的。

在對周世宗做出評論的宋人中，有一位特別引人注目，就是理學家朱熹。朱熹與其他人不同的是，他是用純白俚語入筆，但不影響他對柴榮的溢美之辭。

周世宗天資高，於人才中尋得個王朴來用，不數年間，做了許多事業。且如禮、樂、律、曆等事，想他見都會得，故能用其說，成其事。又如本朝太祖，直是明達。故當時創法立度，其節拍一一都是，蓋緣都曉得許多道理故也。一本此下云：「所謂神聖，其臣莫及。趙普輩皆不及之。」問：「世宗果賢主否？」曰：「看來也是好。」問：「當時也曾制禮作樂。」曰：「只是四年之間，煞做了事。」問：「今刑統亦是他所作？」曰：「開寶通禮當時做不曾成，後來太祖足成了。而今一邊征伐，一邊制禮作樂，自無害事，自是有人來與他做。今人鄉一邊，便不對那一邊；才理會征伐，便將禮樂做閒慢了。世宗胸懷又較大。」

五代時甚麼樣！周世宗一出便振。收三關，是王朴死後事。模樣世宗未死時，須先取了燕冀，則雲中河東皆在其內矣。本朝收河東，契丹常以重兵援其後。契丹嫌劉氏不援，始取之。周世宗亦可謂有天下之量，才見元稹均田圖，便慨然有意。周世宗大均天下之田。元稹均田圖世未之見。周世宗規模雖大，然性迫，無甚寬大氣象。做好事亦做教顯顯地，都無些含洪之意，亦是數短而然。

晉悼公幼年聰慧似周世宗。只是世宗卻得太祖接續他做將去。雖不是一家人，以公天下言之，畢竟是得人接續，所做許多規模不枉卻。且如周武帝一時也自做得好，只是後嗣便如此弱了。後來雖得一個隋文帝，終是甚不濟事。（《朱子語類》卷一百三十六）

「五代時甚麼樣！周世宗一出便振」這句評語，可以說是歷代對周世宗的評論中概括性最高的，真正結束唐末五代亂世的，其實是四個人：郭威、柴榮、趙匡胤、趙光義，其中柴榮的作用最為關鍵，對十世紀的歷史格局影響也最大。《宋史・范質傳論》也認為「五季至周之世宗，天下將

定之時也」。（《宋史‧范質傳論》卷二百四十九）

通常印象中的朱熹保守、迂腐，實際上朱熹是個好戰份子，至情至性的熱血男兒。朱熹與主戰派代表辛棄疾、陳亮私交極好，他就是個堅定的主戰派。朱熹認為柴榮捨棄南方和北漢，直接搗取幽燕的戰略是正確的，「須先取了燕冀，則雲中河東皆在其內矣。」這才是真正的大家手筆。

對宋人來說，周宋易代的史事比較敏感，但大多數宋人，包括宋朝皇帝，還是能客觀評價柴榮的歷史貢獻，褒多於貶。

元朝名臣郝經曾經寫過一首《白溝行》，以五代宋遼為背景，其中有關柴榮的幾句是：「世宗恰得關南死，點檢陳橋作天子。漢兒不復見中原，當日禍基元在此。」郝經認為如果柴榮不是早死，必能一鼓克復幽燕。也正是因為柴榮死得不是時候，幽燕漢人再也沒有機會回到中原，只能淪為契丹人的奴隸。

南宋遺民陳櫟對柴榮也是推崇備至，陳櫟把五代有為之君排了一個座次，結果是，「五代之君，世宗第一，唐明宗次之，周太祖又次之」《歷代通略‧後周》卷二。另一位南宋遺民俞德鄰也在《佩韋齋輯聞》中提到此事，「先儒謂五代之君，周世宗為上，唐明宗次之」。（《佩韋齋輯聞》卷一）

對於柴榮的功業，陳櫟也給予了高度評價。「五代諸君，多刻其民而驕其軍。世宗獨能嚴軍而恤民，治律曆與禮樂，正刑統，禁私度僧尼。毀佛像鑄錢，注意元元，留心本邦。於五代十二君中，獨稱為最美。行善政，史不絕書。」（《歷代通略‧後周》卷二）

明太祖朱元璋對同樣是草根出身的柴榮一直非常欣賞，在消滅陳友諒後，朱元璋準備規取中原。有一次和宋濂、孔克仁等人閒談，話題是漢朝的王霸之術，朱元璋問漢治道不純，誰執其咎，孔克仁答是劉邦。

對此，朱元璋發了一通感慨：「帝王之道，貴不違時。三代之王有其時而能為之，漢文有其時而不為，周世宗則無其時而為之者也。」（《明史・孔克仁傳》卷一百三十五）機會有的是從天上掉下來的，比如蕭道成、楊堅、趙匡胤兵變奪位。有的機會則是自己創造出來的，比如柴榮、朱元璋。

朱元璋很尊重柴榮，洪武四年（一三七一）三月，朱元璋「遣使祭歷代帝王陵寢，祀帝王三十五」。（《明史紀事本末・開國規模》卷十四）在這三十五位帝王中，除了顓頊、神農、堯舜、商湯周文武這些遠古帝王外，自漢朝以下共有十八位。
而身處亂世而受明太祖祭祀者，只有柴榮一人。「在河南者十：陳州祀伏羲、殷高宗，孟津祀漢光武，洛陽祀漢明帝、章帝，鄭州祀周世宗，鞏縣祀宋太祖、太宗、真宗、仁宗」。（《明史紀事本末・開國規模》卷十四）

具體人物是：漢高祖劉邦、漢文帝劉恆、漢景帝劉啟、漢武帝劉徹、漢宣帝劉詢、漢光武帝劉秀、漢明帝劉莊、漢章帝劉炟、唐高祖李淵、唐太宗李世民、唐憲宗李純、唐宣宗李忱、周世宗柴榮、宋太祖趙匡胤、宋太宗趙炅、宋真宗趙恆、宋仁宗趙禎、宋孝宗趙昚。

明末清初的大思想家王夫之對柴榮的評價，主要集中在柴榮的北伐契丹方面。王夫之高度肯定了柴榮北伐契丹的正確戰略方針。

> 契丹不北走，十六州不南歸，天下終不可得而寧。而欲勤外略，必靖內訌。乃孟氏之在蜀，

劉氏之在粵，淫虐已甚，下之也易，而要不足以厚吾力、張吾威也。唯江南之立國也固矣，楊、徐、李閔三姓，而保境息民之謀不改。李璟雖庸，人心尚固，求以勝之也較難。唯其難也，是以勝其兵而足以取威，得其眾而足以效用，有其土而足以阜財，受其降而足以息亂。且使兵習於戰，以屢勝而張其勢；將試於敵，以功罪而擇其才。割地畫江，無南顧之憂，粵人且遙為效順。於是踰年而自將以伐契丹，其志乃大白於天下。而中國之威，因以大振。其有疾而竟不克者天也，其略則實足以天下而紹漢、唐者也。王朴先蜀、粵而後幽、燕之策非也，屢試而驕以疲矣。威方張而未竭，周主亟之，天假之年，中原其底定乎！（《讀通鑒論・五代史下》卷三十）

柴榮之所以放棄南方諸國，並非後蜀、南漢等國有足夠的防禦能力，恰恰是因為他們太弱，所以柴榮才轉而北攻契丹。柴榮要立威於天下，滅了孟昶、劉鋹，根本就沒什麼迴響。只有打敗最強大的對手，才是真正的強者。否則，欺負弱小，見草則悅，見豺則戰，不會有人說他們是英雄。平定淮南後，孟昶已經嚇破了膽，甚至有了向柴榮稱臣的打算。南漢劉晟也準備稱藩，南方已經威脅不到柴榮。至於南唐的李璟，也被柴榮徹底的征服，自守有餘，但已經沒有能力威脅到江北。

王夫之對柴榮的早逝非常遺憾，認為如果柴榮再多活幾年，天下足定也。一個可以比肩於漢朝和唐朝的偉大帝國，即將出現在東方的地平線上。可惜，歷史沒有站在柴榮這一邊，王夫之也無法解釋這一切，只能歸結於天意。

清順治八年（一六五一），清廷舉行了入關後的第一次「定帝王陵寢祀典」（《清史稿・禮志三》卷八十四），自漢以下，共二十三位皇帝。其中身處亂世而受清廷祭祀者，依然只有柴榮一人。

除了上面講的帝王外，增加了北魏孝文帝元宏、遼太祖耶律阿保機、金太祖完顏阿骨打、金世宗完顏雍、元太祖鐵木真、元世祖忽必烈、明太祖朱元璋、明宣宗朱瞻基、明孝宗朱祐樘、明世宗朱厚熜。

康熙三十五年（一六九六）正月，清廷再次祭祀前朝帝王，所祀帝王與順治年間基本一致，亂世帝王中，依然只有柴榮一人榜上有名。（《郎潛紀聞初筆》卷十二）

清高宗愛新覺羅・弘曆（即乾隆）對柴榮也有很高的評價。乾隆四十九年（一七八四），清高宗下詔談及前朝治政故事，其中重點講了五代。「朱溫以下，或起寇竊，或為叛臣，五十餘年，國統不絕如線。周世宗藉餘業，擴疆宇，卓然可稱。」（《清史稿・禮志三》卷八十四）

清人趙翼雖然極力讚美宋朝仁德之政，有時甚至不惜顛倒黑白，胡言亂語，但趙翼對柴榮的評價還是非常中肯的。如柴榮高超的馭人之術，以及雄吞四海的霸氣。「（五代）威令不行，武夫悍將桀驁至此，固由於兵力不足以相制。然周世宗登基後，諸鎮咸惕息受驅策，則又不繫乎兵力之強弱，而制馭天下自有道矣！」（《廿二史札記・五代史》卷二十二）

有些帝王手上握有天下雄兵，依然有藩鎮不服他，起兵反對他的統治。但柴榮自高平大捷，斬殺樊愛能、何徽等人，再無藩鎮作亂事件發生。一方面，是由於柴榮手握最精銳的禁軍；另一方面，也由於「馭天下自有道矣」。治國即是治吏，治吏即是治人，這是一門大學問。

與趙翼同時代並齊名的歷史學家錢大昕似乎有些遺憾於後周國祚短促，他在《十駕齋養新錄》中替柴榮鳴不平：「周世宗之才略，可以混一海內而享國短促，墳土未乾，遂易他姓」。（《十駕齋養新錄・五代史》卷六）錢大昕認為，柴榮除了時間，幾乎擁有了一切。

柴榮是個好皇帝 / 姜狼著. -- 一版.-- 臺北市：大地, 2015.12

面： 公分. --（History：83）

ISBN 978-986-402-013-3（平裝）

1. 柴榮 2. 傳記

782.84 104022807

柴榮是個好皇帝

HISTORY 083

作　者	姜狼
發行人	吳錫清
主　編	陳玟玟
出版者	大地出版社
社　址	114台北市內湖區瑞光路358巷38弄36號4樓之2
劃撥帳號	50031946（戶名　大地出版社有限公司）
電　話	02-26277749
傳　眞	02-26270895
E-mail	vastplai@ms45.hinet.net
網　址	www.vastplain.com.tw
美術設計	普林特斯資訊股份有限公司
印刷者	普林特斯資訊股份有限公司
一版一刷	2015年12月

定　價：320元